LGPD E CARTÓRIOS

implementação e questões práticas

www.editorasaraiva.com.br/direito
Visite nossa página

COORDENADORES:
Tarcisio Teixeira
João Rodrigo Stinghen
Adrianne Correia de Lima
Marcelo Monte Karam
Mirian Aparecida Esquárcio Jabur

LGPD E CARTÓRIOS
implementação e questões práticas

Adrianne Correia de Lima • Aline Rodrigues de Andrade • Ana Lidia Olivieri de Oliveira Maia • Anielle Eisenwiener Martinelli • Carolina Ferreira Domingues • Davis Alves • Flávia Alcassa • Giselle de Menezes Viana • Hilda Glícia Cavalcanti Lima Verde • Jannice Amóras Monteiro • João Rodrigo Stinghen • José Medeiros • Karina Martins Ribeiro da Silva Ferreira • Lucas Monte Karam • Marcelo Monte Karam • Mariana Sbaite Gonçalves • Mario Peixoto • Mirian Aparecida Esquárcio Jabur • Nilson Brito • Oerton Fernandes de V. e Silva • Patricia Peck Pinheiro • Priscila Dailana da Silva Medina • Rachel Leticia Curcio Ximenes • Rafaela de Souza Félix • Rodrigo Bley Santos • Samilia Ariana Alves Machado • Tarcisio Teixeira • Vitor Frederico Kümpel

Av. Paulista, 901, 3º andar
Bela Vista – São Paulo – SP – CEP: 01311-100

 sac.sets@saraivaeducacao.com.br

Diretoria executiva	Flávia Alves Bravin
Diretoria editorial	Renata Pascual Müller
Gerência editorial e de projetos	Fernando Penteado
Planejamento	Josiane de Araujo Rodrigues
Novos projetos	Sérgio Lopes de Carvalho
	Dalila Costa de Oliveira
Gerência editorial	Isabella Sánchez de Souza
Edição	Daniel Pavani Naveira
Produção editorial	Daniele Debora de Souza (coord.)
	Rosana Peroni Fazolari
Arte e digital	Mônica Landi (coord.)
	Camilla Felix Cianelli Chaves
	Claudirene de Moura Santos Silva
	Deborah Mattos
	Guilherme H. M. Salvador
	Tiago Dela Rosa
Projetos e serviços editoriais	Daniela Maria Chaves Carvalho
	Kelli Priscila Pinto
	Marília Cordeiro
	Nicoly Wasconcelos Razuk
Diagramação	Adriana Aguiar
Revisão	Amélia Ward
Capa	Deborah Mattos
Produção gráfica	Marli Rampim
	Sergio Luiz Pereira Lopes
Impressão e acabamento	EGB Editora Gráfica Bernardi Ltda

DADOS INTERNACIONAIS DE CATALOGAÇÃO NA PUBLICAÇÃO (CIP)
ELABORADO POR VAGNER RODOLFO DA SILVA - CRB-8/9410

L687
  LGPD e Cartórios: implementação e questões práticas / Adrianne Correia de Lima ... [et al.]. - São Paulo : Saraiva Educação, 2021.
  352 p.

  ISBN: 978-65-5559-801-8

  1. Direito. 2. Direito notarial e registral. 3. LGPD. 4. Lei n. 13.709. 5. Cartórios. I. Lima, Adrianne Correia de. II. Título. III. Série.

2021-1710
CDD 340
CDU 34

Índices para catálogo sistemático:
  1. Direito 340
  2. Direito 34

Data de fechamento da edição: 18-8-2021

Dúvidas? Acesse www.editorasaraiva.com.br/direito

Nenhuma parte desta publicação poderá ser reproduzida por qualquer meio ou forma sem a prévia autorização da Saraiva Educação. A violação dos direitos autorais é crime estabelecido na Lei n. 9.610/98 e punido pelo art. 184 do Código Penal.

CL 607155 CAE 773367

SUMÁRIO

Sobre os autores 13
Prefácio 25

1. MOTIVAÇÕES PARA A ADEQUAÇÃO DAS SERVENTIAS EXTRAJUDICIAIS À LGPD: MUDANÇA CULTURAL E CONSCIENTIZAÇÃO 29

1. Introdução.. 29
2. Motivações de adequação: sensibilização para a mudança cultural............ 34
    2.1. Para que *compliance* em cartórios?.. 34
    2.2. Para que proteção de dados nos cartórios?... 39
    2.3. Muito além dos regulamentos administrativos.................................... 43
3. Da mudança cultural à conscientização individual....................................... 46
    3.1. A conscientização como chave para a eficácia social da LGPD........ 47
    3.2. Orientações práticas de conscientização.. 51
Referências.. 55

2. A LGPD APLICADA ÀS SERVENTIAS EXTRAJUDICIAIS BRASILEIRAS ... 57

1. Introdução.. 57
2. A LGPD e a sua aplicação às serventias extrajudiciais.................................. 58
3. Titulares dos dados dos usuários e agentes controladores nas serventias extrajudiciais – DPO... 63
4. Responsabilidades e penalidades impostas pela LGPD................................ 65
5. Passo a passo para a implantação da LGPD nas serventias extrajudiciais..... 69
6. Considerações finais... 74
Referências.. 75

3. CARTÓRIOS DO FUTURO: UMA ANÁLISE DOS PROVIMENTOS QUE IMPLEMENTARAM OS SERVIÇOS ELETRÔNICOS NAS SERVENTIAS EXTRAJUDICIAIS 77

Referências.................. 95

4. LGPD E CARTÓRIOS: QUESTÕES PRÁTICAS E IMPLEMENTAÇÃO.......... 99

1. Introdução.................. 99
2. Outro lado muito importante da moeda.................. 101
3. A aplicação da LGPD nos cartórios.................. 102
4. Novas funções nos cartórios.................. 105
5. Atualizações normativas em 2020.................. 110
Referências.................. 114

5. INICIANDO A IMPLEMENTAÇÃO: UM PANORAMA DA LGPD JUNTO ÀS SERVENTIAS JUDICIAIS 115

1. A formação do comitê.................. 115
   1.1 Membros do Comitê.................. 117
   1.2. Competências do Comitê.................. 118
2. A metodologia de implementação.................. 118
   2.1. Fases da implementação.................. 119
3. Dos tipos de capacitação.................. 124
4. A nomeação do DPO.................. 125
5. Gestão de projetos.................. 127
6. A importância do suporte da alta administração.................. 130
7. Aplicação nos cartórios.................. 132
Referências.................. 136

6. A IMPORTÂNCIA DA GESTÃO DE PROJETOS E GESTÃO DE SERVIÇOS PARA A PRIVACIDADE DOS CARTÓRIOS: PMBOK E ITIL *VS.* SGPD (LGPD)........ 138

7. O ENCARREGADO DE DADOS DO CARTÓRIO.................. 144

1. Introdução.................. 144
2. Obrigatoriedade de possuir um encarregado.................. 145

Sumário

3. Funções e habilidades do encarregado 146
   3.1. Funções diferenciadas para os cartórios 148
   3.2. Perfil do encarregado e habilidades necessárias 149
   3.3. Encarregado na LGPD no GDPR: semelhanças e diferenças 151
4. Modalidades de encarregado 153
   4.1. Encarregado interno (preposto) 153
   4.2. Encarregado externo (consultor) 154
5. Aspectos práticos da indicação do encarregado 155
   5.1 Nomeação 156
   5.2. Publicização 157
   5.3. Canal de atendimento 159
Referências 160

8. A INFLUÊNCIA DA SEGURANÇA DA INFORMAÇÃO NO PROVIMENTO N. 74 E NA LGPD 162

1. Introdução 162
2. A segurança da informação nas empresas 163
3. Conhecendo os conceitos de segurança 167
4. Sistema de Gestão de Segurança da Informação – SGSI 169
5. Sistema de Gestão da Privacidade da Informação – SGPI 173
7. Conclusão 177
Referências 178

9. ANÁLISE DE IMPACTO À PROTEÇÃO DE DADOS PESSOAIS (AIPD/RIPD) 180

1. Introdução 180
2. Adoção de boas práticas e modelagem da governança 181
3. Processos de adequação 183
4. Etapas do *gap analysis* 183
   4.1. Seleção de padrões de referência 183
   4.2. Avaliação de pessoas e processos 183
   4.3. Avaliação da infraestrutura tecnológica 184
   4.4. Identificação de *gaps* 184
   4.5. Elaboração de plano de ação 185

4.6. Correções, treinamento e conscientização... 185
5. Estruturas de gerenciamento de riscos e base normativa........................... 185
6. Definição de risco.. 187
7. Melhores práticas e estruturas de gerenciamento de riscos....................... 188
8. Princípios da ABNT NBR ISO 31000:2018... 189
9. Avaliação de riscos.. 192
10. Resposta aos riscos... 193
11. Normas e regulamentações relacionadas... 194
12. Relatório de Impacto à Privacidade de Dados – RIPD............................... 195
    12.1. Benefícios... 195
    12.2. Identificando a necessidade de um RIPD... 196
    12.3. Quando o RIPD deve ser aplicado?.. 199
    12.4. Quem precisa ser envolvido?... 200
    12.5. O que um RIPD deve incluir?... 200
    12.6. Quando não é obrigatória a confecção do RIPD................................. 204
Referências.. 205

10. GOVERNANÇA CORPORATIVA APLICADA AOS CARTÓRIOS.................. 207

1. Introdução... 207
2. Aplicabilidade da governança corporativa.. 208
3. Princípios da governança corporativa.. 210
4. Princípio da transparência.. 210
5. Princípio da ética.. 210
6. Princípio da prestação de contas – *accountability*....................................... 210
7. Princípio da sustentabilidade... 211
8. Ativos da governança corporativa... 211
9. Objetivos da governança, conformidades e *compliance*............................ 214
10. Governança de processos.. 215
11. Governança de dados... 216
12. Governança tecnológica – TI... 217
13. Ciclo da governança de TI.. 218
14. *Strategic alignment* (alinhamento estratégico)... 219
    14.1. *Value delivery* (entregar valor)... 219
    14.2. *Resource management* (gerenciamento dos recursos)....................... 219
    14.3. *Risk management* (gerenciamento dos riscos).................................... 219

14.4. *Performance measurement* (Monitoramento da *performance*) 220
15. Conclusão 227
Referências 228

11. OPERACIONALIZAÇÃO DOS DIREITOS DOS TITULARES DE DADOS PESSOAIS 230

1. Introdução 230
2. O objetivo da operacionalização dos direitos dos titulares de dados pessoais 231
3. Quais são os titulares de dados para o cartório? 232
4. Direitos em espécie 233
   4.1. Funcionários do cartório (CLT) e pessoas cujos dados tenham sido utilizados para fins de marketing 233
   4.2. E quando os titulares têm os dados armazenados no acervo do cartório? 235
   4.3. Estrutura interna e aplicação de boas práticas 237
Referências 242

12. ENQUADRAMENTO DE BASES LEGAIS NOS CARTÓRIOS 243

1. Introdução 243
2. Da natureza jurídica da atividade notarial e registral 244
3. A privacidade como direito fundamental 245
4. A proteção de dados pessoais 248
5. Linha do tempo sobre proteção de dados pessoais no Brasil 249
6. Provimento n. 23/2020 253
7. Quem são os titulares de dados pessoais 254
8. O tratamento de dados pessoais pelos cartórios 254
9. Possíveis hipóteses de legitimidade (bases legais) 255
10. Dados comuns e dados sensíveis 256
11. Dados de crianças e adolescentes 257
12. Bases gerais: legítimo interesse e consentimento 258
13. Cumprimento do dever legal 259
14. Execução de políticas públicas e uso compartilhado de dados 261
15. Outras bases legais restritivas 262

16. Contratos já firmados com empregados e prestadores de serviço 263
17. Contratos ainda não formalizados com empregados e prestadores de serviço 264
18. Conclusão 265
Anexo I – *Checklist* para compreender qual é a hipótese da LGPD que confere legitimidade ao tratamento de dados pessoais pelo cartório 267
Anexo II – *Checklist* para confirmar a transparência e cumprimento dos direitos dos titulares, sob o viés da LGPD 268
Anexo III – Jurisprudência 268
Referências 269

13. REVISÃO DE DOCUMENTOS E POLÍTICA DE PRIVACIDADE 271

1. Introdução 271
2. Revisão de atos e documentos à luz da LGPD 272
    2.1. Atos de cada tipo de função notarial e registral 272
    2.2. Recomendações aos cartórios extrajudiciais 273
3. A revisão dos contratos à luz da LGPD 275
    3.1. Justificativas para alteração contratual 275
    3.2. Institutos e instrumentos para revisão contratual 276
    3.3. A revisão de contratos para fins da LGPD 278
4. A política de privacidade 280
    4.1. A política de privacidade é obrigatória? 281
    4.2. O que é a política de privacidade? 282
    4.3. Para que serve a política de privacidade? 282
    4.4. Elementos essenciais de uma boa política de privacidade 283
Referências 286

14. RESPONSABILIDADE CIVIL DOS CARTÓRIOS E LGPD 287

1. Introdução 287
2. Responsabilidade civil no âmbito das serventias notariais e registrais: Lei n. 8.935/94 (Lei dos Cartórios) 289
3. O regime da responsabilidade civil na LGPD 291
4. Um caso de antinomia normativa? 296
5. Defesa processual: alguns apontamentos 303

Sumário

6. Conclusões 306
Referências 307

15. A FISCALIZAÇÃO DOS CARTÓRIOS PARA FINS DA LGPD 310

1. Introdução 310
2. Os impactos da LGPD nas diferentes serventias extrajudiciais 311
   2.1. Introdução 311
   2.2. Tabelionatos de notas 311
   2.3. Registro Civil das Pessoas Naturais 315
   2.4. Registro de Imóveis 317
3. A estrutura comum de fiscalização dos serviços notariais e registrais 318
   3.1. Introdução 318
   3.2. A função correcional dos tribunais 319
   3.3. Órgãos correcionais 321
4. A estrutura especial de fiscalização prevista pela LGPD 322
   4.1. O tratamento de dados e sua fiscalização no âmbito das serventias notariais e registrais 322
   4.2. Autoridade Nacional de Proteção de Dados (ANPD) 324
   4.3. Sanções administrativas 326
   4.4. Procedimento administrativo disciplinar 330
5. A coordenação entre as corregedorias e a ANPD 331
Referências 333

16. A REGULAMENTAÇÃO DA LGPD PARA AS SERVENTIAS NOTARIAIS E REGISTRAIS 335

1. Introdução 335
2. A ANPD: funções, agenda regulatória e objetivos estratégicos 336
   2.1. Conceito e estrutura da ANPD 336
   2.2. Funções da ANPD 337
   2.3. A Agenda Regulatória da ANPD para o biênio 2021-2022 339
3. Competência regulamentar: ANPD ou poder judiciário? 342
   3.1. Articulação entre a ANPD e o CNJ 343
   3.2. A necessidade de regulamentação específica dos reflexos da proteção de dados no regime disciplinar dos agentes delegados 346
Referências 349

SOBRE OS AUTORES

Adrianne Correia de Lima

Advogada. Professora universitária. Mestre em Administração e Desenvolvimento de Negócios e Mercados pela Universidade Presbiteriana Mackenzie. Especialista em Direito Digital e serviços de adequação à LGPD. Data Protection Officer pela EXIN e Lead Implementer da ISO/IEC 27701.

Aline Rodrigues de Andrade

Advogada com experiência em direito notarial e registral. Autora de diversos artigos científicos nessa área. Bacharel em direito pela Universidade Federal do Paraná (UFPR). Especialista em Direito Administrativo e Direito Processual Civil pelo Instituto de Direito Romeu Felipe Bacellar. Pós-graduanda em Processo Civil pelo Instituto de Direito Romeu Felipe Bacellar.

Ana Lidia Olivieri de Oliveira Maia

Advogada. Sócia do Ana Lidia Oliveira Advogados Associados. Bacharel em direito. Pós-graduanda em Direito Digital pela Escola Brasileira de Direito (EBRADI). Consultora especialista em serviços de adequação à LGPD. Data Protection Officer pela EXIN.

Anielle Eisenwiener Martinelli

Data Protection Officer (DPO), tendo coordenado projetos para adequação e gestão da LGPD. Coordenadora do Comitê de Conteúdo da ANPPD. Consultora de Projetos para Auditoria de Segurança da Informação e Governança de Dados e Privacidade. Mais de 25 anos de experiência na área de TI em implantação e gestão de serviços de TI (Service Desk, Field Support, Suporte Especializado, SNOC), Escritório de Governança de Processos; Implementação de serviços baseado em metodologia ágil e Lean Six Sigma; Análise de aderência da Organização à LGPD, implementação de Projeto de Privacidade de Dados. Implementação de GRC – Governança, Risco e Compliance; PCN – Plano de Continuidade do Negócio; PCO – Plano de Continuidade Operacional. Plano de Contingência do Serviços.

Carolina Ferreira Domingues

Advogada e Assessora Jurídica. Especialista em Licitações e Contratos pela Universidade do Sul de Santa Catarina – Unisul. Pós-graduanda em Direito à Proteção, Uso e Segurança de Dados. Atua junto a órgãos públicos há 15 anos. Cocriadora do @agendadireitopúblico. Sócia Fundadora do escritório Ferreira Domingues.

Davis Alves

Doutor em Administração de TI – Ph.D na Florida Christian University (EUA). Mestre em Administração com foco em TI Verde (USCS, 2015). Extensão em Gestão de TI pela FGV/SP (2011). Pós-graduado em Gerenciamento de Projetos (2009). Graduado em Redes de Computadores e Internet (2008). Residiu para estudos nos Estados Unidos e Nova Zelândia. Possui as certificações ITIL® Expert, COBIT®, ISO-20000®, ISO-27002®, EXIN® Agile Scrum Foundation e Scrum Master, VeriSM, Lean IT, Green IT Citizen, Green IT Foundations, ICS MCSA® Windows Server 2003, Cloud Computing, EXIN® DPO Data Protection Officer LGPD/GDPR (PDPE, PDPF, PDPP), & CISO – Certified Information Security Officer – ISO-27001 Professional, Cyber Security, Ethical Hacker (Human Hacking por meio da Fisiognomonia), DAC® Wireless, DCP® Switching, DSS® IP Surveillance. É consultor de Gestão de Sustentabilidade de TI, desenvolvendo produtos e consultorias em Green IT para órgãos públicos municipais do Brasil, além de Consultor em Privacidade de Dados (LGPD). Em 2019 assumiu como Presidente da ANPPD® – Associação Nacional dos Profissionais de Privacidade de Dados. Figura como DPO pioneiro no Brasil na área de Segurança da Informação & Ethical Hacker tendo formado mais de 1800 DPOs no país. Em 2020 recebeu o título de Membro de Honra da Digital Law Academy passando a integrar o seleto grupo do Conselho Superior, onde reúne os mais respeitados juristas federais, desembargadores, e

Sobre os autores

grandes nomes do Direito Digital no Brasil. Atuou como sócio-gerente na Millennium Hardware® responsável pela coordenação da equipe técnica e projetos de infraestrutura de TI, além de lecionar Gestão de Serviços, Segurança da Informação e Redes de Computadores na Universidade Paulista – UNIP (professor titular), Universidade Municipal de São Caetano do Sul – USCS (professor concursado), Universidade Federal de São Carlos – UFSCar e DARYUS/Faculdade Impacta. Academicamente, é membro do Congresso Científico Internacional POMS nos Estados Unidos, onde participa como presidente da sessão de Sustentabilidade. Já no Brasil faz parte do NDE (Núcleo Desenvolvedor Estruturante) da Universidade Paulista do curso superior de Tecnologia em Redes de Computadores, responsável pela adequação do curso junto ao MEC, onde obteve a nota máxima (5). Também responde como instrutor credenciado pelo EXIN/PeopleCert com foco em ITIL®, GDPR, ISO-27001®, Green IT, além de pesquisador e palestrante em diversos eventos científicos internacionais relacionados com TI Verde & GDPR na Espanha, Holanda e Estados Unidos – tendo seus estudos publicados nesses países.

Flávia Alcassa

Advogada. Sócia do escritório Alcassa & Pappert, especializada em Direito Digital Corporativo e Relações de Trabalho. Membro do comitê jurídico da ANPPD˚ Associação Nacional dos Profissionais de Privacidade de Dados. Membro da ANADD – Associação Nacional de Advogados do Direito Digital, certificada pela EXIN Privacy and Data Protection, Proteção de dados, Segurança Digital e Contratos pela FGV. Colunista. Instrutora de cursos e palestras. Membro convidada do Privacy for People.

Giselle de Menezes Viana

Bacharela em Direito pela Universidade de São Paulo.

Hilda Glícia Cavalcanti Lima Verde

Advogada com experiência em Consultoria jurídica e compliance em privacidade e proteção de dados, certificada pela FGV (CPC-PD). Bacharelada em Ciências Jurídicas e Sociais pela UFPB. Pós-graduanda em direito e processo tributário (UECE). Tem experiência no magistério superior jurídico. Membro do

Comitê de Conteúdo da Associação Nacional de Profissionais de Privacidade de Dados Pessoais (ANPPD). Membro do Comitê de Relações Trabalhistas da Associação Nacional de Advogados de Direito Digital (ANADD). Consultora em projetos de implementação da LGPD na empresa Bots Consultoria e independente. Contrato de afiliação e tutoria com o Instituto de Compliance Notarial e Registral (ICNR).

Jannice Amóras Monteiro

Doutora em Direito Internacional pela Universidade de São Paulo (USP) e Doutoranda em Direito Civil e Comparado da Universidade de Buenos Aires (UBA). Mestra em Direito das Relações Sociais pela Pontifícia Universidade Católica de São Paulo (PUC-SP). Especialista em direito notarial e registral. Registradora de Imóveis em Belém (Pará).

João Rodrigo Stinghen

Advogado com experiência em direito digital, notarial e registral. Consultor jurídico em privacidade e proteção de dados, certificado pela EXIN (PDPF). Autor de diversos artigos científicos nessas áreas. Bacharel em direito pela UFPR. Pós-graduando em direito digital e proteção de dados (EBRADI). Membro dos comitês jurídico e de conteúdo da Associação Nacional de Profissionais de Privacidade de Dados Pessoais (ANPPD). Membro da Associação Nacional de Advogados de Direito Digital (ANADD). Consultor em projetos de implementação da LGPD na empresa Privacidade Garantida. Fundador do Instituto de Compliance Notarial e Registral (ICNR), onde desenvolve eventos, cursos, treinamentos e implementações de programas de compliance para cartórios.

José Medeiros

O autor é major da Polícia Militar, com experiência em Privacidade e Proteção de dados e especialista em Segurança de informação. Atualmente está designado na função de Encarregado pelo Tratamento de Dados Pessoais na Secretaria Nacional de Segurança Pública do Ministério da Justiça. Possui algumas das principais certificações internacionais na área de Proteção de Dados e Segurança de Informações, sendo certificado como Data Protection Officer e Information

Security Officer pela EXIN. Possui inúmeros cursos de inteligência na área de tecnologia e Segurança da informação, tais como o Curso Crimes Cibernéticos pela International Criminal Police Organization (INTERPOL Global Learning Center – IGLC), Curso de Inteligência Cibernética e Segurança Orgânica pelo Ministério da Justiça e Segurança Pública (Secretaria de Operações Integradas--SEOPI/MJSP), Curso de Inteligência Aplicada e o Curso de Contraterrorismo pela Agência Brasileira de Inteligência (ABIN). Na área acadêmica, possui Bacharelado em Direito, Pós-Graduação em Ciências Jurídicas, Filosofia e Sociologia, e MBA em Gestão de Projetos. Já na área de tecnologia de informação, é graduado em Análise e Desenvolvimento de Sistemas e possui graduação tecnológica em Defesa Cibernética. É Membro do comitê jurídico da Associação Nacional de Profissionais de Proteção de Dados (ANPPD) e membro do Comitê Técnico da Segurança da Informação, Segurança Cibernética e Proteção da Privacidade na Associação Brasileira de Normas Técnicas (ABNT CEE 021). Ademais, é Lead Implementer ABNT da Norma ISO 27701 em projetos de Privacidade e Proteção de Dados Pessoais, desenvolvendo atividades técnicas de interpretação de dados, modelagem de processos, fiscalização de contratos de TI, implementação de programas de governança corporativa e auditoria de sistemas de gestão e informação.

Karina Martins Ribeiro da Silva Ferreira

Bacharel em Direito, Consultora, Graduanda em Administração pela Universidade Estácio de Sá. Pós-Graduanda em Recursos Humanos, Cocriadora do @agendadireitopúblico. Assistente Jurídica Sênior no escritório Ferreira Domingues.

Lucas Monte Karam

Graduado em Direito pela UCSAL (Universidade Católica do Salvador) em 2017. Pós-graduado em Direito Digital pela Faculdade Damásio em 2019, MBA em Data Protection Officer (LGPD-GDPR) pelo IESB (Instituto de Ensino Superior de Brasília) em 2021, Lead Implementer para a Gestão da Privacidade da Informação da norma NBR ABNT 27701, possui a formação de CS50 for Lawyers pela Harvard University e Regulatory Compliance pela Universidade da Pensilvânia em 2021. Instrutor oficial da metodologia EXIN na carreira DPO e Instrutor na Escola Superior de Redes da Rede Nacional de Pesquisa no curso de LGPD.

Marcelo Monte Karam

Graduado em Tecnologia da Segurança da Informação pela Faculdade AD1 (2008). Mestre em Computação Aplicada pela Universidade de Brasília (2014). Lead Implementer ABNT NBR ISO/IEC 27701. Analista de Tecnologia da Informação da Universidade de Brasília. Consultor e docente nas áreas de Segurança da Informação e Privacidade. Instrutor da Escola Superior de Redes da Rede Nacional de Pesquisa (ESR-RNP) nas temáticas de segurança, gestão e privacidade. Instrutor convidado do Exército Brasileiro para temáticas de cybersecurity.

Mariana Sbaite Gonçalves

Graduada em Direito pela Universidade Católica de Santos – UNISANTOS, MBA em SGI – Sistema de Gestão Integrada (Segurança do Trabalho – OHSAS 18001/Qualidade – I.S.O. 9001/Meio Ambiente – I.S.O. 14001 e Responsabilidade Social), MBA em Data Protection Officer (DPO) – IESB (concluindo). Pós-Graduada em Direito e Processo do Trabalho. Pós-Graduada em Advocacia Empresarial e Pós-Graduanda em Direito da Proteção e Uso de Dados. DPO (Data Protection Officer) certificada pela EXIN. Information Security Officer (I.S.O.) certificada pela EXIN. Membro da ANPPD (Associação Nacional dos Profissionais de Privacidade de Dados) e da ANADD (Associação Nacional de Advogadas(os) de Direito Digital).

Mario Peixoto

Cerca de 20 anos de experiência em tecnologia da informação, sendo gerente em entrega de serviços de TI e Coordenador de segurança da informação em grandes empresas nacionais de Call Center, Telecomunicações e multinacional. Com qualificação em Gestão de TI; Governança, Riscos e Compliance; Transformação Digital; Privacidade de dados GDPR / LGPD; Serviços de Consultoria CyberSecurity e Projetos Ágeis. Membro do Comitê Brasileiro de Gestão de Segurança da Informação e Cloud Computing da ABNT / CB21 Série 27000. Autor de 3 livros nas áreas de Segurança da Informação e Governança de TI. No meio acadêmico, professor da graduação em Sistemas de Informação e Engenharia, nos cursos de pós-graduação em Segurança da Informação e Gestão de TI. Mestre em Tecnologia da Informação e Comunicação, Bacharel em Ciência da Computação. Especialista em Segurança da Informação e MBA em Gerenciamento de Projetos.

Sobre os autores

Certificado em: ITIL v2 e v3, ISO / IEC 27001 e 27002, ISO / IEC 20000 Gerenciamento de Serviços de TI, Green IT Citizen, IBM Foundations Cloud Computing Architecture; Scrum Master e Privacy & Data Protection Essentials para LGPD/GDPR. Atualmente é Advisor Consulting CyberSecurity, membro oficial da ANPPD – Associação Nacional dos Profissionais de Proteção de Dados.

Mirian Aparecida Esquárcio Jabur

Data Protection Officer (DPO), na área de Segurança da Informação, tendo liderado/aconselhado iniciativas de adequação da LGPD. Diretora do Comitê de Conteúdo da ANPPD. Gestora de Projetos da Auditoria de Governança de Dados e Privacidade. Especialista em GRC e gestora de projetos da Auditoria de Governança de Dados e Privacidade. Larga experiência nos modelos Cobit® e ISO 27001. Vivência em ambiente ágil e Segurança da Informação. Atuação em projetos e treinamentos. Possui diversas certificações técnicas em TI e SI. Professora e palestrante no tema de Privacidade de Dados. Atuante no Comitê de TI da Subcomissão de Auditoria da Febraban no tema de LGPD.

Nilson Brito

Profissional de Tecnologia da Informação especializado em Gestão de Projetos PMBOK/PMP. Consultor em Projetos LGPD. EXIN Data Protection Officer – DPO. Gestor de Projetos PMP/PMI. Green IT Foundation. PeopleCert COBIT. CISCO Cyber Security. Membro ANPPD®. Graduação em Telecomunicações, Gestão de Negócios. Pós-graduação em Gestão de projetos. Sólida experiência em Consultoria. Liderança, coordenação e integração de equipes em projetos das mais diversas complexidades em organizações de diferentes portes. Coordenação em projetos de melhoria em redes corporativas (prêmio por melhor prática em projetos de melhoria em 2003 e 2004). Projetos de implantação de novos serviços (prêmio por redução de custos operacionais em projetos de implantação em 2005). Suporte para clientes de serviços de dados dedicados e discadas. Análise/Elaboração de propostas técnicas e comerciais para implantação de ativos, montagem, manutenção de Datacenter. Pós-vendas. (Equipamentos de Dados e Voz – AVAYA e Cisco, Cabeamento estruturado Furukawa). Parceria na Gestão de projetos de expansão de cobertura e novos sites 2G e 3G. Interface entre os principais fornecedores e empreiteiras com o cliente VIVO. PMO Regional da operadora

VIVO MG. Responsável pelo processo de qualidade. Elaboração e Avaliação de indicadores (Internos e Externos). Garantia e Controle de qualidade. Contribuição em artigos referentes à proteção e privacidades de dados para a ANPPD®.

Oerton Fernandes de V. e Silva

Data Professional Officer-DPO e Professional Data Privacy – PDP, especialista em segurança da informação, cibercrimes, riscos e proteção, administrador de empresas, formado em tecnologia de processamento de dados e administração de empresas com MBA em gestão comercial pela Business São Paulo School – BSP, marketing e negócios pela FMU e MBA em Direito Digital e Proteção de Dados pela Escola Brasileira de Direito, membro efetivo do comitê público e de conteúdo da ANPPD® – Associação Nacional dos Profissionais em Privacidade e Proteção de Dados, CBTSI® – Comunidade Brasileira de Tecnologia e Segurança da Informação, comitês de governança, riscos e compliance, e privacidade e proteção de dados pessoais da ANADD® – Associação Nacional de Advogados do Direito Digital, há 28 anos desenvolvendo gestão de processos, segurança da informação, gestão de identidades e proteção de dados. Em segurança da informação, atua nos processos de consultoria, adequação e elaboração de inventários periódicos e auditoria de sistemas informatizados, desenvolvimento e monitoramento dos relatórios de impacto à proteção de dados pessoais, apoio no desenvolvimento de projetos, monitoramento e fiscalização de conformidades, desenvolvimento de treinamentos e comunicação visando a conscientização plena de todos os envolvidos, monitoramento de novas regulamentações da LGPD/GDPR e normas setoriais, apoio na implantação de sistemas de gestão com base na família de normas ISO/IEC 27000 (27001, 27002, 27005 etc.), ISO/IEC 31000 e normas internacionais com tecnologias em cloud (IaaS, PaaS, SaaS) e sistemas para gestão do programa de privacidade, apoio técnico-jurídico no desenvolvimento de novos projetos que envolvam dados pessoais, implantação e condução do comitê de privacidade, simulação e testes garantindo o funcionamento do plano de resposta à incidentes, atuação em incidentes de violação de dados pessoais, relacionamento com as mais diversas autoridades, DPO as a Service gerenciando todo processo interno e externo, governança de dados, gestão de projetos e gestão de mudanças, programas de compliance e tratamento de requisitos regulatórios, apresentando as demandas de privacidade e proteção de dados. Professor universitário, instrutor, palestrante e facilitador especializado em segurança da informação e proteção de dados, creditado HSI® Institute e EXIN® em Data Protection Officer – DPO, ISO/IEC 27001 – Information Security Foundation - ISFS, ISO 27701, Privacy & Data Protection Foundation – PDPF, Privacy & Data Protection Practitioner – PDPP e PDPE – Privacy & Data Protection Essential treinando equipes multidisciplinares no Brasil e exterior.

Patricia Peck Pinheiro

Advogada especialista em Direito Digital, Propriedade Intelectual, Proteção de Dados e Cibersegurança. Graduada e Doutorada pela Universidade de São Paulo, PhD em Direito Internacional. Pesquisadora convidada do Instituto Max Planck de Hamburgo e Munique, e da Universidade de Columbia nos EUA. Professora convidada da Universidade de Coimbra em Portugal e da Universidade Central do Chile. Professora convidada de Cibersegurança da Escola de Inteligência do Exército Brasileiro. Advogada Mais Admirada em Propriedade Intelectual de 2007 a 2020. Recebeu o prêmio Best Lawyers 2020, Leaders League 2019, Compliance Digital pelo LEC em 2018, Security Leaders em 2012 e 2015, a Nata dos Profissionais de Segurança da Informação em 2006 e 2008, o prêmio Excelência Acadêmica – Melhor Docente da Faculdade FIT Impacta em 2009 e 2010. Condecorada com 5 medalhas militares, sendo a Medalha da Ordem do Mérito Ministério Público Militar em 2019, Ordem do Mérito da Justiça Militar em 2017, Medalha Ordem do Mérito Militar pelo Exército em 2012, a Medalha Tamandaré pela Marinha em 2011, a Medalha do Pacificador pelo Exército em 2009. Presidente da Comissão Especial de Privacidade e Proteção de Dados da OAB/SP. Árbitra do Conselho Arbitral do Estado de São Paulo – CAESP, Vice-Presidente Jurídica da Associação Brasileira dos Profissionais e Empresas de Segurança da Informação – ASEGI. Professora e coordenadora de Direito Digital em várias Instituições de Ensino. Autora/coautora de 29 livros de Direito Digital. Sócia do escritório PG Advogados, da empresa de educação EDOOKA e Presidente do Instituto iStart de Ética Digital. Programadora desde os 13 anos, autodidata em Basic, Cobol, C++, Html. Certificada em Privacy e Data Protection EXIN.

Priscila Dailana da Silva Medina

Analista de Contratos. Atua na Área de Negociação Extrajudicial de Contratos de Telecomunicações. Graduanda em Direito na Faculdade CESUSC. Graduanda em Administração Pública UDESC. Assistente Jurídica Júnior no Escritório Ferreira Domingues.

Rachel Leticia Curcio Ximenes

Advogada. Sócia do Celso Cordeiro e Marco Aurélio Advogados Associados. Bacharel em direito. Mestre e Doutora em Direito Constitucional pela Pontifícia Universidade Católica de São Paulo (PUC-SP). Especialista em Direito Notarial e Registral pela Escola Paulista da Magistratura (EPM). Especialista em Direito e Proteção de Dados pelo INSPER. Presidente da Comissão de Direito Notarial e de Registros Públicos da OAB-SP.

Rafaela de Souza Félix

Graduada em Direito pela Pontifícia Universidade Católica de Minas Gerais (2010). Pós-graduada na área de Direito Notarial e Registral pela Universidade Cândido Mendes. Oficiala Interina do Ofício de Registro Civil e Notas de Cachoeira da Prata (MG).

Rodrigo Bley Santos

Bacharel em Direito (UFPR). Especialista em Direito Processual Civil (Instituto Bacellar – Curitiba). Mestre em Direto Processual Civil (UFPR). Advogado.

Samila Ariana Alves Machado

Bacharel em Direito. Jornalista e Editora da Revista LGPD Magazine, publicada pela ANPPD®. Pós-graduada em Direito Notarial e Registral pela LFG. Educação complementar – Cursos de certidões no Registro de Imóveis, Compliance para Cartórios (Prov. 88), Direito Imobiliário, Fashion Law, LGPD e Propriedade Intelectual. Membro do Comitê de Conteúdo da Associação Nacional de Profissionais de Privacidade de Dados Pessoais – ANPPD®, membro da Associação Nacional de Advogados(as) do Direito Digital – ANADD. Sócia do Instituto de Compliance Notarial e Registral (ICNR).

Sobre os autores

Tarcisio Teixeira

Advogado especialista em Proteção de Dados. Doutor e Mestre pela USP – Faculdade de Direito do Largo São Francisco. Professor universitário. Autor, entre outros livros, de: *Direito empresarial sistematizado* (SaraivaJur); *Direito digital e processo eletrônico* (SaraivaJur); *LGPD e E-Commerce* (SaraivaJur); *Manual da compra e venda* (SaraivaJur); *Direito das novas tecnologias:* legislação eletrônica comentada, mobile law e segurança digital (Revista dos Tribunais); *Lei Geral de Proteção de Dados* – Comentada (JusPodivm); *Proteção de dados* – fundamentos jurídicos (JusPodivm); *Inteligência artificial* (JusPodivm); *Blockchain e criptomoedas* (JusPodivm); *Manual jurídico das startups e da inovação* (JusPodivm). E-mail para contato: tarcisio@privacidadegarantida.com.br.

Vitor Frederico Kümpel

Livre-Docente em Direito Notarial e Registral e Doutor em Direito Civil pela USP. Juiz de Direito do TJSP. Coordenador da Pós-Graduação em Direito Notarial e Registral da Damásio Educacional.

PREFÁCIO

O sancionamento de uma lei que viesse a proteger a pessoa natural identificada ou identificável, no que se refere aos seus dados pessoais, bem como sua privacidade, era um momento histórico aguardado pela sociedade em geral, após um longo e tumultuado período de discussões legislativas, o que veio a ser concretizado com a entrada em vigor da Lei Geral de Proteção de Dados Pessoais – LGPD – Lei n. 13.709/2018, exatamente em 18 de setembro de 2020.

Essa respectiva legislação que já nasceu com características específicas de ser uma lei de repercussão nacional e de caráter eminentemente protetivo, voltada particularmente a pessoa natural, trouxe consigo uma necessidade urgente de transformação cultural com relação aos cuidados que devemos ter com os nossos dados pessoais e a boa guarda da nossa privacidade.

A sociedade informacional atual exigirá por parte de cada um de nós que sejamos os verdadeiros protagonistas dessa nova história, que traz como referência central um novo paradigma sobre a postura determinante e cuidadosa que devemos ter diante do tratamento de dados pessoais e/ou dados pessoais sensíveis pertencentes a pessoa natural.

As serventias extrajudiciais de igual forma precisaram executar movimentos internos e externos não somente para garantirem a sua adequação à LGPD, mas também para incorporarem em seu universo específico os fundamentos, os princípios, as bases legais e o acesso aos direitos dos titulares dos dados pessoais, os quais fazem parte da estrutura fundamental desta legislação protetiva.

A obra intitulada *LGPD e cartórios*: implementação e questões práticas, com cinco coordenadores e dezesseis capítulos, demonstra desde o começo a preocupação com a necessidade de mudança cultural decorrente da Lei Geral de Proteção de Dados Pessoais e seu respectivo ritual de conscientização na esfera dos cartórios extrajudiciais, por meio de seus titulares, interinos ou mesmo interventores.

No decorrer da leitura dos capítulos, vamos encontrar importantes contribuições para a tarefa de implementação da referida lei junto as serventias extrajudiciais, no tocante aos serviços eletrônicos já existentes nesse universo, quais as principais questões práticas a serem enfrentadas para a adequação dos cartórios a LGPD e a importância diária sobre a gestão de projetos que venham a tratar sobre a guarda da privacidade dos cidadãos em geral.

É possível ainda dimensionar no conteúdo da obra quais são as características específicas do encarregado de tratamento de dados pessoais das serventias extrajudiciais, e qual deverá ser a sua relação com os agentes de tratamento, ou seja, controlador e operador.

Há interessante análise sobre o Provimento n. 74 editado pelo Conselho Nacional de Justiça (CNJ), e que faz parte do cotidiano daqueles cartórios, em confronto com os princípios da segurança de informação, destacando o nível de influência destes últimos perante a tal normativa regulatória, além de explorar aspectos essenciais sobre o *Gap Analysis* e Análise de impacto à proteção de Dados Pessoais.

A governança corporativa diretamente aplicada aos cartórios extrajudiciais, e qual a melhor estratégia a ser operacionalizada para o exercício dos direitos dos titulares dos dados pessoais, foi contemplada de maneira objetiva nos capítulos da obra, com a devida importância que o assunto requer dentro dessa esfera especializada de atuação, e de conformidade principalmente com o conteúdo descrito no art. 18 e todos os seus respectivos incisos constantes na Lei Geral de Proteção de Dados Pessoais.

O correto enquadramento das bases legais da LGPD nas atividades desenvolvidas pelas serventias extrajudiciais, bem como a revisão de atos e documentos em conformidade com a lei protetiva, também foi assunto merecedor de especial exame.

Com igual preocupação e relevância houve avaliação essencial sobre a responsabilidade civil dos titulares e/ou responsáveis dos cartórios extrajudiciais perante as regras estabelecidas pela LGPD.

Fez-se também uma verificação da forma pela qual deverá ser exercida a fiscalização das serventias extrajudiciais, de acordo com o que prevê o conteúdo da LGPD, com relação a esta matéria, por parte das Corregedorias Gerais de Justiça dos Tribunais, enfocando, também, como esta atividade fiscalizatória deverá ser exercida pela Agência Nacional de Proteção de Dados (ANPD).

Em derradeiro, pode-se mencionar que esta obra vem acrescentar valores essenciais e enriquecer de forma grandiosa o mundo jurídico na atividade de atuação dos titulares e/ou responsáveis pelas serventias extrajudiciais, servindo como um verdadeiro manual de implementação da Lei Geral de Proteção de Dados Pessoais (LGPD), nessa esfera específica de atuação.

Registro aqui minha imensa gratidão e honra a todos os coordenadores e autores por me escolherem para prefaciar esta obra, lembrando a todos que estão envolvidos com a implementação da LGPD que assim como menciona o neurocientista Gregory Berns, "O caminho para experiências gratificantes passa pelo terreno do desconforto"[1], mas que desde já desejo a todos que ultrapassem rapidamente esta fase inicial desprovida de conforto, e vibrem com a jornada fantástica de sucesso da adequação da LGPD em suas organizações.

Denise de Souza Luiz Francoski
Desembargadora do TJSC. Coordenadora do Comitê
Gestor de Proteção de Dados do TJSC. Membro do Grupo de
Trabalho do Conselho Nacional de Justiça para regulamentação
da LGPD no âmbito das serventias extrajudiciais.

---

[1] GALLO, Carmine. *Storytelling*: aprenda a contar histórias com Steves Jobs, Papa Francisco, Churchil e outras lendas da liderança. Tradução de Bruno Scartossoni. Rio de Janeiro: Alta Books, p. 186.

1. MOTIVAÇÕES PARA A ADEQUAÇÃO DAS SERVENTIAS EXTRAJUDICIAIS À LGPD: MUDANÇA CULTURAL E CONSCIENTIZAÇÃO

Hilda Glícia Cavalcanti Lima Verde
João Rodrigo Stinghen
Tarcisio Teixeira

1. INTRODUÇÃO

A partir do ano de 2020, no contexto da pandemia de Covid-19, houve uma aceleração exponencial da vivência no ambiente digital. Por um lado, esse "novo normal" trouxe complicações de aspectos econômicos, sociais e psicológicos, fatores que não podem ser desconsiderados. Por outro lado, contudo, trouxe um progresso da técnica, um *boom* de inovações e novas formas de interação social.

Esse contexto acelerou debates e perspectivas em diversas áreas, como a privacidade de dados[1]. A tão esperada Lei Geral de Proteção de Dados (LGPD), com eficácia parcial devido à postergação da vigência das sanções, está vigente desde o dia 18 de setembro de 2020. Esse é um marco legal que regulamenta o uso, a proteção e a transferência de dados pessoais no Brasil que acarreta mudança legislativa que causa impacto na cultura brasileira.

Hoje, vive-se num contexto em que a coleta de dados pessoais é fenômeno irreversível e ocorre por meios e em volume nunca vistos. A evolução da proteção de dados é diretamente relacionada ao progresso da técnica. Se a *high tech* facilitou a coleta e o processamento de dados – aumentando a necessidade da proteção

---

[1] Note-se: a despeito da própria lei remeter a uma "proteção de dados", entendemos que a expressão "privacidade de dados" melhor expressa a tutela buscada para os titulares, pois a *privacidade* é o direito, enquanto a *proteção* são os mecanismos pelos quais se busca operacionalizá-lo.

(liberdade) – também forneceu subsídios para uma aferição concreta da implementação de medidas protetivas pelos gestores de dados (transparência)[2-3].

Na Sociedade da Informação, "A informação é o (novo) elemento estruturante que (re)organiza a sociedade, tal como o fizeram a terra, as máquinas a vapor e a eletricidade, bem como os serviços, respectivamente, nas sociedades agrícola, industrial e pós-industrial", na qual há "mecanismos capazes de processar e transmitir informações em uma quantidade jamais imaginável" e em que "há uma nova compreensão (mais abreviada) da relação tempo-espaço"[4].

Nesse cenário, desenvolveu-se a necessidade e a preocupação global com uma proteção de dados pessoais especializada e atualizada. Cada vez mais se reconhece que os dados pessoais integram a esfera personalíssima de seus titulares, gerando novos paradigmas normativos de tutela:

> Na lei brasileira de proteção de dados, parte-se da ideia de que não existe dado pessoal insignificante. [...] Diante do cuidado com o tema, foi estabelecido como regra geral (art. 1º) que qualquer pessoa que trate dados, seja ela natural ou jurídica, de direito público ou privado, inclusive na atividade realizada nos meios digitais, deverá ter uma base legal para fundamentar sua atividade[5].

As informações sobre alguém formam a imagem da pessoa, extensão de sua dignidade. Daí a noção da autodeterminação informacional da pessoa humana.

---

[2] "A base desse pacto é a liberdade, o fiel da balança é a transparência. Sendo assim, as leis sobre proteção de dados pessoais têm uma característica muito peculiar de redação principiológica e de amarração com indicadores mais assertivos, de ordem técnica, que permitam auferir de forma auditável se o compromisso está sendo cumprido" (PINHEIRO, Patrícia Peck. *Proteção de Dados Pessoais*: comentários à Lei n.13.709/2018 (LGPD). Saraiva, 2018. E-book).

[3] Nas palavras de Stéfano Rodotà: "A contrapartida necessária para se obter um bem ou um serviço não se limita mais à soma de dinheiro solicitada, mas é necessariamente acompanhada por uma cessão de informações" (RODOTÀ, Stefano. *A vida na sociedade de vigilância*: a privacidade hoje. Organização, seleção e apresentação de Maria Celina Bodin de Moraes. Rio de Janeiro: Renovar, 2008, p.113).

[4] BIONI, Bruno Ricardo. *Proteção de dados pessoais*: a função e os limites do consentimento. 2. ed. Rio de Janeiro: Forense, 2020, p. 4-5.

[5] TEPEDINO, Gustavo; TEFFÉ, Chiara S. de. Consentimento e proteção de dados pessoais na LGPD. In: TEPEDINO, Gustavo; FRAZÃO, Ana; OLIVA Milena D. (Coords.). *A Lei Geral de Proteção de Dados Pessoais*: e suas repercussões no Direito Brasileiro. Revista dos Tribunais, 2019. E-book.

1 Motivações para a adequação das serventias extrajudiciais à LGPD

Esse direito tem como escopo proteger todas as decorrências do tratamento de dados, que ultrapassam a simples exposição da intimidade, pois podem envolver manipulações para fins comerciais ou políticos (benignos ou não), destruição de reputações, perseguições a indivíduos ou a minorias, dentre outros.

O GDPR, hoje, é a normativa mais influente sobre o tema. E o fato de ter sido produzida pela Europa não é algo fortuito, tendo em vista que "A proteção de dados na Europa foi concebida a partir da evolução de conceitos e, ademais, como consequência de um longo caminho percorrido, o qual teve como ponto de partida o reconhecimento da relevância da privacidade como direito fundamental do ser humano"[6].

Com efeito, o Velho Continente já vinha regulamentando o direito à privacidade há muito tempo. Desde o período após a Segunda Guerra Mundial, a Europa já produzia normativas que tutelavam especificamente a privacidade, como o art. 12 da Declaração dos Direitos Humanos de 1948[7]. Desde então, paulatinamente, a Europa avançou na proteção desses direitos, chegando ao atual GDPR. Não é exagero dizer que a GDPR lançou o mundo todo numa nova fase de tutela de dados pessoais, pois a partir dela vários dos grandes controladores de dados (redes sociais, empresas de *e-commerce* e toda sorte de aplicativos intermediadores de serviços) alteraram suas políticas de privacidade não apenas para a Europa, mas para seus clientes no mundo todo.

A cultura europeia de privacidade e proteção de dados foi a fonte inspiradora e modelo legislativo adotado pelo nosso país, a sua maturidade atual deve-se a uma construção de décadas. Nela os legisladores brasileiros se espelharam, tendo o regramento nacional finalmente entrado em vigor, após vários anos de debates, discussões, aprovação, publicação e *vacatio legis*. A LGPD brasileira é amplamente baseada nessa cultura, tanto que foi publicada no mesmo ano em que a GPDR entrou em vigor (2018).

---

[6] MALDONADO, Viviane Nóbrega; BLUM, Renato Opice (Coords.). *Comentários ao GDPR*: regulamento geral de proteção de dados da União Europeia. São Paulo: Thompson Reuters, 2018, p. 87.

[7] "Artigo 12. Ninguém será sujeito a interferências na sua vida privada, na sua família, no seu lar ou na sua correspondência, nem a ataques à sua honra e reputação. Toda pessoa tem direito à proteção da lei contra tais interferências ou ataques" (ONU. *Declaração Universal dos Direitos Humanos*. Adotada e proclamada pela Resolução n. 217 A (III) da Assembleia Geral das Nações Unidas em 10 de dezembro de 1948. Assinada pelo Brasil na mesma data. Disponível em: <https://bit.ly/2FAPLRv>. Acesso em: 16 set. 2020).

Ao prever, como fundamentos a privacidade, a autodeterminação informativa e a inviolabilidade da intimidade, da honra e da imagem, a LGPD atesta que a proteção de dados atual abarca todos os aspectos da evolução desse direito. Esse desenvolvimento histórico ocorreu pelo somatório, não pela substituição, sendo marcado por uma mudança de paradigma: não mais se concebem os dados como propriedade, mas como emanação da dignidade da pessoa humana[8].

Mesmo no Brasil, esse tema já não é novidade. Se o leitor fizesse um mínimo esforço de pesquisa, logo teria em mãos (ou na tela de seu terminal de acesso à internet) vastíssima lista de diplomas normativos sobre privacidade e proteção de dados. Em meio a tal barafunda, é amplíssima a gama de conteúdos já produzidos a respeito, seja de aspecto prático, seja para aprofundamento acadêmico. Mesmo assim, há muito que se discutir, definir, delimitar.

Apenas para destacar dois aspectos de como seria esse esforço interpretativo, sequer contamos com a Autoridade Nacional de Proteção de Dados Pessoais (ANPD) para regulamentar a lei, mesmo a LGPD sendo expressa, em vários dispositivos[9], sobre a necessidade dessa regulamentação. Além disso, o Poder Judiciário mal iniciou a interpretação de seus termos pela via judicial, que é construída lentamente, desde os foros de primeiro grau, até as cortes superiores, passando por tribunais estaduais e federais[10].

---

[8] GLITZ, Gabriela P. C. Da privacidade à proteção de dados pessoais: o caminho para uma lei geral de proteção de dados pessoais, p. 9.

[9] Mencionam-se, a título de exemplo, os dispositivos da LGPD: "Art. 4º [...] § 3º A autoridade nacional emitirá opiniões técnicas ou recomendações referentes às exceções previstas no inciso III do *caput* deste artigo e deverá solicitar aos responsáveis relatórios de impacto à proteção de dados pessoais"; Art. 11. [...] § 3º A comunicação ou o uso compartilhado de dados pessoais sensíveis entre controladores com objetivo de obter vantagem econômica poderá ser objeto de vedação ou de regulamentação por parte da autoridade nacional, ouvidos os órgãos setoriais do Poder Público, no âmbito de suas competências"; Art. 12. [...] § 3º A autoridade nacional poderá dispor sobre padrões e técnicas utilizados em processos de anonimização e realizar verificações acerca de sua segurança, ouvido o Conselho Nacional de Proteção de Dados Pessoais"; "Art. 30. A autoridade nacional poderá estabelecer normas complementares para as atividades de comunicação e de uso compartilhado de dados pessoais"; "Art. 13. [...] § 3º O acesso aos dados de que trata este artigo será objeto de regulamentação por parte da autoridade nacional e das autoridades da área de saúde e sanitárias, no âmbito de suas competências".

[10] Pelo seu amplo escopo, a LGPD suscitará conflitos de competência de praticamente todas as esferas do judiciário, em âmbito estadual e federal e, inclusive, em âmbito das justiças especializadas, por exemplo, a Justiça do Trabalho e a Justiça Eleitoral.

1 Motivações para a adequação das serventias extrajudiciais à LGPD

Ocorre que, pelo que se observa, não há muitas pesquisas de conteúdos direcionados às serventias extrajudiciais. E não se trata de uma adaptação fortuita, ou de somenos importância. É preciso analisar, à luz das normativas e conceitos próprios da área notarial e registral, a doutrina e a legislação de proteção de dados.

Como ocorre com toda a lei nova, a LGPD traz dois desafios: sua interpretação, que ainda precisa ser estabelecida com segurança; e sua implementação, que não é simples. Quanto ao primeiro aspecto, o desafio é consolidar esquadros seguros de interpretação da LGPD de maneira setorizada, dos quais possa partir a exegese judicial e das autoridades fiscalizadoras, em especial a ANPD (e o Poder Judiciário, no caso dos cartórios). Quanto ao segundo aspecto, o desafio é garantir que o cumprimento das exigências legais não inviabilize os processos da organização.

Por isso, uma investigação sistemática de como se aplica a LGPD nos cartórios – e de como deve ser implementada pragmaticamente – não apenas interessa; é verdadeiramente necessária. E essa é a razão de ser desta obra.

A proposta é apresentar um panorama teórico e prático para que os cartórios possam implementar a LGPD. Quais são as bases legais que legitimam o tratamento de dados do cartório? Como operacionalizar os direitos dos titulares de dados pessoais? Como revisar documentos para conformidade com a lei? Como redigir políticas de privacidade e de segurança? Como e quando fazer o *Data Protection Impact Assessment* (DPIA)? Como deve se comportar o *Data Protection Officer* (encarregado de proteção de dados) do cartório. Estes são alguns dos pontos a serem tratados ao longo do livro, dentre diversas outras questões pertinentes a processos de implementação.

Não se trata apenas de *checklists* e *roadmaps* resumidos. Sem perder o viés prático, esta obra se propõe a ser guia interpretativo e prático da LGPD para os cartórios. Reunindo especialistas de diversas áreas, não há qualquer receio de afirmar que se trata de algo inédito no mercado editorial brasileiro.

Trata-se de uma contribuição aos cartórios, de maneira imediata; mas também, indiretamente, o estudo beneficiará toda a comunidade jurídica, que em muito depende dos serviços prestados pelos cartórios em sua atuação; e beneficiará, por fim, toda a sociedade, que depende da função notarial e registral como um dos pilares da segurança jurídica.

Neste capítulo, analisaremos um ponto fundamental sem o qual qualquer programa de adequação estaria fadado ao fracasso: a cultura de privacidade e proteção de dados a ser criada entre os titulares e colaboradores dos cartórios.

2. MOTIVAÇÕES DE ADEQUAÇÃO: SENSIBILIZAÇÃO PARA A MUDANÇA CULTURAL

A criação de uma cultura de privacidade envolve duas facetas, a racional (intelecto) e a axiológica (valores). Se é preciso conhecer os aspectos técnicos da LGPD, também é fundamental internalizar o valor dela para a organização. Cada uma a seu modo, a orientação e a conscientização contribuem para a criação de uma **cultura** de privacidade e proteção de dados numa organização.

Do ponto de vista prático, aspecto racional se alcança pela **orientação: ensinar** aspectos técnicos sobre o que deve ser feito. Por sua vez, o aspecto axiológico se conquista pela **conscientização: educar** sobre importância de respeitar os direitos dos titulares de dados.

E o que é uma "cultura de privacidade"? Levando em conta que a implementação da LGPD nada mais é que um programa de *compliance*, pode-se dizer que se trata de uma cultura de *compliance*: "alinhar as práticas e rotinas à alma da instituição"[11]. Desde que, em consonância com os valores da organização, a orientação e a conscientização da equipe assegurem "que o programa de *compliance* seja assimilado por todos como uma "cultura" e não como uma atividade esporádica"[12].

Neste tópico, pretende-se demonstrar de que forma a privacidade e a proteção de dados se relacionam com a função notarial e registral, demonstrando como implementar a LGPD pode ser uma forma de valorizar a atividade como um todo, em prol dos cartórios, seus usuários e da sociedade em geral.

2.1. Para que *compliance* em cartórios?

Levando em consideração que a adequação à LGPD nada mais é que a implementação de um programa de *compliance*, é interessante refletir sobre a pertinência desse tipo de mecanismo de governança corporativa nos cartórios.

Muito se fala em *compliance* atualmente e, por mais que todos digam ser algo necessário, é importante saber exatamente o porquê disso. Ainda mais considerando que a maioria dos conteúdos a respeito direciona-se a empresas, cujo regime jurídico não é o mesmo que dos cartórios.

---

[11] PORTO, Éderson G. Compliance *e governança corporativa*: uma abordagem prática e objetiva. Porto Alegre: Lawboratory Press, 2020, p. 65.

[12] PORTO, Éderson G. Compliance *e governança corporativa*, cit., p. 65.

Compliance nada mais é que cumprir seus deveres de maneira planejada e harmônica. Implementar um programa de *compliance* é estruturar mecanismos simples e eficazes para garantir o cumprimento de normas éticas e jurídicas e a qualidade do serviço prestado. Essa atitude evita responsabilizações, salvaguarda a imagem da organização, melhora a produtividade e cria um ambiente onde todos se sentem mais motivados ao trabalho.

O *compliance* abarca dois grandes ramos. Por um lado, existem programas direcionados à gestão e à qualidade dos serviços, cuja temática tende à área da Administração corporativa; nesse setor, os padrões da ISO e da ABNT são as principais fontes de referência. Por outro lado, existe o *compliance* jurídico, que é focado em medidas que garantem a conformidade com o Direito; nesse caso, as referências não são as normas jurídicas incidentes sobre a atividade. Evidentemente, as áreas não são estanques, mas se conectam em três aspectos:

- **benefício mútuo:** uma gestão de qualidade evita fraudes e ilícitos, ao passo que o respeito ao Direito sempre acarreta a melhoria nos processos operacionais da organização;
- **referências complementares:** mesmo que o enfoque seja em padrões de gestão ou em normas jurídicas, ambas as fontes de orientação de conduta sempre são importantes. Para citar um exemplo: a LGPD é uma norma jurídica, mas seu art. 50 alude a padrões de boas práticas;
- **ética como fundamento:** seja focado na qualidade ou na juridicidade, o *compliance* sempre busca criar uma cultura de integridade, o que apenas se faz pela ética. Isso garante que o programa de *compliance* não seja superficial nem ineficiente.

No caso das serventias extrajudiciais, há algum tempo se tem discutido o *compliance* de qualidade. Existem consultorias que prestam um excelente serviço auxiliando os cartórios a uma gestão eficiente, inclusive com a obtenção de certificações internacionais (exemplo: padrões da família ISO 9000). Além disso, a própria Associação Nacional dos Notários e Registradores (ANOREG) tem um papel muito importante de promoção do *compliance* de gestão, por meio do Prêmio Qualidade Total da Anoreg (PQTA), motivando muitas serventias a melhorar suas atividades.

Embora o *compliance* com enfoque mais jurídico não possua tantas iniciativas entre os cartórios, a preocupação com a conformidade jurídica vem crescendo. Afinal, além das leis que regulamentam a atividade, os cartórios precisam estar atentos a uma **enxurrada de normativas** das corregedorias locais e, sobretudo, do Conselho Nacional de Justiça (CNJ), muitas das quais trazem conceitos claramente relacionados a *compliance* (o Provimento n. 88/2019, por exemplo).

Contudo, para além dessa questão conjuntural, o *compliance* jurídico nos cartórios decorre de um **imperativo lógico**. Se a atividade notarial e registral é um "híbrido" entre o público e o privado, é preciso investir tanto na qualidade dos serviços (gestão privada) quanto na garantia de cumprimento das normas jurídicas, pois a atividade notarial e registral é uma delegação de um serviço público, que precisa operar segundo a legalidade.

Por fim, é uma questão **pragmática**. Uma vez que os cartórios têm justamente como função garantir a segurança jurídica, é pressuposto que devam empenhar máximo esforço no cumprimento da lei, prevenindo qualquer desvio por meio de mecanismos eficientes. Pois ninguém pode "dar o que não tem".

2.1.1. Qual a diferença entre o compliance e o princípio da legalidade?

O objetivo de um programa de *compliance* jurídico é garantir o cumprimento das leis e normas administrativas que incidem sobre a atividade. Nesse contexto, alguém poderia pensar: se cumprir o Direito já é um dever dos cartórios, o que há de novidade? Não seria apenas uma maneira "anglicanizada" de dizer que os cartórios se pautam pelo princípio da legalidade?

Para entender a diferença, é necessário delimitar o conceito de *compliance*: "conformidade às normas internas e externas preestabelecidas [a fim de] mitigar os seus riscos e preservar sua imagem, credibilidade e reputação perante seus clientes e a sociedade"[13].

Como se pode perceber, a finalidade é diversa.

O princípio da legalidade é uma decorrência do caráter público da atividade notarial e registral, sobre a qual incidem os princípios do art. 37 da Constituição Federal; isso significa que o cartório, em sua atuação, parte da lei e atua em seus limites. A lógica é **reativa:** se existe a lei, devo cumpri-la.

---

[13] BENEDETTI, Carla Rahal. Criminal *compliance*: instrumento de prevenção criminal corporativa e transferência de responsabilidade penal. *Revista de Direito Bancário e do Mercado de Capitais*, v. 59, p. 303, jan. 2013.

Por seu turno, o *compliance* visa a criar as condições para que ilícitos não ocorram, implementando "um sistema de prevenção de responsabilidade, bem como de cumprimento da legislação"[14]. Assim, é um instrumento mais **proativo** que reativo[15]. Além de cumprir a estrita letra da lei, busca-se fomentar uma cultura de integridade, que motiva as pessoas a agirem segundo o que é o correto, independentemente de regulamentos específicos.

Algumas normas jurídicas possuem um nítido viés preventivo e, por isso, são mais relacionadas a *compliance*. É o caso, por exemplo, da Lei de Lavagem de Dinheiro (Lei n. 9.613/98), da Lei Anticorrupção (Lei n. 12.846/2013) e da Lei Geral de Proteção de Dados Pessoais (Lei n. 13.709/2018). Além de conterem imperativos de conduta diretos – presentes em todas as normas jurídicas –, essas leis contemplam **orientações indiretas da conduta**, que são posteriormente internalizadas em **estruturas de incentivo**[16]. Essas estruturas envolvem a criação de cargos específicos (ex.: "oficial de cumprimento"), padrões de conduta, sistemas de monitoramento, dentre outros mecanismos cujo objetivo é possibilitar a internalização da lei de modo muito mais organizado.

No caso dos cartórios, isso pode ser compreendido, de maneira concreta, considerando a diferença entre cumprir a Lei n. 8.935/94 e o Provimento n. 88/2019 do CNJ. A Lei n. 8.935/94 prevê que o delegatário deve "atender as partes com eficiência, urbanidade e presteza" (art. 30, III), por exemplo, mas não diz **como isso deve ser feito**.

Já o Provimento n. 88 não apenas determina que os cartórios devem detectar e comunicar as operações suspeitas, mas também orienta a criação de uma **política de prevenção**, que abarca típicos mecanismos de *compliance*, como treinamento, conscientização, monitoramento das atividades e criação de manuais e rotinas internas sobre regras de condutas (arts. 7º e 8º).

---

[14] BELLO, Douglas S.; SAADAVEDRA, Giovani A. A necessária reflexão acerca da expansão legislativa do *compliance* decorrente da relação de criptomoedas como os *bitcoins* e a lavagem de dinheiro. *Revista Brasileira de Ciências Criminais*, v. 147, p. 251-272, set. 2018.

[15] ANSELMO, Márcio Adriano. *Compliance*, direito penal e investigação criminal: uma análise à luz da iso 19600 e 37001. *Revista dos Tribunais*, v. 979, p. 53-67, maio/2017.

[16] SAAD-DINIZ, Eduardo; SILVEIRA, Renato M. J. A noção penal dos programas de *compliance* e as instituições financeiras na "nova lei de lavagem" – Lei n. 12.683/2012. *Revista de Direito Bancário e do Mercado de Capitais*, v. 57, p. 267-279, jul.-set., 2012.

2.1.2. A importância da imagem do agente delegado e a contribuição do compliance

Como visto, o programa de *compliance* é instrumento que contribui para a boa imagem da organização. E isso é algo muito importante para as serventias, em especial para seu titular.

Reflita-se: um delegatário que atua em total respeito ao disposto na Lei n. 8.935/94 é bem-visto perante os usuários e corregedores. Contudo, destaca-se mais ainda aquele que implementa mecanismos organizacionais eficientes para prevenir as condições mesmas da ocorrência do ilícito, educando a si mesmo e a seus colaboradores para que atuem sempre de maneira correta.

Nesse sentido, questiona-se: por que motivos os delegatários precisariam de boa imagem? Talvez o leitor pense que essa preocupação seria, quando muito, afeta dos tabeliães de notas, cuja atividade admite certa "concorrência"; mas não se relaciona com os demais agentes delegados.

Todavia, essa visão é equivocada. Ter boa imagem, no sentido que aqui se emprega, não é um modo de "aparecer" ou "vender" o serviço. Embora possa referir a essas questões, a imagem, de maneira mais profunda, é a representação da pessoa perante a comunidade, algo muito mais relacionado ao conceito jurídico de **reputação ilibada**.

Ora, apenas uma pessoa com reputação ilibada é digna da fé pública notarial e registral, utilizada para garantir a eficácia dos atos de terceiros. E isso reflete diretamente no comportamento dos usuários dos serviços. Um profissional com boa imagem atrai as partes ao cumprimento da lei, enquanto um profissional com fama de "picareta" tende a não ser respeitado como garantidor da segurança jurídica.

É fato que as pessoas, muitas vezes, tecem juízos temerários e calúnias que prejudicam a imagem de terceiros de maneira injusta. Ainda mais pessoas insufladas por interesses econômicos ou afetivos, como muitas vezes são os usuários das serventias. Todavia, longe de afastar a busca pela boa imagem, essa realidade deve insuflá-la ainda mais. Quanto melhor for a imagem do agente delegado, menos ela será suscetível de críticas injustas.

Esse é o sentido do art. 30, V, da Lei n. 8.935/94, segundo o qual é dever do delegatário **"proceder de forma a dignificar a função exercida, tanto nas atividades profissionais como na vida privada".** Note-se como a lei orienta proceder de maneira digna inclusive na vida particular, numa clara preocupação com a imagem do delegatário em geral.

Além da sociedade, é preciso também garantir a imagem perante os corregedores. Queira-se ou não, isso faz muita diferença. Por mais imparciais que sejam, os magistrados são humanos, que apreciam a realidade por meio de sentidos e emoções.

Esses fatores "metajurídicos" são muito importantes na formação da convicção do juízo, sobretudo quando ele precisa aplicar normas com conteúdo aberto e subjetivo, como o art. 34 da Lei n. 8.935/94: "As penas serão impostas pelo juízo competente, independentemente da ordem de gradação, conforme a gravidade do fato".

Aqui, vale o adágio de que *a mulher de César não basta ser honesta, precisa parecer honesta*. Como detentor de uma delegação do Poder Público (César), o titular do cartório precisa ostentar uma reputação acima de qualquer dúvida, a fim de prestar bem seus serviços.

2.2. Para que proteção de dados nos cartórios?

Com efeito, a intersecção da temática dos cartórios com a da privacidade e da proteção de dados se dá em três aspectos:

1. é uma decorrência dos termos da LGPD, por previsão implícita (art. 5º, VI, VII e IV, da LGPD) e expressa (art. 23, § 4º, da LGPD);
2. pelos seus acervos, os cartórios acabam sendo organizações que demandam muita proteção de ativos; e
3. a proteção de informações é inerente à função notarial e de registro, como instituição cuja função é garantir a segurança jurídica.

A **primeira intersecção** decorre da interpretação literal da lei. A aplicação da LGPD nas serventias decorreria mesmo sem previsão expressa – pois os agentes delegados são agentes de tratamento de dados pessoais, nos termos da lei (art. 5º, VI, VII e IV, da LGPD[17]) – mas esse esforço interpretativo não é necessário. A

---

[17] "Art. 5º Para os fins desta Lei, considera-se: [...] VI - controlador: pessoa natural ou jurídica, de direito público ou privado, a quem competem as decisões referentes ao tratamento de dados pessoais; VII - operador: pessoa natural ou jurídica, de direito público ou privado, que realiza o tratamento de dados pessoais em nome do controlador; [...] IX - agentes de tratamento: o controlador e o operador."

aplicabilidade da LGPD aos cartórios decorre de previsão expressa do art. 23, § 4º[18], que os iguala à Administração Pública para fins de proteção de dados.

Diante disso, a conclusão óbvia é que proteção de dados importa para os cartórios porque assim diz a lei. Trata-se nada mais que o bom e velho **princípio da legalidade**, incidente nos cartórios em razão do art. 37 da Constituição Federal e previsto nas leis próprias da atividade (Lei n. 8.935/94, Lei n. 6.015/73 e Lei n. 9.492/97).

A **segunda intersecção** é também de fácil compreensão a partir de uma perspectiva pragmática. Embora não possuam personalidade jurídica, os cartórios podem ser considerados "organizações", segundo a terminologia dos padrões internacionais de boas práticas – tais como a *Internacional Standard Organization* (ISO)[19] e Associação Brasileira de Normas Técnicas (ABNT)[20].

Como qualquer organização, o cartório possui ativos físicos e lógicos a serem salvaguardados por medidas técnicas e administrativas eficazes. No caso, os cartórios albergam grandes bancos de dados físicos e eletrônicos, nos quais contam dados relevantes para o Poder Público e para particulares. Fala-se aqui dos livros e documentos oficiais, mas também de todo documento referente a funcionários e a terceiros que não façam parte do acervo notarial e registral propriamente dito, além de toda a informação armazenada em bancos de dados digitais. Como

---

[18] "Art. 23. O tratamento de dados pessoais pelas pessoas jurídicas de direito público referidas no parágrafo único do art. 1º da Lei n. 12.527, de 18 de novembro de 2011 (Lei de Acesso à Informação), deverá ser realizado para o atendimento de sua finalidade pública, na persecução do interesse público, com o objetivo de executar as competências legais ou cumprir as atribuições legais do serviço público, desde que: [...] § 4º Os serviços notariais e de registro exercidos em caráter privado, por delegação do Poder Público, terão o mesmo tratamento dispensado às pessoas jurídicas referidas no *caput* deste artigo, nos termos desta Lei."

[19] "Through its members, it brings together experts to share knowledge and develop voluntary, consensus-based, market relevant International Standards that support innovation and provide solutions to global challenges" (ISO. *About us*: ISO is an independent, non-governmental international organization with a membership of 165 national standards bodies. Disponível em: <https://www.iso.org/home.html>. Acesso em: 30 set. 2020).

[20] "A ABNT é o Foro Nacional de Normalização por reconhecimento da sociedade brasileira desde a sua fundação, em 28 de setembro de 1940, e confirmado pelo governo federal por meio de diversos instrumentos legais" (ABNT. *Conheça a ABNT*. Disponível em: <http://www.abnt.org.br/abnt/conheca-a-abnt>. Acesso em: 30 set. 2020).

gestor em "caráter privado" (art. 236 da CF), é função do delegatário zelar pela qualidade dos serviços, buscando salvaguardar os ativos próprios de sua atividade, por meio de todas as medidas necessárias para tal fim.

As serventias extrajudiciais são, por definição, um local privilegiado para armazenamento de dados pessoais corretos e adequadamente utilizados, em respeito ao **princípio da conservação** – previsto no art. 46[21] da Lei dos Notários e dos Registradores (Lei n. 8.935/94) e nos arts. 22 a 26 da Lei dos Registros Públicos (Lei n. 6.015/73). Ademais, é um dever "manter em ordem os livros, papéis e documentos de sua serventia, guardando-os em locais seguros" (art. 30, I, da Lei n. 8.935/94) e "praticar, independentemente de autorização, todos os atos previstos em lei necessários à organização e execução dos serviços" (art. 41 da Lei n. 8.935/94).

Na medida em que possuem acervos valiosos e volumosos – em grande parte compostos por dados pessoais – os cartórios precisam de boas práticas de segurança e proteção de dados. Noutras palavras: a proteção de dados é uma decorrência inerente à atividade mesma dos cartórios, e seria importante buscá-la independentemente de qualquer legislação prever obrigatoriedade disso.

A **terceira intersecção** é mais sutil, mas é a mais relevante em longo prazo. Ela perpassa o escopo mesmo das leis que regem a atividade notarial e de registro, que se coliga com o objetivo da LGPD. Em ambos os casos, o objetivo é a proteção de informações para salvaguardar direitos, os quais são expressão da dignidade das pessoas.

Explica-se melhor esse ponto.

Os cartórios não são uma criação moderna. Tampouco são, por mais que algumas pessoas insistam em dizer – por ignorância ou inveja – simples "herança portuguesa" do período colonial. Na realidade, a atividade notarial e de registro remonta a nações muito mais longínquas no tempo e no espaço. Da Antiguidade à Contemporaneidade, passando pela Idade Média e a Modernidade, a História mostra profissionais encarregados de guardar os atos considerados dignos de conservação.

Vários foram os aspectos e as feições institucionais dessa função pública, mas a linha evolutiva constante revela o paulatino crescimento da autonomia e do rol de competências dos notários e registradores. De simples reprodutores de conteúdos designados por autoridades superiores – como os escribas egípcios e

---

[21] Lei n. 8.935/94: "Art. 46. Os livros, fichas, documentos, papéis, microfilmes e sistemas de computação deverão permanecer sempre sob a guarda e responsabilidade do titular de serviço notarial ou de registro, que zelará por sua ordem, segurança e conservação".

hebraicos –, passaram a profissionais independentes, com fé pública e capacidade de qualificação de títulos.

Esse juízo independente de qualificação é o que se denomina de prudência registral e notarial, que confere a estes profissionais a capacidade próxima a de magistrados, isto é, de dizer o direito dentro de sua esfera legal de competência. Além disso, no Brasil, os delegatários tem a função de administrar as serventias em caráter privado, atuando como gestores de pessoas, recursos e bens. Tal é a estrutura *sui generis* prevista na Constituição Federal de 1988 (art. 236), em que uma função estatal para prestação de serviço público (notarial e registral) é delegada a uma pessoa física, que recolhe emolumentos com natureza de taxa, mas não é remunerada pelos cofres públicos, podendo auferir lucros da atividade.

Nesse contexto, percebe-se, de um lado, um paulatino incremento da esfera de competências de notários e registradores, responsáveis pela segurança jurídica de atos e, de outro, o constante aumento da preocupação com a segurança das informações pessoais. Os delegatários vêm a preencher esse vácuo de segurança jurídica, pois não possuem interesses comerciais em recolher informações como as empresas, bem como possuem independência em relação aos interesses estatais de coleta dos dados pessoais.

Ainda, pela natureza profilática da atividade, notários e registradores não visam apenas à pacificação de conflitos, mas à criação das condições mesmas para que eles não se instaurem, atuando como "juízes da concórdia social"[22]. Logo, já estando afetos a esse múnus público, é lícito deduzir que eventuais violações de direitos de titulares de dados pessoais serão pelos agentes delegados, não apenas para os dados a eles confiados, mas em relação a todo o tratamento de dados em que intervierem.

Com efeito, a LGPD busca "proteger os direitos fundamentais de liberdade e de privacidade e o livre desenvolvimento da personalidade da pessoa natural" (art. 1º da LGPD), o que faz exigindo que os agentes de tratamento apenas se valham de dados pessoais respeitando os princípios (art. 6º) operacionalizados em direitos dos titulares (arts. 18 e s.), e de acordo com hipóteses autorizativas bem delimitadas (arts. 7º, 11 e 14).

Por seu turno, a partir do art. 236 da Constituição Federal e da Lei n. 8.935/94, os cartórios têm como função promover a segurança jurídica para a

---

[22] DIP, Ricardo. O estatuto profissional do notário e do registrador. *Doutrinas Essenciais de Direito Registral*, v. 1, p. 1.299-1.310, dez. 2011.

sociedade[23], o que fazem garantindo a autenticidade dos atos e sua eficácia perene, por meio da fé pública e da conservação (arts. 1º, 3º e 46 da Lei n. 8.935/94).

Num e noutro caso, as normas possuem a função imediata de proteger informações para, mediatamente, tutelar direitos de pessoas concretas e, em última instância, trazer segurança jurídica à sociedade.

Assim, diante de seu múnus público, os cartórios estão dentre as organizações mais interessadas na implementação de políticas de proteção de dados, de maneira pioneira e profunda. Disso tudo decorre, aliás, o interesse que os agentes delegados de serventias extrajudiciais sejam também agentes de tratamento de dados pessoais especialmente obrigados a respeitar os direitos dos titulares.

2.3. Muito além dos regulamentos administrativos

Nesse ponto, faz-se necessária uma reflexão: embora seja de importância incontestável, a existência de regulamentação administrativa é condição *sine qua non* para a aplicação da LGPD? Dito de outro modo, os cartórios devem postergar o início de processos de adequação à LGPD até que sejam publicadas normativas aplicáveis?

Entende-se que a resposta é negativa.

Como visto, a lei é expressa em prescrever que o delegatário é um agente de tratamento de dados. Uma vez que a LGPD está em vigor, não é correta a atitude daqueles que aguardam regulamentações para aplicá-la, pois nada permite concluir que há uma eficácia contida, isto é, que exija regulamentação para gerar efeitos.

Trata-se de uma questão de legalidade e hierarquia de normas. Como lei formal, a LGPD é fruto da atividade política do Poder Legislativo que inova no ordenamento jurídico. Já as regulamentações administrativas são normas infralegais, que jamais podem inovar. Portanto, se não há eficácia contida, a ausência de normas inferiores não pode servir de apanágio para o descumprimento normas superiores.

---

[23] A forma público-notarial, nesse escopo, tem papel fundamental no Direito, máxime na realização espontânea do direito, quando é decisiva para a certeza jurídica e a paz social. Daí decorrer que muito salutar é a exigência da forma notarial à medida que cresce a complexidade, a seriedade e a importância do ato jurídico a ser instrumentalizado (BRANDELLI, Leonardo. A função notarial na atualidade. *Revista de Direito Imobiliário*, v. 80, p. 55-78, jan.-jun. 2016).

Entende-se a postura dos delegatários, que precisam se pautar sempre pela legalidade. Mas isso não altera as constatações anteriores. É fato que o descumprimento das normativas das corregedorias pode gerar reflexos disciplinares, mas seria correto descumprir dispositivos da Lei n. 8.935/94 ou Lei n. 6.015/73 apenas porque o Judiciário ainda não o regulamentou?

Fundamentada na autodeterminação informacional da pessoa, a LGPD é um sistema protetivo dos direitos do titular de dados pessoais, tal como o são, para seus respectivos grupos, o Estatuto do Idoso, o Estatuto da Criança e do Adolescente e o Estatuto das Pessoas com Deficiência. Faria sentido desrespeitar os direitos desses grupos vulneráveis, previstos em leis, apenas por que não há um regulamento específico?

Além disso, há uma questão mais pragmática. Todos os que têm algum estudo técnico e experiência na área sabem que processos de adequação à LGPD são projetos que demandam meses de trabalho. Portanto, caso a serventia espere uma regulamentação específica para iniciar esse processo, correrá o risco de permanecer muito tempo em desconformidade antes de conseguir cumprir todas as exigências regulamentares.

É claro que essa adequação depende da conformidade ao que determinar o Poder Judiciário, como fiscalizador da atividade notarial e registral. Todavia, se o processo de adequação não é algo simples, é mais recomendável começar a adequação desde logo e, posteriormente, adaptar detalhes ao que houver de específico nas normativas que forem sendo publicadas.

Caso contrário, assume-se um risco de passar meses em desconformidade, por falta de tempo hábil para se adequar. E a postergação gera um risco elevado de responsabilização civil, com a condenação ao pagamento de indenizações a titulares de dados lesados.

Evidentemente, o ideal é a norma ser cumprida pelo simples fato de existir, mas o que caracteriza o Direito é justamente a coercibilidade, a norma "secundária" representada pelas sanções. Por "bem" ou por "mal", todos são incentivados ao seu cumprimento pelo receio da punição.

Logo, é preciso pensar na sensível questão das responsabilizações civis e administrativas pelo descumprimento da lei. Se os colaboradores devem prestar contas ao agente delegado, este reporta-se aos titulares de dados pessoais, ao Poder Judiciário fiscalizador e à Autoridade Nacional de Proteção de Dados (ANPD). Independentemente da ANPD, o Poder Judiciário pode, em sua função administrativa, aplicar sanções a partir da Lei n. 8.935/94, bem como, em sua função jurisdicional, condenar o delegatário em ações cíveis indenizatórias.

Do ponto de vista jurisdicional, a proteção já é uma realidade nos tribunais. Antes da vigência da LGPD, o Supremo Tribunal Federal já havia reconhecido o direito à autodeterminação informativa mesmo[24]. Agora, com a lei em vigor, pululam ações indenizatórias individuais, bem como ações coletivas promovidas pelo Ministério Público ou entidades de defesa de consumidores[25]. Logo, o risco da judicialização em face do cartório, para fins da LGPD, não é algo abstrato, mas muito concreto.

Para ter uma dimensão abrangente dessa situação, a Associação Nacional dos Profissionais de Privacidade de Dados (ANPPD) criou um observatório de violações e suas consequências, denominado "Violações LGPD"[26]. Trata-se de:

> um serviço de consulta pública gratuita que reúne as autuações relacionadas com privacidade de dados (sob a ótica da LGPD – Lei Geral de Proteção de Dados, e outras normas relacionadas ao tema) impostas por diversos órgãos brasileiros uma vez já tornadas públicas e publicadas nos *sites* das autoridades. Nem todas as tramitações tornam-se públicas, portanto, podem existir autuações não listadas.

Nesse portal, é possível verificar **dezenas de situações** em que o Poder Judiciário e outras entidades públicas são chamados a resolver conflitos envolvendo violações de dados pessoais.

Em qual dessas situações os cartórios deveriam estar: **(a)** no polo passivo dessas demandas, sendo acionados judicial ou administrativamente por violações a direitos dos titulares de dados; ou **(b)** atuando como terceiros imparciais, para a solução extrajudicial de conflitos como mediadores e conciliadores.

---

[24] BRASIL, Supremo Tribunal Federal (Pleno). Ação Direta de Inconstitucionalidade n. 6.387. "Medida cautelar em ação direta de inconstitucionalidade. Referendo. Medida Provisória n. 954/2020. Emergência de saúde pública de importância internacional decorrente do novo coronavírus (Covid-19). Compartilhamento de dados dos usuários do serviço telefônico fixo comutado e do serviço móvel pessoal, pelas empresas prestadoras, com o Instituto Brasileiro de Geografia e Estatística. *Fumus boni juris. Periculum in mora.* Deferimento". *DJe* 12-11-2020. Disponível em: <https://bit.ly/354VtVt>. Acesso em: 4 jan. 2020.

[25] MPDFT. Ação Civil Pública 0733785-39.2020.8.07.0001. 17ª Vara Cível de Brasília. Disponível em: <https://bit.ly/3rMS6fs>. Acesso em: 4 jan. 2020.

[26] ANPPD. Violações LGPD. Disponível em: <https://anppd.org/violacoes>. Acesso em: 3 jan. 2021.

O propósito deste livro é que a opção "b" seja a realidade para as serventias. Porém, como já diz o ditado, "ninguém pode dar o que não tem". Antes de auxiliar os titulares de dados, o agente delegado precisa ser um agente de tratamento de dados que implementou a LGPD. E que fez isso desde logo, sem inventar desculpas, como a espera de regulamentações ou o alinhamento dos astros no firmamento.

3. DA MUDANÇA CULTURAL À CONSCIENTIZAÇÃO INDIVIDUAL

Mesmo com amplo *vacatio legis*, poucas organizações estavam adequadas à LGPD quando ela entrou em vigor. Inclusive, a maioria dos empresários e sociedades empresariais de pequeno, médio ou grande porte, ainda acreditam que a LGPD não irá emplacar mesmo após a lei ter entrado em vigor; outras não priorizaram essas ações em seu projeto de retomada após um longo período de paralisação de suas atividades; outras, não contam com consultoria especializada no programa de conformidade e nem tiveram a iniciativa de contratá-la mesmo diante de notícias alarmantes que envolvem a falta de cuidado com os dados pessoais e os efeitos danosos sobre sua vida privada ou sobre a sua liberdade.

Tal comportamento das empresas e órgãos públicos nacionais não causa estranheza devido a cultura do empresário brasileiro que é a de "esperar para ver o que acontece" ou acredita nunca ter que passar por tal situação concreta de risco.

Nesse sentido, alguns questionamentos se fazem necessários. A sociedade está preparada para desenvolver e compreender tudo que é necessário sobre a adequação dos processos de tratamento de dados pessoais, sob o aspecto humano ou tecnológico previsto nessa lei e em seus regulamentos? O que garante que as normas de privacidade, de segurança da informação ou de proteção de dados serão mais respeitadas e efetivamente cumpridas do que as que lhe antecederam? Há no mercado de trabalho profissional devidamente habilitado para o exercício de novas atribuições que viabilizem a proteção de dados pessoais?

É importante ter consciência de que a publicação de uma nova lei não causa, por si só, a mudança comportamental esperada das pessoas. Não se trata de apenas apertar um botão ou dar um comando que os titulares de dados pessoais passam a exercer os seus direitos e os agentes de tratamento de dados a cumpri-los.

A eficácia social da norma depende de um constante esforço de adaptação que, para gerar resultados, deve estar estruturado em políticas internas. Esse desafio requer um amadurecimento da proteção de dados por parte de toda a sociedade brasileira. Isso pode ser facilmente percebido em comparação com as leis de trânsito.

As pessoas que andavam de carro ou moto antes do atual **Código de Trânsito Brasileiro (CTB)** sabem do que estamos falando. Antes dessa lei, era comum famílias numerosas se aglomerarem num banco de trás de um Fusca, por exemplo. E eram raros os que sabiam o que seria um cinto de segurança.

Com mais de 20 anos de vigência do CTB, contudo, essas coisas ficaram na memória. Para a maioria das pessoas, chega a ser impensável andar sem cinto, ou mesmo aglomerar pessoas acima da capacidade do veículo. Isso não significa que as pessoas das décadas de 1990 e anteriores fossem despreocupadas com sua vida e segurança, ou de seus entes queridos. É que a evolução técnica nos propiciou mais conhecimentos e, agora, possuímos mais meios de salvaguardar as pessoas no trânsito. Mas uma vez aprendidas as novas regras, agir contra elas é uma imprudência.

Mas note-se que esta mudança não adveio da simples publicação do CTB. A melhora do trânsito brasileiro adveio de uma lenta e constante mudança de mentalidade, feita por meio de campanhas de conscientização. É evidente que não há possibilidade de adesão de 100% das pessoas, mas estamos hoje melhores que há 30 anos.

Assim como na legislação de trânsito, a mudança de paradigma para a adequação à LGPD é fundamental. As organizações inadequadas até 2020 não eram ruins apenas por isso, mas é uma imprudência continuar agindo com indiferença, mesmo após a entrada em vigor da lei. E nesse esforço de mudança, o aprimoramento educacional é uma das armas mais eficientes.

3.1. A conscientização como chave para a eficácia social da LGPD

O estágio atual do desenvolvimento tecnológico impõe a todas as organizações – privadas e públicas – um ambiente com crescente interdisciplinaridade e conexões múltiplas. É preciso operar com pessoas capazes de pensar o novo, "enxergar além da moldura" e buscar soluções inovadoras, capacidades só podem advir de pessoas com elevado repertório técnico e intelectual.

Do ponto de vista externo, pode-se esperar do Estado as regulamentações apropriadas, campanhas de conscientização em massa e incentivos econômicos. Do ponto de vista interno, a solução mais apropriada para resolver o problema da eficácia social da LGPD é a criação de uma cultura de privacidade, inicialmente.

Na realidade, isso não existe apenas para a implementação da LGPD, mas em qualquer programa de *compliance*. Com efeito, aculturação por meio de treinamentos é um dos pilares[27] mesmo do *compliance*.

Afinal, mesmo que medidas técnicas e administrativas sejam capazes de contribuir para um tratamento de dados em conformidade com a lei, elas apenas irão gerar os resultados esperados se houver baixa resistência por parte de seu pessoal. É preciso considerar que, na tríade "processo, tecnologias e pessoas", as pessoas são o elemento que pode fazer toda a diferença (para o bem ou para o mal).

Nesse âmbito, é comum a transferência de responsabilidades de maneira indevida. A Alta Administração[28] tem o costume de transferir a responsabilidade por ocorrências ou incidentes de segurança aos seus subordinados, empresas terceirizadas ou até máquinas e tecnologias. Mas não é esse o comportamento que se espera a partir de agora[29]. O comprometimento deve partir de "cima para baixo", do titular da serventia ao(s) substituto(s) e, deste(s), para todos os escrivães, auxiliares, terceirizados e parceiros de atividade.

Engajado o titular da serventia, é preciso conseguir a adesão da equipe. Evidentemente que "da boca para fora" todos estão engajados, pela questão da hierarquia. Ocorre que o engajamento verdadeiramente eficaz, que garante o cumprimento da lei, é a adesão autêntica, profunda e duradoura.

Engana-se aquele que não se preocupa em engajar toda a equipe, mas apenas alguns colaboradores. Segundo a norma ISO 19600[30], o programa de *compliance* deve "prover ou organizar suporte de treinamento aos colaboradores para asse-

---

[27] Nesse sentido: "5. Treinamento e comunicação. O programa de *compliance* deve fazer parte da cultura de toda a empresa. Para isso, além da adesão da alta administração, os colaboradores precisam entender os objetivos, as regras e o papel de cada um para que ele seja bem-sucedido. Para isso, é fundamental investir em treinamentos e na comunicação interna" (LEC. *Os dez pilares de um programa de* compliance. Disponível em: <https://bit.ly/3hBegg8>. Acesso em: 30 set. 2020).

[28] Este termo é o tecnicamente utilizado no *compliance* para designar os responsáveis pela gestão estratégica das organizações. No caso dos cartórios, a Alta Administração é centralizada na pessoa do agente delegado.

[29] GIOVANNI JUNIOR, Josmar Lenine. Fase 4: governança de dados. In: MALDONADO, Viviane Nóbrega (Coord.). *Lei Geral de Proteção de Dados Pessoais:* manual de implementação. São Paulo: Thompson Reuters, 2019, p. 171.

[30] Sobre sistema de gestão em *compliance*.

1 Motivações para a adequação das serventias extrajudiciais à LGPD

gurar que todos os empregados estejam treinados sob a mesma orientação"[31]. Logo, com adaptações e graus diferentes de exigência, todos devem participar das formações, seja aqueles com função mais intelectual, seja aqueles com função mais manual.

Afinal, é possível a qualquer um colaborar com a proteção de dados, ou obstaculizá-la. O cartório pode ter um excelente sistema de segurança – com uma política efetiva, todas as medidas do Provimento n. 74/2018 do CNJ implementadas, com uma empresa externa prestando a melhor assistência técnica em Tecnologia da Informação (TI) – e mesmo assim ser envolvido em vazamentos de dados porque algum funcionário sem treinamento cometeu um erro pequeno, como deixar arquivos destrancados, não "deslogar" ao sair do computador ou mesmo vazar dados confidenciais por meio de conversas de *Whatsapp*.

O sucesso de qualquer programa de gestão ou *compliance* depende do envolvimento coletivo num propósito em comum, em que todos se sintam responsáveis e aptos a prestar contas. Aqueles que tenham buscado obter certificações de qualidade, como os padrões, ISO, ABNT ou mesmo PQTA (Prêmio Qualidade Total da ANOREG) bem sabem do que estamos falando. Sem a motivação e o engajamento de toda a equipe, é impossível implementar esse tipo de iniciativa. Ao menos, é impossível obter disso os resultados concretos que podem ser esperados desse tipo de atividade.

O primeiro passo nessa meta esforço de engajar a equipe é a conscientização, por meio de ações educativas. Em seu art. 50, a LGPD descreve uma série de boas práticas de governança de dado, prevendo expressamente as ações educativas:

> Art. 50. Os controladores e operadores, no âmbito de suas competências, pelo tratamento de dados pessoais, individualmente ou por meio de associações, poderão formular regras de boas práticas e de governança que estabeleçam as condições de organização, o regime de funcionamento, os procedimentos, incluindo reclamações e petições de titulares, as normas de segurança, os padrões técnicos, as obrigações específicas para os diversos envolvidos no tratamento, as **ações educativas**, os mecanismos internos de supervisão e de mitigação de riscos e outros aspectos relacionados ao tratamento de dados pessoais.

---

[31] ISO 19600 apud PORTO, Éderson G. Compliance *e governança corporativa*: uma abordagem prática e objetiva. Porto Alegre: Lawboratory Press, 2020, p. 54.

A respeito, diz cartilha produzida pela Associação dos Registradores Imobiliários de São Paulo (ARISP):

> É importante deixar claro que a gestão por processos requer que o Registro de Imóveis adote uma nova postura, **principalmente cultural**. Não basta que existam equipes internas de controle para revisar as práticas. É preciso conscientizar todos os colaboradores acerca da importância do fluxo de atividades que foi definido. É fundamental, portanto, que a gestão por processos seja realizada de forma planejada, com objetivos de curto, médio e longo prazo[32].

Por sua vez, veja-se o que prevê o Provimento n. 23/2020 do Tribunal de Justiça do Estado de São Paulo[33] (que regulamenta a implementação da LGPD para os cartórios daquele estado):

> 132.2. Os responsáveis pelas delegações dos serviços extrajudiciais de notas e de registro **orientarão todos os seus operadores** sobre as formas de coleta, tratamento e compartilhamento de dados pessoais a que tiverem acesso, bem como sobre as respectivas responsabilidades, e arquivarão, em classificador próprio, as orientações transmitidas por escrito e a comprovação da ciência pelos destinatários.
>
> [...]
>
> 132.5. Também serão arquivados, para efeito de formulação de relatórios de impacto, os comprovantes da participação em cursos, conferências, seminários ou qualquer modo de treinamento proporcionado pelo controlador aos operadores e encarregado, com indicação do conteúdo das orientações transmitidas por esse modo.

O Provimento n. 23 não apenas comina o dever de orientação a todos os agentes delegados em relação a seus funcionários, como também prevê que comprovantes da participação em atividades formativas são uma demonstração de adequação. Nesse sentido, formação da equipe é de suma importância para garan-

---

[32] ARISP. *LGPD e o Registro de Imóveis*. Disponível em: <https://bit.ly/3pHEEYz>. Acesso em: 3 jan. 2021, p. 29. Grifou-se.

[33] TJSP. CGJ. Provimento n. 23/2020. Disponível em: <https://bit.ly/2LilUQx>. Acesso em: 3 jan. 2021, p. 29. Grifou-se.

tir uma **conformidade efetiva** e duradora, cumprindo o princípio da responsabilização e prestação de contas, previsto no art. 6º, X[34], da LGPD.

Enfim, sem a adesão e o engajamento da equipe – por meio de uma mudança cultural – dificilmente terá sucesso qualquer projeto de implementação. Portanto, o investimento em ações educacionais faz parte da estratégia de adequação à LGPD bem-sucedida de qualquer atividade, sob pena de todos os investimentos restantes se tornarem infrutíferos.

3.2. Orientações práticas de conscientização

O conteúdo da orientação e da conscientização deve ser devidamente direcionado ao público que a recebe, variando conforme três aspectos principais:

- **natureza dos dados tratados:** por apresentar maiores riscos, a orientação sobre o tratamento de dados sensíveis difere da orientação sobre o tratamento de dados comuns. Quem tem acesso a dados sensíveis deve possuir maior carga horária de treinamento.
- **tipo de tratamento realizado:** difere o treinamento conforme a complexidade do tratamento realizado. Por exemplo, pessoas que efetuam processamento dos dados executam atividades mais complexas em relação a quem apenas os armazena.
- **nível hierárquico:** o treinamento deve ser direcionado conforme o poder de decisão da pessoa na organização. Em ordem crescente: funcionários terceirizados; auxiliares do cartório; escreventes; substitutos; operadores de dados (externos).

A respeito do conteúdo das orientações a serem repassadas a operadores de dados e funcionários, prevê o Provimento n. 23/2020 do TJSP:

> 132.4. A orientação aos operadores, e qualquer outra pessoa que intervenha em uma das fases de coleta, tratamento e compartilhamento abrangerá, ao menos:

---

[34] LGPD: "Art. 6º As atividades de tratamento de dados pessoais deverão observar a boa-fé e os seguintes princípios: [...] X – responsabilização e prestação de contas: demonstração, pelo agente, da adoção de medidas eficazes e capazes de comprovar a observância e o cumprimento das normas de proteção de dados pessoais e, inclusive, da eficácia dessas medidas".

I – as **medidas de segurança, técnicas e administrativas**, aptas a proteger os dados pessoais de acessos não autorizados e de situações acidentais ou ilícitas de destruição, perda, alteração, comunicação ou qualquer forma de tratamento inadequado ou ilícito;

II – a **informação de que a responsabilidade** dos operadores prepostos, ou terceirizados, e de qualquer outra pessoa que intervenha em uma das fases abrangida pelo fluxo dos dados pessoais, **subsiste mesmo após o término do tratamento**[35].

Estabelecido o conteúdo, o delegatário pode se valer de diferentes instrumentos para concretizar as orientações:

1. **Planejamento:** antes de tudo o mais, é preciso estabelecer um "programa" de treinamento para que as atividades não sejam abandonadas em meio ao peso das tarefas cotidianas. É interessante também estabelecer alguma forma de métrica[36] para medir o progresso do plano, isto é, o grau de aprendizagem dos colaboradores ao longo do tempo.

2. **Acesso facilitado:** é fundamental providenciar o acesso facilitado aos documentos próprios da implementação, como políticas e manuais de conduta. Não se trata apenas de divulgar no *site*, pois facilitar quer dizer deixar em formato amigável e próximo do cotidiano. Isso pode ser feito de inúmeras maneiras, com criatividade. Recomenda-se, por exemplo: deixar versões impressas em papel colorido em locais de maior visibilidade entre os funcionários; enviar *e-mails* semanais contendo trechos da política (para ser lida parte a parte); utilizar a criatividade, por meio de "*apps, games*, cartilhas, guias, panfletos, avisos, jornais internos"[37].

3. **Linguagem acessível:** é evidente que todos os documentos da adequação, como políticas e manuais, devem ter sido redigidos em linguagem acessível e facilitada, para fácil compreensão de todos. Fazer isso sem perder

---

[35] TJSP. CGJ. Provimento n. 23/2020. Disponível em: <https://bit.ly/2LilUQx>. Acesso em: 3 jan. 2021, p. 29. Grifou-se.

[36] VIEIRA, Elba L. C. A proteção de dados desde a concepção (*by design*) e por padrão (*by defaut*). In: MALDONADO, Viviane Nóbrega (Coord.). *Lei Geral de Proteção de Dados Pessoais:* manual de implementação. São Paulo: Thompson Reuters, 2019, p. 239.

[37] VIEIRA, Elba L. C. A proteção de dados desde a concepção (*by design*) e por padrão (*by defaut*), cit., p. 239.

a necessária qualidade técnica é um grande desafio, daí a vantagem da contratação de consultorias especializadas para esse serviço.

4. **Formação:** ninguém nasce sabendo. Não adianta mandar as pessoas lerem a lei seca da LGPD e dos regulamentos pertinentes. E mesmo a leitura de publicações técnicas (como este livro, por exemplo) não garante a sua compreensão. É preciso algum tipo de orientação mais humanizada sobre os conceitos envolvidos, uma tutoria que adapte a formação às necessidades de cada público. Por isso, é preciso investir em bons treinamentos para a equipe.

5. **Reuniões abertas:** a efetividade de programas de *compliance* depende de um engajamento real e profundo. Promover reuniões periódicas com a equipe sobre temas relevantes para o cartório, ouvindo o que todos têm a dizer, é uma forma muito eficiente para conquistar uma adesão real e profunda. Nesses encontros, as pessoas precisam ser ouvidas, para retirar suas dúvidas e fazer sugestões, e tudo o que disserem deve ser levado em consideração com respeito.

6. **Divulgação interna:** o *ser humano é aquele que esquece*, como diriam os antigos. Para manter uma cultura de privacidade, é preciso constantemente rememorar as pessoas, o que pode ser feito de maneira discreta, mas constante: envio de *e-mails* semanais; afixação de cartazes nas paredes ou nas mesas de trabalho; conversas individuais; criação de uma "semana de privacidade", na qual todos são incentivados a prestarem mais atenção no tema etc.

7. **Monitoramento:** é preciso ter um canal aberto de comunicação entre todos os membros da equipe, bem como entre o cartório e seus usuários, para entender a efetividade do programa de adequação. É evidente que as ouvidorias e os canais de comunicação são importantes, mas eles geralmente são utilizados apenas em casos de violações de direitos, sendo que o ideal é prevenir. Por isso o oferecimento de avaliações e questionários ao público em geral e à equipe são fundamentais para incentivar esse diálogo. Mas é preciso alertar: ninguém gosta de perder tempo com algo inútil. Logo, caso isso seja feito, é preciso ter uma resposta: primeiramente, um agradecimento imediato pela participação; depois, uma ação que demonstre que as opiniões foram levadas em consideração.

8. **Observatório de novidades:** a ideia é fornecer um repositório de informações de privacidade e proteção de dados sempre atualizado para a equipe. Para tanto, é recomendável designar um colaborador para ser responsável por monitorar as publicações sobre o tema e trazê-las à equipe, sobretudo as produzidas pelo Poder Judiciário, pela ANPD[38] e pelas associações de notários e registradores[39]. Esse colaborador pode ser o encarregado de proteção de dados, no caso da LGPD[40].

Sob esse aspecto, é bom ressaltar o que diz a LGPD sobre o encarregado de dados[41]. Dentre as atribuições deste profissional, está a orientação dos funcionários e contratados da entidade a respeito das práticas a serem tomadas em relação à proteção de dados pessoais (art. 41, III, da LGPD). O encarregado pode ser externo ou interno. Se for externo, é pressuposto que seja uma pessoa versada na área de proteção de dados. Se for interno, é importante que o delegatário forneça a ela uma formação mais aprofundada, para que tenha condições de resolver as pendências relativas à LGPD e orientar o restante da equipe (inclusive o próprio delegatário).

Engana-se o delegatário que entender que é suficiente tomar apenas uma medida (por exemplo, fornecer um treinamento apenas). A esperada adesão de todos às políticas de tratamento de dados pessoais só ocorre por meio das ações educacionais constantes e diversificadas. Portanto, transcorrida a etapa de conscientização ou sensibilização inicial, é preciso constante aprofundamento e rememoração.

---

[38] Nesse sentido, diz a LGPD que: "Art. 50. [...] § 3º As regras de boas práticas e de governança deverão ser publicadas e atualizadas periodicamente e poderão ser reconhecidas e divulgadas pela autoridade nacional"; "Art. 51. A autoridade nacional estimulará a adoção de padrões técnicos que facilitem o controle pelos titulares dos seus dados pessoais".

[39] "As boas práticas visam facilitar a aplicação da lei, sendo que podem ser instituídas tanto individualmente quanto através de associações, o que poderá gerar bons resultados se uniformizadas" (TEIXEIRA, Tarcisio; ARMELIN, Ruth Maria G. F. (Coords.). *Lei Geral de Proteção de Dados Pessoais:* comentada artigo por artigo. Salvador: JusPodivm, 2020, p. 141).

[40] No caso de temas relacionados ao Provimento n. 88/2019 do CNJ, o designado para essa função pode ser o Oficial de Cumprimento.

[41] Esse tema será objeto de capítulo específico nessa obra. Por isso, retoma-se apenas a disposição sobre treinamento da equipe.

REFERÊNCIAS

ABNT. *Conheça a ABNT*. Disponível em: <http://www.abnt.org.br/abnt/conheca-a-abnt>. Acesso em: 30 set. 2020.

ANPPD. *Violações LGPD*. Disponível em: <https://anppd.org/violacoes>. Acesso em: 3 jan. 2021.

ANSELMO, Márcio Adriano. *Compliance*, direito penal e investigação criminal: uma análise à luz da iso 19600 e 37001. Revista dos Tribunais, v. 979, p. 53-67, maio 2017.

ARISP. *LGPD e o Registro de Imóveis*. Disponível em: <https://bit.ly/3pHEEYz>. Acesso em: 3 jan. 2021.

BAARS, Hans et al. *Fundamentos de segurança da informação*: com base na ISO 27001 e na ISO 27002. Brasport, 2018. E-book.

BELLO, Douglas S.; SAADAVEDRA, Giovani A. A necessária reflexão acerca da expansão legislativa do *compliance* decorrente da relação de criptomoedas como os *bitcoins* e a lavagem de dinheiro. Revista Brasileira de Ciências Criminais, v. 147, p. 251-272, set. 2018.

BENEDETTI, Carla Rahal. Criminal *compliance*: instrumento de prevenção criminal corporativa e transferência de responsabilidade penal. *Revista de Direito Bancário e do Mercado de Capitais*, v. 59, p. 303, jan. 2013.

BIONI, Bruno Ricardo. *Proteção de dados pessoais*: a função e os limites do consentimento. 2. ed. Rio de Janeiro: Forense, 2020.

BLUM, Renato Opice; VAINZOF, Rony; MORAES, Henrique Fabretti (Coords.). *Data Protection Officer (Encarregado)*: teoria e prática de acordo com a LGPD e o GDPR. São Paulo: Revista dos Tribunais, 2020.

BRANDELLI, Leonardo. A função notarial na atualidade. *Revista de Direito Imobiliário*, v. 80, p. 55-78, jan./jun. 2016.

DIP, Ricardo. O estatuto profissional do notário e do registrador. *Doutrinas Essenciais de Direito Registral*, v. 1, p. 1.299-1.310, dez. 2011.

GIOVANNI JUNIOR, Josmar Lenine. Fase 4: governança de dados. In: MALDONADO, Viviane Nóbrega (Coord.). *Lei Geral de Proteção de Dados Pessoais*: manual de implementação. São Paulo: Thompson Reuters, 2019.

GLITZ, Gabriela P. C. *Da privacidade à proteção de dados pessoais*: o caminho para uma lei geral de proteção de dados pessoais.

GRAEF JÚNIOR, Cristiano. Natureza jurídica dos órgãos notarial e registrador. *Doutrinas Essenciais de Direito Registral*. São Paulo: Revista dos Tribunais, v. 7, p. 393-405, set. 2013.

ISO. *About us:* ISO is an independent, non-governmental international organization with a membership of 165 national standards bodies. Disponível em: <https://www.iso.org/home.html>. Acesso em: 30 set. 2020.

LEC. *Os dez pilares de um programa de* compliance. Disponível em: <https://bit.ly/3hBegg8>. Acesso em: 30 set. 2020.

MALDONADO, Viviane Nóbrega; BLUM, Renato Opice (Coords.). *LGPD*: Lei Geral de Proteção de Dados: comentada. 2. ed. São Paulo: Revista dos Tribunais, 2019.

MPDFT. Ação Civil Pública 0733785-39.2020.8.07.0001. 17ª Vara Cível de Brasília. Disponível em: <https://bit.ly/3rMS6fs>. Acesso em: 4 jan. 2020.

ONU. *Declaração Universal dos Direitos Humanos.* Adotada e proclamada pela Resolução n. 217 A (III) da Assembleia Geral das Nações Unidas em 10 de dezembro de 1948. Assinada pelo Brasil na mesma data. Disponível em: <https://bit.ly/2FAPLRv>. Acesso em: 16 set. 2020.

PINHEIRO, Patricia Peck. *Proteção de Dados Pessoais:* comentários à Lei n. 13.709/2018 (LGPD). Saraiva, 2018. E-book.

PORTO, Éderson G. *Compliance e governança corporativa:* uma abordagem prática e objetiva. Porto Alegre: Lawboratory Press, 2020.

RODOTÀ, Stefano. *A vida na sociedade de vigilância.* A privacidade hoje. Organização, seleção e apresentação de Maria Celina Bodin de Moraes. Rio de Janeiro: Renovar, 2008.

SAAD-DINIZ, Eduardo; SILVEIRA, Renato M. J. A noção penal dos programas de *compliance* e as instituições financeiras na "nova lei de lavagem" – Lei n. 12.683/2012. *Revista de Direito Bancário e do Mercado de Capitais*, v. 57, p. 267-279, jul.-set., 2012.

TEIXEIRA, Tarcisio; ARMELIN, Ruth Maria G. F. (Coords.). *Lei Geral de Proteção de Dados Pessoais*: comentada artigo por artigo. Salvador: JusPodivm, 2020.

TEPEDINO, Gustavo; TEFFÉ, Chiara S. de. Consentimento e proteção de dados pessoais na LGPD. In: TEPEDINO, Gustavo; FRAZÃO, Ana; OLIVA, Milena D. (Coords.). *A Lei Geral de Proteção de Dados Pessoais:* e suas repercussões no direito brasileiro. São Paulo: Revista dos Tribunais, 2019. E-book.

TJSP. CGJ. Provimento n. 23/2020. Disponível em: <https://bit.ly/2LilUQx>. Acesso em: 3 jan. 2021.

VIEIRA, Elba L. C. A proteção de dados desde a concepção (*by design*) e por padrão (*by defaut*). In: MALDONADO, Viviane Nóbrega (Coord.). *Lei Geral de Proteção de Dados Pessoais*: manual de implementação. São Paulo: Thompson Reuters, 2019.

2. A LGPD APLICADA ÀS SERVENTIAS EXTRAJUDICIAIS BRASILEIRAS

Jannice Amóras Monteiro

1. INTRODUÇÃO

A Lei n. 13.709/2018, denominada Lei Geral de Proteção de Dados, nacionalmente conhecida pela sigla LGPD, foi originada do Projeto de Lei Complementar n. 53/2018, sendo promulgado em 14 de agosto de 2018, pelo então presidente Michel Temer, com vigência a partir de 18 de setembro de 2020, em todo o território nacional, representando um novo marco legal brasileiro de grande impacto, tanto para as instituições privadas quanto para as públicas, pessoas jurídicas ou pessoas físicas, incluindo nestas últimas, para fins de tratamento da LGPD, os titulares, interventores ou interinos de serventias extrajudiciais (também chamados popularmente de "donos de cartório"), que pelo texto do art. 23, §§ 4º e 5º, da lei também estão obrigados a proteger os dados dos seus usuários.

Em razão disso, pessoas físicas ou jurídicas de todos os segmentos e também as serventias extrajudiciais de todo o país estão passando por uma série de adaptações às novas regras, independentemente do seu porte e ramo de atuação, de modo a atingir um padrão de proteção de dados, seja em nível nacional ou até internacional, quando houver tratamento do dado fora do Brasil.

Destarte, por tratar de proteção dos dados pessoais dos indivíduos (pessoas físicas) em qualquer relação que envolva a coleta, o armazenamento, o tratamento e o compartilhamento de dados classificados como dados pessoais, por qualquer meio, inclusive nos meios digitais, seja por pessoa natural ou jurídica, atribuindo mais autonomia aos titulares dos dados e fornecendo-lhes direitos a serem exercidos durante toda a existência do tratamento dos dados pessoais do titular pela instituição ou pessoa detentora da informação, a LGPD traz consigo uma regulamentação embasada em princípios, direitos e obrigações relacionadas ao uso de um dos ativos mais valiosos da modernidade: a informação, isto é, a base de dados relacionados às pessoas, traduzindo-se numa legislação extremamente técnica, que reúne uma série de itens de controle para assegurar o cumprimento das garantias constitucionais, como corolário dos direitos humanos, em especial os direitos fundamentais de liberdade, de privacidade e o livre desenvolvimento da personalidade da pessoa natural, trazendo a premissa da boa-fé para todo o tipo de tratamento de dados pessoais, incluindo a categoria de dados sensíveis.

Logo, tem-se que a proteção de dados pessoais tem como fundamentos: o respeito à privacidade, à autodeterminação informativa, à liberdade de expressão, de informação, de comunicação e de opinião, à inviolabilidade da intimidade, da honra e da imagem e da proteção aos direitos humanos.

Consequentemente e inspirada no Regulamento Europeu de Proteção de Dados Pessoais, também conhecido como GDPR, a LGPB brasileira prevê a aplicação de penalidades, inclusive multas consideradas de elevado valor, seguindo a tendência das disposições fixadas em outros países acerca da mesma matéria, pelo que se faz urgente e necessário o seu estudo e a sua aplicação prática, a partir de um passo a passo elaborado pela autora ao final deste artigo.

2. A LGPD E A SUA APLICAÇÃO ÀS SERVENTIAS EXTRAJUDICIAIS

Como dito alhures, a LGPD aplica-se ao setor público e privado, ou seja, a todos os que, de alguma forma, tratam de dados pessoais, independentemente do meio (analógico ou digital), fornecendo ao titular dos dados o direito de acesso à informação quanto ao tratamento dispensado aos seus dados, bem como o direito de corrigi-los, eliminá-los ou requerer a sua anonimização, quando possíveis.

Com o intuito de nortear a aplicação da lei, o legislador elencou, no art. 6º da Lei n. 13.709/2018 (LGPD), 10 princípios que devem ser observados em qualquer atividade que trate de dados pessoais, além da boa-fé. Vejamos:

> Art. 6º As atividades de tratamento de dados pessoais deverão observar a boa-fé e os seguintes princípios:
> I – finalidade: realização do tratamento para propósitos legítimos, específicos, explícitos e informados ao titular, sem possibilidade de tratamento posterior de forma incompatível com essas finalidades;
> II – adequação: compatibilidade do tratamento com as finalidades informadas ao titular, de acordo com o contexto do tratamento;
> III – necessidade: limitação do tratamento ao mínimo necessário para a realização de suas finalidades, com abrangência dos dados pertinentes,

proporcionais e não excessivos em relação às finalidades do tratamento de dados;

IV – livre acesso: garantia, aos titulares, de consulta facilitada e gratuita sobre a forma e a duração do tratamento, bem como sobre a integralidade de seus dados pessoais;

V – qualidade dos dados: garantia, aos titulares, de exatidão, clareza, relevância e atualização dos dados, de acordo com a necessidade e para o cumprimento da finalidade de seu tratamento;

VI – transparência: garantia, aos titulares, de informações claras, precisas e facilmente acessíveis sobre a realização do tratamento e os respectivos agentes de tratamento, observados os segredos comercial e industrial;

VII – segurança: utilização de medidas técnicas e administrativas aptas a proteger os dados pessoais de acessos não autorizados e de situações acidentais ou ilícitas de destruição, perda, alteração, comunicação ou difusão;

VIII – prevenção: adoção de medidas para prevenir a ocorrência de danos em virtude do tratamento de dados pessoais;

IX – não discriminação: impossibilidade de realização do tratamento para fins discriminatórios ilícitos ou abusivos;

X – responsabilização e prestação de contas: demonstração, pelo agente, da adoção de medidas eficazes e capazes de comprovar a observância e o cumprimento das normas de proteção de dados pessoais e, inclusive, da eficácia dessas medidas.

A leitura atenta do dispositivo legal permite inferir exatamente o sentido dado a cada princípio, eis que explicados literal e diretamente no próprio texto normativo.

Sendo assim, no tratamento de dados pessoais, em resumo, deve-se observar a boa-fé, associada à finalidade do tratamento e a sua compatibilidade com as finalidades informadas, com a limitação do tratamento dos dados ao mínimo necessário para a consecução de suas finalidades, garantindo-se aos titulares dos dados a transparência e o acesso aos dados por meio de consulta facilitada e gratuita sobre a forma de tratamento, assegurando-se a correção de dados, se for o caso, com a utilização de medidas técnicas e administrativas aptas a proteger os dados pessoais e mediante prestação de contas, pelo agente, da adoção de medidas capazes de comprovar a proteção dos dados.

Todos os princípios mencionados acima denotam o regime de proteção de dados comum a diversas legislações e diretrizes ao redor do mundo quanto ao tema, de modo que o seu descumprimento afronta não apenas uma lei local, como também todo o sistema de comando, especialmente no Brasil, onde os princípios representam valores fundamentais positivados e perpassam por todo o nosso arcabouço jurídico, implícita ou explicitamente.

Detendo-se ao setor público, a LGPD define-o fazendo remissão a outra importante lei: a Lei de Acesso à Informação (LAI – Lei n. 12.527, de 18 de novembro de 2011), em especial ao seu art. 1º, demonstrando uma complementariedade entre essas duas legislações, para dizer que o Poder Público é composto da administração direta (Executivo, Legislativo, Judiciário, Ministério Público, Defensoria Pública e Tribunal de Contas, que é órgão do Legislativo) e da administração indireta (Autarquias, fundações, empresas públicas e sociedades de economia mista). Complementarmente, a Professora Maria Sylvia Zanella Di Pietro entende que os consórcios, por possuírem personalidade jurídica atribuída por lei, também integram o Poder Público.

Ademais, com toda a certeza, os serviços extrajudiciais integram o Poder Público para fins de tratamento da LGPD, por força do art. 23, §§ 4º e 5º (abaixo transcritos), que destinam-se a atribuir um tratamento idêntico ao dispensado a todas as demais pessoas jurídicas de direito público e para estabelecer que uma das tarefas consiste em fornecer o acesso eletrônico aos seus dados para a administração pública, por meio de portais, como já acontece hodiernamente com as Centrais de Registro de Imóveis, Centrais de Protesto e Centrais de Registro Civil de Pessoas Naturais, por exemplo.

> Art. 23. O tratamento de dados pessoais pelas pessoas jurídicas de direito público referidas no parágrafo único do art. 1º da Lei n. 12.527 de 18 de novembro de 2011 (Lei de Acesso à Informação), deverá ser realizado para o atendimento de sua finalidade pública, na persecução do interesse público, com o objetivo de executar as competências legais ou cumprir as atribuições legais do serviço público, desde que: [...]
>
> § 4º Os serviços notariais e de registro exercidos em caráter privado, por delegação do Poder Público, terão o mesmo tratamento dispensado às pessoas jurídicas referidas no *caput* deste artigo, nos termos desta Lei.
>
> § 5º Os órgãos notariais e de registro devem fornecer acesso aos dados por meio eletrônico para a administração pública, tendo em vista as finalidades de que trata o *caput* deste artigo.

Denota-se, pois, que a intersecção da LGPD com o tema das serventias extrajudiciais decorre de dois fatores. Em primeiro lugar, pelo escopo da LGPD, que protege dados pessoais com fulcro na segurança da informação, em consonância com a atividade das serventias extrajudiciais que almejam a segurança e a conservação dos atos jurídicos, por meio da fé pública que lhes é conferida. Em segundo, pela aplicação da LGPD nas serventias, pois os agentes delegados são agentes de tratamento de dados pessoais, nos termos da lei.

Bem assim, o art. 1º da LGPD dispõe sobre o tratamento de dados pessoais, inclusive nos meios digitais, por pessoa natural ou por pessoa jurídica de direito público ou privado, com o objetivo de proteger os direitos fundamentais de liberdade e de privacidade e o livre desenvolvimento da personalidade da pessoa natural.

Por seu turno, o art. 1º da Lei n. 6.015, de 31 de dezembro de 1973 (Lei de Registros Públicos) destaca a importância da autenticidade, segurança e eficácia dos atos jurídicos.

Portanto, não resta dúvida de que, enquanto agentes da produção e circulação dos dados e responsáveis pela tutela dos direitos fundamentais da liberdade e da privacidade, os serviços delegados extrajudiciais de notas e de registro também se submetem ao regramento imposto pela LGPD brasileiro, eis que os serviços notariais e de registro são, em sua essência, depositários de dados pessoais e econômicos confiáveis.

Note-se que, segundo a LGPD, toda operação de tratamento de dados pessoais deverá estar atrelada a uma base legal (uma das dez bases legais de tratamento – rol taxativo – que a LGPD traz), que a lei denomina requisito de tratamento em seu art. 7º. Vejamos:

> Art. 7º O tratamento de dados pessoais somente poderá ser realizado nas seguintes hipóteses:
>
> I – mediante o fornecimento de consentimento pelo titular;
>
> II – para o cumprimento de obrigação legal ou regulatória pelo controlador;
>
> III – pela administração pública, para o tratamento e uso compartilhado de dados necessários à execução de políticas públicas previstas em leis e regulamentos ou respaldadas em contratos, convênios ou instrumentos congêneres, observadas as disposições do Capítulo IV desta Lei;
>
> IV – para a realização de estudos por órgão de pesquisa, garantida, sempre que possível, a anonimização dos dados pessoais;
>
> V – quando necessário para a execução de contrato ou de procedimentos preliminares relacionados a contrato do qual seja parte o titular, a pedido do titular dos dados;
>
> VI – para o exercício regular de direitos em processo judicial, administrativo ou arbitral, esse último nos termos da Lei n. 9.037, de 23 de setembro de 1996 (Lei de Arbitragem);

VII – para a proteção da vida ou da incolumidade física do titular ou de terceiro;

VIII – para a tutela da saúde, exclusivamente, em procedimento realizado por profissionais de saúde, serviços de saúde ou autoridade sanitária;

IX – quando necessário para atender aos interesses legítimos do controlador ou de terceiro, exceto no caso de prevalecerem direitos e liberdades fundamentais do titular que exijam a proteção dos dados pessoais;

X – para a proteção do crédito, inclusive quanto ao disposto na legislação pertinente.

Observa-se, pois, que dentre as bases legais de tratamento de dados pessoais previstas no art. 7º da LGPD, a que melhor se amolda às serventias extrajudiciais é a do inciso II que prevê que as hipóteses de tratamento de dados pessoais devem estar contemplados em leis ou regulamentos, resultando, portanto, de estrito cumprimento de obrigação legal ou regulatória imposta aos delegatários, interventores ou interinos, pelo o que as serventias extrajudiciais são regidas pelo princípio da legalidade, somente sendo admitidos a registro os atos aprovados em lei em sentido amplo, como, por exemplo, o Código Civil Brasileiro, o Código Tributário Nacional, a Lei da Seguridade Social (Lei n. 8.212/91), a Lei de Registros Públicos (Lei n. 6.015/73), a Lei de Notários e Registradores (Lei n. 8.935/94), dentre outras, além de regulamentos estaduais como Código de Normas de cada um dos Estados brasileiros e suas leis estaduais de emolumentos.

Ocorre que, especificamente quanto aos serviços notariais e registrais, deve-se combinar a base legal do art. 7º, II, com o art. 23, *caput*, ambos da LGPD, que aduz acerca da execução de competências legais, que é o que faz o Judiciário, e de exercício de atribuições legais, como fazem os serviços extrajudiciais brasileiros.

Ressalte-se que a obtenção desses dados é compulsória em relação aos seus titulares, ou seja, é obrigatória em razão do cumprimento à lei, de modo que, ao inserir dados em cadastros específicos sob controle do Conselho Nacional de Justiça ou da Receita Federal, por exemplo, os serviços extrajudiciais estariam cumprindo uma obrigação legal ou regulatória, baseada no art. 7º, II, da LGPD, assim como ao permitir a consulta de dados de suas bases por outros órgãos públicos, de modo que, *a priori*, não existe impossibilidade de utilização de outras bases legais, conforme a atividade desempenhada.

Frise-se que a linha matriz no tratamento dos dados pessoais é o consentimento do titular dos dados, sempre vinculado às finalidades informadas. Todavia, há exceções, nas quais o tratamento de dados pessoais ocorre sem a necessidade de consentimento expresso, com finalidade específica declarada pelo titular, a exemplo do que ocorre nas serventias extrajudiciais, onde o tratamento de dados pessoais e o seu compartilhamento com centrais, órgãos públicos como Receita Federal, INCRA, Poder Judiciário e demais entidades ocorre em razão do cumprimento de obrigação legal imposta ao controlador ou titular, interventor ou interino, independentemente do consentimento do titular dos dados nesses casos.

Todavia, há uma importante questão a coadunar-se com a LGPD: como adequar o acesso por terceiros às informações dos titulares dos dados por meio da obtenção de certidões, por exemplo, que são públicas e podem ser requeridas por qualquer pessoa, independentemente de motivo ou interesse, não cabendo qualquer questionamento ou recusa por parte do oficial de registro, nos termos dos arts. 16 a 18 da Lei n. 6.015/73, salvo as exceções legais.

O grande desafio que se impõe a notários e registradores é de que modo conjugar e sopesar o direito de livre acesso à obtenção de informações por meio da obtenção de certidões (salvo as exceções legais) com o direito à proteção dos dados sensíveis que tratam a LGPD e que identificam e individualizam um usuário do serviço público prestado pelas serventias extrajudiciais?

Trata-se de um grande desafio a ser estudado e debatido por todos os envolvidos, de modo a discipliná-lo, evitando-se eventuais condenações e punições de notários e registradores pela prática de seus atos.

3. TITULARES DOS DADOS DOS USUÁRIOS E AGENTES CONTROLADORES NAS SERVENTIAS EXTRAJUDICIAIS – DPO

A LGPD define em seu art. 5º que o titular dos dados pessoais é a pessoa a quem se referem os dados pessoais que são objeto de algum tipo de tratamento. Entende-se por dado pessoal aquele que identifica ou torna identificável a pessoa natural viva, como, por exemplo: nome, sobrenome, número de inscrição no Cadastro de Pessoa Física – CPF, número de inscrição no Registro Geral do órgão de Identificação Civil – RG, endereço, *e-mail*, placa de automóvel, histórico de compras, dentre outros.

Define no mesmo artigo que o dado pessoal sensível é aquele acerca da origem racial ou étnica, convicção religiosa, opinião política, filiação a sindicato ou a organização de caráter religioso, filosófico ou político ou ainda um dado referente à saúde ou à vida sexual, ou um dado genético ou biométrico, quando vinculado a uma pessoa natural.

Nas serventias extrajudiciais, de um modo geral, trabalha-se com dados pessoais (não sensíveis), cujos titulares dos dados pessoais são os usuários que se utilizam dos serviços notariais e registrais.

Por seu turno, o agente de tratamento de dados é chamado pela LGPD como o controlador, que, segundo Patrícia Peck Pinheiro[1]:

> recepciona os dados pessoais dos titulares de dados por meio do consentimento ou por hipóteses de exceção, e o operador que realiza algum tratamento de dados pessoais motivado por contrato ou obrigação legal.

No caso das serventias extrajudiciais, o controlador é o oficial de registros públicos que recepciona e realiza algum tipo de tratamento de dados pessoais, movido por obrigação legal.

Diferente é a postura do chamado Encarregado (*DPO – Data Protection Officer*), definido pela LGPD como a pessoa natural, indicada pelo controlador, que atua como interlocutor entre o controlador, os titulares dos dados, e a Autoridade Nacional de Proteção de Dados (ANPD).

Note-se que, em serventias de pequeno porte, o titular da serventia deverá atuar em ambas as funções: como controlador e como encarregado, dada a redução de custos operacionais e a baixa receita obtida pela maior parte das pequenas serventias, o que não comporta a contratação de alguém específico apenas para esta função.

Todavia, em serventias maiores é possível a designação pelo titular de um encarregado, como por exemplo o coordenador do setor de Tecnologia da Informação (TI) ser considerado o DPO da serventia.

Complementarmente, nada impede que as entidades de classe como as associações de notários e registradores ou os colégios registrais ou os institutos da classe possam desempenhar essa função, mediante convênio com as serventias extrajudiciais.

Cite-se que, em São Paulo, único estado a disciplinar o tema da proteção de dados nas serventias extrajudiciais, até o presente momento, foi editado o Provimento CG n. 23/2020 que, em seu Capítulo XIII, trata da matéria da terceirização do DPO do seguinte modo (item 133.2), admitindo-a, inclusive, para prestadores de serviços técnicos com remuneração integralmente paga ou não por entidades representativas de classe:

---

[1] PINHEIRO, Patrícia Peck. *Proteção de dados pessoais*: comentários à Lei n. 13.709/2018 (LGPD). São Paulo: Saraiva Educação, 2018, p. 27.

133.2. Poderão ser nomeados como encarregados prestadores de serviços técnicos com remuneração integralmente paga, ou subsidiada, pelas entidades representativas de classe.

Em qualquer caso, a atividade de orientação das pessoas que trabalham nas serventias extrajudiciais sob o regime celetista – CLT (chamadas de prepostos) e também dos prestadores de serviços terceirizados sobre as práticas a serem adotadas em relação à proteção de dados pessoais, desempenhada pelo encarregado, não afasta igual dever atribuído aos responsáveis pelas delegações dos serviços extrajudiciais de notas e de registro, sejam eles titulares, interventores ou interinos, sendo solidária a responsabilização daqueles que causarem dano, por descumprimento da LGPD.

4. RESPONSABILIDADES E PENALIDADES IMPOSTAS PELA LGPD

Nesse ponto, notários e registradores devem atuar como protetores dos titulares dos dados pessoais, agindo para que a sua obtenção, tratamento e posterior divulgação, de forma total ou parcial, não viole direitos fundamentais dos titulares desses dados que são as pessoas naturais a que eles se referem.

Não só eles.

Também os prepostos (colaboradores contratados pelo titular, interventor ou interino), escreventes e terceirizados possuem igual dever, pois são todos eles agentes de tratamento de dados solidariamente responsáveis, somente sendo possível eximir-se de responsabilidade quando comprovada culpa exclusiva do titular dos dados ou que não realizaram o tratamento de dados pessoais que lhes é atribuído ou que, embora tenham realizado o tratamento de dados pessoais que lhes é atribuído, não tenha havido violação à legislação de proteção de dados. Vejamos a disciplina do tema nos arts. 42 a 45 da LGPD:

> Art. 42. O controlador ou o operador que, em razão do exercício de atividade de tratamento de dados pessoais, causar a outrem dano patrimonial, moral, individual ou coletivo, em violação à legislação de proteção de dados pessoais, é obrigado a repará-lo.
> § 1º A fim de assegurar a efetiva indenização ao titular dos dados:
> I – o operador responde solidariamente pelos danos causados pelo tratamento quando descumprir as obrigações da legislação de proteção de dados ou quando não tiver seguido as instruções lícitas do controlador, hipótese

em que o operador equipara-se ao controlador, salvo nos casos de exclusão previstos no art. 43 desta Lei;

II – os controladores que estiverem diretamente envolvidos no tratamento do qual decorreram danos ao titular dos dados respondem solidariamente, salvo nos casos de exclusão previstos no art. 43 desta Lei.

§ 2º O juiz, no processo civil, poderá inverter o ônus da prova a favor do titular dos dados quando, a seu juízo, for verossímil a alegação, houver hipossuficiência para fins de produção de prova ou quando a produção de prova pelo titular resultar-lhe excessivamente onerosa.

§ 3º As ações de reparação por danos coletivos que tenham por objeto a responsabilização nos termos do *caput* deste artigo podem ser exercidas coletivamente em juízo, observado o disposto na legislação pertinente.

§ 4º Aquele que reparar o dano ao titular tem direito de regresso contra os demais responsáveis, na medida de sua participação no evento danoso.

Art. 43. Os agentes de tratamento só não serão responsabilizados quando provarem:

I – que não realizaram o tratamento de dados pessoais que lhes é atribuído;

II – que, embora tenham realizado o tratamento de dados pessoais que lhes é atribuído, não houve violação à legislação de proteção de dados; ou

III – que o dano é decorrente de culpa exclusiva do titular dos dados ou de terceiro.

Art. 44. O tratamento de dados pessoais será irregular quando deixar de observar a legislação ou quando não fornecer a segurança que o titular dele pode esperar, consideradas as circunstâncias relevantes, entre as quais:

I – o modo pelo qual é realizado;

II – o resultado e os riscos que razoavelmente dele se esperam;

III – as técnicas de tratamento de dados pessoais disponíveis à época em que foi realizado.

Parágrafo único. Responde pelos danos decorrentes da violação da segurança dos dados o controlador ou o operador que, ao deixar de adotar as medidas de segurança previstas no art. 46 desta Lei, der causa ao dano.

Art. 45. As hipóteses de violação do direito do titular no âmbito das relações de consumo permanecem sujeitas às regras de responsabilidade previstas na legislação pertinente.

Nesse sentido, sendo solidária a responsabilidade pelas ações imputadas durante o processo de tratamento de dados, de segurança de rede e de procedimentos de armazenamento, deve ser assegurada por todos os agentes de dados a segurança de todo o processo e o cumprimento da LGPD, sendo fundamental a preservação da cadeia de auditoria para fins de apuração, se for necessário.

Quanto ao tema da responsabilidade civil de notários e registradores por danos causados a terceiros, a Lei dos Notários e Registradores (Lei n. 8.935/94) define em seu art. 22 que a responsabilidade de notários e registradores é subjetiva. Vejamos:

> Art. 22. Os notários e oficiais de registro responderão pelos danos que eles e seus prepostos causem a terceiros, na prática de atos próprios da serventia, assegurado aos primeiros direito de regresso no caso de dolo ou culpa dos prepostos.

Ratificando esse entendimento, o art. 28 da Lei n. 6.015/73[2], a Lei de Registros Públicos aduz:

> Art. 28. Além dos casos expressamente consignados, os oficiais são civilmente responsáveis por todos os prejuízos que, pessoalmente, ou pelos prepostos ou substitutos que indicarem, causarem, por culpa ou dolo, aos interessados no registro.

Dessa forma, podemos concluir que é preciso sopesar a Lei dos Notários e Registadores (que prevê a responsabilidade civil subjetiva) com a regra estabelecida pela Lei Geral de Proteção de Dados (Lei n. 13.709/2018), de responsabilização solidária de todos os agentes que causarem danos a terceiros, sem definir de modo claro quanto à objetividade ou a subjetividade da responsabilização.

Por seu turno, o Supremo Tribunal Federal deliberou acerca do tema da responsabilidade civil de notários e registradores, em sede de Repercussão Geral (RE 842.846), deliberando no sentido de que, em havendo danos a terceiros, a responsabilidade por atos praticados por registradores e notários é do Estado (objetiva do Estado), cabendo, todavia, direito de sequela deste em face do delegatário que tenha agido com dolo ou culpa.

Nesse sentido, está-se diante de um cenário indefinido quanto ao tema da responsabilidade civil de notários e registradores quando o eventual dano a terceiros for oriundo de descumprimento da LGPD, pelo que a doutrina e a jurispru-

---

[2] BRASIL. Lei n. 6.015 de 31 de dezembro de 1973. Dispõe sobre os registros públicos e dá outras providências. Disponível em: <http://www.planalto.gov.br/ccivil_03/leis / L6015compilada.htm>. Acesso em: 5 mar. 2019.

dência pátrias precisam debruçar-se sobre o tema para a sua definição e aplicação em todo o território nacional.

Quanto às penalidades que podem ser aplicadas pela Autoridade Nacional de Proteção de Dados, são os a seguir elencados no art. 52 da LGPD, a saber:

> Art. 52. Os agentes de tratamento de dados, em razão das infrações cometidas às normas previstas nesta Lei, ficam sujeitos às seguintes sanções administrativas aplicáveis pela autoridade nacional:
>
> I – advertência, com indicação de prazo para adoção de medidas corretivas;
>
> II – multa simples, de até 2% (dois por cento) do faturamento da pessoa jurídica de direito privado, grupo ou conglomerado no Brasil no seu último exercício, excluídos os tributos, limitada, no total, a R$ 50.000.000,00 (cinquenta milhões de reais) por infração;
>
> III – multa diária, observado o limite total a que se refere o inciso II;
>
> IV – publicização da infração após devidamente apurada e confirmada a sua ocorrência;
>
> V – bloqueio dos dados pessoais a que se refere a infração até a sua regularização;
>
> VI – eliminação dos dados pessoais a que se refere a infração;
>
> VII – (*Vetado*);
>
> VIII – (*Vetado*);
>
> IX – (*Vetado*);
>
> X – suspensão parcial do funcionamento do banco de dados a que se refere a infração pelo período máximo de 6 (seis) meses, prorrogável por igual período, até a regularização da atividade de tratamento pelo controlador;
>
> XI – suspensão do exercício da atividade de tratamento dos dados pessoais a que se refere a infração pelo período máximo de 6 (seis) meses, prorrogável por igual período;
>
> XII – proibição parcial ou total do exercício de atividades relacionadas a tratamento de dados.

Note-se que a aplicação de qualquer penalidade pela Autoridade Nacional de Proteção de Dados somente pode ocorrer por meio de prévio procedimento administrativo que assegure a ampla defesa, de forma gradativa, isolada ou cumulativa, de acordo com as peculiaridades do caso concreto e considerados os seguintes parâmetros e critérios:

a) a gravidade e a natureza das infrações e dos direitos pessoais afetados;
b) a boa-fé do infrator;

c) a vantagem auferida ou pretendida pelo infrator;
d) a condição econômica do infrator;
e) a reincidência;
f) o grau do dano;
g) a cooperação do infrator;
h) a adoção reiterada e demonstrada de mecanismos e procedimentos internos capazes de minimizar o dano, voltados ao tratamento seguro e adequado de dados;
i) a adoção de política de boas práticas e governança;
j) a pronta adoção de medidas corretivas; e
k) a proporcionalidade entre a gravidade da falta e a intensidade da sanção.

5. PASSO A PASSO PARA A IMPLANTAÇÃO DA LGPD NAS SERVENTIAS EXTRAJUDICIAIS

No tratamento dos dados pessoais, os responsáveis pelas delegações dos serviços extrajudiciais de notas e de registro (na qualidade de titulares, interventores ou interinos, são controladores e responsáveis pelas decisões referentes ao tratamento dos dados pessoais) deverão observar os objetivos, fundamentos e princípios previstos nos arts. 1º, 2º e 6º da Lei n. 13.709, de 14 de agosto de 2018 (LGPD), que deverá ser observada em todas as operações de tratamento realizadas pelas delegações dos serviços extrajudiciais de notas e de registro a que se refere o art. 236 da Constituição Federal, independentemente do meio ou do país onde os dados estejam sendo armazenados e tratados, ressalvado o disposto no art. 4º daquele estatuto.

Ressalte-se, novamente, que o tratamento de dados pessoais destinados à prática dos atos inerentes ao exercício dos ofícios notariais e registrais, no cumprimento de obrigação legal ou normativa, independe de autorização específica ou consentimento da pessoa natural que deles for titular.

Todavia, o tratamento de dados pessoais decorrente do exercício do gerenciamento administrativo e financeiro promovido pelos responsáveis pelas delegações será realizado em conformidade com os objetivos, fundamentos e princípios decorrentes do exercício da delegação mediante outorga a particulares, nos termos do art. 236 da Constituição Federal de 1988.

Assim sendo, a fim de atender aos ditames da LGPD, cada serventia extrajudicial deverá manter um encarregado *(DPO)* que atuará como canal de comunicação entre o controlador, os titulares dos dados e a Autoridade Nacional de Proteção de Dados (ANPD), podendo ser nomeado encarregado integrante do quadro de prepostos, ou prestador terceirizado de serviços técnicos, mediante contrato escrito, a ser arquivado na serventia, em pasta própria, sendo também aconselhável a criação de um canal próprio (*e-mail,* por exemplo) para acesso direto ao encarregado.

Esquematicamente e com o intuito de sintetizar todo o exposto acima, sugere-se, com base na Lei n. 13.709/2018 (LGPD) e também com base no Provimento CG n. 3/2020, da Corregedoria de Justiça do Tribunal de Justiça do Estado de São Paulo, a adoção das seguintes medidas por parte do titular, interventor ou interino da serventia extrajudicial para que a serventia extrajudicial adeque-se às exigências da LGPD:

a) **Designação de uma equipe interna, nomeando-se os seus membros, inclusive o *DPO* (mediante Portaria Interna assinada pelo titular, interventor ou interino) ou a contratação da consultoria externa jurídica** para a implementação do programa de conformidade da serventia extrajudicial à referida legislação.

b) **Publicação de um comunicado inicial** nas mídias sociais da serventia (*Instagram, Facebook, Whatsapp, Lindekin, Tweeter,* dentre outras) e em cartazes, *banners* e avisos afixados na própria serventia, que está em processo de adequação de seus procedimentos e processos aos ditames da Lei n. 13.709/2018 (LGPD). Assim, nesse "Informativo" deverá constar que a serventia está passando por um processo de adequação ao Programa de Conformidade à Lei Geral de Proteção de Dados – LGPD, para reforçar o compromisso com a integridade, transparência, finalidade, segurança e confiabilidade no tratamento e proteção de dados pessoais, objetivando garantir os direitos e liberdades dos titulares de dados.

c) **Elaboração de um sistema de controle do fluxo,** com a finalidade de verificar o trâmite e fluxo de dados coletados pela serventia, realizando conversas com os colaboradores para entender o funcionamento diário dos processos e procedimentos, bem como, posteriormente, sugere-se a adoção de questionários (por setor) com perguntas relacionadas a compreender o fluxograma que prevê a LGPD quanto ao tratamento de dados em cada um dos setores da serventia, desde sua coleta até o devido descarte, se houver, nos termos do Provimento n. 50/2015, da Corregedoria Geral da Justiça do Conselho Nacional de Justiça (nestes casos, a inutilização e a eliminação de documentos serão promovidos de forma a impedir a identificação dos dados pessoais neles contidos). A partir das respostas coletadas, deverá ser elaborado um sistema de controle de fluxo da serventia, disciplinando de que forma deverá ocorrer a coleta, o tratamento, o armazenamento e o compartilhamento de dados pessoais, até a restrição de acesso futuro e conterá: I – a identificação das formas de obtenção dos dados pessoais, do tratamento interno e do seu compartilhamento nas hipóteses em que houver determinação legal ou normativa; II – os registros de tratamentos de dados pessoais contendo, entre outras, informações sobre: 1 – finalidade do tratamento; 2 – base legal ou normativa; 3 – descrição dos titulares; 4 – categoria dos dados que poderão ser pessoais, sensíveis ou anonimizados, com alerta específico para os dados sensíveis; 5 – categorias dos destinatários; 6 – prazo de conservação; 7 – identificação dos sistemas de manutenção de bancos de dados e do seu conteúdo; 8 – medidas de segurança adotadas; 9 – obtenção e arquivamento das autorizações emitidas pelos titulares para o tratamento dos dados pessoais, nas hipóteses em que forem exigíveis; 10 – política de segurança da informação; 11 – planos de respostas a incidentes de segurança com dados pessoais (ou seja, a serventia deve estar protegida contra acessos não autorizados e situações acidentais ou ilícitas de destruição, perda, alteração, comunicação ou difusão, de modo a permitir, quando necessário, a elaboração dos relatórios de impacto previstos no inciso XVII do art. 5º e nos arts. 32 e 38 da Lei n. 13.709, de 14 de agosto de 2018, bem como um plano de resposta a incidentes de segurança com dados pessoais, se ocorrerem, hipótese em que os mesmos deverão ser imediatamente comunicados pelos operadores ao controlador, ao Juiz Corregedor Permanente e à Corregedoria Geral da Justiça, no prazo máximo de 24 horas, com esclarecimento da natureza do incidente e das medidas adotadas para a apuração das suas causas e a mitigação de novos riscos e dos impactos causados aos titulares dos dados). Também serão arquivados, para efeito de formulação de relatórios de impacto, os comprovantes da participação em cursos, conferências, seminários ou qualquer modo de capacitação, proporcionado pelo controlador aos operadores e encarregado, com indicação do conteúdo das orientações transmitidas por esse modo. Observe-se que as entidades representativas de classe poderão fornecer formulários e programas de informática para o registro do controle de fluxo, abrangendo coleta, tratamento, armazenamento e compartilhamento de dados pessoais, adaptados para cada especialidade dos serviços extrajudiciais de notas e de registro, sendo mantidos de forma exclusiva em cada uma das unidades dos serviços extrajudiciais de notas e de registro, sendo vedado o compartilhamento dos dados pessoais sem autorização específica, legal ou normativa.

d) **Confecção da Política de Privacidade** que descreva os direitos dos titulares de dados pessoais, de modo claro e acessível, os tratamentos realizados e a sua finalidade, com a sua apresentação e divulgação entre os titulares dos dados, inserindo-a como um anexo ou um capítulo à parte do Código de Conduta da serventia extrajudicial.

e) **Adoção de um canal de atendimento** adequado para informações, reclamações e sugestões ligadas ao tratamento de dados pessoais, com fornecimento de formulários para essa finalidade e ampla divulgação do mesmo em mídias sociais e nos recibos e comprovantes entregues pela serventia. O canal eleito por ser a criação de um *e-mail* do DPO para que seja divulgado na Política de Privacidade e nos documentos e recibos entregues pela serventia. Exemplo: dpo@serventia.com.br.

f) **Realização de Palestras e capacitações com os colaboradores e prestadores de serviços:** implantação de uma cultura de proteção de dados na serventia extrajudicial, orientação e esclarecimentos acerca do conteúdo da legislação de proteção de dados no Brasil. Com tal propósito, sugere-se a realização de cursos de capacitação e de reuniões com toda a equipe de colaboradores e o Oficial titular, com o registro fotográfico do evento (fotos e filmagem), evidenciando-o. Nessa ocasião, devem ser esclarecidos quais os atores da Lei, quais os princípios da LGPD, as bases legais, os direitos dos titulares de dados, o papel da Autoridade Nacional de Proteção de Dados (ANPD), a necessidade de indicação de um encarregado de dados (DPO) da serventia extrajudicial, a responsabilidade dos sujeitos e penalidades que poderão ser aplicadas. Nesta etapa, os responsáveis pelas delegações dos serviços extrajudiciais de notas e de registro deverão orientar a todos os seus operadores sobre as formas de coleta, tratamento e compartilhamento de dados pessoais a que tiverem acesso, bem como sobre as respectivas responsabilidades, mediante a confecção de atas de reunião e de capacitação que deverão ser arquivadas, em pasta própria, junto com as orientações transmitidas por escrito e a comprovação da ciência pelos destinatários. Tais orientações abrangerão, ao menos: I – as medidas de segurança, técnicas e administrativas, aptas a proteger os dados pessoais de acessos não autorizados e de situações acidentais ou ilícitas de destruição, perda, alteração, comunicação ou qualquer forma de tratamento inadequado ou ilícito; II – a informação de que a responsabilidade dos operadores prepostos, ou terceirizados, e de qualquer outra pessoa que intervenha em uma das fases abrangida pelo fluxo dos dados pessoais, subsiste mesmo após o término do tratamento. Todos esses registros e evidências devem ser arquivados e oportunamente enviados à Agência Nacional de Proteção de Dados.

g) **Celebrar Aditivos** aos Contratos e Convênios celebrados pela serventia extrajudicial, inclusive Aditivo aos Contratos de Trabalho dos colaboradores e prestadores de serviços, atualizando as suas cláusulas contratuais, para que se adequem aos ditames da LGPD, seja com o titular de dados pessoais, com os colaboradores ou prestadores de serviços, em especial quanto ao tratamento e armazenamento dos dados pessoais, assim como consumidores finais.

h) **Revisão dos processos existentes no sistema de informatização** adotado pela serventia, de modo a garantir maior controle de senhas de acesso pelos colaboradores, evitando-se a utilização indevida dos dados.

i) **Acompanhamento por meio de relatórios do cumprimento das regras da LGPD:** compete aos responsáveis pelas delegações dos serviços extrajudiciais de nota e de registro verificar o cumprimento, periodicamente (trimestral ou semestralmente) pelos operadores prepostos ou terceirizados, do tratamento de dados pessoais conforme as instruções fornecidas e as demais normas sobre a matéria, com comprovação por escrito e assinatura dos envolvidos. Essa etapa envolve o monitoramento e vigilância constante do tratamento de dados pela serventia extrajudicial, sendo voltada para a descrição dos mecanismos de monitoramento que será feita pelo *DPO* da serventia extrajudicial.

Note-se que é muito importante que haja a ampla divulgação em todas as mídias sociais da serventia e em cartazes, *banners* e avisos afixados na própria serventia, a fim de divulgar de modo claro e intuitivo do início ao final do processo de adequação da serventia à LGPD, bem como após a elaboração e divulgação de sua política de privacidade de dados, o lançamento do canal de atendimento aos usuários dos serviços extrajudiciais, como medida de transparência e respeito aos titulares dos dados, assim como ao final da implantação, o processo de monitoramento e de revisão das normas de LGPD implementadas.

6. CONSIDERAÇÕES FINAIS

As serventias extrajudiciais têm a função de garantir publicidade, autenticidade, segurança e eficácia dos atos praticados, sendo de amplo conhecimento público que elas possuem um extenso acervo de armazenamento de dados, posto que tais armazenamentos fazem-se necessários frente à necessidade de publicizar a existência de relações jurídicas, por meio da prática de seus atos.

A publicidade dos atos praticados tem duplo efeito: o de constituir o direito real e o de realizar a anunciação dele perante todos (efeito *erga omnes*).

Frente à promulgação da Lei Geral de Proteção de Dados, não restam dúvidas de que os Serviços Notariais e Registrais estão sujeitos à submissão da nova lei, tendo em vista que estes armazenam dados pessoais, para garantir a publicidade, autenticidade, segurança e eficácia dos atos praticados.

Destarte, a LGPD inovou no cenário nacional trazendo consigo um desafio de adequação do sistema notarial e registral brasileiro a esta nova realidade.

Nesse sentido, é de grande relevância entender de que modo os dados pessoais devem ser tratados pelas serventias extrajudiciais de todo o país.

Ressalta-se que, quanto ao tema da responsabilidade civil de notários e registradores, a Lei n. 8.935/94 (Lei dos Notários e Registradores) e a Lei n. 6.015/73 (Lei de Registros Públicos) disciplinam-na como responsabilidade subjetiva, ao passo que o Supremo Tribunal Federal – STF já decidiu em sede de repercussão geral (RE 842.846) que, pelos atos praticados, a responsabilidade do Estado é objetiva, em prejuízo aos serviços delegados. Todavia, no que tange à Lei Geral de Proteção de Dados (LGPD), não há precedentes vigentes, apenas a determinação legal de que a responsabilidade é solidária entre todos os agentes de tratamento de dados, sem tampouco descrevê-la como objetiva ou subjetiva.

Nesse sentido, coadunar as duas legislações e microssistemas impõe um desafio importante ao operador do direito que presta serviço público por delegação do Poder Público por meio de concurso público de provas e títulos (com fundamento no art. 236 da Constituição Federal Brasileira de 1988) em serventias extrajudiciais de todo o Brasil, eis que deve, em seu labor diário, de atendimento ao público e de prestação de serviço público regido pelo princípio da publicidade e da segurança jurídica, observar, concomitantemente, os princípios fixados pela LGPD, como corolário dos direitos humanos, em especial os de proteção da privacidade do titular dos dados, a liberdade de informação, de acesso e de transparência, com os da Lei n. 6.015/73 que preza pela publicidade e livre obtenção de certidões.

Este é um tema novo e de extrema relevância a todos os titulares, interventores e interinos responsáveis pelas serventias extrajudiciais merecendo a atenção de todos e a sua disciplina pelos órgãos correcionais, visando a sua implementação em todo o país, a exemplo do Provimento CG n. 3/2020, da Corregedoria de Justiça do Tribunal de Justiça do Estado de São Paulo.

REFERÊNCIAS

BITTENCOURT, Bruno et al. *Temas de direito notarial e registral*. Vitória: Gráfica e Encadernadora Sodré, 2018.

IRIB. A Lei Geral de Proteção de Dados em debate: proteção de dados pessoais e os registros públicos. *Boletim Irib em Revista Especial*, n. 361, São Paulo, Irib, jul. 2020.

BRANCHER, Paulo Marcos Rodrigues; BEPPU, Ana Claudia (Coords.). *Proteção de dados pessoais no Brasil*: uma nova visão a partir da Lei n. 13.709/2018. Belo Horizonte: Fórum, 2019.

BRASIL. JUS. Você sabe o que é responsabilidade objetiva e subjetiva? (2017). Disponível em: <https://bit.ly/2OjICcp>. Acesso em: 29-11-2020.

_____. Normas Extrajudiciais da Corregedoria Geral da Justiça do Estado de São Paulo. Disponível em: <https://bit.ly/2MM06xA>. Acesso em: 10-1-2021.

BRASÍLIA, Senado Federal. Decisão do Senado garantiu entrada em vigor de Lei de Proteção de Dados (2020). Senado. Disponível em: <https://bit.ly/3bhPTCq>. Acesso em: 29-11-2020.

CARVALHO, Afrânio de. *Registro de imóveis*: comentários ao sistema de registro em face da Lei n. 6.015, de 1973, com as alterações da Lei n. 6.216, de 1975. 3. ed. rev. e atual. Rio de Janeiro: Forense, 1982.

COMISSÃO EUROPEIA. Que dados pessoais são considerados sensíveis? Disponível em: <https://bit.ly/3sRW724>. Acesso em: 29-11-2020.

Di PIETRO, Maria Sylvia Zanella. *Direito administrativo*. 33. ed. Rio de Janeiro: Forense, 2020.

GONÇALVES, Carlos Roberto. *Direito civil esquematizado*. São Paulo: Saraiva, 2016. v. I.

MARANHÃO, Juliano. A publicidade registral, seu objeto e veículo de sua difusão. *Boletim IRIB*, em revista especial, A Lei Geral de Proteção de Dados em debate – proteção de dados e os registros públicos. São Paulo, n. 361, p. 137-145, jun. 2020.

MONACO, Gustavo Ferraz de Campos; MARTINS, Amanda Cunha e Mello Smith; CAMARGO, Solano de (Orgs.). *Lei Geral de Proteção de Dados*: ensaios e controvérsias da Lei n. 13.709/18. São Paulo: Quartier Latin, 2020.

PINHEIRO, Patrícia Peck. *Proteção de dados pessoais*: comentários à Lei n. 13.709/2018 (LGPD). São Paulo: Saraiva Educação, 2018.

STF. Notícias. Plenário reafirma jurisprudência sobre responsabilidade civil do Estado pelas atividades de cartórios (2019). Disponível em: <https://bit.ly/3bhBB4U>. Acesso em: 29-11-2020.

TEIXEIRA, Tarcísio; ARMELIN, Ruth Maria Guerreiro da Fonseca. *Lei geral de proteção de dados pessoais:* comentada artigo por artigo. Salvador: JusPodivm, 2019.

3. CARTÓRIOS DO FUTURO: UMA ANÁLISE DOS PROVIMENTOS QUE IMPLEMENTARAM OS SERVIÇOS ELETRÔNICOS NAS SERVENTIAS EXTRAJUDICIAIS

Rafaela de Souza Félix
Marcelo Monte Karam
Lucas Monte Karam

Quando a Lei n. 8.935, de 18 de novembro de 1994, regulamentou o art. 236 da Constituição Federal do Brasil (1988), que trata dos serviços notariais e de registro, não se imaginava o quanto o avanço tecnológico seria capaz de impactar e concretizar o exposto no art. 4º da Lei dos Cartórios. As determinações de que esses serviços fossem prestados com eficiência e de maneira adequada, "em dias e horários estabelecidos pelo juízo competente, atendidas as peculiaridades locais, em local de fácil acesso ao público e que ofereça segurança para o arquivamento de livros e documentos"[1], podem, na atualidade, ser cumpridas de fato, dadas as possibilidades da era digital.

Por meio dos Provimentos n. 87/2019, 89/2019 e 100/2020, as serventias extrajudiciais, como são tecnicamente conhecidos os cartórios, puderam romper com o modelo antigo de trabalho, fazer jus à consolidação do processo de desjudicialização, implementar a celeridade nos serviços e fomentar a economicidade e sustentabilidade dos recursos envolvidos. Desse modo, a garantia da publicidade, autenticidade, segurança e eficácia dos atos jurídicos, previstos no art. 1º da Lei n. 8.935/94, torna-se ainda mais concreta e pragmática.

Os resultados que já podem ser vislumbrados foram possíveis em decorrência de um esforço antigo dos titulares de cartório para agilizar o serviço, já que outrora os atos notariais e registrais sempre foram feitos em papel, assinados manuscritamente, como forma de confirmar a vontade das partes que participam do ato. Em um país em que aproximadamente 74% da população possui alguma

---

[1] BRASIL, 1994, *on-line*.

modalidade que possibilita o acesso à internet[2], dados de 2020, não é possível mais conceber que serviços, como os prestados nos cartórios, ainda sejam desenvolvidos de forma atrasada e desatualizada. É sabido que essa mudança é tanto brusca quanto recente, o que requer uma adequação ágil e responsável.

Outro fator de destaque em prol da digitalização dos serviços ao cidadão foi o movimento do governo federal iniciado em 2016 com o lançamento do primeiro ciclo de sua Estratégia de Governo Digital (EGD)[3], 2016-2019, que alcançou o resultado de 53% de digitalização[4]. O governo atualmente pretende digitalizar todos os seus serviços até 2022, economizando R$ 38 bilhões entre os anos de 2020 e 2025, com a eliminação de consumo de papel, automatização de tarefas, redução da burocracia e a locação de estrutura, de acordo com o Ministério da Economia (ME)[5].

O Conselho Nacional de Justiça (CNJ), em 2019, diante de um cenário desafiador tendo no Brasil, a 4ª maior população conectada do mundo, diversas demandas dos cidadãos pela digitalização dos serviços e uma grande movimentação do governo federal neste sentido, iniciou as inovações tecnológicas no mundo das serventias extrajudiciais, por meio, especificamente, dos Provimentos n. 87/2019 e 89/2019. Por meio deles, os serviços eletrônicos foram regulamentados para os tabelionatos de Protesto e Registro de Imóveis. Numa reportagem da *Revista Cartório com Você*, o presidente da Associação dos Notários e Registradores do Brasil (Anoreg/BR), Cláudio Marçal Freire, destacou a importância dos provimentos:

> Dois Provimentos (n. 87/2019 e n. 89/2019) editados pela corregedoria nacional de justiça, na gestão do ministro Humberto Martins, tornaram o protesto a primeira atividade extrajudicial 100% digital do País, incen-

---

[2] Séries temporais de dados de TIC para o mundo, por regiões geográficas, por área urbana/rural e por nível de desenvolvimento, para os seguintes indicadores (2005-2020). Disponível em: <https://www.itu.int/en/ITU-D/Statistics/Documents/statistics/2020/PercentIndividualsUsingInternet.xlsx>. Acesso em: 20-11-2020.

[3] Estratégia de Governo Digital – EGD, 2016-2019. Disponível em: <https://www.gov.br/governodigital/pt-br/estrategia-de-governanca-digital/revisaodaestrategiadegovernancadigital20162019.pdf>. Acesso em: 20-1-2020.

[4] Estratégia de Governo Digital, 2020-2022. Disponível em: <https://www.gov.br/governodigital/pt-br/EGD2020>. Acesso em: 20-1-2020.

[5] Governo atinge meta de mil serviços digitalizados em quase dois anos. Disponível em: <https://agenciabrasil.ebc.com.br/economia/noticia/2020-10/governo-atinge-meta-de-mil-servicos-digitalizados-em-quase-dois-anos>. Acesso em: 20-1-2020.

tivando a redução do custo do crédito no Brasil, promovendo a desjudicialização de conflitos e a integração eletrônica dos tabelionatos com o sistema financeiro[6].

O Provimento n. 87/2019 dispõe, especificamente, "sobre as normas gerais de procedimentos para o protesto extrajudicial de títulos e outros documentos de dívida, regulamenta a implantação da Central Nacional de Serviços Eletrônicos dos Tabeliães de Protesto de Títulos (Cenprot) e dá outras providências"[7]. O objetivo consiste em cumprir as normas técnicas estabelecidas pelo Poder Judiciário previstas nos arts. 37 e 38 da Lei n. 8.935, de 18 de novembro de 1994, visando ainda aos "princípios da supremacia do interesse público, da eficiência, da continuidade do serviço público e da segurança jurídica, com objetivo primordial de proporcionar a melhor prestação de serviço, com acessibilidade isonômica aos usuários"[8].

Uma das maiores inovações foi a formalização da desistência do protesto por meio eletrônico, sendo também admitido o pedido de cancelamento do protesto pela internet, por meio de aquiescência do credor ou do apresentante do título assinado eletronicamente.

É importante destacar que o Provimento n. 87/2019 não prejudica a arrecadação; na verdade facilita, uma vez que visa ao aumento do volume de títulos que podem ser levados aos cartórios de Protesto, possibilitando conceder parcelamento de emolumentos. Esse parcelamento pode ser feito por meio de cartão de crédito. Também é aceito pagamento por meio de cartão de débito. Tais possibilidades elevam as chances de o usuário quitar esses valores integralmente.

Traçando um paralelo com o governo federal, estima-se que um serviço digital é muito vantajoso, em média, 97% mais barato que o mesmo serviço oferecido por um canal presencial, levando a uma economia estimada em 2 bilhões de reais ao ano, sendo R$ 1,5 bilhão para a população, inclusive deslocamentos, e aproximadamente R$ 500 milhões para o governo federal com a digitação de serviços[9].

---

[6] FREIRE, 2019, p. 39.
[7] CNJ, 2019a, *on-line*.
[8] CHINI, 2019, *on-line*.
[9] Governo atinge meta de mil serviços digitalizados em quase dois anos. Disponível em: <https://agenciabrasil.ebc.com.br/economia/noticia/2021-01/digitalizacao-de-servicos--publicos-gera-economia-de-r-2-bi-por-ano>. Acesso em: 20-1-2020.

Vale destacar que a Cenprot não só disponibiliza uma central de escrituração e emissão de duplicatas como oferta ainda: acesso ao instrumento de protesto eletrônico, consulta pública e gratuita de um título protestado, declaração de anuência eletrônica, pedido de cancelamento de protesto, pedido de certidão digital e confirmação de autenticidade e, por fim, recepção e distribuição de títulos (CRA).

O Provimento n. 87/2019 foi um marco para a inovação e, ao mesmo tempo, um estímulo para que as serventias extrajudiciais se adaptem às boas práticas e normas de segurança tecnológica e mantenham sua atualização em dia. Desse modo, a discussão não fica limitada ao âmbito econômico ou a um discurso político, legal, técnico ou ideológico como propuseram os pesquisadores Andrade e Barbosa no artigo "O cartório digital na sociedade da informação": "A aplicação das ferramentas de informática aos cartórios deve ser precedida de avaliação, pelos menos, dos riscos conhecidos e previstos, para um mínimo necessário de segurança nos agora intitulados cartórios digitais"[10]. Quase quatro anos depois de publicado esse artigo, apesar dos avanços concretos em relação à execução e celeridade das demandas, a questão da segurança continua em pauta.

A fim de abordar a segurança digital dos cartórios, o advogado e escritor João Rodrigo Stinghen e o especialista em segurança da informação e sócio da Softlan Soluções em Informática Carlos Felipe Ramos da Silva discorreram no artigo intitulado "Cartórios e Proteção de Dados – Segurança da Informação" sobre as normas, a segurança da informação nos cartórios atualmente e os incidentes e continuidade dos serviços, corroborando a importância do tema. Os pesquisadores ainda apresentaram relevantes recomendações:

> A boa gestão baseia-se no tripé tecnologia-processos-pessoas, pois depende de boas tecnologias, ordenação adequada de tarefas e treinamento da equipe. Em segurança da informação, todavia, o aspecto tecnológico adquire especial importância, pois garante processos básicos de proteção e gerenciamento de riscos, sem os quais praticamente inexiste proteção.
>
> Manter equipamentos e ferramentas de segurança atualizados não apenas é requisito para cumprir as exigências legais, mas algo imprescindível para salvaguardar a integridade, a autenticidade e o armazenamento seguro das informações. Não se trata de tornar nulos os riscos, mas reduzi-los a um patamar aceitável[11].

---

[10] ANDRADE; BARBOSA, 2016, p. 106.
[11] STINGHEN; SILVA, 2020, *on-line*.

Essas recomendações tornam-se ainda mais pertinentes se observadas as possibilidades previstas no Provimento n. 89/2019, que, no campo registral, regulamenta o Código Nacional de Matrículas (CNM), o Sistema de Registro Eletrônico de Imóveis (SREI), o Serviço de Atendimento Eletrônico Compartilhado (SAEC), o acesso da Administração Pública Federal às informações do SREI, além de estabelecer diretrizes para o estatuto do Operador Nacional do Sistema de Registro Eletrônico de Imóveis (ONR), com o necessário objetivo de facilitar o intercâmbio de informações entre os ofícios de registro de imóveis. No intuito de simplificar o acesso ao Registro foi criado o Código Nacional de Matrícula Imobiliária (CNM), promovendo a concentração de atos, na forma prevista no art. 60 da Lei n. 13.097, de 19 de janeiro de 2015.

Além de representar a modernização, o Provimento n. 89/2019 do CNJ visou à verdadeira inovação do sistema, pois permitiu a interoperabilidade e a interconexão das bases de todo o país, bem como a estruturação dos dados mediante a lavratura do registro que em momento algum pode-se confundir com a mera digitalização de documentos[12].

Consoante os estudos de Debora Cristina de Castro da Rocha e Edilson Santos da Rocha sobre o Provimento n. 89/2019, o SREI apresenta como propósito atender às demandas de serviço de forma ágil, facilitando, desse modo, o processo comunicativo entre os cartórios, os mais diversos órgãos e a população em geral. Ademais, o SREI visa consolidar-se como um pilar responsável pela efetivação de políticas públicas, sobretudo, em prol da regularização fundiária. Há de se destacar, ainda, a viabilidade da fiscalização, a interconexão referente ao registro dos imóveis, "o acesso a base de dados e a informações seguras, o que, por sua vez, permite a criação de um número de matrícula nacional e unificado, e o mais importante, a prestação de serviços de forma irrestrita em todo o território nacional"[13].

Não se pode ignorar a importância dos serviços prestados de forma digital pelas serventias extrajudiciais no ano de 2020, em que a pandemia do novo coronavírus obrigou o mundo a repensar suas formas de convívio e interação. Nesse contexto, os serviços eletrônicos prestados pelos cartórios são capazes de atuar ainda no enfrentamento da Covid-19. Embora não se imaginasse a ocorrência de uma pandemia, a implementação dos recursos tecnológicos nos cartórios e a execução eletrônica de serviços e de trocas de informação pareceram antever a necessidade do distanciamento social.

---

[12] CNJ, 2019c.
[13] ROCHA; ROCHA, 2020, *on-line*.

Em abril de 2020, após deflagrada a pandemia em todo o território brasileiro, o consultor legislativo da área do Direito Carlos Eduardo Elias de Oliveira publicou no Boletim Informativo n. 83, de 2020, do Senado Federal, uma análise sobre a importância do cartório eletrônico em tempos de coronavírus.

> Por meio da virtualização dos serviços notariais e de registro, podemos fortalecer as nossas trincheiras contra esses impiedosos adversários, pois, (1) ao tornar desnecessária a presença física de pessoas em serventias extrajudiciais, golpeia-se a pandemia e, (2) ao viabilizar a continuidade das atividades da fé pública, desfecham-se bombas contra a recessão econômica sem comprometer a segurança jurídica[14].

Em 26 de maio, é publicado novo Provimento, o de n. 100, a partir do qual são estabelecidas normas gerais sobre a prática de atos notariais eletrônicos em todos os tabelionatos de notas do Brasil. Esse novo Provimento possibilitou a lavratura de todos os atos físicos que normalmente são feitos, presencialmente, nas Serventias Notarias, tais como: procurações, escrituras, testamentos, reconhecimento de firma e, até mesmo, autenticação, por meio eletrônico.

Antes da instituição desse Provimento, diversos Estados criaram seus próprios provimentos, a fim de proceder a atos notariais eletrônicos. Tal prática gerou certa insegurança jurídica, uma vez que confidencialidade e autenticidade são os aspectos mais importantes do documento eletrônico e do ato notarial.

Nessa perspectiva, a obrigatoriedade de utilização de uma plataforma única para todo território nacional, a plataforma do e-notariado[15], potencializou a segurança jurídica e a igualdade para a prestação dos serviços notariais via meio eletrônico. Após ser instituído o Provimento n. 100, todos os provimentos estaduais que versavam sobre atos eletrônicos não puderam ser mais ser utilizados[16].

Implantado no primeiro semestre de 2019 em parceria com o Serviço Federal de Processamento de Dados (Serpro) e o Instituto Nacional de Tecnologia da Informação (ITI), o e-notariado é a plataforma gerida pelo Colégio Notarial do Brasil – Conselho Federal que contribui para a desburocratização dos atos notariais e colabora com a transformação digital dos serviços cartorários em todo território

---

[14] OLIVEIRA, 2020, p. 3.
[15] O e-notariado pode ser acessado por meio do seguinte endereço eletrônico: <https://www.e-notariado.org.br>.
[16] CNJ, 2020.

nacional. A plataforma está disponível em versão *web* e *mobile* e coloca o cartório digital na palma da mão do cidadão. O ITI é uma autarquia federal, vinculada a Casa Civil da Presidência da República, que tem por missão manter e executar as políticas da Infraestrutura de Chaves Públicas Brasileira – ICP-Brasil[17].

A plataforma possui um nível de integração e responsividade significativo, e fornece diversos serviços inclusive *online* para os cidadãos como emissão de atas notariais, emissão de autorização de viagem para menores, autenticação e validação de documentos, entre outros.

O sistema e-notariado é uma plataforma com pontos positivos para o cartorário e para o cidadão, haja vista que é possível realizar serviços notariais em grande volume, com alta velocidade, menos burocracia, sem perder a fé pública dos tabelionatos. Outro ponto que merece destaque é que o sistema atende o Provimento n. 74, emitido pelo Conselho Nacional de Justiça em julho de 2018, que prevê a modernização e conceitos básicos de segurança, por esta razão o sistema fornece o serviço de *backup* em nuvem para cartorários, com objetivo de armazenar com segurança os dados notariais, prevenindo riscos de perdas de dados, por conta de acidentes, desastres ou problemas técnicos que possam afetar o servidor local.

Em uma análise de evolução tecnológica, durante a pandemia da Covid-19, segundo o executivo David Clarke da multinacional PwC, em 2019 evoluímos tecnologicamente o equivalente a até 10 anos e consequentemente, com o *home office* e *office education*, o número de pessoas conectadas à internet cresceu exponencialmente[18].

Dessa forma, uma solução que está sendo bastante utilizada atualmente na transformação digital dos cartórios é o *blockchain*, com o objetivo de garantir a segurança, integridade e autenticidade das informações registradas. *Blockchain* é um sistema de registro de informações de uma forma que torna difícil ou impossível alterar, hackear ou trapacear o sistema.

Um *blockchain* é essencialmente um livro-catálogo digital de transações que é duplicado e distribuído por toda a rede de sistemas de computador no *blockchain*. Cada bloco da cadeia desse catálogo contém várias transações e, sempre que ocorre uma nova transação na cadeia de blocos, um registro dessa transação é adicionado ao livro-catálogo de cada participante. O banco de dados descentra-

---

[17] E-NOTARIADO, 2020.
[18] CIO, 2020.

lizado gerenciado por vários participantes é conhecido como *Distributed Ledger Technology (DLT)*.

Blockchain é um tipo de DLT em que as transações são registradas com uma assinatura criptográfica imutável chamada *hash*. Pela segurança, economia, eficiência e transparência desta ferramenta cada vez mais visualizamos cartórios, bancos e grandes empresas aderindo essa tecnologia para solucionar grandes desafios de forma precisa e econômica, como, por exemplo, na autenticação de documentos, quanto seria lucrativo para o cartório se essa autenticação pudesse ser realizada e validada pela internet de forma segura e não tivesse que desembolsar o custo do selo de segurança para cada documento.

A plataforma e-notariado fornece em seu sistema a tecnologia *blockchain*, por meio do módulo nomeado de *Notarchain*, o qual consiste em uma rede *blockchain* exclusiva da plataforma e-notariado, que assegura a autenticação digital de documentos, com a segurança jurídica necessária. Este módulo é conectado ao sistema de Central Notarial de Autenticação Digital (Cenad), que é gerido pelo CNB/CF[19].

Essa solução tecnológica traz a possibilidade de autenticar e validar documentos pela internet de forma segura, econômica e eficiente, também é possível compartilhar facilmente esses documentos autenticados por *e-mail*, redes sociais e com outros órgãos públicos, tendo o mesmo valor que um documento físico autenticado.

É importante destacar que a plataforma do e-notariado foi desenvolvida como uma ferramenta de adequação do Provimento n. 100, disponibilizando funções para atender os tabeliães, visando ampliar e aperfeiçoar os serviços eletrônicos, o que começou, inclusive, com o Provimento n. 88 do CNJ, que trouxe muitas obrigações e muitos cadastros, fazendo com que o Colégio Notarial tivesse que atuar como a grande Central Notarial.

O objetivo de toda essa estrutura é identificar pessoas, tabeliães, prepostos e usuários, para práticas de atos numa espécie de grande central de atos, interligando os notários, permitindo a prática de atos notariais eletrônicos, o intercâmbio de documentos e o tráfego de informações de dados, no intuito de aprimorar tecnologias e processos para viabilizar o serviço notarial em meio eletrônico.

Nesse contexto, há pessoas que consideram o surgimento de uma nova forma de fé pública, por meio da qual o notário assume o papel de terceiro certi-

---

[19] COLÉGIO DO NOTARIADO DO BRASIL, 2020.

ficador imparcial. É o que expõe Letícia Franco Maculan Assumpção no artigo "O notário na era digital".

> A diferença é que a fé pública não se outorga só sobre a base da autenticação da capacidade de pessoas, do cumprimento das formalidades nos instrumentos notariais ou da certificação dos fatos, mas também se aplica à certificação de todo o processo tecnológico: de resultados digitais, códigos e assinaturas eletrônicas.
>
> O notário, quando certifica processos tecnológicos, resultados digitais, códigos e assinaturas eletrônicas, está autenticando, conferindo veracidade e certeza a fatos, circunstâncias ou atos que têm transcendência jurídica, dotando-os de fé pública[20].

Ao certificar os processos tecnológicos, o notário confere veracidade e certeza a fatos ou atos jurídicos, atribuindo-lhes fé pública tradicional ou digital, sob o respaldo tanto da legalidade quanto da imparcialidade[21].

Para se conectar com esse mundo novo de atos eletrônicos, o tabelião precisar realizar o cadastro de todos os seus prepostos e clientes que desejam proceder atos eletrônicos na plataforma do e-notariado.

Todas as partes que quiserem e necessitarem efetivar um ato eletrônico devem ser identificadas por meio do certificado notarial. Antes esse processo se dava por uma ficha de assinatura; agora pelo certificado digital. Nesse momento, temos uma das nossas maiores evoluções, pois a ficha de assinatura ou cartão de autógrafos tão utilizada em tempos remotos agora é substituída por uma assinatura notarial.

O primeiro passo para obter essa assinatura notarial consiste no cadastro do cliente na plataforma do e-notariado, com identificação da pessoa, da mesma maneira que ocorre ao realizar o cadastro do cliente na abertura do cartão de autógrafo, sendo obrigatória a biometria para o cadastro dentro da plataforma e necessário que seja gerado um certificado e-notariado para o cliente.

Após esse cadastro, o cliente precisa informar qual ato deseja praticar, para que, assim, sejam iniciados os trâmites de elaboração do ato notarial, cumprindo sempre todos os requisitos legais que se exigem para o ato físico.

É importante ressaltar que se a parte já praticou algum ato notarial, automaticamente, ao praticar um novo ato, o sistema já vai reconhecê-la, mesmo que

---

[20] ASSUMPÇÃO, 2015, *on-line*.
[21] ASSUMPÇÃO, 2015.

esteja praticando com outro tabelião, podendo, nesse momento, ocorrer complementação do cadastro já existente dentro do e-notariado.

O segundo passo para a formalização do ato é a realização de videoconferência, por meio do qual o tabelião deverá realizar algumas perguntas para o cliente, a fim de cientificar a certeza com relação à realização do ato. Nesse momento, o tabelião deve arguir o cliente, salvando ao final o vídeo na plataforma do e-notariado, seguindo todos os requisitos constantes no parágrafo único do art. 3º do Provimento n. 100:

> Parágrafo único. A gravação da videoconferência notarial deverá conter, no mínimo:
> a) a identificação, a demonstração da capacidade e a livre manifestação das partes atestadas pelo tabelião de notas;
> b) o consentimento das partes e a concordância com a escritura pública;
> c) o objeto e o preço do negócio pactuado;
> d) a declaração da data e horário da prática do ato notarial; e
> e) a declaração acerca da indicação do livro, da página e do tabelionato onde será lavrado o ato notarial[22].

Deve-se atentar que durante a prática de atos notariais eletrônicos precisará ser obedecida a competência que é absoluta e observar a circunscrição territorial em que o tabelião recebeu sua delegação, à luz do art. 9º da Lei n. 8.935/94. Válido destacar que essa competência territorial foi explicitamente tratada no art. 19 do Provimento n. 100, que assim dispõe: "Ao tabelião de notas da circunscrição do imóvel ou do domicílio do adquirente compete, de forma remota e com exclusividade, lavrar as escrituras eletronicamente, por meio do e-notariado, com a realização de videoconferência e assinaturas digitais das partes"[23], "ressalvando, na hipótese de existência de um ou mais imóveis de diferentes circunscrições, no mesmo ato notarial, que será competente para a prática de atos remotos o tabelião de quaisquer delas"[24].

Essa ressalva foi discutida no artigo "O futuro chegou! Bem-vindo Provimento n. 100/20, do CNJ", de autoria do desembargador aposentado do TJSP e advogado do Escritório Barcellos Tucunduva, Marcio Martins Bonilha Filho, que

---

[22] CNJ, 2020, *on-line*.
[23] CNJ, 2020, *on-line*.
[24] FILHO, 2020, *on-line*.

ainda apresentou outra situação prevista no § 2º do art. 19 do Provimento n. 100: "Estando o imóvel localizado no mesmo estado da federação do domicílio do adquirente, este poderá escolher qualquer tabelionato de notas da unidade federativa para a lavratura do ato"[25]. Contudo, infere-se que a redação do parágrafo amplia a competência territorial, conforme também identificou Filho. Essa ampliação ultrapassa os limites da circunscrição, o que requer correções e/ou adequações, a fim de que a aplicação não seja tão abrangente como a implementada no direcionamento normativo.

Com o Provimento n. 100, foi instituída também a Matrícula Notarial Eletrônica (MNE), que atuará como chave de identificação individual, favorecendo a unicidade e rastreabilidade da operação eletrônica realizada. O número da Matrícula Notarial Eletrônica possui 24 (vinte e quatro) dígitos, distribuídos em 6 (seis) campos. A matrícula faz parte do ato notarial eletrônico e, por isso, devem ser indicadas em todas as cópias expedidas. Conforme prevê a legislação processual, reputam-se autênticos e detentores de fé pública os atos notariais eletrônicos.

Ainda faz-se relevante destacar o que expressa o art. 18 do Provimento n. 100:

> A identificação, o reconhecimento e a qualificação das partes, de forma remota, será feita pela apresentação da via original de identidade eletrônica e pelo conjunto de informações a que o tabelião teve acesso, podendo utilizar-se, em especial, do sistema de identificação do e-Notariado, de documentos digitalizados, cartões de assinatura abertos por outros notários, bases biométricas públicas ou próprias, bem como, a seu critério, de outros instrumentos de segurança[26].

O Provimento n. 100, por meio do § 2º, dispõe que o Colégio Notarial do Brasil – Conselho Federal "poderá implantar funcionalidade eletrônica para o compartilhamento obrigatório de cartões de firmas entre todos os usuários do e-Notariado"[27]. No § 3º, destaca-se também que o "armazenamento da captura da imagem facial no cadastro das partes dispensa a coleta da respectiva impressão digital quando exigida"[28].

---

[25] FILHO, 2020, *on-line*.
[26] CNJ, 2020, *on-line*.
[27] CNJ, 2020, *on-line*.
[28] CNJ, 2020, *on-line*.

Por seu turno, o Colégio Notarial do Brasil – Conselho Federal manterá o Cadastro Único de Clientes do Notariado (CCN), o Cadastro Único de Beneficiários Finais (CBF) e o Índice Único de Atos Notariais, nos termos do Provimento n. 88/2019, da Corregedoria Nacional de Justiça.

Em periodicidade não superior a quinze dias, os notários ficam obrigados a remeter ao CNB-CF, por sua central notarial de serviços eletrônicos compartilhados – CENSEC, os dados essenciais dos atos praticados, que compõem o Índice Único[29]. Consoante previsão expressa, os dados essenciais são:

I – a identificação do cliente;

II – a descrição pormenorizada da operação realizada;

III – o valor da operação realizada;

IV – o valor de avaliação para fins de incidência tributária;

V – a data da operação;

VI – a forma de pagamento;

VII – o meio de pagamento; e

VIII – outros dados, nos termos de regulamentos especiais, de instruções complementares ou orientações institucionais do CNB-CF[30].

O Provimento n. 100/2020, dividido em sete capítulos, nas disposições finais prevê que os atos notariais eletrônicos "constituem instrumentos públicos para todos os efeitos legais e são eficazes para os registros públicos, instituições financeiras, juntas comerciais, Detrans e para a produção de efeitos jurídicos perante a administração pública e entre particulares"[31]. Faz-se pertinente considerar que a autenticidade dos atos notariais seja verificada pela internet por meio do e-notariado.

As serventias extrajudiciais devem adotar para atendimento a distância os números dos telefones, *e-mails*, o uso de plataformas eletrônicas de comunicação e de mensagens instantâneas, como *WhatsApp*, *Skype* e outras disponíveis, todos esses canais devem ser amplamente divulgados.

Há, também, expressa observância à Lei n. 13.709/2018 (Lei Geral de Proteção de Dados Pessoais), em relação aos dados das partes, os quais apenas poderão ser compartilhados entre notários e, unicamente, para a prática de atos notariais.

---

[29] CNJ, 2020.
[30] CNJ, 2020, *on-line*.
[31] CNJ, 2020, *on-line*.

Dessa forma, é significante ressaltar que mesmo com a permissão expressa do Provimento n. 100/2020, no que tange ao compartilhamento de dados pessoais, desde que seja para a prática de atos notariais, citada anteriormente, se faz necessária uma série de requisitos para que essa atividade de transferência de dados pessoais seja harmônica com a Lei n. 13.709/2018 (Lei Geral de Proteção de Dados Pessoais), uma vez que é preciso respeitar as diretrizes da ANPD (Autoridade Nacional de Proteção de Dados), e princípios, bem como, normas da Lei n. 13.709/2018.

Portanto, extremamente necessário, por ser um requisito e obrigação legal, que os cartórios se adequem à Lei Geral de Proteção de Dados Pessoais, tendo em vista que trabalham com uma grande quantidade de dados pessoais diariamente.

Convém ainda mencionar a criação da possibilidade da realização de ato notarial híbrido, ou seja, uma parte está autorizada a assinar fisicamente e a outra, a distância. Contudo, fica vedada a prática de atos notariais ou remotos com recepção de assinaturas eletrônicas a distância sem autorização do e-notariado, que veio a ser implementado com a publicação do Provimento n. 100/2020, ocorrida no dia 26 de maio, e, no prazo máximo de seis meses, naquilo que houver necessidade de cronograma técnico[32].

Nas unidades da Federação, onde são exigidos selos de fiscalização, o ato notarial eletrônico deverá ser lavrado com a indicação do selo eletrônico ou físico, requerido pelas respectivas Normas de Serviço. Caso se descumpra essa observância, os atos eletrônicos lavrados serão considerados nulos.

A competência territorial foi contemplada, consoante previsão contida no art. 19 do Provimento, que assim dispõe: "Ao tabelião de notas da circunscrição do imóvel ou do domicílio do adquirente compete, de forma remota e com exclusividade, lavrar as escrituras eletronicamente, por meio do e-notariado, com a realização de videoconferência e assinaturas digitais das partes", ressalvando, na hipótese de existência de um ou mais imóveis de diferentes circunscrições, no mesmo ato notarial, que será competente para a prática de atos remotos o tabelião de quaisquer delas.

A partir das abordagens expressas e analisadas neste artigo, é possível e oportuno concluir que o Provimento n. 100 constitui um dos maiores avanços positivos, com foco na dissolução da burocracia e na racionalização de trabalho. Os resultados facilitam a vida dos usuários, sem prejuízo da continuidade da fé

---

[32] CNJ, 2020, *on-line*.

pública, conjuntura que remete a uma revolucionária vantagem ao regulamentar a utilização das tecnologias de informação e comunicação em prol dos atos notariais.

Imprescindível salientar que as conquistas vislumbradas nos últimos anos e, sobretudo, em 2020 são resultados de um esforço coletivo, por meio do qual buscou-se concretizar as determinações de que os serviços notariais fossem prestados com eficiência e de maneira adequada, conforme prevê a Constituição Federal. Embora revolucionária no campo das serventias extrajudiciais, convém concordar que os avanços nos cartórios precisam acompanhar a dinâmica da modernidade, com o propósito de tornar acessíveis os serviços notariais para quem precise deles. Isso significa investir em tecnologia e cumprir as determinações legais sem excluir as pessoas que ainda não dispõem e/ou não dominam os instrumentos tecnológicos. Assim, cabe reconhecer que há um desafiador trabalho pela frente, que perpassa o comprometimento do legislador em revisar e fazer os ajustes necessários nas normas a que se submetem os cartórios.

Concomitantemente, sem a ousadia e possibilidade de esgotar o assunto, o campo da pesquisa e das discussões deve sempre estar atento aos fatores que interferem e impactam o trabalho notarial eletrônico para que as serventias extrajudiciais possam não só romper com o modelo antigo de trabalho, mas, sobretudo, fazer jus à consolidação do processo de desjudicialização, de implementação da celeridade nos serviços, democratização e inclusão dos usuários e fomento à economicidade e à sustentabilidade dos recursos envolvidos.

Como visto neste capítulo a transformação digital dos cartórios regulamentada pelos Provimentos n. 74, 89 e 100, acarretou diversos benefícios tanto para os cartorários quanto para os cidadãos, entretanto novos desafios foram gerados, principalmente no campo da segurança da informação. Ressalta-se que os respectivos provimentos devem ser complementados com a normatização cabível dos padrões mínimos de tecnologia da informação para a segurança, integridade e disponibilidade de dados para a continuidade da atividade pelos serviços notariais e de registro descrita no Provimento n. 74/2018.

Cumpre destacar que a segurança da informação possui amparo constitucional, no que concerne aos serviços públicos prestados pelo cartório, haja vista que além de defender o direito da intimidade, previsto no art. 5º, X, da República Federativa do Brasil, das pessoas envolvidas, ainda é necessário manter a continuidade dos serviços públicos, também positivado na Constituição Federal Brasileira, no art. 175, IV.

3 Cartórios do futuro: uma análise dos provimentos que implementaram os serviços...

Destarte, visualizamos que a segurança da informação não é somente uma proteção contra *crackers*, perito em informática que usa seus conhecimentos para ações maliciosas em sistemas da informação, mas sim uma ferramenta para que possa manter a operação com a continuidade que dela se espera, mesmo que ocorra problemas técnicos, acidentes ou catástrofes, é necessário possuir uma estrutura e um comportamento preventivo e proativo que consiga resguardar os dados de forma segura e preservar a continuidade do serviço.

Sob esta ótica o Provimento n. 74/2018 traz consigo obrigatoriedades baseadas em boas práticas da Segurança da Informação contidas em algumas normas da Associação Brasileira de Normas Técnicas (ABNT), apesar das mesmas não serem citadas diretamente no texto. Para melhor compreensão, devemos esclarecer que a ABNT é o Foro Nacional de Normalização por reconhecimento da sociedade brasileira e confirmado pelo governo federal por meio de diversos instrumentos legais. A ABNT é responsável pela elaboração das normas brasileiras (ABNT NBR), por meio de suas normas e técnicas, regulamenta inúmeros quesitos que acompanhamos em nosso dia a dia, desde um formato padrão de uma página do word até formatos de rampas de acesso para edificações, servindo também, dessa forma, como uma fonte que orienta de forma detalhada técnicas subjetivas de leis.

Dessa forma, definitivamente as normas da ABNT pertinentes ao nicho específico do negócio devem ser analisadas e implementadas, da mesma forma ocorre com a área de cartorários, por essa razão uma competição que visava fornecer o prêmio de qualidade total ANOREG/BR – Prêmio de Qualidade Total ANOREG/BR (PQTA) 2020, a qual teve por objetivo premiar os serviços notariais e de registro no Brasil que atendessem alguns quesitos mínimos de excelência e qualidade na gestão organizacional e prestação de serviços aos seus clientes, utilizou a análise de aderência de diversas normas da ABNT em seu crivo de pontuação.

A Associação dos Notários e Registradores do Brasil (ANOREG/BR) é uma entidade que representa a classe de cartórios notariais e de registro de forma legítima e reconhecida pelos poderes constituídos para representar os titulares de serviços e de registro do Brasil em qualquer instância ou Tribunal[33].

O projeto PQTA da ANOREG/BR visa estimular a participação e envolvimento da classe notarial e registral, para que sejam realizadas evoluções necessárias com o fito de melhorar a qualidade, eficiência e segurança para a sociedade brasileira. Foram escolhidos os seguintes quesitos para avaliar os cartorários:

---

[33] ANOREG/BR, 2020.

a) ABNT NBR ISO/IEC 15906:2010 (A norma trata sobre Gestão Empresarial para Serviços Notariais e de Registro);
b) ISO/IEC 9001:2015 (A norma versa acerca da Gestão da Qualidade);
c) ABNT NBR ISO/IEC 9050 (Acessibilidade a edificações, mobiliário, espaços e equipamentos urbanos);
d) ISO/IEC 14001:2015 (Gestão Ambiental);
e) OHSAS 18001:2007 (Gestão da Saúde e Segurança Ocupacional);
f) SA8000 (Responsabilidade Social);
g) ISO/IEC 19600:2014 (*Compliance*);
h) ISO/IEC 37001:2017 (Antissuborno); e
i) ISO/IEC 22301:2012 (Continuidade do Negócio).

Destaca-se entre as novidades da premiação de 2020 a inserção da ISO/IEC 22301:2012, que trata especificamente da continuidade de negócios. Apesar de tratar-se de uma premiação renomada e de grande importância à comunidade dos cartorários, observam-se algumas lacunas de boas práticas em relação a segurança da informação e privacidade. Uma atividade tão importante à nação, na qual dispõem de grande parte das informações dos cidadãos, desde seu nascimento ao seu óbito, demanda um olhar mais profundo nesta temática.

Diante dessas normas foram analisados os seguintes quesitos de gestão: estratégia, gestão operacional, gestão de pessoas, instalações, gestão da segurança e saúde no trabalho, gestão socioambiental, gestão da informatização e do controle de dados, gestão da inovação, *compliance*, continuidade do negócio.

Ante o exposto, resta claro a importância das normas NBR ABNT ISO/IEC para as instituições, dessa forma, considerando o Provimento n. 74/2018 e as modificações trazidas pela Lei n. 13.709/2018 (Lei Geral de Proteção de Dados) que entrou em vigor em 18 de setembro de 2018 e inúmeras regulamentações correlatas, como decretos judiciários de tribunais, que potencializaram normas como NBR ABNT ISO/IEC 27701, que versam acerca da gestão da segurança da privacidade.

Nessa esteira, para o cartório alcançar a maturidade necessária das boas práticas que informa a Lei n. 13709/2018 (Lei Geral de Proteção de Dados) e o Provimento n. 74/2018, é necessário observar e implementar algumas normas da ABNT NBR, separamos no quadro abaixo as principais normas para o atingimento da conformidade legal e seus respectivos objetivos.

3 Cartórios do futuro: uma análise dos provimentos que implementaram os serviços...

Tabela 1 – Relação das principais normas da ABNT para adequação à LGPD

NORMA	Título	Objetivo
ABNT NBR ISO/IEC 22301	Segurança da sociedade - Sistema de gestão de continuidade de negócios - Requisitos	Esta norma de gestão da continuidade de negócios especifica os requisitos para planejar, estabelecer, implementar, operar, monitorar, analisar criticamente, manter e melhorar continuamente um sistema de gestão documentado para se proteger, reduzir a possibilidade de ocorrência, preparar-se, responder e recuperar-se de incidentes de interrupção quando estes ocorrerem.
ABNT NBR ISO/IEC 27001	Tecnologia da informação - Técnicas de segurança - Sistemas de gestão da segurança da informação - Requisitos	Esta norma especifica os requisitos para estabelecer, implementar, manter e melhorar continuamente um sistema de gestão da segurança da informação dentro do contexto da organização. Esta norma também inclui requisitos para a avaliação e tratamento de riscos de segurança da informação voltados para as necessidades da organização.
ABNT NBR ABNT NBR ISO/IEC 27002	Tecnologia da informação - Técnicas de segurança - Diretrizes para implantação de um sistema de gestão da segurança da informação	Esta norma foca os aspectos críticos necessários para a implantação e projeto bem-sucedidos de um Sistema de Gestão da Segurança da Informação (SGSI), de acordo com a ABNT NBR ISO IEC 27001. A norma descreve o processo de especificação e projeto do SGSI desde a concepção até a elaboração dos planos de implantação. Ela descreve o processo de obter a aprovação da direção para implementar o SGSI, define um projeto para implementar um SGSI (referenciado nesta Norma como o projeto SGSI), e fornece diretrizes sobre como planejar o projeto do SGSI, resultando em um plano final para implantação do projeto do SGSI.
ABNT NBR ISO/IEC 27005	Tecnologia da informação - Técnicas de segurança - Gestão de riscos de segurança da informação	Esta norma fornece diretrizes para o processo de gestão de riscos de segurança da informação.
ABNT NBR ISO/IEC 27035-3	Tecnologia da informação - Gerenciamento de incidentes de segurança da informação - Parte 3: Diretrizes para operações de resposta a incidentes de TIC	Esta norma fornece diretrizes para a resposta a incidentes de segurança da informação em operações de segurança de TIC. Este documento faz isso cobrindo, em primeiro lugar, os aspectos operacionais das operações de segurança de TIC de uma perspectiva de pessoas, processos e tecnologia. Em seguida, concentra-se ainda mais na resposta a incidentes de segurança da informação em operações de segurança de TIC, incluindo detecção de incidentes de segurança da informação, relatórios, triagem, análise, resposta, contenção, erradicação, recuperação e conclusão.

NORMA	Título	Objetivo
ABNT NBR ISO/IEC 27701	Técnicas de segurança - Extensão da ABNT NBR ISO/IEC 27001 e ABNT NBR ISO/IEC 27002 para gestão da privacidade da informação - Requisitos e diretrizes	Esta norma especifica os requisitos e fornece as diretrizes para o estabelecimento, implementação, manutenção e melhoria contínua de um Sistema de Gestão de Privacidade da Informação (SGPI) na forma de uma extensão das ABNT NBR ISO/IEC 27001 e ABNT NBR ISO/IEC 27002 para a gestão da privacidade dentro do contexto da organização.
ABNT NBR ISO/IEC 29100	Tecnologia da informação - Técnicas de segurança - Estrutura de Privacidade	Esta norma fornece uma estrutura de privacidade que: especifica uma terminologia comum de privacidade; especifica os atores e os seus papéis no tratamento de dados pessoais (DP); descreve considerações de salvaguarda de privacidade; e fornece referências para princípios conhecidos de privacidade para tecnologia da informação.
ABNT NBR ISO/IEC 29134	Tecnologia da informação - Técnicas de segurança - Diretrizes para avaliação do impacto da privacidade	Esta norma fornece diretrizes para um processo de avaliações de impacto na privacidade, e uma estrutura e conteúdo de um relatório PIA. É aplicável a todos os tipos e tamanhos de organizações, incluindo empresas públicas, empresas privadas, entidades governamentais e organizações sem fins lucrativos. Esta norma é relevante para aqueles envolvidos na concepção ou implementação de projetos, incluindo as partes que operam sistemas de processamento de dados e serviços que processam PII.
ABNT NBR ISO/IEC 29151	Tecnologia da informação - Técnicas de segurança - Código de prática para proteção de dados pessoais	Esta Recomendação	Norma estabelece objetivos de controle, controles e diretrizes para implementar controles, para atender aos requisitos identificados por uma avaliação de risco e impacto relacionada à proteção de dados pessoais (DP).
ABNT NBR ISO/IEC 31000	Gestão de riscos - Diretrizes	Esta norma fornece diretrizes para gerenciar riscos enfrentados pelas organizações. As aplicações destas diretrizes podem ser personalizadas para qualquer organização e seu contexto.

Fonte: Associação Brasileira de Normas Técnicas (ABNT).

Ademais, a entidade alcançará um nível de gestão, transparência, organização e de continuidade que agregarão em todo o negócio, aumentando respectivamente a produtividade.

Importa tecer que, com esse nível de conformidade, além de evitar as sanções previstas por desconformidade, mesmo que ocorra o inevitável, as autoridades fiscalizatórias ou judiciário devem se atentar à proporcionalidade e razoabilidade da adequação, ou seja, demonstrando o esforço para aderência à lei e o provimento, esta conduta conta como ponto positivo em um possível processo administrativo ou judicial com objetivo sancionatório.

Esta obra irá abordar todos os tópicos das normas da ABNT citadas neste capítulo com uma visão holística, objetivando o atendimento à LGPD[34].

REFERÊNCIAS

ABNT NBR ISO/IEC 27701:2019 Versão corrigida: 2020. *ABNT CATÓLOGO*. Disponível em: <https://www.abntcatalogo.com.br/norma.aspx?ID=437612>. Acesso em: 20-1-2021.

ABNT NBR ISO 22301:2020. *ABNT CATÓLOGO*. Disponível em: <https://www.abntcatalogo.com.br/norma.aspx?ID=445001>. Acesso em: 20-1-2021.

---

[34] Atualmente existe uma grande discussão entre os profissionais de privacidade acerca das metodologias e boas práticas a serem utilizadas para implantação/adequação da LGPD nas organizações, entre elas destacam-se as metodologias propostas pela EXIN, IAPP e ISACA, bem como toda a documentação elaborada durante a discussão em torno da criação da General Data Protection Regulation (GDPR), legislação para proteção de dados pessoais e privacidade da União Europeia, e posteriormente pelas autoridades de proteção de dados de borda e locais. Infelizmente até o dado momento não existem orientações emanadas pela Autoridade Nacional de Proteção de Dados Pessoais (ANPD) brasileira dado ao seu estágio inicial de operacionalização. Como visto neste capítulo, a ABNT é o fórum nacional para normatização técnica, sendo observado principalmente entre os anos de 2019 e 2020 um trabalho Herculano e de alto nível de traduções e adequações, quando possível, das normas internacionais ISO/IEC referentes à segurança da informação e privacidade. Dentre estas normas destacam--se a ABNT NBR ISO/IEC 27701 que traz no anexo "Anexo N/A (informativo) – Mapeamento da ABNT NBR ISO/IEC 27701" a correlação entre os itens da norma e os artigos da LGPD, visando à adequação da lei. A revisora e coautora desta obra, Dra. Adrianne Correia de Lima, apoiou ativamente na elaboração da norma ABNT NBR ISO/IEC 29134, que versa sobre a metodologia da Análise de Impactos de Privacidade (AIP). Corroborando com essa premissa observa-se que todas as metodologias e boas práticas elaboradas e/ou adotadas pelo Comitê Central de Governança de Dados (CCGD) do Governo Federal e o Ministério da Economia com intuito de adequação/implantação da LGPD nas organizações do Executivo são baseadas ou alicerçadas em normativos elaborados pela ABNT. Mais informações sobre as metodologias adotadas pelo Governo Federal para a adequação/implantação da LGPD estão disponíveis em: <https://www.gov.br/governodigital/pt-br/governanca-de-dados>.

ABNT NBR ISO/IEC 27701:2019 Errata 1:2020. *ABNT CATÓLOGO*. Disponível em: <https://www.abntcatalogo.com.br/norma.aspx?ID=437611>. Acesso em: 20-1-2021.

ABNT NBR ISO/IEC 27001:2013. *ABNT CATÓLOGO*. Disponível em: <https://www.abntcatalogo.com.br/norma.aspx?ID=306580>. Acesso em: 20-1-2021.

ABNT NBR ISO/IEC 27005:2019. *ABNT CATÓLOGO*. Disponível em: <https://www.abntcatalogo.com.br/norma.aspx?ID=429058>. Acesso em: 20-1-2021.

ABNT NBR ISO/IEC 27004:2017. *ABNT CATÓLOGO*. Disponível em: <https://www.abntcatalogo.com.br/norma.aspx?ID=375854>. Acesso em: 20-1-2021.

ABNT NBR ISO/IEC 27003:2020. *ABNT CATÓLOGO*. Disponível em: <https://www.abntcatalogo.com.br/norma.aspx?ID=443193>. Acesso em: 20-1-2021.

ABNT NBR ISO/IEC 27035-1:2016. *ABNT CATÓLOGO*. Disponível em: <https://www.abntcatalogo.com.br/norma.aspx?ID=362759>. Acesso em: 20-1-2021.

ABNT NBR ISO/IEC 29151:2020. *ABNT CATÓLOGO*. Disponível em: <https://www.abntcatalogo.com.br/norma.aspx?ID=458008>. Acesso em: 20-1-2021.

ABNT NBR ISO/IEC 27035-3:2020. *ABNT CATÓLOGO*. Disponível em: <https://www.iso.org/standard/74033.html>. Acesso em: 20-1-2021.

ABNT NBR ISO/IEC 29151:2020. *ABNT CATÓLOGO*. Disponível em: <https://www.iso.org/standard/74033.html>. Acesso em: 20-1-2021.

ABNT NBR ISO/ 31000. *ABNT CATÓLOGO*. Disponível em: <https://www.abntcatalogo.com.br/curs.aspx?ID=30>. Acesso em: 20-1-2021.

ANDRADE, Henrique dos Santos; BARBOSA, Marco Antonio. Cartório digital na sociedade da informação. *Revista do Direito Público*. Londrina, v. 11, n. 1, p. 85-112, jan./ abr. 2016.

ANOREG/BR. PQTA2020. Disponível em: <https://anoreg.org.br/pqta2020/>. Acesso em: 20-1-2021.

_____. Prêmio de qualidade total ANOREG/BR premia 136 cartórios em todo o Brasil em cerimônia virtual. Disponível em: <https://www.anoreg.org.br/site/2020/12/14/premio-de-qualidade-total-anoreg-br-premia-136-cartorios-em-todo-o-brasil-em-cerimonia-virtual/>. Acesso em: 20-1-2021.

ASCOM CNB/CF. Plataforma e-notariado integra o tabelião à era digital – conheça as funcionalidades do *backup* em nuvem e *notarchain*. *Colégio do Notariado do Brasil*. Disponível em: <https://www.notariado.org.br/plataforma-e-notariado-integra-o-tabeliao-a-era-digital-conheca-as-funcionalidades-do-backup-em-nuvem-e-notarchain/>. Acesso em: 20-1-2021.

ASSUMPÇÃO, Letícia Franco Maculan. O notário na era digital. *Colégio Registral do Rio Grande do Sul*, Porto Alegre, 18 set. 2015. Disponível em: <https://www.colegioregistralrs.org.br/doutrinas/o-notario-na-era-digital-leticia-franco-maculan-assumpcao/>. Acesso em: 14-8-2020.

BRASIL. Constituição da República Federativa do Brasil. Brasília: Senado Federal, 1988.

_____. Lei n. 13.709, de 14 de agosto de 2018. Lei Geral de Proteção de Dados Pessoais (LGPD). Disponível em: <http://www.planalto.gov.br/ccivil_03/_ato2015-2018/2018/lei/L13709.htm>. Acesso em: 14-8-2020.

CHINI, Alexandre. Da acessibilidade isonômica ao serviço de protesto de títulos. *Associação dos Notários e Registradores do Brasil*, Brasília/DF, 9 out. 2019. Disponível em: <https://www.anoreg.org.br/site/2019/10/09/artigo-da-acessibilidade--isonomica-ao-servico-de-protesto-de-titulos-por-alexandre-chini/>. Acesso em: 12-11-2020.

CIO. Pandemia global acelerou o futuro do trabalho em até 10 anos, diz executivo da PwC. Disponível em: <https://cio.com.br/carreira/pandemia-global-acelerou--o-futuro-do-trabalho-em-ate-10-anos-diz-executivo-da-pwc/>. Acesso em: 20-1-2021.

CONSELHO NACIONAL DE JUSTIÇA. Provimento n. 100, 26 de maio de 2020. Disponível em: <https://atos.cnj.jus.br/atos/detalhar/3334>. Acesso em: 14-10-2020.

_____. Provimento n. 74, de 31 de julho de 2018. Disponível em: <https://atos.cnj.jus.br/atos/detalhar/2637>. Acesso em: 14-10-2020.

_____. Provimento n. 87, de 11 de setembro de 2019a. Disponível em: <https://atos.cnj.jus.br/atos/detalhar/3008>. Acesso em: 14-10-2020.

_____. Provimento n. 88, de 1º de outubro de 2019b. Disponível em: <https://www.cnj.jus.br/wp-content/uploads/2019/10/Provimento-n.-88.pdf>. Acesso em: 14-10-2020.

_____. Provimento n. 89, 18 de dezembro de 2019c. Disponível em: <https://www.cnj.jus.br/wp-content/uploads/2019/12/Provimento-n%C2%BA89.pdf>. Acesso em: 14-10-2020.

E-NOTARIADO. O que é. Disponível em: <https://www.e-notariado.org.br/customer/get-to-know>. Acesso em: 20-1-2021.

FREIRE, Cláudio Marçal. Seminário em Brasília debate papel dos Cartórios de Protesto na desjudicialização e recuperação de crédito. *Cartórios com você*. São Paulo, n. 19, ano 4, p. 34-43, out./dez. 2019.

OLIVEIRA, Carlos Eduardo Elias de. Coronavírus e cartório eletrônico. Brasília: Núcleo de Estudos e Pesquisas/CONLEG/Senado, *Boletim Legislativo*, n. 83, abril, 2020. Disponível em: <www.senado.leg.br/estudos>. Acesso em: 12-9-2020.

ROCHA, Debora Cristina de Castro da; ROCHA, Edilson Santos da. Provimento CNJ 89/19: O registro eletrônico de imóveis (SREI) e a sua contribuição para o combate à corrupção e lavagem de dinheiro. *Migalhas*, São Paulo, 5 jun. 2020. Disponível em: <https://www.migalhas.com.br/depeso/328428/provimento-cnj-89-19--o-registro-eletronico-de-imoveis--srei--e-a-sua-contribuicao-para-o-combate-a-corrupcao-e-lavagem-de-dinheiro>. Acesso em: 10-9-2020.

STINGHEN, João Rodrigo de Morais; SILVA, Carlos Felipe Ramos. Cartórios e proteção de dados: segurança da informação. *Colégio Notarial do Brasil*, São Paulo, 5 mai. 2020. Disponível em: <https://www.cnbsp.org.br/?url_amigavel=1&url_source=noticias&id_noticia=19607&filtro=&Data=&gt%3B_=&lj=1536>. Acesso em: 12-11-2020.

4. LGPD E CARTÓRIOS: QUESTÕES PRÁTICAS E IMPLEMENTAÇÃO

Patricia Peck Pinheiro

1. INTRODUÇÃO

Sem dúvida, a pandemia da Covid-19 já se tornou um dos principais marcos do século XXI. Ao provocar mudanças significativas na sociedade, que vão desde a forma de lidar com questões de saúde pública, até o modo se relacionar, um fator foi determinante para a sobrevivência em muitos setores: a aceleração da transformação digital.

A vasta adoção do modelo *home office*, de videoconferências no dia a dia, dos encontros de trabalho e aulas *on-line*, das novas tecnologias no setor financeiro e das novas possibilidades de firmar acordos trouxeram outras perspectivas de como desempenhar as mais diversas atividades, já numa perspectiva de conectividade e interatividade. Essa configuração já entrou para a história e exige de todos nós um preparo ainda maior em termos de planejamento e de sustentabilidade para o futuro.

Diversas alternativas que foram criadas no período devem ser mantidas, principalmente àquelas ligadas com a maior digitalização das interações e serviços prestados. Desde sempre, se você pensar em prestar o melhor serviço ao cidadão, é a partir de medidas que otimizam o tempo e possuem o menor custo. Toda a sociedade ganha com a desburocratização e a migração de procedimentos que antes eram presenciais e com fluxos em suporte em papel para um formato totalmente digital. Mas é claro que a agilidade deve estar acompanhada de segurança jurídica.

Importante lembrar que são processos baseados em usos e costumes que acabam por evoluir para leis. E se o comportamento das pessoas em um determinado momento se altera, é natural que a lei também sofra uma atualização para continuar compatível e condizente com as exigências da atual realidade.

Este processo evolutivo não é de agora. Na Inglaterra, o governo começou em 2012 um projeto para se relacionar com a população de forma *on-line*. Um sistema foi construído para oferecer 300 serviços, desde marcar o exame para carteira de motorista até agendar visitas em cadeias.

Sendo assim, onde de um lado é identificado um problema, do outro lado surge uma oportunidade. Os cartórios podem aproveitar justamente o processo de mudança provocado pela crise e lançar seu serviço na nuvem e aplicativo de celular, trazendo uma solução rápida e flexível para as novas dificuldades que estão sendo enfrentadas. Pois aquele que lidera a definição dos novos padrões determina a tecnologia empregada e constrói fidelização do cliente, dificultando a entrada de possíveis concorrentes. Trata-se de um caminho sem volta: tudo que trouxer mais segurança, conveniência e baixo custo, vem para ficar.

Esse contexto só mostrou mais uma vez que a sociedade do papel e do carimbo está com os dias contados. O avanço tecnológico é indispensável para que os cartórios evoluam e ofereçam seus serviços numa realidade cada dia mais dinâmica e técnica. Um bom exemplo desta nova dinâmica digital é que desde 2017 o Poder Judiciário utiliza o aplicativo *WhatsApp*[1] como ferramenta para o envio de intimações.

Além dos impactos positivos, como o de agilizar os processos e baratear os custos, há também alguns aspectos negativos, pela necessidade de ter que "reinventar o negócio do cartório". Constitui uma alteração profunda na forma como estávamos habituados a realizar uma série de atividades e rotinas tradicionais, com uso de papel e reconhecimento de firma, com atos e rituais mais presenciais.

Mas é o momento de fazer "do limão a limonada". É preferível se adaptar logo e liderar a transformação do que ser surpreendido por ela. Comparando com outros setores, vemos os intensos avanços da telemedicina, num ritmo acelerado que não ocorria desde o início da discussão do tema no Brasil em 2002. Logo, na adoção de tecnologias como biometria, *blockchain* e a inteligência artificial, é primordial que os responsáveis por estabelecer boa fé e fé pública avancem em comunhão com os anseios sociais, aproveitando a oportunidade de reinventar seu próprio negócio.

Os cartórios devem liderar um movimento evolutivo da sociedade relacionado ao futuro, já que há necessidade de garantir segurança jurídica nas relações digitais.

---

[1] CNJ. *WhatsApp* pode ser usado para intimações judiciais. Publicado em: 27 jun. 2017. Disponível em: <https://bit.ly/2PCKr4U>. Acesso em: mar. 2021.

2. OUTRO LADO MUITO IMPORTANTE DA MOEDA

Claro que tantas modificações tiveram consequências. No ano de 2020, foram vários os casos de denúncias de abusos e de incidentes de vazamentos de dados de usuários. Quanto mais a vida se digitaliza, ficamos mais vulneráveis e suscetíveis aos ciberataques. Não por acaso entre janeiro e agosto o mercado de seguros cibernéticos cresceu 63,9% em relação ao mesmo período de 2019[2], alcançando R$ 24 milhões em prêmio, segundo a Fenseg (Federação Nacional de Seguros Gerais).

Estamos diante de um novo momento no que diz respeito à atuação das grandes empresas. Elas estão sendo chamadas a explicar (e deixar transparentes) seus modelos de negócios e, principalmente, trabalhar conforme regulações específicas para o tratamento de dados dos seus clientes. Isso inclui a aplicação da Lei Geral de Proteção de Dados Pessoais (LGPD), para qualquer que seja o modelo de negócios, mas principalmente aqueles que tratam diretamente com as informações – como é o caso dos cartórios.

Dessa forma, a segurança digital tem papel fundamental em 2021, já que a prevenção de ataques *hackers* e crimes cibernéticos deve ser prioridade para todas as organizações, cada vez mais inseridas no contexto da transformação 5.0. Desenvolver uma estratégia que contemple investimentos para manter-se atualizado com as inovações e de acordo com as novas regulamentações é fator indispensável.

O vazamento recente que mostra a exposição de dados de milhares de brasileiros é extremamente preocupante e exigirá providências rigorosas das autoridades competentes, especialmente da ANPD.

Para isso acontecer, o setor de cartórios precisa investir na capacitação de seus profissionais, juntamente com soluções tecnológicas e a revisão de seus contratos. Consiste em desenhar e aplicar essas adequações, com medidas técnicas e administrativas de cibersegurança.

A exemplo da realização de serviços por videoconferência, aprovado de acordo com o Provimento n. 100[3], demanda pensar em termos de segurança como qualquer outro aplicativo ou serviço digital, como em relação à proteção dos dados durante o procedimento. Deve-se garantir sigilo, autenticidade, integridade e

---

[2] INFOMONEY. MoneyLab. Crescentes ataques cibernéticos na pandemia ameaçam as empresas; veja como se proteger. Seguro de riscos digitais é alternativa para garantir funcionamento operacional e já cresceu 63,9% em 2020. Publicado em: 25 nov. 2020. Disponível em: <https://bit.ly/3efKM7N>. Acesso em: mar. 2021.

[3] CNJ. Provimento n. 100, 26 de maio de 2020. Disponível em: <https://atos.cnj.jus.br/atos/detalhar/3334>. Acesso em: 14-10-2020.

disponibilidade. Vulnerabilidades como falhas de programação e deficiências na criptografia, que deveriam proteger a comunicação entre os usuários, podem facilitar a ação de cibercriminosos.

Também é preciso cuidado para não haver possibilidade de adulteração. Os atos em cartório exigem manifestação livre inequívoca e expressa de vontade das partes, então o maior desafio é como garantir que não haja coação do outro lado da tela. Inclusive, esse é um dos maiores debates no Judiciário no tocante às audiências, especialmente envolvendo testemunhas.

Ou seja, é essencial avaliar os pré-requisitos de segurança da ferramenta utilizada, já que no mundo tecnologia dados pessoais são moeda de troca. Toda escolha envolve uma renúncia, não temos ainda um modelo sem qualquer tipo de risco, mas devemos trabalhar para aplicar uma metodologia que possa garantir um nível aceitável.

Fora isso, o Provimento n. 74 do Conselho Nacional de Justiça (CNJ)[4] – que dispõe sobre padrões mínimos de tecnologia da informação para a segurança, integridade e disponibilidade de dados para a continuidade da atividade pelos serviços notariais e de registro do Brasil – é uma oportunidade para que se possa trabalhar a integração e a implementação da inclusão digital dos cartórios.

A tendência é cada vez mais todas as pessoas terem seus dados e informações do patrimônio que possuem salvos na nuvem. Quando há uma transação, o documento referente ao bem será enviado do vendedor para o comprador pela internet. Para garantir a segurança, será usada biometria, reconhecimentos facial ou ocular, QR Codes, e os registros servirão como prova de propriedade.

A migração para nuvem é considerada mais segura por especialistas porque todo mundo vê as transações de todo mundo, e é possível saber valores, data e locais. A publicidade faz parte do combate à fraude. Fica mais fácil inclusive para órgãos fiscalizadores acessarem as informações via internet e cruzar com o banco de dados da Receita Federal, Banco Central, INSS e outras instituições.

3. A APLICAÇÃO DA LGPD NOS CARTÓRIOS

Assim como o Código de Defesa do Consumidor e o Marco Civil da Internet, a LGPD (n. 13.709/2018) é um importante mecanismo nacional para proteger

---

[4] CNJ. Provimento n. 74, de 31-7-2018. Disponível em: <https://atos.cnj.jus.br/atos/detalhar/2637>. Acesso em: 14-10-2020.

e fazer cumprir os direitos fundamentais de liberdade e de privacidade. São meios indispensáveis para garantir a transparência e o equilíbrio nas relações entre indivíduos e instituições, principalmente considerando a relevância dos dados pessoais na sociedade atual.

Isso porque estabelece regras para o uso, coleta, armazenamento e compartilhamento de dados dos usuários por empresas públicas e privadas, ou seja, trata das responsabilidades e a segurança dos dados de clientes, colaboradores e prestadores de serviços. Os compromissos que exige por parte dos que coletam e controlam essas informações já estão sendo cobrados, tanto relativo à cibersegurança, gestão de risco, quanto a especificidades de aplicação conforme o segmento de atuação no mercado, seja na área da saúde, no setor financeiro, varejo, indústria ou setor público.

É válido pontuar que o intuito da lei é alcançar desde um profissional liberal até a pessoa jurídica de uma Prefeitura ou um Tribunal, e que acima de tudo é uma legislação de efeito reputacional, pois está diretamente vinculada ao compromisso e respeito aos Direitos Humanos. Logo, uma empresa que não está em conformidade com suas determinações passa a ser considerada não confiável, não segura. Portanto, há um efeito direto nas relações de negócios, assim como na forma de avaliar marca e ações de uma empresa. É um tipo de *compliance* relacionado diretamente à sustentabilidade e governança.

No caso dos cartórios, assim como qualquer organização, é preciso trabalhar as melhores práticas e ações que mostrem aos órgãos de fiscalização a segurança jurídica de seus procedimentos. Acompanha uma mudança profunda também pela própria modernização do setor com o uso de tecnologias como biometria, o *blockchain* e a inteligência artificial, que demandam mecanismos que garantam a proteção dos dados pessoais.

Importante destacar que a LGPD em seu art. 23, §§ 4º e 5º, traz também regras para os serviços notariais e de registro, determinando que o tratamento de dados pessoais deve ser realizado no atendimento da finalidade pública, no objetivo de executar as competências legais do serviço público e que precisam que sejam informadas as hipóteses em que, no exercício de suas competências, realizam o tratamento de dados pessoais, fornecendo informações claras e atualizadas sobre a previsão legal, a finalidade, os procedimentos e as práticas utilizadas para a execução dessas atividades, em veículos de fácil acesso, preferencialmente em seus sítios eletrônicos.

Art. 23. [...]

§ 4º Os serviços notariais e de registro exercidos em caráter privado, por delegação do Poder Público, terão o mesmo tratamento dispensado às pessoas jurídicas referidas no *caput* deste artigo, nos termos desta Lei.

§ 5º Os órgãos notariais e de registro devem fornecer acesso aos dados por meio eletrônico para a administração pública, tendo em vista as finalidades de que trata o *caput* deste artigo.

Isso inclui informar para o cidadão, de maneira simples e acessível, quando o dado pessoal é capturado, qual a finalidade e por quanto tempo será usado, de acordo com padrões normativos.

Com isso, os cartórios precisam desenvolver um programa de conformidade para realizar os ajustes necessários que tenham como base quatro pilares: transparência, controle, gestão de consentimento (ou a sua exceção) e segurança de dados pessoais. Mais que nunca, é pensar a gestão dos dados de modo a criar um ambiente favorável ao entendimento do cidadão, para que não tenha dificuldades se quiser saber sobre quais informações são coletadas, para que finalidade são utilizados e quais os meios para exercer seus direitos.

Todas as informações que são tratadas pelos cartórios já seguem o princípio da publicidade, que consiste no dever de divulgação oficial, no ato de dar publicidade às ações, transmissões, restrições ou alterações. Como as normas da LGPD têm como base a transparência, serve como reforço em práticas de comunicação já aplicadas no tratamento dos dados pessoais.

Ou seja, a quem solicitar, é público todo ato praticado pelo cartório de registro de imóveis. A LGPD deve ser harmonizada com as demais legislações como ocorre com a própria Lei de Acesso a Informação (LAI). Mas vale lembrar que deve ser cumprido e atendido o princípio da minimização do art. 6º, o que quer dizer que deve haver o tratamento apenas do dado pessoal mínimo necessário para cumprir com a finalidade informada (no caso a finalidade pública).

Dessa forma, o ato registral deve refletir a realidade jurídica, o que inclui a transparência para os titulares dos dados, conforme está presente no art. 6º da LGPD:

Art. 6º As atividades de tratamento de dados pessoais deverão observar a boa-fé e os seguintes princípios:

[...]

III – necessidade: limitação do tratamento ao mínimo necessário para a realização de suas finalidades, com abrangência dos dados pertinentes, proporcionais e não excessivos em relação às finalidades do tratamento de dados;

[...]
VI – transparência: garantia, aos titulares, de informações claras, precisas e facilmente acessíveis sobre a realização do tratamento e os respectivos agentes de tratamento, observados os segredos comercial e industrial.

Pela LGPD, o tratamento de dados pessoais sensíveis, aqueles que se referem à origem racial ou étnica, convicção religiosa, opinião política, filiação a sindicato ou a organização de caráter religioso, filosófico ou político, à saúde ou à vida sexual, dado genético ou biométrico, somente pode ocorrer nas hipóteses descritas no art. 11, como quando o titular ou responsável legal consentir, de forma específica e destacada, para finalidades determinadas, ou então para:

a) cumprimento de obrigação legal ou regulatória pelo controlador;

b) tratamento compartilhado de dados necessários à execução, pela administração pública, de políticas públicas previstas em leis ou regulamentos;

[...]

d) exercício regular de direitos, inclusive em contrato e em processo judicial, administrativo e arbitral, este último nos termos da Lei n. 9.307, de 23 de setembro de 1996 (Lei de Arbitragem);

[...]

g) garantia da prevenção à fraude e à segurança do titular, nos processos de identificação e autenticação de cadastro em sistemas eletrônicos, resguardados os direitos mencionados no art. 9º desta Lei e exceto no caso de prevalecerem direitos e liberdades fundamentais do titular que exijam a proteção dos dados pessoais.

Assim, é muito maior a necessidade de realizar e informar sobre os protocolos de segurança, a partir de uma política eficiente de controle de acessos e de gestão em tudo que envolve o uso das informações, na construção de um modelo para prevenir riscos e também abusos. São mudanças que envolvem aspectos tecnológicos (aplicação de soluções), de governança (revisão de contratos e políticas) e educacionais (conscientização e treinamento de equipes).

Juridicamente, as regras têm que estar previamente claras e informadas e o tratamento deve ocorrer dentro de uma das bases legais previstas pela legislação.

4. NOVAS FUNÇÕES NOS CARTÓRIOS

Mais do que princípios, a LGPD trouxe uma mudança de cultura nas organizações, agregando maior responsabilidade no trato com dados pessoais, já que a utilização ou o processamento indevido podem gerar graves danos às pessoas físicas a quem essas informações pertencem. Não há outra saída senão se preparar para esse novo cenário, com o cumprimento das definições e métodos que garantam a prontidão no atendimento às solicitações dos titulares.

São vários procedimentos envolvidos nessa jornada para estar *compliance* com a nova lei, que vai desde a publicação da Política de Privacidade atualizada nos canais digitais da organização, passando pela indicação (nomear) do Encarregado (DPO) e a divulgação pública do contato (art. 41, § 1º), até ajustar clausulado de contratos (Controlador – Operador). Isso porque são medidas que dizem respeito a funções com responsabilidades específicas que são fundamentais para a aplicabilidade do marco legal, seja do Controlador, do Operador ou do Encarregado, também chamado por DPO (*Data Protection Officer*).

Essas funções trazem responsabilidades específicas que valem a pena destacar. Toda pessoa que trata as informações com autonomia e relacionamento direto com o titular é considerada um Controlador. É aquele que possui controle durante o ciclo de vida dos dados pessoais. Assim, todos que atuam no cartório estão sujeitos a esta vinculação, independente se é pessoa jurídica ou a pessoa física principal (do vínculo principal).

Conforme o art. 5º, VI e VII, o controlador é a pessoa natural ou jurídica, de direito público ou privado, a quem competem as decisões referentes ao tratamento de dados pessoais. Em casos de incidentes, é ele quem deve notificar a violação dos dados pessoais à autoridade nacional e ao titular a ocorrência de problema de segurança que possa acarretar risco ou dano relevante aos titulares.

Em decorrência do maior poder de controle sobre os procedimentos e as finalidades envolvendo o uso dos dados pessoais, a LGPD imputa maior grau de deveres e obrigações ao controlador, sendo inclusive designado como responsável por determinar as diretrizes de tratamento a serem seguidas pelo operador.

Assim, do controlador demanda-se o dever de responsabilidade, com o registro de sua conformidade legal, inclusive como forma de comprová-la em eventual fiscalização por órgãos públicos e regulatórios.

No entanto, se a pessoa jurídica terceirizar um serviço com uma pessoa física ou com outra pessoa jurídica, e ela estiver sob sua ordem e comando, então ela passará a ter o enquadramento de Operadora, junto com todos os colaboradores que atuam nela (que vão agir como operadores).

Isso acontece porque um Operador pressupõe uma nova relação, que é estabelecida com o Controlador e não com o Titular, normalmente uma subcontratação, uma terceirização ou uma transferência de atividade. É a pessoa natural ou jurídica, de direito público ou privado, que realiza o tratamento de dados pessoais em nome do controlador.

Assim, sua atuação é dependente do Controlador e traz responsabilidades específicas que irão recair sobre ele diretamente, inclusive a solidariedade (conforme o art. 42 da LGPD). Por isso que não se entende que funcionários de controladores sejam operadores, pois não teriam uma responsabilidade apartada e solidária.

Já as obrigações das partes são definidas e dispostas justamente de acordo com o papel atribuído a cada uma delas no tratamento de dados pessoais, ou seja, se em determinada relação assumem a função de controlador ou operador.

Importante salientar que a posição do agente de tratamento de dados varia de acordo com o contexto no qual se encontra e com o objetivo de cada tratamento, no caso concreto. Em outras palavras, uma pessoa física ou jurídica não será apenas controlador ou operador, variando diante das relações por ela estabelecidas perante outrem.

> Art. 50. Os controladores e operadores, no âmbito de suas competências, pelo tratamento de dados pessoais, individualmente ou por meio de associações, poderão formular regras de boas práticas e de governança que estabeleçam as condições de organização, o regime de funcionamento, os procedimentos, incluindo reclamações e petições de titulares, as normas de segurança, os padrões técnicos, as obrigações específicas para os diversos envolvidos no tratamento, as ações educativas, os mecanismos internos de supervisão e de mitigação de riscos e outros aspectos relacionados ao tratamento de dados pessoais.
>
> § 1º Ao estabelecer regras de boas práticas, o controlador e o operador levarão em consideração, em relação ao tratamento e aos dados, a natureza, o escopo, a finalidade e a probabilidade e a gravidade dos riscos e dos benefícios decorrentes de tratamento de dados do titular.
>
> § 2º Na aplicação dos princípios indicados nos incisos VII e VIII do *caput* do art. 6º desta Lei, o controlador, observados a estrutura, a escala e o volume de suas operações, bem como a sensibilidade dos dados tratados e a probabilidade e a gravidade dos danos para os titulares dos dados, poderá:
> [...]

No caso do DPO, ou o encarregado, trata-se da pessoa indicada pelo controlador para atuar como canal de comunicação entre o controlador, os titulares dos dados e a Autoridade Nacional de Proteção de Dados (ANPD). Deve ser, em primeiro lugar, alguém com autonomia para poder exercer uma função fiscalizatória interna.

Pode ser uma pessoa da própria empresa ou de fora, tanto física quanto jurídica. Inclusive é possível contratar, por exemplo, um DPO como serviço, ter um DPO compartilhado com outras empresas ou apostar em modelo híbrido, uma parceria de alguém interno com alguém externo.

Conforme o art. 41, § 1º, da LGPD, a identidade e as informações de contato do encarregado deverão ser divulgadas publicamente, de forma clara e objetiva, preferencialmente no *site* do controlador. Suas atividades estão descritas no § 2º, e abrangem:

> I – aceitar reclamações e comunicações dos titulares, prestar esclarecimentos e adotar providências;
>
> II – receber comunicações da autoridade nacional e adotar providências;
>
> III – orientar os funcionários e os contratados da entidade a respeito das práticas a serem tomadas em relação à proteção de dados pessoais; e
>
> IV – executar as demais atribuições determinadas pelo controlador ou estabelecidas em normas complementares.

Sendo assim, o recomendável é que seja um profissional com formação interdisciplinar, conhecimentos da nova legislação, sobre governança de bases de dados pessoais, de segurança da informação, mas que tenha habilidade para se relacionar como porta-voz da instituição perante as autoridades e também perante os titulares dos dados, principalmente no caso de ter que cumprir com o dever de reportar situações de incidentes de violações de dados pessoais.

No entanto, como quase tudo o que acontece neste cenário, o DPO é algo novo e ainda com um perfil em formação, basicamente híbrido (técnico, jurídico e com competências interpessoais). Não há ninguém hoje totalmente preparado para esta função, que é de grande responsabilidade e exige múltiplas habilidades. Por isso, cresceu a oferta de cursos preparatórios e certificações para DPOs.

Trata-se de uma verdadeira jornada de adaptações em prol de se garantir uma maior da proteção dos dados pessoais. Outro ponto fundamental é que a autoridade nacional poderá estabelecer normas complementares sobre a definição e as atribuições do encarregado, inclusive hipóteses de dispensa da necessidade de sua indicação, conforme a natureza e o porte da entidade ou o volume de operações de tratamento de dados.

4 LGPD e cartórios: questões práticas e implementação

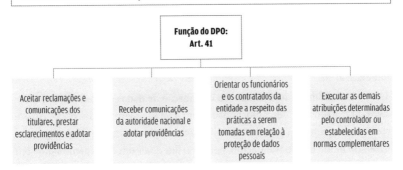

Quem vai ser o DPO?
Data Protection Officer ou Encarregado

É a pessoa indicada pelo controlador e operador para atuar como canal de comunicação entre o controlador, os titulares dos dados e a Autoridade Nacional de Proteção de Dados (**art. 5º, VIII**) - pode ser natural ou jurídica (termo pessoa genérico).

Função do DPO: Art. 41

- Aceitar reclamações e comunicações dos titulares, prestar esclarecimentos e adotar providências
- Receber comunicações da autoridade nacional e adotar providências
- Orientar os funcionários e os contratados da entidade a respeito das práticas a serem tomadas em relação à proteção de dados pessoais
- Executar as demais atribuições determinadas pelo controlador ou estabelecidas em normas complementares

Obs.: Art. 41, § 1º - A identidade e as informações de contato do encarregado deverão ser divulgadas publicamente, de forma clara e objetiva, preferencialmente no sítio eletrônico do controlador.

A autoridade nacional poderá estabelecer normas complementares sobre a definição e as atribuições do encarregado, inclusive hipóteses da necessidade de sua indicação, conforme a natureza e o porte da entidade ou o volume de operações de tratamento de dados.

Isso porque a Autoridade foi criada para realizar a fiscalização específica sobre o tema de proteção de dados prevista pela LGPD, com a função de monitorar todos os agentes de tratamento, bem como aplicar sanções em caso de tratamento de dados realizado em descumprimento à legislação. Também deve estimular a adoção de padrões para serviços e produtos que facilitem o exercício de controle dos titulares sobre seus dados pessoais, os quais deverão levar em consideração as especificidades das atividades e o porte dos responsáveis.

É um órgão fundamental para interagir com a sociedade civil, responder consultas públicas, realizar campanhas educativas, receber denúncias e responder violações conforme os princípios estabelecidos no exercício dos direitos dos titulares, e ser atuante para liderar os trabalhos de flexibilização e ajustes necessários, dialogando com outras Autoridades similares, como vem ocorrendo nos demais países em que já há lei de proteção de dados em vigor.

Cabe à ANPD realizar auditorias, ou determinar sua realização, e editar normas, orientações e procedimentos simplificados e diferenciados, inclusive quanto aos prazos, para que microempresas e empresas de pequeno porte, bem como iniciativas empresariais de caráter incremental ou disruptivo que se autodeclarem *startups* ou empresas de inovação, possam adequar-se à Lei.

Ou seja, para que a LGPD consiga alcançar sua plenitude, há necessidade de ter a ANPD efetivamente estabelecida e atuante. Por ora há o entendimento de que os setores que já são regulados terão uma fiscalização de dois níveis, do órgão específico (ANPD) e do seu regulador de setor, como no caso dos cartórios, a Corregedoria Geral de Justiça do Estado. Mas considero um risco a possibilidade de gerar diversas interpretações distintas sobre o tema, visto que um dos motivos de ter uma autoridade específica especializada sobre a matéria era justamente para evitar este tipo de situação, assim como também evitar a judicialização.

A anonimização, bloqueio ou eliminação de dados desnecessários, excessivos ou tratados em desconformidade com a lei são algumas das obrigações do controlador para com o titular. A utilização de meios técnicos razoáveis e disponíveis no momento do tratamento, por meio dos quais um dado perde a possibilidade de associação (direta ou indireta) a um indivíduo, deve fazer parte das melhores práticas em contratos, presente inclusive no *Check-list de Privacy Risk* (tratamento de dados pessoais em *cloud* e/ou em terceiros) da empresa.

5. ATUALIZAÇÕES NORMATIVAS EM 2020

Com a implantação das atividades remotas, a modificação das formas de execução e a virtualização dos processos, é quase inimaginável procedimentos que envolvam a captura do documento e a assinatura presencial. Em meio ao contexto de pandemia e necessidade de distanciamento social, nunca foi tão necessária a busca por alternativas eficazes e que não envolvam aglomeração, como a contratação eletrônica, ou a emissão de certidões de nascimento ou de óbito *on-line*.

Mas isso traz junto o compromisso de ter um zelo muito grande dos dados depositados em confiança que é a fé pública do cartório. Um cuidado para que não haja um vazamento de informações que é esse aprendizado nessa cultura de proteção de dados. Estamos atravessando um período que nos desperta essa provocação de usar mais tecnologia que beneficie principalmente a atividade notarial e que a gente consiga tomar esses proveitos.

Não por acaso, desde março de 2020, novas medidas e atualizações normativas vêm sendo aprovadas para permitir que essa migração para o digital seja efetivada. Em dezembro, a corregedora nacional de Justiça, Maria Thereza de Assis Moura, prorrogou para 31 de março de 2021 o prazo de vigência dos provi-

4 LGPD e cartórios: questões práticas e implementação

mentos referentes à atuação dos cartórios durante a pandemia da Covid-19[5]. O Provimento n. 110/2020 da Corregedoria oficializa a prorrogação dos Provimentos n. 91, 93, 94, 95, 97 e 98.

Atualização Normativa

Provimentos da Corregedoria Nacional de Justiça (CNJ) durante a pandemia: 92, 93, 94, 95, 100 e 105 → autorizam a recepção de documentos eletrônicos por qualquer meio. Dentre eles, destacam-se:

- **Provimento n. 94/2020:** publicado em 28 de março de 2020 → regulação do atendimento à distância pelos cartórios de registro de imóveis.
- **Provimento n. 95/2020:** publicado em 1º de abril de 2020 → regulação do atendimento à distância pelos cartórios de notas e registro.
- **Provimento n. 100/2020:** publicado em 23 de maio de 2020 → prática de atos notariais eletrônicos pelo sistema e-Notariado.

Provimentos n. 94 e 95 CNJ

Determinou que os documentos nato-digitais e digitalizados com padrões técnicos deverão ser recepcionados pelos oficiais de registro.

Provimento n. 94	Provimento n. 95
Art. 4º Durante a Emergência em Saúde Pública de Importância Nacional (ESPIN), contemplada no *caput*, todos os oficiais dos Registros de Imóveis **deverão recepcionar os títulos nato-digitais e digitalizados com padrões técnicos**, que forem encaminhados eletronicamente para a unidade a seu cargo, por meio das centrais de serviços eletrônicos compartilhados, e processá-los para os fins do art. 182 e s. da Lei n. 6.015 de 31 de dezembro de 1973. [...]	Art. 6º Durante a Emergência em Saúde Pública de Importância Nacional (ESPIN), contemplada no *caput*, todos os oficiais de registro e tabeliães **deverão recepcionar os títulos nato-digitais e digitalizados com padrões técnicos**, que forem encaminhados eletronicamente para a unidade do serviço de notas e registro a seu cargo e processá-los para os fins legais. [...]

Cenários de recepcionamento dos documentos eletrônicos:

- Documento eletrônico sem assinatura, que será assinado na plataforma.
- Documento assinado fisicamente e digitalizado, com obediência aos requisitos da Lei n. 12.682/2012 e do Decreto n.10.278/2020, com a assinatura do responsável pela digitalização com certificado digital padrão ICP-Brasil.
- Documentos eletrônicos assinados com certificado digital padrão ICP-Brasil.
- Documentos eletrônicos assinados com assinatura eletrônica sem certificado digital.

---

[5] CNJ. Corregedoria prorroga provimentos relativos à atuação dos cartórios na pandemia. Publicado em: 29 de dezembro de 2020. Disponível em: <https://bit.ly/30sTcRn>. Acesso em: 14-10-2020.

É válido destacar que a possibilidade da assinatura de documentos eletrônicos foi regulamentada por meio do Decreto n. 10.278/2020, um notável avanço que aumentou a possibilidade de emitir a assinatura digital. Outra novidade que foi motivo de comemoração por facilitar inúmeros serviços foi o Provimento n. 100 do CNJ, que estabeleceu a prática de atos notariais eletrônicos utilizando o sistema e-Notariado e criou a Matrícula Notarial Eletrônica-MNE. A plataforma foi vista como uma revolução na prestação de serviços dos cartórios, que marca inclusive a modernização dos tabelionatos do país.

Provimento n. 100/2020 do CNJ – *E-notariado*

- Estabeleceu que os atos notariais previstos no Código Civil e no art. 41 da Lei dos Cartórios **poderão ser prestados por meio eletrônico.**
- Dispõe sobre a necessidade de regulamentar a implantação do sistema de atos notariais eletrônicos, o *e-notariado*, para **uniformizar o ato notarial eletrônico em todo o território nacional.**
- Estabelece que **o ato notarial eletrônico será considerado autêntico e deterá fé-pública** (art. 16).
- Caso a autenticidade do documento for conferida por meio do e-notariado, será constituído um **instrumento público para todos os efeitos legais** → eficácia para registros públicos, instituições financeiras, juntas comerciais, Detran, e produção de efeitos jurídicos perante a Administração Pública e entre particulares (art. 29).

Mas claro que todas essas inovações exigem cautela e medidas de prevenção. Desde as mais simples, como proteção da senha, até treinamento de equipes e atualização de programas. A segurança da informação é indispensável quando tratamos de trabalho remoto. Aquelas instituições que fizeram o dever de casa, levaram em conta as adaptações exigidas pela LGPD e implantaram uma política de segurança de dados, terão vantagens nesse contexto de crise. São normas e orientações que toda a equipe deve seguir quanto aos cuidados de acessar e manusear as informações em ambientes domésticos e o que fazer para reduzir os riscos ao utilizar os próprios equipamentos.

É um cenário preocupante que pode facilitar a ação de cibercriminosos para propagação de *malware* e abrir espaço para golpes a partir do acesso ilegal de dados estratégicos das empresas, sejam informações financeiras ou dados pessoais dos clientes e fornecedores, provocando um prejuízo incalculável. O risco decorre de as máquinas dos funcionários eventualmente serem mais vulneráveis, por não terem ferramentas específicas para a segurança e proteção de dados.

Nesse contexto, o treinamento e orientação das equipes que atuam em *home office* é fundamental, bem como a adoção de uma política efetiva para adequação de sistemas e controle de acesso remoto à rede corporativa. Não se pode deixar de lado a proteção das informações. Regras claras ajudam as empresas a seguir operando em conformidade com proteção dos dados pessoais, numa tríade de bom senso, segurança e transparência.

Isso inclui que os colaboradores tenham instalados antivírus e *firewall* confiáveis, atualizados e capazes de identificar *scripts* disparados por *e-mail* ou sites maliciosos ou falsos, em todos seus dispositivos (*notebooks*, *tablets*, celulares), o fornecimento de uma VPN (Rede Privada Virtual) para as equipes se conectarem com segurança à rede corporativa, restringir o acesso dos usuários que se conectam a rede corporativa, manter em dia as atualizações dos sistemas operacionais e dos aplicativos e alertar sobre os perigos de responder mensagens não solicitadas e acessar *links* ou baixar arquivos com origem desconhecida.

Conhecer as regras contribui muito na prevenção, visto que cada pessoa tem responsabilidade ao acessar e utilizar os dados que dizem muito sobre as instituições. Assim como cada um está fazendo a sua parte para evitar a transmissão do coronavírus, é preciso cumprir as orientações de segurança das informações para evitar os incidentes.

O aspecto cultural é sempre o que tem maior impacto quando tratamos de prevenção. São medidas simples e que podem evitar danos gigantescos (à marca e reputação da instituição), tais como usar senha forte, usar autenticação de dois fatores e criptografia das informações, bloquear os dispositivos com senha, não compartilhar senhas com terceiros, evitar salvar senhas em aplicações no módulo automático, ter sempre um bom *antispyware* atualizado, ler os termos de uso e políticas de privacidade e segurança. Mas acima de tudo, a postura. Mesmo em um ambiente doméstico, familiar, precisamos manter o estado de alerta, a cautela, o cuidado. Assim poderemos aprender com tudo isso e sairmos mais fortalecidos.

Considero que os cartórios devem liderar um movimento evolutivo da sociedade relacionado ao futuro, já que há uma necessidade de se garantir segurança jurídica nas relações digitais. E é justamente o ambiente do cartório que pode melhorar a capacidade de emissão de uma documentação, com mais características de autenticidade e de integridade e, no caso de acontecer algum tipo de incidente, também contribuir para o registro dessas provas, para levar essas evidências de uma forma mais adequada para o Judiciário.

São medidas que podem evitar golpes no ambiente da internet, a partir de um trabalho adequado de coleta, de guarda, e de cadeia de custódia. Vivemos num Brasil que são muitos Brasis, com realidades muito distintas. Nós temos desde o cartório que já está mais virtualizado, mais integrado com as novas tecnologias, como aquele que ainda está muito no balcão, no carimbo e no papel. A uniformização e a harmonização desse ambiente de cartórios são importantes até para criar uma cultura na sociedade brasileira para o uso do serviço digital, para que a imagem do cartório não seja associada a uma imagem do passado. É uma interconexão que ajuda muito na cultura digital, no sentido disruptivo e de mudança, um verdadeiro salto de alcançar a visão de cidades inteligentes que são mais competitivas e menos burocráticas.

Para finalizar, vamos vivenciar um novo contexto nacional sob a égide de da Lei n. 13.709/2018, a Lei Geral de Proteção de Dados Pessoais (LGPD), que entrou em vigor em setembro de 2020 e cujas multas passarão a ser aplicadas pela Autoridade Nacional (ANPD) a partir de 1º de agosto de 2021. A agenda de trabalho e prioridades do recém-criado órgão fiscalizador já está disponível, pela Portaria n. 11, de 27 de janeiro de 2021, que mostra que haverá muito trabalho a ser feito até que se estabeleça uma cultura ampla de proteção de dados no país. Assim vamos avançar para um Brasil Digital, Seguro, Ético e Sustentável.

REFERÊNCIAS

CNJ. Corregedoria prorroga provimentos relativos à atuação dos cartórios na pandemia. Publicado em: 29 de dezembro de 2020. Disponível em: <https://bit.ly/30sTcRn>. Acesso em: 14-10-2020.

_____. Provimento n. 100, 26 de maio de 2020. Disponível em: <https://atos.cnj.jus.br/atos/detalhar/3334>. Acesso em: 14-10-2020.

_____. Provimento n. 74, de 31 de julho de 2018. Disponível em: <https://atos.cnj.jus.br/atos/detalhar/2637>. Acesso em: 14-10-2020.

_____. *WhatsApp* pode ser usado para intimações judiciais. Publicado em: 27 de junho de 2017. Disponível em: <https://bit.ly/2PCKr4U>. Acesso em: mar. 2021.

INFOMONEY. MoneyLab. Crescentes ataques cibernéticos na pandemia ameaçam as empresas; veja como se proteger. Seguro de riscos digitais é alternativa para garantir funcionamento operacional e já cresceu 63,9% em 2020. Publicado em: 25 de novembro de 2020. Disponível em: <https://bit.ly/3efKM7N>. Acesso em mar. 2021.

5. INICIANDO A IMPLEMENTAÇÃO: UM PANORAMA DA LGPD JUNTO ÀS SERVENTIAS JUDICIAIS

Carolina Ferreira Domingues
Karina Martins Ribeiro da Silva Ferreira
Priscila Dailana da Silva Medina

1. A FORMAÇÃO DO COMITÊ

A intenção da proteção de dados é minuciosamente delineada pelos princípios fundamentais da LGPD (autodeterminação, livre desenvolvimento da personalidade, dignidade, exercício, da cidadania – art. 2º, I, II, VI, da Lei n. 13.709/2018 – Lei Geral de Proteção de Dados) que constituem na prática nos objetivos principais da lei.

A lei de proteção atinge todas as instituições, sejam públicas ou privadas, as quais devem se adaptar a essa nova ordem. O objetivo é proteger os direitos fundamentais de liberdade e privacidade dos cidadãos brasileiros[1]. As serventias de todos os portes devem se preparar para estar em conformidade e atender aos requisitos legais.

Sob tal perspectiva realiza-se a autorregulamentação e impõe-se, na rotina de procedimentos normas próprias que operacionalizem o cumprimento de deveres legais, com as quais funcionários e administração devem se comprometer. Entra em cena o programa de *compliance*, o qual consiste em um tripé composto por: a) checagem das práticas internas; b) elaboração de um estatuto concreto de regras internas; e c) estruturação de controle, formando, principalmente pela alta administração, *a fim de garantir a efetividade do programa*[2].

---

[1] Art. 1º da Lei Geral de Proteção de Dados Pessoais.
[2] OLIVEIRA, Rafael Carvalho Rezende; ACOCELLA, Jéssica. *Governança coorporativa e compliance*. Salvador: JusPodivm, 2019, p. 161-162.

A partir deste momento nasce a necessidade de um procedimento de implementação com base na LGPD e surge o primeiro questionamento: Como ela será aplicada na prática?

O ponto de partida é a conscientização e sensibilização da direção, e caso das serventias, dos tabeliães/notários, quanto à necessidade e importância da adequação e a identificação dos agentes que serão responsáveis por acompanhá-la e executá-la. É imperativo que todos estejam envolvidos – do chão de fábrica à alta cúpula – nessa nova percepção e interiorização da política de proteção aos dados pessoais. Surge, assim, a necessidade de se definir um comitê ou grupo de trabalho e delimitar suas funções.

A Lei Geral de Proteção de Dados no Brasil[3] não prevê expressamente a criação e instituição do Comitê de Privacidade e Proteção de Dados nas serventias e demais instituições. Porém, apesar de não ser uma obrigação legal, trata-se de uma ferramenta importante para a adequação à LGPD.

Os integrantes das diversas áreas, sobretudo os líderes dos setores, que estão diretamente relacionados ao tratamento de dados, deverão participar desse comitê[4]. Como já mencionado, a instituição como um todo deve estar envolvida no processo, tanto no momento da implantação, como prevenção e manutenção das políticas de proteção dos dados pessoais.

Dessa forma, resta claro que um dos pontos chave para uma implementação de sucesso é o entendimento que a competência pelo atendimento à LGPD deve ser um propósito de toda a organização, não se tratando de uma responsabilidade

---

[3] "O GDPR (General Data Protection Regulation – é a lei válida na União Europeia), que trata dos Códigos de conduta e certificação, traz a previsão da formação de um Comitê no processo de implemanentação: "os Estados-Membros, as autoridades de controle, o Comitê e a Comissão, promovem a elaboração de códigos de conduta destinados a contribuir para a correta aplicação do presente regulamento, tendo em conta as características dos diferentes setores de tratamento e as necessidades específicas das micro, pequenas e médias empresas" (Seção 5, Art. 40 – Códigos de conduta).
Diferentemente, a Lei brasileira não prevê – nem determina a instituição – do Comitê de Privacidade e Proteção de Dados Pessoais. Não obstante, algumas pessoas têm tratado o tema como se fosse uma obrigatoriedade imposta pela nossa lei". Disponível em: <https://vanzolini.org.br/weblog/2020/11/26/lgpd-o-dpo-e-o-comite-de-privacidade-e-protecao-de-dados-pessoais-sao-necessarios/#>. Acesso em: 2-2-2021.

[4] DONDA, Daniel. *Guia prático de implementação da LGPD*. São Paulo: Labrador, 2020, p. 23.

exclusiva de uma pessoa específica, como o encarregado (DPO) ou qualquer outra dentro da organização[5].

1.1. Membros do Comitê

A boa prática considera que deverão ser incluídos no Comitê a Alta Administração, o Jurídico, a Segurança da Informação, o departamento de TI, os Gestores de cada área da entidade (Recursos Humanos, Marketing, Financeiro...) e o Encarregado de Dados (DPO). Entretanto, essa composição deve ser realizada de acordo com a estrutura e realidade de cada serventia.

A diretoria – identificada no caso dos cartórios com o agente delegado – precisa ser informada dos procedimentos que serão adotados, sendo responsável pela instituição de Políticas e Boas Práticas de Segurança na proteção de dados e pela escolha do Encarregado de Dados.

Todas as áreas passarão por alterações decorrentes da necessidade de *compliance* com a LGPD, cabendo aos líderes dos setores apoiar no mapeamento dos dados, nos processos de coleta, nas definições de bases legais para o tratamento dos dados e nos processos de adequação setorial à Lei.

O art. 5º, VIII, da Lei explana sobre o Encarregado, mencionando que se trata da pessoa indicada pelo controlador e operador para atuar como canal de comunicação entre o controlador, os titulares dos dados e a Autoridade Nacional de Proteção de Dados (ANPD).

Já o art. 41 descreve suas atividades:

> I – aceitar reclamações e comunicações dos titulares, prestar esclarecimentos e adotar providências;
>
> II – receber comunicações da autoridade nacional e adotar providências;
>
> III – orientar os funcionários e os contratados da entidade a respeito das práticas a serem tomadas em relação à proteção de dados pessoais; e
>
> IV – executar as demais atribuições determinadas pelo controlador ou estabelecidas em normas complementares.

O DPO poderá liderar o comitê e neste ponto considera-se importante que ele detenha um conhecimento mais especializado do tema e até mesmo da insti-

---

[5] GARCIA. L. R. *et al. Lei Geral da Proteção de Dados (LGPD):* guia da Implantação. São Paulo: Edgar Blucher, 2020, p. 6.

tuição – de modo que possa organizar as ações de proteção e análise de dados, bem como treinar a serventia para que tenha disciplina e saiba como atender aos requisitos necessários ao tratar dados pessoais e, é claro, para não sair da conformidade[6].

A constituição de um Comitê permitirá reunir profissionais responsáveis pelos mais diversos setores, possibilitando o engajamento de toda a instituição durante o processo, sendo imprescindível a conscientização de que para ter um sistema de proteção de privacidade de dados eficiente é fundamental que a estrutura de toda a organização seja modificada, quebrando velhos paradigmas e construindo uma nova cultura interna.

1.2. Competências do Comitê

Ao comitê caberá acompanhar os procedimentos nas serventias, verificando se está adequada aos requisitos legais e respeitando a regulamentação, monitorando a implantação do programa de proteção de dados, realizando a gestão das atividades de tratamento de dados, fiscalizando os processos, contribuir para a tomada de decisão de forma centralizada, acompanhando a criação de políticas que fomentarão a cultura de proteção de dados e que desenvolvam profissionais aptos para lidar com o tratamento de dados pessoais, entre outros.

2. A METODOLOGIA DE IMPLEMENTAÇÃO

Como já mencionamos uma das maiores dúvidas em relação à Lei Geral de Proteção de Dados (LGPD) é como será feita a adequação nas empresas, serventias e demais entidades e qual o caminho a ser seguido para atingir o objetivo de estar em conformidade com a legislação.

Nesse tocante, importante enfatizar que não existe uma metodologia única e imutável, mas existem diretrizes baseadas nos princípios fundamentais da LGPD e que são fundamentais para o sucesso do processo.

Sendo assim, o projeto de implementação será dividido por fases e adequado de acordo com o tipo e porte de cada organização/serventia, devendo conter os elementos exigidos pela legislação a ser "customizado" diante da realidade interna (o tamanho, complexidade de hierarquia, os riscos da área de atuação).

---

[6] DONDA, Daniel. *Guia prático de implementação da LGPD*. São Paulo: Labrador, 2020, p. 23.

Na prática, o processo de implementação de um programa de *compliance* em LGPD deve alinhar-se aos objetivos a longo prazo e neste sentido, um programa de privacidade e proteção de dados tem que ser parte de uma sólida estrutura de governança, sustentada por políticas adequadas à serventia.

2.1. Fases da implementação

- **1ª Fase – Conscientização**

    Uma entidade que realmente internaliza a cultura de proteção de dados faz muita diferença no programa de adequação. É importante sensibilizar e convencer a direção, os responsáveis e todos os envolvidos, no processo de implementação, sobre a necessidade de adequação à LGPD e a importância da legislação.

- **2ª Fase – Responsáveis, grupo de trabalho ou comitê**

    É necessário definir quem serão os responsáveis por acompanhar a adequação no âmbito de cada cartório. Devem ser incluídos a Direção (Tabelião, Registrador, Substitutos), o Jurídico, a Segurança da Informação, o departamento de TI, os Gestores de cada área da serventia (Financeiro, Recursos Humanos, Colaboradores terceirizados) e a pessoa que futuramente será definida como DPO.

    Lembrando que as serventias têm estruturas diferentes e esta fase deve ser desenvolvida de acordo com a particularidade e característica de cada organização. As menores terão um ou dois responsáveis, já as maiores devem ter um responsável de cada setor. Este responsável escolherá quais pessoas participarão diretamente no processo de adequação e quais os momentos e prazos para os estudos e operações necessárias.

- **3ª Fase – Diagnóstico da serventia**

    É essencial mapear a serventia, verificar se ela já tem organograma, caso não tenha será importante elaborar um com o gestor a fim de entender a sua estrutura e facilitar a adequação. Por meio de reuniões, conhecer sua cultura, seus setores, os gestores de cada área, suas funções, cargos e contato.

Sendo necessário obter alguns dados:

Trata dados pessoais, sensíveis ou de menores?

Possui *e-mails* externo e interno?

Possui *wi-fi* interno, externo ou de visitantes?

Número de colaboradores?

Armazena dados em nuvem?

Compartilha dados?

Tem Encarregado de Dados (DPO)?

Tem gestor de segurança da informação e/ou procedimentos de segurança da informação?

Total de clientes e clientes ativos?

Total de fornecedores e quantos ativos?

Possui terceiros contratados?

Possui cadastro de clientes físicos?

Possui cadastro de clientes *on-line*?

Utiliza de *e-mail marketing*?

Por quanto tempo os dados dos clientes permanecem armazenados?

Qual o número de clientes cadastrados nas plataformas da serventia, arquivos físicos e *on-line*?

Qual é a forma de captação de clientes?

Quem tem acesso aos cadastros de clientes?

Quem tem acesso aos cadastros dos funcionários?

Currículos e documentos dos funcionários são tratados na loja?

Quem são os parceiros da loja?

Tem cadastro para os parceiros?

Atua com algum banco de dado?

Tem Código de Conduta?

Tem *website*?

Outras

- **4ª Fase – Mapeamento de dados (*Data Mapping*)**

Trata-se de uma etapa importante no processo de adequação às normas de proteção de dados. O documento (planilha) de mapeamento de dados precisa identificar o ciclo da vida dos dados e apresentar todo o caminho que o dado percorreu dentro da serventia. Algumas informações são imprescindíveis para a realização desta fase, sendo elas:

1. É necessário identificar o dado e a sua categoria, se é um dado comum, um dado sensível ou se um dado de criança e adolescente;
2. Observar se os princípios da lei estão sendo seguidos e qual a base legal que respalda o tratamento do dado;
3. Verificar se os direitos dos titulares estão sendo respeitados;
4. Verificar se há transferência de dados para terceiros e, se houver, a serventia é controladora ou operadora;
5. Analisar a documentação, examinando se está adequada. Toda a documentação tratada na serventia deve ser verificada. Por exemplo, se os contratos dos fornecedores, clientes e terceiros ou documentos trabalhistas estão de acordo com o que a legislação determina;
6. Verificar entrada e saída dos dados;
7. Verificar por onde ele transita dentro da serventia e quando o dado será eliminado;
8. Avaliar se é realmente necessário o armazenamento desse dado;
9. Verificar se existe segurança da informação.

Vale lembrar que existem ainda outras informações necessárias que permitem averiguar alguma vulnerabilidade durante o mapeamento. Por fim, analisar se os processos estão adequados, se é necessário alterar, criar ou excluir algum processo. O que estiver inadequado será um *gap*, um problema que precisa ser corrigido para ficar de acordo com a lei.

- **5ª Fase – Diagnóstico e plano de ação (Relatório de Impacto)**

Nessa fase, é necessário já ter realizado o mapeamento dos dados e localizado as falhas que a serventia precisa corrigir. Sendo possível apresentar um diagnóstico para a serventia identificando onde há problemas (*gaps*), um plano de ação para adequá-la conforme a legislação e ainda elaborar o relatório de impacto.

A Lei em seu art. 5º, XVII, descreve o que é o relatório de impacto:

> XVII – relatório de impacto à proteção de dados pessoais: documentação do controlador que contém a descrição dos processos de tratamento de dados pessoais que podem gerar riscos às liberdades civis e aos direitos

fundamentais, bem como medidas, salvaguardas e mecanismos de mitigação de risco[7].

A lei também faz referência a este documento em seu art. 10, § 3º:

> A autoridade nacional poderá solicitar ao controlador relatório de impacto à proteção de dados pessoais, quando o tratamento tiver como fundamento seu interesse legítimo, observados os segredos comercial e industrial[8].

Reiterando em seu art. 38:

> A autoridade nacional poderá determinar ao controlador que elabore relatório de impacto à proteção de dados pessoais, inclusive de dados sensíveis, referente a suas operações de tratamento de dados, nos termos de regulamento, observados os segredos comercial e industrial[9].

De forma geral, trata-se de documento importante no processo de adequação à LGPD, que ajuda as serventias a comprovarem a boa fé em atender as medidas técnicas e necessárias para a proteção da informação.

No relatório de impacto, devem constar todos os detalhes, a descrição dos dados coletados ou tratados, como é feito o tratamento de dados desde a coleta, o que inclui especificar a base legal, até o fim do ciclo de vida, informação em que deve constar todas as medidas utilizadas na proteção e na garantia da privacidade, e ainda apresentar as medidas adotadas e as técnicas utilizadas para controle e mitigação de riscos.

- **6ª fase – Programa de governança**

Elaboração de programa de governança que viabilizará o crescimento da serventia de forma segura, organizada e sustentável, criando regras, práticas, processos, procedimentos e controles.

O *caput* do art. 50 da Lei explana:

> Os controladores e operadores, no âmbito de suas competências, pelo tratamento de dados pessoais, individualmente ou por meio de associações, poderão formular regras de boas práticas e de governança que estabeleçam

---

[7] Art. 5º, XVII, da Lei Geral de Proteção de Dados Pessoais.
[8] Art. 10, § 3º, da Lei Geral de Proteção de Dados Pessoais.
[9] Art. 38 da Lei Geral de Proteção de Dados Pessoais.

5 Iniciando a implementação: um panorama da LGPD junto às serventias judiciais

as condições de organização, o regime de funcionamento, os procedimentos, incluindo reclamações e petições de titulares, as normas de segurança, os padrões técnicos, as obrigações específicas para os diversos envolvidos no tratamento, as ações educativas, os mecanismos internos de supervisão e de mitigação de riscos e outros aspectos relacionados ao tratamento de dados pessoais[10].

Ainda menciona que o controlador poderá implementar programa de governança em privacidade que demonstre comprometimento em adotar processos e políticas internas que assegurem o cumprimento de forma abrangente, de normas e boas práticas relativas à proteção de dados pessoais e seja aplicável a todo o conjunto de dados pessoais que estejam sob seu controle, independentemente do modo como se realizou a coleta.

As serventias que apresentarem a adoção de boas práticas de segurança da informação, receberão atenuante, caso venham a sofrer alguma penalidade.

- **7ª Fase – Elaboração de documentos**

Elaboração de novos documentos, como Termo de Privacidade, Declaração de Conformidade e Políticas de Segurança da Informação, entre outros. Para assim garantir que todos os documentos que circulam dentro da serventia estejam de acordo com a legislação, adaptação de documentos internos e externos, ser o *compliance* de acordo com a governança e exigir política de proteção de dados de todos os parceiros do negócio. Se for possível os contratos com fornecedores, clientes, colaboradores e terceiros, devem ser verificados e adequados.

- **8ª Fase – Treinamento**

A lei coloca como quesito básico o treinamento de colaboradores, tanto nas questões relacionadas com a privacidade de dados como nos processos e procedimentos referentes à Segurança da Informação. Nesta fase deve ser realizado o treinamento de todos os colaboradores da serventia, explicando a legislação, as mudanças que ela traz e a nova cultura de proteção de dados. Tendo em vista que diariamente enfrentarão essas questões. Um colaborador sem o devido conhecimento pode

---

[10] Art. 50 da Lei Geral de Proteção de Dados Pessoais.

cometer erros na proteção de dados, ocasionando prejuízo para a organização e aos titulares de dados.

- **9ª Fase – Revisão final**
  Revisar todo o processo para garantir que a implementação foi realizada com sucesso e eleger um DPO com conhecimentos jurídicos e regulatórios.

- **10ª Fase – Monitoramento**
  A Lei poderá sofrer modificações e regulamentações diversas, por este motivo alterações podem ter que ser realizadas nas serventias. É importante realizar algumas visitas para verificar se os dados estão sendo tratados da forma correta.

3. DOS TIPOS DE CAPACITAÇÃO

A capacitação dos colaboradores é uma das fases da implementação, sendo fundamental para o sucesso da governança em privacidade pelo cartório. Deverá ser realizada no âmbito da própria serventia ou entidade, podendo ter um ou mais treinamentos, ou ainda, um conjunto de cursos que tem como objetivo apresentar os conceitos principais da legislação e a nova política de tratamento de dados.

Deverão ser capacitados todos os envolvidos no processo de adequação, sendo imprescindível que todos venham a entender o papel que desempenham, especialmente os que estarão, efetivamente, realizando o trabalho operacional relativo à implementação precisam adquirir conhecimento mais detalhado quanto a lei e os processos dos quais farão parte[11].

Os demais colaboradores também devem passar pelos processos de treinamento e de conscientização, tanto nas questões relacionadas com a privacidade de dados, informações quanto a lei, como nos processos e procedimentos necessários com o intuito de que a instituição sempre trabalhe nos melhores níveis de adequação a legislação.

Importante sejam realizadas revisões para fortalecer o engajamento da serventia nessa nova política de proteção aos dados pessoais, já que mesmo a serventia estando adequada à LGPD não é 100% imune a vazamentos e outros tipos de incidentes com causas internas ou externas.

---

[11] LIMA & ALVES, 2021.

Caso ocorram tais incidentes, os colaboradores deverão estar preparados para resolver a situação, contendo o vazamento, descobrindo as causas, comunicando aos titulares de dados e à Autoridade Nacional de Proteção de Dados. Por esta razão é tão importante que os agentes sejam capacitados para liderarem e resolverem situações delicadas que possam vir a acontecer e que existam na prática instrumentos e políticas definidas quanto às boas práticas de segurança à luz da LGPD.

4. A NOMEAÇÃO DO DPO

A figura do DPO possui como um dos principais focos de atuação a materialização do processo de adequação, seja para o acatamento das exigências da Lei Geral de Proteção de Dados, seja para atender as diretrizes do *General Data Protection Regulation* (GDPR).

No art. 41 da Lei Geral de Proteção de Dados fica determinado que o responsável pela nomeação do *Data Protection Officer* – DPO será o controlador, no entanto, o DPO será o encarregado por intermediar a comunicação entre a Autoridade Nacional de Proteção de Dados – ANPD, o controlador e os titulares de dados e será responsável por gerenciar, analisar e monitorar de forma eficaz todo o tratamento de dados dentro dos serviços extrajudiciais de notas e de registros.

> Art. 41. O controlador deverá indicar encarregado pelo tratamento de dados pessoais.
> § 1º A identidade e as informações de contato do encarregado deverão ser divulgadas publicamente, de forma clara e objetiva, preferencialmente no sítio eletrônico do controlador.
> § 2º As atividades do encarregado consistem em:
> I – aceitar reclamações e comunicações dos titulares, prestar esclarecimentos e adotar providências;
> II – receber comunicações da autoridade nacional e adotar providências;
> III – orientar os funcionários e os contratados da entidade a respeito das práticas a serem tomadas em relação à proteção de dados pessoais; e
> IV – executar as demais atribuições determinadas pelo controlador ou estabelecidas em normas complementares.

Na lei fica claro quais são os deveres do encarregado, mas é omissa quanto à formação ou as qualidades profissionais do DPO, não revelando qualquer atributo em particular para o exercício da função. Nota-se, porém, ser uma figura de extrema importância em todo o processo de implementação da LGPD.

Na maioria das serventias esse é um perfil de profissional novo, o que vem gerando muitas dúvidas no momento de nomear o encarregado; afinal esse profissional é peça fundamental no monitoramento e na garantia de que o tratamento de dados seguirá conforme previsto em lei; por ser uma função que na prática requer um perfil muito específico: conhecimentos na área jurídica e em informação de dados bem como nas leis complementares que venham auxiliar no programa de implementação, tais como o marco civil da internet, bases legais e *compliance*. Importante pontuar que a nomeação deve se dar de forma escrita, arquivada em classificador próprio com remuneração paga pelas entidades que representem a classe.

Para o poder público, o desafio para a escolha do DPO é adicional, uma vez que, de modo geral, as carreiras públicas são fundamentalmente definidas por suas leis de regência e não se tem notícia de carreira pública em cujas atribuições estaria tal nível de conhecimento técnico e organizacional de forma abrangente sobre a própria natureza do ente público e de todos os serviços públicos que envolvam tratamento de dados pessoais, mesmo porque, conforme parecer do GT29[12], quanto maior a quantidade de dados pessoais ou a complexidade das operações tanto maior deverá ser o nível de conhecimento especializado do encarregado[13].

Durante toda a atuação o encarregado necessita de uma equipe para auxiliar nas demandas de tratamento de dados: sendo da área jurídica, é essencial que tenha auxílio de uma equipe de TI, sendo da área de TI, se faz necessário apoio jurídico. Ambas as áreas são de extrema importância para que o DPO consiga executar o projeto de implementação da LGPD e ter êxito na função.

Exemplificando, especificamente no que tange à área das serventias extrajudiciais, o DPO precisa ter acesso livre nos serviços extrajudiciais de notas e de registros, além de ter autonomia para responder aos órgãos reguladores e aos ti-

---

[12] Disponível em: <HTTPS://ec.europa.eu/nesroom/article29/item-detail.cfm?item_id+612048>. Acesso em: 3-2-2021.

[13] BLUM, Renato Opice; VAIZOF, Rony; MORAES, Henrique Fabretti (Coords.). *Data Protection Officer (Encarregado):* teoria e prática com a LGPD e GDPR. A importância da conscientização do tema privacidade e proteção de dados nas empresas. São Paulo: Thomson Reuters Brasil, 2020, p. 533.

tulares de dados. Buscando evitar conflito de interesse, esse profissional poderá ser um agente interno ou externo, alguém que tenha o perfil já mencionado, podendo ser até um comitê indicado pelas delegações de serviços extrajudiciais de notas e registros e que atenda a todas as demandas do cartório, de modo que esteja em conformidade com a LGPD.

A LGPD não estabelece restrições para a contração de DPO terceirizado, podendo, portanto, em tese, ser nomeado um integrante do quadro funcionários ou prestador de serviços técnicos terceirizados; respeitadas as peculiaridades de cada instituição e a natureza jurídica (pública ou privada). Não olvidando que, em caso de prestação de serviços públicos direta ou indiretamente, deve-se atentar ao regime constitucional de contratações públicas, que tem por regra a licitação.

A nomeação do DPO não afasta a responsabilidade e dever da Alta Administração. No âmbito dos cartórios, o DPO será o responsável por garantir o cumprimento da LGPD nos serviços extrajudiciais de notas e de registros, fará o meio de campo entre o fiscalizador, o controlador e os titulares. Imprescindível que seja uma figura pública e acessível aos titulares ou a Autoridade Nacional de Proteção de Dados (ANPD).

Superados os desafios iniciais da implementação, o DPO terá a atribuição – não menos desafiante – de encontrar o equilíbrio dentro da organização, por meio dos recursos financeiros e materiais disponíveis, para a manutenção e comprovação da regularidade do *compliance* com as leis de proteção, sendo na prática o responsável por assegurar a conformidade regulatória de todos os agentes de tratamento de dados da organização[14].

5. GESTÃO DE PROJETOS

A gestão de projetos na LGPD é o que vai garantir uma implementação eficaz, isso significa que deverá contar com profissionais qualificados, processos bem elaborados, programas bem executados, colaboradores treinados, políticas de segurança e de privacidade e controle, visando garantir que todo o processo esteja em conformidade com a legislação.

---

[14] BLUM, Renato Opice; VAIZOF, Rony; MORAES, Henrique Fabretti (Coords.). *Data Protection Officer (Encarregado):* teoria e prática com a LGPD e GDPR. A importância da conscientização do tema privacidade e proteção de dados nas empresas. São Paulo: Thomson Reuters Brasil, 2020, p. 175-176.

Esse processo passa por atualização de política de privacidade conforme prevê a LGPD, um canal de fácil acesso para que titulares tenham facilidade em identificar seus dados, e constante manutenção.

Um *compliance* bem estruturado já garante manutenção com maior facilidade, se faz necessária uma conscientização das delegações de serviços extrajudiciais de notas e registros sobre a importância da implementação da LGPD e manutenção de modo a garantir uma gestão eficaz e segura.

Será necessária a criação de regras, processos, procedimentos e controles, elaboração de novos documentos internos e termo de privacidade, elaboração de relatórios de impactos, descrição de tratamento previsto, anonimização e eliminação dos dados desnecessários, gerenciamento de nuvem e *software* que irão auxiliar na administração de todos os processos de implementação.

Gestão de Projetos

A gestão de projeto é a garantia de desenvolvimento de uma metodologia eficiente e minuciosa, o projeto deverá ser desenvolvido por todos os participantes da implementação da LGPD, consiste em elaborar, analisar, executar e monitorar todo o processo, com prazos definidos e profissionais qualificados.

Fonte: Elaborada pela autora via canva.

ETAPA 1 - Mapeamento de dados

Conhecer e analisar todos os meios utilizados pela serventia que trata de dados bem como as demais leis que regulamentam o negócio.

- Análise de contratos trabalhistas, com parceiros e de clientes;
- *Site, e-mail marketing* e parceiros;
- Entrada e saída de dados;

- Análise de riscos do tratamento dos dados;
- Entender a necessidade de cada dado utilizado pela serventia;
- Filtrar todos os dados e identificar os *gaps*;
- Elaboração de relatório de impacto.

ETAPA 2: Início da implementação - Adequação

Criação de programa de governança que inviabilizará o crescimento da serventia de forma segura, organizada e sustentável, gerando:

- Regras;
- Práticas;
- Processos;
- Procedimentos;
- Descarte dos dados;
- Controles.

ETAPA 3: Gestão da implementação

Elaboração de novos documentos e termo de privacidade, garantindo assim que todos os documentos que circulam dentro da serventia estejam de acordo com a legislação.

- Adaptação de documentos internos e externos;
- Ser o *compliance* de acordo com a governança;
- Exigir política de proteção de dados de todos os parceiros do negócio.

ETAPA 4: Controle

- Revisão de todo o projeto, garantir a implementação completa e o treinamento de todos os colaboradores;
- Realizar o treinamento de todos os colaboradores da serventia;
- Garantir o controle e manutenção de todo o processo de implementação; esse controle será de responsabilidade do DPO.

O advogado Alexandre Artur Mendes Soares menciona em seu artigo "Questões polêmicas sobre o direito registral e notarial", publicado em 2007, que o cartório ideal deve ser concebido com uma visão empresarial do negócio, sem esquecer-se da preocupação social, para a prestação de bons serviços e obtenção de lucro, o que leva à indicação de que o notário ou registrador deve estar atento também às várias despesas incidentes em sua unidade e que são de sua responsabilidade, assim como devem ser líderes de sua equipe, buscando meios para incentivá-la a se manter comprometida e valorizada. Pressupõe-se, assim, que não basta somente entender das leis; é imprescindível que o conhecimento do titular cartorial não esteja focado somente nas Ciências Jurídicas; a gestão administrativa é um diferencial, já que os valores dos serviços prestados são exatamente os mesmos para todas as serventias[15].

Nesse sentido, importante mencionar os ensinamentos de Chiavenato[16] quanto a importância da comunicação entre os diversos setores e agentes para que seja realizada uma gestão eficiente: "comunicação é a troca de informações entre pessoas, constitui um dos processos fundamentais da experiência humana e da organização social". Ainda menciona que a comunicação é importante no relacionamento entre as pessoas e na explicação das orientações tomadas. As pessoas devem receber continuamente um fluxo de comunicações capaz de suprir-lhes as necessidades.

Uma boa gestão de projeto consiste, portanto, em identificar se o projeto está de acordo com o *compliance (adequação)* da LGPD e numa boa comunicação entre os diversos atores envolvidos no processo. E, neste contexto, o papel do DPO é realizar todo o mapeamento de dados físicos e *on-line*, saber do que se trata e estar preparado para atender os pedidos dos titulares de dados, gerenciar todo o tratamento de acordo com a necessidade e finalidade do tratamento de dados, observando sempre as bases legais da LGPD.

6. A IMPORTÂNCIA DO SUPORTE DA ALTA ADMINISTRAÇÃO

O primeiro ponto a ser considerado ainda no início da implementação de um programa de governança destinado a assegurar a privacidade e proteção de

---

[15] RODRIGUES, Deangelis de Freitas; KAISE, Claudio. A gestão administrativa em serviços notariais e de registro no vale do paranhana: estudo de caso sobre a importância da administração e seus princípios de gestão nas serventias extrajudiciais. Publicado em 2016. Disponível em: <file:///D:/Downloads/339-739-1-SM.pdf>. Acesso em: 2-2-2021.

[16] CHIAVENATO, Idalberto. *Introdução a teoria geral da administração*. 3. ed. Rio de Janeiro: Elsevier, 2004, p. 106.

5 Iniciando a implementação: um panorama da LGPD junto às serventias judiciais

dados com base na LGPD é a conscientização de que tal processo vai além da adequação de TI, de segurança da informação ou mesmo de uma adequação jurídica. É preciso transformar a cultura coorporativa com relação à guarda de privacidade e ao cuidado com os dados pessoais e que todo este processo é preponderantemente interdisciplinar, carecendo de um real engajamento dos cargos de comando por meio da criação de uma estrutura formal dentro da instituição, indicando inclusive um responsável – preferencialmente o futuro DPO – e que tal estrutura interna tenha a sua disposição recursos humanos e materiais a darem suporte para o desenvolvimento do processo.

Muitas vezes a conscientização mais difícil dentro da serventia ou entidade é a justamente a da Alta Administração (Tabeliães ou Notários), que somente consegue vislumbrar a seriedade da adequação quando toma ciência das penalidades e multas da LGPD (art. 52); quando pesa no bolso, claramente falando. Entretanto, a importância e objetivo dos programas de *compliance* visando atender a Lei (LGPD) vão além; têm por objetivo alcançar maior eficiência e melhor cumprimento do trabalho a ser executado, agregando um valor subjetivo à organização.

Trata-se de um valor intangível que não pode ser tocado, o que não significa que não pode ser valorado. A exemplo, Rogério Ruschel exemplifica que "credibilidade, confiança, honestidade e reputação são valores intangíveis e podem ser valorados pela preferência de uma pessoa – no papel de cidadão, eleitor ou consumidor", de tal sorte que a preferência por uma pessoa ou sociedade que possua atributos revela seu valor econômico e seu potencial de lucro[17].

É, portanto, imprescindível para o sucesso e credibilidade de um processo de implantação da LGPD o comprometimento e apoio contínuo dos proprietários e gestores, que por meio da aderência própria às políticas e procedimentos acabam transpassando e internalizando em toda a instituição as boas práticas de segurança.

---

[17] BLUM, Renato Opice; VAIZOF, Rony; MORAES, Henrique Fabretti (Coords.). *Data Protection Officer (Encarregado): teoria e prática com a LGPD e GDPR. A importância da conscientização do tema privacidade e proteção de dados nas empresas.* São Paulo: Thomson Reuters Brasil, 2020, p. 370.

7. APLICAÇÃO NOS CARTÓRIOS

As serventias extrajudiciais, também denominadas cartórios, são prestadores dos serviços notariais e de registro, que conforme dispõe a Lei n. 8.935/94, a qual regulamenta o art. 236 da Constituição Federal, são aqueles de organização técnica e administrativa destinados a garantir a **publicidade, autenticidade, segurança** e **eficácia** dos atos e negócios jurídicos.

Assim, logo na leitura dos primeiros artigos da referida lei regulamentadora do serviço notarial, verifica-se um dos pontos que conectam tal atividade a Lei Geral de Proteção de Dados, em especial, quando traz a natureza e os fins do serviço cartorário tendo como princípios norteadores a segurança e a guarda dos atos jurídicos[18].

As atividades notariais e de registro são fiscalizadas pelo Poder Judiciário de cada Estado-membro e **por força do art. 236 da Constituição Federal, são exercidos em caráter privado, após delegação do poder público, por pessoa física aprovada em concurso público de provas e títulos.** O delegatário recebe a denominação de **tabelião (ou notário)**, se prestador de serviços de notas e de protesto de títulos, ou de **oficial de registro (ou registrador),** se prestador de serviços de registro. Configurando-se, portanto, em outro ponto a se destacar com relação às convergências das referidas Leis: o fato de que na prática os agentes delegados já executam o tratamento de dados pessoais, nos termos da lei de regência.

Nesse ponto, importante mencionar, que já na primeira fase de implementação do projeto de adequação à LGPD, um dos questionamentos a serem realizados é a natureza jurídica do agente de tratamento, se pública ou privada. A Lei Brasileira pouco contribuiu em trazer distinções entre o encarregado sobre o tratamento de dados pessoais indicado pelo agente público ou privado, entretanto,

---

[18] Lei n. 8.935, de 18 de novembro de 1994:
Art. 1º Serviços notariais e de registro são os de organização técnica e administrativa destinados a **garantir a publicidade, autenticidade, segurança e eficácia dos atos jurídicos** (sem grifo no original).
Art. 2º (*Vetado*).
Art. 3º Notário, ou tabelião, e oficial de registro, ou registrador, são profissionais do direito, **dotados de fé pública**, a quem é delegado o exercício da atividade notarial e de registro (sem grifo no original).

traz algumas regras específicas, previstas no Capítulo IV[19], que nos seus termos e apenas neles devem direcionar a regulação para o poder público[20].

Trazendo tal questão a realidade cartorária, tem-se que as serventias extrajudiciais são consideradas pela doutrina e jurisprudência majoritária como prestadores de serviços públicos, porém não são classificadas como pessoas jurídicas ou serventias. A Legislação Federal considera o tabelião e o oficial de registro como pessoas físicas, e que a Unidade pela qual respondem não tem personalidade jurídica[21].

Seguindo este entendimento nos fala Falcão[22] sobre os diversos entendimentos acerca do serviço notarial e de registro:

---

[19] Lei n. 13.709, de 14 de agosto de 2018. Lei Geral de Proteção de Dados Pessoais (LGPD): [...]
Art. 23. O tratamento de dados pessoais pelas pessoas jurídicas de direito público referidas no parágrafo único do art. 1º da Lei n. 12.527, de 18 de novembro de 2011 (Lei de Acesso à Informação), deverá ser realizado para o atendimento de sua finalidade pública, na persecução do interesse público, com o objetivo de executar as competências legais ou cumprir as atribuições legais do serviço público, desde que:
I – sejam informadas as hipóteses em que, no exercício de suas competências, realizam o tratamento de dados pessoais, fornecendo informações claras e atualizadas sobre a previsão legal, a finalidade, os procedimentos e as práticas utilizadas para a execução dessas atividades, em veículos de fácil acesso, preferencialmente em seus sítios eletrônicos;
II – (*Vetado*);
III – seja indicado um encarregado quando realizarem operações de tratamento de dados pessoais, nos termos do art. 39 desta Lei; e
IV – (*Vetado*).

[20] BLUM, Renato Opice; VAIZOF, Rony; MORAES, Henrique Fabretti (Coords.). *Data Protection Officer (Encarregado): teoria e prática com a LGPD e GDPR*. A importância da conscientização do tema privacidade e proteção de dados nas empresas. São Paulo: Thomson Reuters Brasil, 2020, p. 528.

[21] HERANCE FILHO, Antônio. Regime tributário aplicável ao tabelião e ao oficial de registro: pessoa física ou pessoa jurídica? *Revista de direito notarial e de registro*, n. 25, julho de 2012, p. 40. Apud BRAGA, João Pedro Ribeiro; LEITE, Maria Vitória Oliveira Dias Ribeiro et al. A personalidade jurídica dos serviços notariais e de registros e o seu tratamento tributário. *Revista Jus Navigandi*, Teresina, ano 23, n. 5496, 19 jul. 2018. Disponível em: <https://jus.com.br/artigos/66701>. Acesso em: 2 fev. 2021.

[22] FALCÃO, Joaquim. Quanto ganha um cartório? *ARPEN SP*, 3 de novembro de 2009. Disponível em: <http://www.arpensp.org.br/?pG=X19leGliZV9ub3RpY2lhcw==&in=MTA0MTg=>. Acesso em: 28 maio 2015. Apud BRAGA, João Pedro Ribeiro; LEITE, Maria Vitória Oliveira Dias Ribeiro et al. A personalidade jurídica dos serviços notariais e de registros e o seu tratamento tributário. *Revista Jus Navigandi*, Teresina, ano 23, n. 5496, 19 jul. 2018. Disponível em: <https://jus.com.br/artigos/66701>. Acesso em: 2 fev. 2021.

- A situação jurídica dos cartórios não é muito clara desde os tempos do Império. De um lado são serviços auxiliares do Poder Judiciário, e por este fiscalizados.
- De outro, como já decidiu o Supremo, são exercidos em caráter privado, como se fossem uma serventia delegatária de serviço público.
- De um lado contratam funcionários em nome do próprio titular, respondem a ações com o próprio patrimônio e pagam imposto de renda como pessoa física.
- De outro, pagam o ISS como se fossem pessoas jurídicas. Para complicar, existem cartórios ainda estatizados, cartórios já privatizados mas sob o controle temporário de algum interino a mando do tribunal, e privatizados já sob o comando de alguém que prestou concurso público.
- Como se diz no meio: são um ornitorrinco jurídico.

As serventias extrajudiciais se compõem, portanto, num feixe de competências públicas, embora exercidas em regime de delegação a pessoa privada. Competências que fazem de tais serventias uma instância de formalização de atos de criação, preservação, modificação, transformação e extinção de direitos e obrigações[23].

A atividade desenvolvida pelos titulares das serventias de notas e registros, embora seja análoga à atividade empresarial, se sujeita a um regime de direito público[24]. Numa frase, então, podemos considerar que serviços notariais e de registro são típicas atividades estatais, mas não são serviços públicos, propriamente. Inscrevem-se, isto sim, entre as atividades tidas como função pública *lato sensu*, a exemplo das funções de legislação, diplomacia, defesa nacional, segurança pública, trânsito, controle externo e tantos outros cometimentos que, nem por ser de exclusivo domínio estatal, passam a se confundir com serviço público[25].

Dessa forma, tendo por base tal concepção de que embora não tenha personalidade jurídica de direito público, mas desempenhe serviço de natureza pública, pelas considerações acima expostas, pode-se concluir que no âmbito da atividade cartorária e no processo de adequação à LGPD e posterior manutenção

---

[23] STF. ADI 2.415, Rel. Min. Ayres Britto, j. 10-11-2011, *DJE* 9-2-2012.
[24] STF. ADI 1.800, Rel. p/ o ac. Min. Ricardo Lewandowski, j. 11-6-2007, *DJ* 28-9-2007.
[25] STF. ADI 3.643, voto do Rel. Min. Ayres Britto, j. 8-11-2006, *DJ* 16-2-2007.

5 Iniciando a implementação: um panorama da LGPD junto às serventias judiciais

das boas práticas de segurança, além da atenção aos princípios expressos norteadores da Lei Geral de Proteção de Dados, também devem ser considerados os princípios que regem a Administração Pública, tendo como fim maior o interesse público[26].

Porém, uma coisa é certa, independentemente de como se classifique a natureza do serviço prestado pelas serventias extrajudiciais, em todo o aspecto a atividade desenvolvida está diretamente entrelaçada com o tratamento de dados pessoais e desta forma estão sujeitos à Lei Geral de Proteção de Dados.

Além disso, as reflexões são necessárias uma vez que o regime que trata das serventias extrajudiciais é todo voltado a dar publicidade aos dados, às informações; e em contraponto a LGPD entra em vigor conferindo privacidade a esses dados, inclusive com sanções pelo descumprimento da lei.

Na prática, evidencia-se, portanto, a necessidade de regulamentação e regras de uniformização por meio de provimentos das Corregedorias Extrajudiciais[27] e até mesmo interpretação pelo Poder Judiciário, a fim de esclarecer os pontos da legislação de proteção de dados (ao proteger a utilização de dados dos titulares) que parecem, numa análise perfunctória, irem de encontro a todo um sistema, constitucionalmente alicerçado, que privilegia a publicidade de dados, sistema este no qual a atividade cartorária está inserida.

---

[26] Podemos citar, apenas a título exemplificativo alguns dos princípios que regem a Administração Pública: Temos os expressos no art. 37, *caput*, da CF/88: Legalidade, Moralidade, Impessoalidade, Publicidade e Eficiência. E ainda princípios implícitos como a supremacia do interesse público, razoabilidade, segurança jurídica e autotutela.

[27] 1. "O Comitê Gestor de Proteção de Dados Pessoais do Poder Judiciário de Santa Catarina e a Corregedoria-Geral do Foro Extrajudicial, a partir de seus dirigentes, promoveram reunião virtual nesta semana (4/11) com as entidades de representação dos serviços extrajudiciais de Santa Catarina para tratar da implantação da Lei Geral de Proteção de Dados (LGPD) nas serventias do Estado". (<https://www.tjsc.jus.br/web/imprensa/-/comite-gestor-e-cgj-extrajudicial-explicam-lgpd-para-notarios-e-registradores-de-?inheritRedirect=true&redirect=%2Finicio>).
2. No Estado de São Paulo, o Provimento n. 23/2020, da Corregedoria Geral da Justiça (CGJ/SP), define as diferentes formas de tratamento que serão dadas aos atos relativos ao exercício dos ofícios extrajudiciais de notas e de registro e aos atos decorrentes do gerenciamento administrativo e financeiro das delegações exercidas por particulares mediante outorga pelo Poder Público.

Dessa forma, algumas reflexões merecem destaque[28]:

Inicialmente, como seria conciliado o art. 17 da Lei n. 6.015/73 (Art. 17. Qualquer pessoa pode requerer certidão do registro sem informar ao oficial ou ao funcionário o motivo ou interesse do pedido.) com a LGPD, uma vez que o regime das certidões é público? Neste caso, se aplicariam as regras da LGPD, como a de seu art. 7º, que prevê hipóteses específicas para o tratamento de dados pessoais?

Outro questionamento seria em como conciliar a aplicação do Provimento n. 61 do CNJ (que estabelece a obrigatoriedade de informações e dados necessários à completa qualificação das partes nos requerimentos para a prática de atos nos cartórios) com as regras trazidas pela LGPD. Imagina-se que não mais seria possível que o titular apresentasse informações sensíveis não previstas em Lei.

Além disso, outra questão de ordem prática é com relação às certidões obtidas no Registro Civil de Pessoas Naturais (nascimento, casamento e óbito). Uma vez que toda a informação trazida nessas certidões é de natureza pessoal, como seria concretamente a aplicação da LGPD?

Mais um ponto diz respeito ao compartilhamento do cartão de autógrafos, regra trazida pelo art. 18, § 1º, do Provimento n. 100 do CNJ. Segundo a norma, o tabelião de notas pode compartilhar o cartão de autógrafos através de *e-mail*. Seria essa modalidade de compartilhamento adequada, agora tendo em vista a entrada em vigor da LGPD? Não haveria, aí, certa fragilidade no manejo das informações dos interessados?

Por todo o exposto, conclui-se que a adequação a todas as regras da LGPD é uma premissa a ser protagonizada pelos principais atores do ordenamento jurídico nacional e neste contexto, os cartórios, como guardiões dos dados públicos, desempenham importante papel no cumprimento da lei, visando salvaguardar a integridade, a autenticidade e o armazenamento seguro das informações.

REFERÊNCIAS

BLUM, Renato Opice; VAIZOF, Rony; MORAES, Henrique Fabretti (Coords.). *Data Protection Officer (Encarregado)*: teoria e prática com a LGPD e GDPR. A

---

[28] DUARTE, Fellipe. Como aplicar a LGPD nos cartórios? Disponível em: <https://fellipesd.jusbrasil.com.br/artigos/935930422/como-aplicar-a-lgpd-nos-cartorios>. Acesso em: 31-1-2021.

importância da conscientização do tema privacidade e proteção de dados nas empresas. São Paulo: Thomson Reuters Brasil, 2020.

CHIAVENATO. Idalberto. *Introdução a teoria geral da administração*. 3. ed. Rio de Janeiro: Elsevier, 2004.

DONDA, Daniel. *Guia prático de Implementação da LGPD*. São Paulo: Labrador, 2020.

DUARTE. Fellipe. Como aplicar a LGPD nos cartórios? Disponível em: <https://fellipesd.jusbrasil.com.br/artigos/935930422/como-aplicar-a-lgpd-nos-cartorios>. Acesso em: 31-1-2021.

FALCÃO, Joaquim. Quanto ganha um cartório? *ARPEN SP*, 3 de novembro de 2009. Disponível em: <http://www.arpensp.org.br/?pG=X19leGliZV9ub3RpY2lhc w==&in=MTA0MTg=>. Acesso em: 28 maio 2015. Apud BRAGA, João Pedro Ribeiro; LEITE, Maria Vitória Oliveira Dias Ribeiro et al. A personalidade jurídica dos serviços notariais e de registros e o seu tratamento tributário. *Revista Jus Navigandi*, Teresina, ano 23, n. 5496, 19 jul. 2018. Disponível em: <https://jus.com.br/artigos/66701>. Acesso em: 2 fev. 2021.

GARCIA, L. R. et al. *Lei Geral da Proteção de Dados (LGPD)*: guia da implantação. São Paulo: Edgar Blucher, 2020.

HERANCE FILHO, Antônio. Regime tributário aplicável ao tabelião e ao oficial de registro: pessoa física ou pessoa jurídica? *Revista de direito notarial e de registro*, n. 25, julho de 2012, p. 40. Apud BRAGA, João Pedro Ribeiro; LEITE, Maria Vitória Oliveira Dias Ribeiro et al. A personalidade jurídica dos serviços notariais e de registros e o seu tratamento tributário. *Revista Jus Navigandi*, Teresina, ano 23, n. 5496, 19 jul. 2018. Disponível em: <https://jus.com.br/artigos/66701>. Acesso em: 2 fev. 2021.

OLIVEIRA, Rafael Carvalho Rezende; ACOCELLA, Jéssica (Coords.). *Governança coorporativa e* compliance. Salvador: JusPodivm, 2019.

PINHEIRO, Patricia Peck. *Proteção de dados pessoais*: comentários à Lei n. 13.709/2018 – LGPD. 2. ed. São Paulo: Saraiva Educação, 2020.

RODRIGUES, Deangelis de Freitas; KAISE, Claudio. A gestão administrativa em serviços notariais e de registro no vale do paranhana: estudo de caso sobre a importância da administração e seus princípios de gestão nas serventias extrajudiciais. Publicado em 2016. Disponível em: <file:///D:/Downloads/339-739-1-SM.pdf>. Acesso em: 2-2-2021.

6. A IMPORTÂNCIA DA GESTÃO DE PROJETOS E GESTÃO DE SERVIÇOS PARA A PRIVACIDADE DOS CARTÓRIOS: PMBOK E ITIL *VS.* SGPD (LGPD)

Davis Alves
Nilson Brito

Art. 50. Os controladores e operadores, no âmbito de suas competências, pelo tratamento de dados pessoais, individualmente ou por meio de associações, poderão formular regras de boas práticas e de governança que estabeleçam as condições de organização, o regime de funcionamento, os procedimentos, incluindo reclamações e petições de titulares, as normas de segurança, os padrões técnicos, as obrigações específicas para os diversos envolvidos no tratamento, as ações educativas, os mecanismos internos de supervisão e de mitigação de riscos e outros aspectos relacionados ao tratamento de dados pessoais (LGDP – Lei n. 13.709/2018).

Neste capítulo, será explorado o cenário em que a utilização das boas práticas de Gestão de Projeto e Gestão de Serviços para implementar um Sistema de Gestão de Proteção de Dados (SGPD) para adequação à LGPD poderá trazer um resultado satisfatório considerando as fases da Gestão de Projetos, segundo o PMBOK (Iniciação, Planejamento, Controle & Execução, e Encerramento) e os componentes/fases do SGPD (Preparação, Organização, Implementação, Governança e Melhoria). A abordagem parte da visão do **DPO Consultor** (Gestor de Projetos) que irá desenvolver e entregar o projeto de implementação de forma operacional para um **DPO Gestor** (Gestor de Serviços) conforme apresentado na figura a seguir:

Figura 1 - DPO Consultor x DPO Gestor

Falando de forma bem simples sobre Gestão de Projetos, deve-se ter em mente a definição de um projeto. Segundo o PMBOK – Guia de Boas Práticas para Gestão de Projetos, um "Projeto" é um esforço **temporário** para criar um produto, serviço ou resultado, sendo assim, todo Projeto tem Início, meio e fim. (PMBOK) Quando se refere às boas práticas entenda como competências, ferramentas, técnicas e processos aplicados para todas as fases de um projeto (Iniciação, Planejamento, Execução, Monitoramento e Encerramento).

O SGPD (Sistema de Gestão de Dados Pessoais), da sua concepção inicial até seu modelo final, que é operacional, utiliza como padrão o PDCA (Plan, Do, Check e Act), usado para controle e melhoria contínua de processos e produtos.

O SGPD é um conjunto de boas práticas (*framework*) que tem como objetivo servir como modelo prático para adequação das empresas no GDPR (Regulamento Geral de Proteção de Dados – Europeu), mas também aplicável a LGPD (Lei Geral de Proteção de Dados) para o tratamento dos dados pessoais, desde a coleta até o processamento, armazenamento e descarte. Utilizará um ciclo PDCA de cinco componentes/fases desde seu projeto de implementação pelo **DPO Consultor** até o momento em que será entregue operacionalizado como produto final ao **DPO Gestor**.

Abaixo os cinco componentes/fases do SGPD visto como ciclo PDCA.

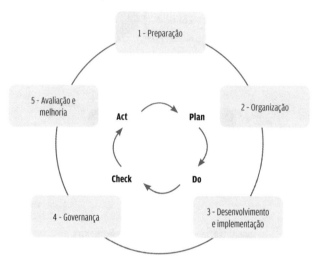

Figura 2 - Fases SGPD (Ciclo PDCA)

As fases 1, 2 e 3 podem ser conduzidas por um **DPO Consultor** e, após a fase 4, o SGPD pode ser operacionalizado por um **DPO Gestor**. No momento de sua implementação, cada uma das suas fases tem como entrega final documentos (produtos/resultado) com todas as análises, políticas, ferramentas aplicadas, riscos identificados, modelos de como serão reportados os incidentes aos titulares e até mesmo à autoridade supervisora, treinamentos/palestras internas e outros documentos pertinentes à implementação e operação do SGPD na organização.

Cada organização e projeto são únicos. As práticas de Gestão de Projetos irão auxiliar o **DPO Consultor** em praticamente todas as fases da implementação do SGPD com uma visão apurada de como coletar requisito, definir escopo, desenvolver a equipe, documentar, comunicar, controlar, monitorar, identificar riscos, entre outras práticas. Apesar de auxiliar em todas as fases da implementação do SGPD, sua utilização de forma mais completa será quando o SGPD inicia seu **desenvolvimento e implementação**, ou seja, na fase 3 que caracteriza o momento em que o próprio nome já diz, desenvolve e implementa. Esse é o momento de "por a mão na massa" para efetivar as fases 1 e 2 com tudo que já foi preparado e organizado em documentos para ser realmente implementado e adequado dentro da organização. O quadro a seguir exemplifica uma visão objetiva de como integrar a implementação do SGPD e as Práticas de Gestão de Projetos. De forma bem

6 A importância da gestão de projetos e gestão de serviços para a privacidade dos cartórios... 141

resumida pode-se ver como se dá a aplicação prática do PMBOK para estruturar e gerenciar a parte da implementação que estará documentada em um **plano de projeto** – centrado na execução.

SGPD	PMBOK	
3 - Desenvolvimento / Implementação	- Gerenciar Escopo - Gerenciar Cronograma - Gerenciar Custos (Ex.: Ferramentas, Recursos, *Hardware*, Entre Outros) - Gerenciar Qualidade (Ex.: Documentos SGPD, Entrega de Ferramentas) - Gerenciar Recursos (Ex.: Desenvolvedores) - Gerenciar Comunicações - Gerenciar Riscos (Ex.: Adequações Infra, Compras, Recursos) - Gerenciar Aquisições (Ex.: Infra, Mão de Obra) - Gerenciar Partes Interessadas (Ex.: *Stakeholders* e *Sponsors*)	Gerenciar integração

Figura 3 - Exemplo de Integração das práticas de Gestão de Projetos na Implementação do SGPD Fase 3

    Em resumo, já se tem uma preparação e organização (fases 1 e 2) de Proteção de dados e Privacidade, e a visão das práticas de gestão de projetos ajudou coletando requisitos, definindo escopo, se haverá custos ou não com recursos e aquisições adicionais, estabelecendo um cronograma de entregas nas documentações, avaliando riscos iniciais na privacidade dos dados e também comunicando às partes interessadas sobre como está o andamento das fases iniciais (apenas nesses exemplos acima citei 8 das 10 áreas de conhecimento do PMBOK que me ajudaram nas fases 1 e 2). Agora ao iniciar a execução pode-se precisar adequar infraestrutura/*software* e serão necessários requisitos para cada um dos itens relacionados a estes e coletar os requisitos que precedem a definição do escopo do que realmente será necessário e somente o que é necessário para adequação à LGPD, procurar fornecedores e desenvolvedores, gerenciar contratos, contratar mão de obra especializada (recursos), desenvolver a equipe que irá atuar no projeto em conjunto com os funcionários da organização, avaliar riscos relacionados à implantação e desenvolvimento e ter um plano de respostas que estará dentro do **plano de projeto,** sendo citada apenas uma parte do conteúdo do plano.

    Nesse momento, algumas questões devem ser levantadas: Será aceito? Mitigado? Transferido ou eliminado o Risco? Quais os departamentos que será preciso atender primeiro nas adequações? Existem possibilidades de fazer ou preciso comprar? Desenvolver com mão de obra própria ou terceirizar? Qual o prazo? Se um recurso contratado for compartilhado com outros projetos? Isso é um risco?

É preciso ter um plano de contingência? Se faz necessário ter orçamento de contingência? Qual é o meu custo estimado e em que momento serão aplicados os investimento? Desenvolvo primeiro ou compro *hardware* necessário? Já são conhecidas as visões otimistas e pessimistas do prazo e custo do projeto como um todo? Qual o caminho de risco do projeto? As entregas de adequação estão com boa qualidade? Existem retrabalhos? Todos os envolvidos estão sabendo de como o projeto anda? Está sendo reportado a todas as partes interessadas e de quanto em quanto tempo acontecerá o reporte do andamento? Qual o perfil do meu *Sponsor*? Ele prefere ser reportado de forma detalhada ou resumida?

Imagine que a organização tem presença em todo território nacional, será preciso um DPO como PMO central que irá coletar as informações para apresentar os resultados aos executivos na matriz? Como será a presença de um ponto focal? Será necessário um time de DPOs e cada um localizado em regionais espalhadas pelo território nacional? São questões importantes e tudo isso é parte da implementação do SGPD e a visão de boas práticas em Gestão de Projetos irá ajudar o **DPO Consultor** a gerenciar de forma eficaz. Lembra-se do **plano de projeto**? Ele terá todas as respostas para as questões colocadas acima, uma vez que tudo estará descrito. Não confunda a aplicação das práticas de gestão de projeto nas fases 1 e 2 com o **plano de projeto** da fase 3, ele será um documento exclusivo para essa fase.

É possível também a utilização de práticas de Gestão de Projetos para as Fases 4 e 5. Como um exemplo prático, será criado um arquivo de registro para lições aprendidas contendo possíveis descuidos de funcionários e colocar isso em pauta em treinamentos futuros, isso é governança e melhoria contínua. Práticas em Gestão de Projetos contribuem para a elaboração de um plano de resposta de violação de privacidade, tendo a contribuição de outros *frameworks* para suportar as operações (Gestão de Serviços) na qual serão operacionalizadas pelo **DPO Gestor**.

Após sua implementação pelo **DPO Consultor**, o SGPD se tornará, como um todo, um conjunto de processos e práticas operacionais, entregue ao **DPO Gestor** e à organização. O *framework* do SGPD traz 44 documentos como produtos/resultados/entregas da Implementação de um SGPD para adequação à LGPD. Estes deverão ser periodicamente avaliados e, quando necessário, atualizados já que o ciclo PDCA é contínuo.

Visualizando toda contextualização, a figura a seguir apresenta uma visão bem clara de como o PMBOK + ITIL complementam a implementação do SGPD como um todo.

6 A importância da gestão de projetos e gestão de serviços para a privacidade dos cartórios... 143

Gerente de Projetos	DPO	Gerente de Serviços
PMBOK	SGPD	ITIL
	Sistema de Gestão de Proteção de Dados	
Iniciação	1 - Preparação (Organização para PD & P)	Estratégia do Serviço
Planejamento	2 - Organização (Estruturas e mecanismos para PD & P)	Desenho do Serviço
Execução		
Monitoramento e Controle	3 - Desenvolvimento / Implementação	Transição do Serviço
Encerramento		
	4 - Governança	Operação do Serviço
	5 - Avaliação e Melhoria	Melhoria Contínua do Serviço

Figura 4 - Exemplo MACRO de Integração das práticas de Gestão de Projetos + ITIL na Implementação do SGPD como um todo

Portanto, a metodologia de implementação do SGPD é abrangente, complexa, minuciosa e trabalhosa, porém é totalmente viável e indicado aplicar boas práticas de gestão de projetos e do **ITIL** para a gestão de serviços como sendo facilitadores na implementação e suporte do SGPD, pois o **DPO Consultor** que tem capacitação em gestão de projetos poderá entregar um produto final dentro das adequações necessárias à LGPD considerando os pilares fundamentais de qualidade, custo e tempo para qualquer organização, independente do seu porte. Entretanto, não se pode esquecer que após a fase 3 do SGPD, é iniciado a operação podendo ser suportado pelo ITIL.

Em suma, é de extrema importância que um DPO tenha também conhecimentos em Gestão de Projetos e Gestão de Serviços de TI, mesmo que em nível básico, pois essas duas áreas de conhecimentos, aliadas as respectivas boas práticas (PMBOK e ITIL), contribuem para que o SGPD seja seguido e consequentemente a empresa esteja adequada a LGPD.

7. O ENCARREGADO DE DADOS DO CARTÓRIO

Oerton Fernandes de V. e Silva
João Rodrigo Stinghen

1. INTRODUÇÃO

Em tempos de privacidade de dados em alta, uma das preocupações dos que pretendem se adequar à Lei Geral de Proteção de Dados Pessoais (LGPD) é a nomeação do encarregado de dados pessoais, o que não é diferente para os titulares de serventias extrajudiciais.

O encarregado de dados está no centro dos atores contemplados na LGPD. Antes de aprofundar na figura do encarregado, portanto, importa retomar todos os demais atores previstos na LGPD. São eles:

- **Titular de dados pessoais:** pessoa física a quem se referem os dados pessoais que são objeto do tratamento (art. 5º, V, da LGPD);
- **Controlador de dados pessoais:** pessoa física ou jurídica, de direito público ou privado, a quem compete as decisões referentes ao tratamento de dados pessoais (art. 5º, VI, da LGPD);
- **Operador de dados pessoais:** pessoa física ou jurídica, de direito público ou privado, que realiza o tratamento de dados pessoais em nome do controlador (art. 5º, VII, da LGPD);
- **Autoridade Nacional de Proteção de Dados (ANPD):** órgão da administração pública federal que fiscaliza e implementa o cumprimento da lei em todo o território nacional (art. 5º, XIX, da LGPD).

Neste capítulo, aborda-se outro *player* dentro do universo da proteção de dados, o qual desempenha papel chave no processo de tratamento: o encarregado de dados pessoais, também conhecido pelo termo anglófono *Data Protection Officer* (DPO).

2. OBRIGATORIEDADE DE POSSUIR UM ENCARREGADO

Embora se reconheça que, do ponto de vista jurídico, nenhum cartório seja uma pessoa jurídica, os cartórios podem ser entendidos, na dicção típica da segurança de informação, como organizações técnicas e administrativas destinadas a garantir a publicidade, autenticidade, segurança e eficácia dos atos jurídicos.

Nesse sentido – e também na medida em que administram grande volume de dados pessoais –, os cartórios estariam enquadrados como agentes de tratamento mesmo sem previsão expressa da LGPD. Nesse sentido, pela própria lógica da segurança da informação, necessitariam se adequar às melhores práticas de segurança, privacidade e proteção dos dados pessoais. Afinal, além dos atos eletrônicos, movimentam muitos dados em suporte físico, como documentos e livros.

Todavia, sequer é necessária nenhuma interpretação, tendo em vista o art. 23, § 4º, da lei prever expressamente a inclusão das serventias extrajudiciais como agentes de tratamento. Mais do que isso, as normativas estaduais delimitam que o agente delegado é um controlador de dados. Nesse sentido, veja-se o que diz o Provimento n. 23/2020 do TJSP:

> 133. Cada unidade dos serviços extrajudiciais de notas e de registro deverá manter um encarregado que atuará como canal de comunicação entre o controlador, os titulares dos dados e a Autoridade Nacional de Proteção de Dados (ANPD)[1].

A LGPD determina, em seu art. 41, *caput*, que "o controlador deverá indicar o Encarregado de Dados pelo tratamento dos dados pessoais". Portanto, sua nomeação é princípio obrigatória para todos os controladores. O § 3º do art. 41 prevê a possibilidade de que seja afastada essa obrigatoriedade por regulamentação da ANPD:

> Art. 41. [...]
>
> § 3º A autoridade nacional poderá estabelecer normas complementares sobre a definição e as atribuições do encarregado, **inclusive hipóteses de dispensa da necessidade de sua indicação**, conforme a natureza e o porte da entidade ou o volume de operações de tratamento de dados (grifou-se).

---

[1] SÃO PAULO. TJSP. Provimento CGJ n. 23/2020. Dispõe sobre o tratamento e proteção de dados pessoais pelos responsáveis pelas delegações dos serviços extrajudiciais. Disponível em: <https://bit.ly/3qti7j1>. Acesso em: jan. 2021.

Todavia, até que a ANPD regulamente hipóteses de exclusão desse dever, a nomeação do encarregado é obrigatória para todos os agentes de tratamento considerados controladores de dados (como é o caso dos agentes delegados).

A partir da literalidade do *caput* do art. 41, essa obrigatoriedade não existiria para os operadores de dados. Todavia, uma interpretação sistemática da LGPD pode orientar que haja obrigatoriedade também dos operadores; afinal, o conceito do art. 5º, VIII, da lei descreve o encarregado como "pessoa indicada pelo controlador **e operador**" (grifou-se).

Seja como for, a indicação do encarregado é sempre bem-vista, pois é considerada uma boa prática. Afinal, frequentemente as organizações que realizam tipicamente atividades como operadoras podem se caracterizar como uma controladora em algumas situações. É o caso, por exemplo, do tratamento dos dados pessoais de seus colaboradores internos e externos.

3. FUNÇÕES E HABILIDADES DO ENCARREGADO

O encarregado de dados possui um papel de suma importância para as organizações, pois será o responsável por "orquestrar" toda a atividade referente ao tratamento dos dados pessoais, garantindo a segurança, privacidade e a aplicação das boas práticas. Não deve apenas encaminhar as soluções técnicas para as demandas apresentadas, mas também prestar esclarecimentos ao demandante, seja ele titular de dados pessoais ou autoridades públicas.

O encarregado de dados é o responsável por uma série de deveres que se centram na função de comunicador. Daí a LGPD conceituá-lo como pessoa indicada para atuar como canal de comunicação entre o controlador, os titulares dos dados e a ANPD (art. 5º, VIII, da LGPD). Sobre suas funções, assim dispõe a lei:

> Art. 41. [...]
>
> § 2º As atividades do encarregado consistem em:
>
> I – aceitar reclamações e comunicações dos titulares, prestar esclarecimentos e adotar providências;
>
> II – receber comunicações da autoridade nacional e adotar providências;
>
> III – orientar os funcionários e os contratados da entidade a respeito das práticas a serem tomadas em relação à proteção de dados pessoais; e
>
> IV – executar as demais atribuições determinadas pelo controlador ou estabelecidas em normas complementares.

Ao assumir esta posição, o encarregado conduzirá uma série de atividades para que o programa de privacidade ganhe efetividade prática, incluindo as seguintes tarefas:

- Gestão do Programa de Privacidade;
- Atualização periódica do *Data Mapping*;
- Aprovação de Relatórios de Impacto à Proteção de Dados Pessoais;
- Gestão das respostas às requisições dos titulares;
- Apoio no desenvolvimento de projetos relacionados a proteção de dados;
- Monitoramento constante da conformidade;
- Treinamento e conscientização da equipe e de parceiros;
- Observação das novas regulamentações que impactem na proteção de dados.

No tocante à **segurança da informação**, seu papel é garantir que os ativos informacionais da organização respeitem a tríade Confidencialidade, Integridade e Disponibilidade – o que é previsto inclusive no Provimento n. 74/2018 do Conselho Nacional de Justiça (CNJ)[2].

No que tange às ferramentas de segurança, sua função não é de implementar tecnologias (por exemplo, instalar um *firewall* ou um *plugin* no *site*), mas de recomendar a utilização das melhores tecnologias levando em conta não apenas sua funcionalidade e utilidade, mas também aspectos de segurança da informação.

Do ponto de vista **administrativo**, o encarregado precisará ser capaz de estabelecer obrigações específicas para a equipe, guiando as atividades internas para a conformidade a partir de mecanismos de controle, supervisão, mitigação de riscos e correção (art. 50 da LGPD).

No que tange à **área jurídica**, deverá ser capaz de formular (ou interpretar) políticas, códigos de conduta e cláusulas contratuais segundo a LGPD, os regulamentos da atividade, e os padrões técnicos de segurança (como os padrões ISO e ABNT, por exemplo). Nesse sentido, também precisará de desenvoltura com a língua vernácula escrita, para processar e esclarecer reclamações dos titulares de dados e redigir e interpretar comunicações com as autoridades públicas (no caso dos cartórios, a ANPD e as corregedorias).

---

[2] SÃO PAULO. TJSP. Provimento CGJ n. 23/2020. Dispõe sobre o tratamento e proteção de dados pessoais pelos responsáveis pelas delegações dos serviços extrajudiciais. Disponível em: <https://bit.ly/3qti7j1>. Acesso em: jan. 2021.

Ademais, o encarregado é **responsável pela conscientização** da equipe no que diz respeito à LGPD. Sua missão é criar uma verdadeira cultura de privacidade na serventia, para que haja respeito aos direitos dos titulares em todas as situações e, além disso, sejam evitadas sanções e condenações cíveis ao delegatário.

Outra questão importante é o acesso direto do encarregado à "alta administração", um requisito para que possa desempenhar bem suas funções em qualquer organização. Ainda mais considerando que precisará atuar corrigindo processos e monitorando a atividade da equipe. No caso do cartório, é importante que o encarregado responda diretamente ao agente delegado, sem nenhum intermediário (como substitutos).

3.1. Funções diferenciadas para os cartórios

Não é objetivo deste capítulo abordar nuances interpretativas da aplicação da LGPD para os cartórios, trabalho que foi realizado em outros capítulos do livro. Todavia, é preciso destacar algumas especificidades no que diz respeito ao encarregado de dados do cartório.

O encarregado do cartório precisará necessariamente ser capaz de estabelecer um relacionamento não apenas perante a ANPD, mas sobretudo perante as corregedorias, que mais diretamente fiscalizam a atividade notarial e registral. Nesse sentido, esquematiza-se essa função representativa:

Além disso, o encarregado precisará ter profundo conhecimento jurídico no que diz respeito às leis e normativas aplicáveis às serventias extrajudiciais. Esse conhecimento setorial é importante para qualquer área (por exemplo, o DPO de um hospital precisa conhecer as leis referentes à área da saúde), mas talvez seja até mais necessário para os cartórios, tendo em vista o caráter *sui generis* da configuração jurídica das serventias extrajudiciais e o grande volume de normas aplicáveis.

Por fim, não basta entender a aplicação das normas, mas é preciso um conhecimento administrativo sobre como se operacionalizam, na prática, os procedimentos internos do cartório. Afinal, é nesse âmbito que ocorre o tratamento de dados pessoais.

3.2. Perfil do encarregado e habilidades necessárias

É importante escolher um encarregado que possua conhecimentos e habilidades complementares fundamentais para garantir, além da adequação à lei, elevados níveis de segurança e a proteção dos dados.

A LGPD não prevê um perfil específico para este profissional. Na realidade, foi vetado o dispositivo que indicava a necessidade de conhecimento jurídico e regulatório para a prestação de serviços como encarregado de dados (art. 41, § 4º, da LGPD).

Os cartórios deverão observar, quando da nomeação, se o profissional possui conhecimento e habilidades suficientes para exercer o cargo e executar as atividades previstas no § 2º do art. 41 considerando o perfil exigido para sua atividade. Abaixo, faz-se um inventário das qualidades de um bom encarregado:

- **Comunicação** – ao menos no regramento da LGPD, a maior qualidade do encarregado de dados não é conhecer a fundo questões técnicas, mas ser um bom comunicador, pois três das quatro atribuições previstas na LGPD dizem respeito a isso (ver tópico anterior);
- **Multidisciplinaridade** – para atuar na função, o DPO precisa ter conhecimentos técnicos oriundos de diferentes áreas, como Direito, Tecnologia da Informação, Segurança da Informação e Administração. Evidentemente, não há necessidade de ser um *expert* em todas as áreas, mas precisa ter um mínimo de conhecimento em todas elas para conse-

guir ao menos conversar com profissionais de todas as áreas necessárias, pois precisará conjugar sua atuação com outros membros da equipe para complementar seus déficits de formação;

- **Maleabilidade linguística** – o encarregado deve prestar esclarecimentos ao demandante, seja ele titular de dados pessoais ou autoridade pública (integrante da ANPD ou outros órgãos, como as corregedorias). Nesse sentido, precisa ter o que se chama de "dom de línguas": capacidade para adaptar sua linguagem perante os diferentes públicos com os quais precisa se comunicar (isto é: pessoas de diferentes áreas de atuação, níveis hierárquicos, níveis de renda e níveis culturais).

- **Didática** – internamente, o encarregado é o principal responsável pela conscientização da equipe no que diz respeito à LGPD. Para isso, é necessária a habilidade de promover ações educativas eficientes, seja para *orientação* da equipe nos conceitos necessários e na interpretação das políticas internas da organização, seja para sua *conscientização* no tange à importância da proteção de dados;

- **Gestão** – é dever do encarregado exercer atividades de caráter administrativo, no sentido de coordenar a equipe ao cumprimento da lei e das políticas internas de proteção de dados. Para que exerça bem essa função, precisa ter *skills* próprias da área de gestão, para garantir a efetividade das boas práticas de governança adotadas na serventia;

- **Títulos e certificações** – se exarados por instituições idôneas são bom parâmetro para escolha do encarregado. Afinal, nesses casos, um terceiro imparcial avaliou o profissional e atesta, por meio de um documento, que possui conhecimentos técnicos pertinentes. A pertinência desses conhecimentos, aliás, é um diferencial das boas certificações[3], que exigem noções básicas e avançadas sobre conceitos de privacidade, segurança da informação e boas práticas efetivamente necessários, além de noções práticas de como colocar em prática esses conhecimentos.

---

[3] Nesse sentido, entende-se que as melhores certificações existentes no mercado são as emitidas pelas instituições mais importantes: a empresa EXIN e a Associação Internacional de Profissionais de Privacidade (IAPP).

3.3. Encarregado na LGPD no GDPR: semelhanças e diferenças

Como já é comum se dizer, a LGPD é uma lei tributária do Regulamento Europeu de Proteção de Dados (mais conhecido pela sigla GDPR, que resume *General Data Protection Regulation*)[4].

Na LGPD, como visto anteriormente, o encarregado de dados é a pessoa indicada pelo controlador para atuar como o **canal de comunicação** entre os "atores" do universo da proteção de dados. Por sua vez, o GDPR contempla funções mais técnicas.

Com efeito, a Seção 4 do Capítulo IV do GDPR determina que o DPO é o responsável pelo monitoramento e a conformidade com o GDPR, com outras normas de proteção de dados da União Europeia ou dos Estados Membros, bem como com políticas do controlador ou do processador relativas à proteção de dados pessoais, incluindo a repartição de responsabilidades, a sensibilização e formação das pessoas que tratarão dos dados pessoais e das auditorias correspondentes[5].

Outra diferença é que a LGPD determina que o controlador deve indicar o encarregado pelo tratamento de dados pessoais sem nenhuma excludente. Ou seja, até que haja regulamento em sentido contrário, todas as organizações devem indicar o encarregado de dados, independentemente de questões como setor de atuação, porte ou faturamento. De maneira diversa, o art. 37[6] do GDPR determina algumas circunstâncias específicas que tornam obrigatória ou não a indicação do encarregado:

---

[4] Não se engane o leitor com o termo "regulamento", imaginando que se trata de algum tipo de normativa infralegal. Em sentido contrário, na União Europeia os regulamentos são diplomas normativos com força obrigatória a todos os membros, tendo **eficácia supralegal**.

[5] Art. 39 (1) (b) do GDPR (UNIÃO EUROPEIA. Regulamento Geral sobre a Proteção de Dados. Regulamento (UE) 2016/679 do Parlamento Europeu e do Conselho, de 27 de abril de 2016, relativo à proteção das pessoas singulares no que diz respeito ao tratamento de dados pessoais e à livre circulação desses dados. Disponível em: <https://bit.ly/37mmgxv>. Acesso em: 14 fev. 2020).

[6] Art. 37 GDPR (UNIÃO EUROPEIA. Regulamento Geral sobre a Proteção de Dados. Regulamento (UE) 2016/679 do Parlamento Europeu e do Conselho, de 27 de abril de 2016, relativo à proteção das pessoas singulares no que diz respeito ao tratamento de dados pessoais e à livre circulação desses dados. Disponível em: <https://bit.ly/37mmgxv>. Acesso em: 14 fev. 2020).

- Quando o tratamento for efetuado por uma autoridade ou um organismo público, exceto os tribunais no exercício de sua função jurisdicional;
- As atividades principais do responsável pelo tratamento ou do subcontratante consistam em operações de tratamento que, devido à sua natureza, âmbito e/ou finalidade, exijam um controle regular e sistemático dos titulares dos dados em grande escala;
- As atividades principais do responsável pelo tratamento ou do subcontratante consistam em operações de tratamento em grande escala de categorias especiais de dados nos termos do art. 9º do GDPR[7]. E de dados pessoais relacionados com condenações penais, infrações a que se refere o art. 10[8] do GDPR.

Essas especificações muito provavelmente servirão de base para as futuras regulamentações da ANPD, daí a importância de sua menção neste trabalho.

Seja como for, não é esperado que a dispensa de indicação de encarregado aos órgãos públicos seja reproduzida para tornar não obrigatória a indicação de encarregados em cartórios, por exemplo.

Em primeiro lugar, porque os cartórios possuem sua estrutura *sui generis*, que contempla elementos públicos (prestação de serviço público notarial e/ou registral) e privados (delegação a pessoa natural, que faz a gestão privada da serventia). Em segundo, porque as normativas das corregedorias competentes têm indicado justamente o contrário, como é o caso do Provimento n. 23/2020 do TJSP[9].

---

[7] Art. 9º do GDPR (UNIÃO EUROPEIA. Regulamento Geral sobre a Proteção de Dados. Regulamento (UE) 2016/679 do Parlamento Europeu e do Conselho, de 27 de abril de 2016, relativo à proteção das pessoas singulares no que diz respeito ao tratamento de dados pessoais e à livre circulação desses dados. Disponível em: <https://bit.ly/37mmgxv>. Acesso em: 14 fev. 2020).

[8] Art. 10 do GDPR (UNIÃO EUROPEIA. Regulamento Geral sobre a Proteção de Dados. Regulamento (UE) 2016/679 do Parlamento Europeu e do Conselho, de 27 de abril de 2016, relativo à proteção das pessoas singulares no que diz respeito ao tratamento de dados pessoais e à livre circulação desses dados. Disponível em: <https://bit.ly/37mmgxv>. Acesso em: 14 fev. 2020).

[9] SÃO PAULO. TJSP. Provimento CGJ n. 23/2020. Dispõe sobre o tratamento e proteção de dados pessoais pelos responsáveis pelas delegações dos serviços extrajudiciais. Disponível em: <https://bit.ly/3qti7j1>. Acesso em: jan. 2021.

4. MODALIDADES DE ENCARREGADO

Faculta-se ao agente delegado a escolha de um encarregado em três modalidades: (i) colaborador da organização; (ii) pessoa natural externa (consultor); (iii) pessoa jurídica. Veja-se o que diz o Provimento n. 23/2020 do TJSP a respeito:

> 133.1. Os responsáveis pelas delegações dos serviços extrajudiciais de notas e de registro poderão nomear encarregado **integrante do seu quadro de prepostos**, ou **prestador terceirizado** de serviços técnicos[10] (grifou-se).

A primeira coisa que se percebe é que o encarregado de dados não é um cargo de pouca importância. Assim fosse, o Provimento n. 23/2020 do TJSP não teria "gastado" tantos dispositivos para regulamentar essa função. Em grande medida a conformidade do cartório e o respeito aos direitos dos titulares depende da indicação de um bom encarregado. Por isso, o primeiro critério para escolher é que seja alguém comprometido com a função e capaz de exercê-la.

4.1. Encarregado interno (preposto)

Questão "espinhosa" é a da independência do encarregado de dados em relação ao agente delegado. A função do encarregado é indicar as melhores soluções, com independência. Por isso, caso seja um colaborador celetista, pode haver certo "conflito de interesses" no exercício dessa função.

Dizem que Júlio César possuía um serviçal cuja função era lhe dizer, aos ouvidos, que não passava de um homem, ao mesmo tempo em que, como imperador, era ovacionado como um deus pelos romanos. Fazia isso, dizem, para garantir que a vaidade não lhe subisse à cabeça a ponto de prejudicar suas decisões de governo. Analogamente, mesmo quando subordinado, o encarregado deve estar realmente livre para criticar as atitudes do controlador, pois isso o ajudará a evitar danos a terceiros e a si mesmo. O desafio é o encarregado possuir, na prática, essa autonomia, mesmo sendo um colaborador celetista. Afinal, é realmente difícil ser fiscal e subordinado ao mesmo tempo.

O risco é de que essa tensão subordinação-independência resulte na omissão do encarregado em situações nas quais precise orientar o controlador a mudar

---

[10] SÃO PAULO. TJSP. Provimento CGJ n. 23/2020. Dispõe sobre o tratamento e proteção de dados pessoais pelos responsáveis pelas delegações dos serviços extrajudiciais. Disponível em: <https://bit.ly/3qti7j1>. Acesso em: jan. 2021.

de atitude. Essa omissão não só prejudicará o delegatário (que poderá sofrer sanções e condenações), mas também o próprio encarregado. Afinal, havendo irregularidades, seja a omissão por culpa e dolo, o encarregado implicará sua responsabilização (art. 42, § 4º, da LGPD).

No caso dos cartórios, a alternativa mais utilizada atualmente é a indicação de substitutos para a função de encarregado. A princípio, não há nada de errado com isso, mas é preciso cautela. Além do que se disse sobre o *conflito de interesses*, deve-se compatibilizar as atribuições antigas com as novas. Não adianta, por exemplo, indicar um substituto que já esteja sobrecarregado com as funções notariais e registrais, pois ele pode não possuir *tempo hábil* para trabalhar como encarregado, mesmo que possua competência técnica para tal.

Também merece atenção a questão trabalhista. Do ponto de vista trabalhista, é ilícito que o trabalhador acumule funções recebendo o mesmo salário. Portanto, caso o DPO seja nomeado dentre os funcionários antigos da serventia, é importante que possua funções substituídas pelas novas, ou ao menos que receba adicional pelo serviço extra. Também é preciso ter em mente a questão do desvio de função, que deve ser observado caso a caso (conforme a função de origem do encarregado).

4.2. Encarregado externo (consultor)

A figura do encarregado de dados externo (*DPO as a service*) ganhou espaço no mercado, pois possibilita a escolha de bons profissionais sem a necessidade de firmar com eles um contrato de trabalho.

Em primeiro lugar, a contratação de um consultor externo evita os problemas oriundos da característica de empregado (subordinação, acúmulo de funções, desvio de funções). A independência é muito importante para o encarregado e, nessa modalidade, ela é praticamente garantida.

Em segundo lugar, parte-se do pressuposto que será uma pessoa com mais preparo técnico e especialização em proteção de dados. Além disso, o encarregado terceirizado geralmente é apoiado por equipe multidisciplinar, pois já tem ciência de que precisa deste suporte.

Em terceiro lugar, é uma economia de custos. Afinal, a indicação de encarregados internos que realmente possuam as competências técnicas para a função é geralmente realizada por grandes empresas. Isso porque o salário destes profissionais é elevadíssimo e demanda, ainda assim, a criação de todo um departamento multidisciplinar interno que servirá de suporte para que o encarregado exerça suas funções satisfatoriamente. Nesse sentido, a contratação de um bom encarregado externo garante uma atuação completa sem a necessidade da criação de uma "equipe interna" de privacidade – inviável na grande maioria dos cartórios.

Todavia, é preciso escolher com cautela o profissional (ou a empresa) escolhida para desempenhar esse papel. Como o mercado de privacidade é novo (e continuará a sê-lo ainda durante um bom tempo), é comum que profissionais que nada sabem da área ofereçam serviços relacionados à LGPD. Chega-se ao absurdo de empresas que sequer possuem uma política de privacidade própria ofertarem serviços de implementação da LGPD!

Deve-se verificar, ademais, a disponibilidade operacional do encarregado contratado para fazer frente às demandas da serventia. Caso não haja tal capacidade, o serviço pode ser malfeito ou ser excessivamente padronizado.

É importante escolher bem não apenas pela questão técnica ou operacional, mas também pela confiança na idoneidade ética do profissional ou da empresa. Afinal, o encarregado de dados externo terá acesso a todos os processos internos e dados da serventia, cujo teor é valiosíssimo e muito visado por *hackers*.

É fato que nem todos os cartórios possuem recursos para contratar um serviço bom de *DPO as a service*. Nesse sentido, o Provimento n. 23/2020 do TJSP trouxe uma boa alternativa, prevendo **a indicação de encarregados externos com remuneração integralmente paga, ou subsidiada, pelas entidades** representativas de classe (item 133.2)[11].

Essa talvez seja a alternativa mais interessante para os cartórios, na medida em que contorna os principais riscos de uma indicação interna para encarregado, sem ser excessivamente onerosa para o cartório. Cabe às associações representantes de cada função notarial e registral a busca pela solução mais benéfica de seus associados.

5. ASPECTOS PRÁTICOS DA INDICAÇÃO DO ENCARREGADO

Decidida a modalidade de encarregado a ser escolhida, existem outras questões de ordem prática a serem consideradas, tais como o ato de nomeação e a publicização do contato do encarregado.

---

[11] SÃO PAULO. TJSP. Provimento CGJ n. 23/2020. Dispõe sobre o tratamento e proteção de dados pessoais pelos responsáveis pelas delegações dos serviços extrajudiciais. Disponível em: <https://bit.ly/3qti7j1>. Acesso em: jan. 2021.

5.1 Nomeação

A LGPD nada diz sobre a obrigatoriedade de algum instrumento para nomeação do encarregado. Todavia, o Provimento n. 23/2020 do TJSP orienta que seja feita por meio de contrato escrito:

> 133.3. A nomeação do encarregado será promovida mediante **contrato escrito**, a ser arquivado em classificador próprio, de que participarão o controlador na qualidade de responsável pela nomeação e o encarregado[12] (grifou-se).

Em sendo o encarregado um preposto do cartório, entende-se que a nomeação pode ser feita por **aditivo no contrato de trabalho**, não demandando um contrato autônomo.

Nesse ponto, o Grupo de Trabalho[13] do art. 29 do GDPR – conforme orientação validada pelo Comitê Europeu para a Proteção de Dados (CEPD)[14] – recomenda estabelecer um contrato com disposição clara de todas as tarefas que serão exercidas pelo encarregado[15]. Trata-se de uma salvaguarda importante para evitar conflitos de interesse.

---

[12] SÃO PAULO. TJSP. Provimento CGJ n. 23/2020. Dispõe sobre o tratamento e proteção de dados pessoais pelos responsáveis pelas delegações dos serviços extrajudiciais. Disponível em: <https://bit.ly/3qti7j1>. Acesso em: jan. 2021.

[13] "O Grupo de Trabalho do Artigo 29 é órgão consultivo europeu independente em matéria de proteção de dados e privacidade. As suas atribuições encontram-se descritas no artigo 30.º da Diretiva 95/46/CE e no artigo 15.º da Diretiva 2002/58/CE" (EUROPIAN COMISSION. Article 29 Working Party. Disponível em: <https://bit.ly/37ka1Sd>. Acesso em: jan. 2021).

[14] "Por motivos de clareza jurídica e de boa organização, e no sentido de prevenir conflitos de interesses dos membros das equipas, recomenda-se uma clara repartição das tarefas no seio da equipe do EPD e a designação de uma única pessoa como contacto principal e pessoa 'responsável' para cada cliente" (UE. GRUPO DO ARTIGO 29.º PARA A PROTEÇÃO DE DADOS. Orientações sobre os encarregados da proteção de dados (EPD). Disponível em: <https://bit.ly/3psUzth>. Acesso em: jan. 2021).

[15] "O Comitê Europeu para a Proteção de Dados (CEPD) é um organismo europeu independente que contribui para a aplicação coerente de regras em matéria de proteção de dados na União Europeia e promove a cooperação entre as autoridades de proteção de dados da UE" (UE. Comitê Europeu para a Proteção de Dados. Disponível em: <https://edpb.europa.eu/edpb_pt>. Acesso em: jan. 2021).

Do ponto de vista da responsabilidade civil, o controlador responde perante os titulares de dados ou corregedores, por eventuais ilícitos ou danos. No caso dos cartórios, o Estado responderá objetivamente e o agente delegado em ação de regresso, por culpa e dolo[16].

Já o encarregado apenas responde em ação de regresso, caso tenha atuado com culpa e dolo, na forma do art. 42, § 4º, da LGPD: "Aquele que reparar o dano ao titular tem direito de regresso contra os demais responsáveis, na medida de sua participação no evento danoso". E essa responsabilidade subjetiva permanece mesmo se o encarregado for pessoa jurídica, pois o sistema de responsabilidade jurídica da LGPD indica a opção pela responsabilidade subjetiva.

Importante frisar que a indicação do encarregado de dados não afasta os deveres do agente delegado, enquanto controlador de dados:

> 133.4. A nomeação de encarregado **não afasta o dever de atendimento** pelo responsável pela delegação dos serviços extrajudiciais de notas e de registro, quando for solicitado pelo titular dos dados pessoais.
>
> 133.5. A **atividade de orientação** dos prepostos e prestadores de serviços terceirizados sobre as práticas a serem adotadas em relação à proteção de dados pessoais, desempenhada pelo encarregado, **não afasta igual dever** atribuído aos responsáveis pelas delegações dos serviços extrajudiciais de notas e de registro (grifou-se).

O que esses dispositivos relembram é que a indicação do encarregado de dados não faz a responsabilidade do delegatário desaparecer, já que ele é o controlador dos dados. Tudo o que o encarregado fizer deverá estar em plena conformidade com as orientações do delegatário, a quem cabe definir as finalidades do tratamento.

5.2. Publicização

Mas não basta a nomeação do encarregado. Tratando-se de um "comunicador", o encarregado precisa ter seu contato divulgado amplamente, para que os interessados possam acessá-lo quando necessário. Nesse sentido, a LGPD deter-

---

[16] BRASIL. Supremo Tribunal Federal (Pleno). Recurso Extraordinário 842.846. Disponível em: <https://bit.ly/2Lr2aub>. Acesso em: jan. 2021.

mina que precisam ser divulgados de forma clara e abrangente o nome e o contato do encarregado de dados:

> Art. 41. [...]
> § 1º A identidade e as informações de contato do encarregado deverão ser divulgadas publicamente, de forma clara e objetiva, preferencialmente no sítio eletrônico do controlador.

A partir do dispositivo acima, constata-se que a indicação do encarregado deve ocorrer sobretudo no *site* institucional do cartório.

Fazendo o papel de uma boa regulamentação, o Provimento n. 23/2020 do TJSP especifica detalhes para essa divulgação considerando a realidade dos cartórios. Todavia, a publicidade a que se refere o regulamento não é exatamente dos contatos do encarregado, mas do "canal de comunicação" – por meio do qual as pessoas se comunicarão com o encarregado.

> 134. A política de privacidade e o canal de atendimento aos usuários dos serviços extrajudiciais deverão ser **divulgados por meio de cartazes afixados nas unidades e avisos nos sítios eletrônicos** mantidos pelas delegações de notas e de registro, de forma clara e que permita a fácil visualização e o acesso intuitivo.
>
> 134.1. A critério dos responsáveis pelas delegações, a política de privacidade e a identificação do canal de atendimento também poderão ser divulgados **nos recibos entregues para as partes solicitantes** dos atos notariais e de registro[17] (grifou-se).

Assim, há três locais possíveis para divulgação: (i) *site* do cartório; (ii) cartazes afixados nas unidades; (iii) recibos dos atos notariais e registrais. Por fim, existem outros veículos que também podem ser explorados, tais como canais internos de comunicação (listas de *e-mails*, grupos de *Whatsapp*, circulares etc.).

Embora apenas as duas primeiras sejam obrigatórias, a regra deve ser "pecar pelo excesso", pois quanto mais publicidade o cartório fizer de sua adequação à LGPD, mais credibilidade angariará junto a usuários e corregedores.

---

[17] SÃO PAULO. TJSP. Provimento CGJ n. 23/2020. Dispõe sobre o tratamento e proteção de dados pessoais pelos responsáveis pelas delegações dos serviços extrajudiciais. Disponível em: <https://bit.ly/3qti7j1>. Acesso em: jan. 2021.

5.3. Canal de atendimento

O canal de atendimento significa uma via facilitada de contato com o encarregado de dados no cartório (definido pela lei como um "canal de comunicação"). Sobre o tema, assim diz o Provimento n. 23/2020 do TJSP:

> 133.6. Os responsáveis pelas delegações dos serviços extrajudiciais de notas e de registro manterão em suas unidades: [...]
>
> III – **canal de atendimento adequado** para informações, reclamações e sugestões ligadas ao tratamento de dados pessoais, com fornecimento de formulários para essa finalidade[18] (grifou-se).

Em termos práticos, o canal de comunicação pode se materializar como um "box" para envio de *e-mails* com algumas opções pré-definidas. A título de exemplo, veja-se como é o *layout* do canal de comunicação do "Fala.br"[19], o Sistema de Ouvidorias do Governo Federal, utilizado por órgãos da administração pública direta e indireta em âmbito federal:

Fonte – Sistema de ouvidorias do governo federal[20].

---

[18] SÃO PAULO. TJSP. Provimento CGJ n. 23/2020. Dispõe sobre o tratamento e proteção de dados pessoais pelos responsáveis pelas delegações dos serviços extrajudiciais. Disponível em: <https://bit.ly/3qti7j1>. Acesso em: jan. 2021.

[19] BRASIL. UNIÃO FEDERAL. Fala.BR – Plataforma Integrada de Ouvidoria e Acesso à Informação. Disponível em: <https://bit.ly/3k278dR>. Acesso em: jan. 2021.

[20] BRASIL. UNIÃO FEDERAL. Fala.BR – Plataforma Integrada de Ouvidoria e Acesso à Informação. Disponível em: <https://bit.ly/3k278dR>. Acesso em: jan. 2021.

Para os cartórios que já possuem um canal de ouvidoria, recomenda-se utilizá-lo também para LGPD. Basta atualizá-lo com a opção para envio de requisições sobre dados pessoais.

No **campo "destinatário"**, é preciso tomar o cuidado de direcionar os e--mails à pessoa correta em cada caso. No **campo "descrição"**, recomenda-se colocar as opções que se imaginam necessárias, conforme o histórico de demandas do cartório. Nesse contexto, recomenda-se um canal de comunicação básico com as seguintes opções mínimas:

Destinatário	Descrição	Quem recebe
Atos do cartório	Para requerer informações ou providências sobre atividades notariais e registrais. Colocar uma opção para tipo de ato. Exemplo de tabelionato de notas: protocolos; ata notarial; escritura pública; reconhecimento de firma; autenticações; outros atos.	Substituto ou escrivão mais experiente
Compliance e qualidade de atendimento	Denúncias de mal atendimento; denúncias de prática de ilícitos em geral; denúncias de prática de lavagem de dinheiro.	Oficial de Cumprimento
Privacidade e proteção de dados	Relato de incidente de segurança; Requisição de confirmação de existência; Requisição de acesso; Requisição de correção; outros direitos.	Encarregado de dados

Não é recomendável existir uma pessoa encarregada de receber todos os *e-mails* e depois encaminhá-los para os responsáveis, pois isso pode gerar quebra de confidencialidade ou mesmo prejudicar o andamento de denúncias. Dessa forma, recomenda-se que as mensagens enviadas por meio do canal de comunicação sejam encaminhadas diretamente aos responsáveis.

REFERÊNCIAS

BRASIL. Supremo Tribunal Federal (Pleno). Recurso Extraordinário 842.846. Disponível em: <https://bit.ly/2Lr2aub>. Acesso em: jan. 2021.

_____. UNIÃO FEDERAL. Fala.BR – Plataforma Integrada de Ouvidoria e Acesso à Informação. Disponível em: <https://bit.ly/3k278dR>. Acesso em: jan. 2021.

EUROPIAN COMISSION. Article 29 Working Party. Disponível em: <https://bit.ly/37ka1Sd>. Acesso em: jan. 2021.

SÃO PAULO. TJSP. Provimento CGJ n. 23/2020. Dispõe sobre o tratamento e proteção de dados pessoais pelos responsáveis pelas delegações dos serviços extrajudiciais. Disponível em: <https://bit.ly/3qti7j1>. Acesso em: jan. 2021.

UNIÃO EUROPEIA. Comitê Europeu para a Proteção de Dados. Disponível em: <https://edpb.europa.eu/edpb_pt>. Acesso em: jan. 2021.

_____. GRUPO DO ARTIGO 29º PARA A PROTEÇÃO DE DADOS. Orientações sobre os encarregados da proteção de dados (EPD). Disponível em: <https://bit.ly/3psUzth>. Acesso em: jan. 2021.

_____. Regulamento Geral sobre a Proteção de Dados. Regulamento (UE) 2016/679 do Parlamento Europeu e do Conselho, de 27 de abril de 2016, relativo à proteção das pessoas singulares no que diz respeito ao tratamento de dados pessoais e à livre circulação desses dados. Disponível em: <https://bit.ly/37mmgxv>. Acesso em: 14 fev. 2020.

8. A INFLUÊNCIA DA SEGURANÇA DA INFORMAÇÃO NO PROVIMENTO N. 74 E NA LGPD

Mirian Aparecida Esquárcio Jabur
Anielle Eisenwiener Martinelli

1. INTRODUÇÃO

A todo momento, em algum lugar do mundo, milhares de sistemas com informação e dados confidenciais são acessados por pessoas não autorizadas, sejam as que trabalham na organização ou aquelas externas à organização. Os principais motivos para os acessos podem ser roubo de segredos industriais, financeiros, políticos ou apenas curiosidade.

O uso de ferramentas e tecnologias para aumento de competitividade, produtividade e otimização de serviços fez com que limites e distâncias não fossem mais impeditivos para a troca de informações e conhecimentos entre as pessoas e Organizações.

O fato é que a tecnologia acelerou o crescimento da humanidade no que se refere ao conhecimento e saúde, bem como na maneira de se relacionar e fazer negócios. A transposição dessas barreiras fez com que a informação passasse a ser o "novo petróleo", levantando interesse de diversos tipos de indivíduos e Organizações, trazendo, assim, vários riscos e vulnerabilidades até então pouco exploradas ou pelo menos pouco divulgadas. Não se pode negar que a era digital trouxe muitos benefícios a todos, no entanto, medidas de segurança e proteção dos ativos também nunca se fizeram tão urgentes e necessárias.

O ano de 2020 foi um divisor de águas, seja para acelerar ainda mais o uso das tecnologias quanto como o modelo de trabalho devido a pandemia global da Covid-19, que obrigou as Organizações a mudarem a realidade de suas atividades e a forma como se relacionar com seus funcionários e consumidores em todo o mundo, diante da iminência de uma parada total devido ao isolamento social.

A necessidade das Organizações em se adaptar urgentemente à execução das atividades remotas para sua sobrevivência criou diversos pontos de vulnerabilidades, seja pelo comportamento das pessoas ao cuidar das informações manipuladas, ou pela troca de informações corporativas em redes domésticas sem grandes preparos de segurança, falta de orientações, ou pelo despreparo das Organizações para esse novo cenário: fato é que esse aumento trouxe vulnerabilidades digitais e consequente roubo de informações para usos indevidos e inapropriados. Nunca se deu tanto valor para a área de Segurança da Informação como neste momento.

2. A SEGURANÇA DA INFORMAÇÃO NAS EMPRESAS

O *Ponemon Institute* em seu relatório anual "Prejuízo de um vazamento de dados"[1], patrocinado e publicado pela IBM Security, inclui uma análise sobre a segurança da informação nas empresas nos últimos cinco anos. Nele, o Instituto pontua que a maioria das empresas possui dados desprotegidos e práticas precárias de segurança cibernética e alerta que, para combater com sucesso essas invasões, é imperativo que as empresas invistam em melhores práticas de conscientização, prevenção e segurança de dados e tornem essas práticas parte de sua cultura.

Nesse contexto e observando as fragilidades nas Organizações, temos vários tipos de riscos que impactam os ativos de informação dos negócios de uma Organização que podem ser:

1. Criminosos cibernéticos;
2. Serviços estrangeiros de inteligência;
3. Funcionários da organização;
4. Competidores internacionais;
5. *Hackers*; e
6. Prestadores de serviços.

---

[1] O *Ponemon* recrutou 524 organizações que sofreram com vazamentos de dados entre agosto de 2019 e abril de 2020. Para garantir que a pesquisa seja relevante para muitas empresas, as organizações do estudo são compostas por vários tamanhos, abrangendo 17 países e regiões, além de 17 setores. Nossos pesquisadores entrevistaram mais de 3.200 pessoas que conhecem bem os incidentes de vazamento de dados nas organizações onde trabalham. Disponível em: <https://www.ibm.com/br-pt/security>.

A pandemia pegou as Organizações de surpresa: elas não estavam preparadas para uma mudança drástica e tão rápida como o *home office* da grande maioria dos funcionários e prestadores de serviço para se manter as operações funcionando na íntegra. O *Ponemon Institute* (2019) demonstra que 76% das Organizações relatam que o *home office* trará dificuldades para solução rápida a possíveis vazamentos de dados em seus ambientes. Outro fator visualizado como um problema para 70% das Organizações é o prejuízo devido a fatores como a dificuldade em gerir equipes com condutas e ambientes diversificados, sem possibilidade de controlar o sistema e seus dados de forma segura.

Todo esse contexto tem exigido que as Organizações adotem processos de proteção de seus ativos como forma de garantir integridade, confidencialidade, autenticidade e disponibilidade nas informações manipuladas e armazenadas em seu ambiente. Essas medidas preventivas e protetivas se tornam cruciais quando se analisa os prejuízos médios causados por vazamentos de dados nos anos de 2019 de US$ 1,42 milhão para US$ 1,52 milhão no ano de 2020[2].

A quantidade de violações divulgadas vem aumentando com o passar do tempo e estão ficando mais graves, causando danos cada vez maiores de imagem ou financeiros. As violações de dados expõem informações confidenciais que deixam usuários expostos a riscos de roubo de identidade, arruínam a reputação das Organizações e causam violações de conformidade.

Para que se possa ilustrar o contexto acima, seguem alguns dados sobre os impactos de violações e tentativas de roubo de dados pelo mundo:

1. O custo médio por registro roubado é de US$ 150 (IBM, 2020) levando em consideração que um banco de dados tem milhares de registros, esse valor pode impactar a saúde financeira da Organização, além da perda de credibilidade e confiança na imagem que causará outro custo em sua recuperação;
2. A cada 39 segundos há uma tentativa de invasão por *Hackers* em Organizações, o que exige cada vez mais um investimento robusto em segurança e monitoramento de infraestrutura;
3. Em média 92% dos *malwares* inseridos nos ambientes é entregue por *e-mail* e acessados por profissionais desavisados ou sem cautela, o que

---

[2] Para fins de cálculo, foram inclusos os itens como: aumento da rotatividade dos clientes, a perda de receita devido à paralisação do negócio, aumento do custo para reestabelecer a reputação dos negócios, aquisição de novos serviços e ferramentas de proteção.

obriga as Organizações a desenvolverem e investirem em programas de conscientização e capacitação;

4. Atores internos estão envolvidos em 34% das violações de dados nas Organizações o que as obriga a um investimento em ferramentas de segurança, política de segurança atualizada, criação e divulgação de código de conduta; e

5. O tempo médio para identificar uma violação é de 206 dias.

As violações, incidente ou perda de dados podem ser agrupados em três categorias:

- Sistemas: ocorre devido a falhas no sistema, incluindo falhas de processos de TI e de negócios;
- Pessoas: ocorre devido a conduta errônea do profissional responsável pelo uso e manutenção dos ativos;
- Invasões: causadas por atores externos por meio de ataques mal-intencionados com o objetivo de roubar dados para uso ou venda.

Os gastos médios com crimes cibernéticos estão aumentando e os custos associados podem causar problemas para as Organizações que forem omissas sobre a segurança de sua infraestrutura lógica e física. O que vem se observando é que os orçamentos voltados para a segurança cibernética estão crescendo à medida que as Organizações começam a entender o valor e a importância que se deve ter com as suas informações, bem como as novas exigências de leis e provimentos sobre segurança e privacidade de dados.

Na América Latina, de acordo com Kaspersky Lab, o Brasil é líder entre as ocorrências de *ransomware*, respondendo por 55% dos ataques em toda a região. Dessa forma, se uma empresa instalada no Brasil, seja qual for o seu porte, não realizar esforços na segurança da informação, a probabilidade de ser a próxima vítima de um ataque é grande.

Nesse contexto de criticidade, vulnerabilidade e riscos podemos citar o setor cartorário como detentor de uma grande quantidade de informações que são coletadas, trabalhadas, compartilhadas e armazenadas, e, como a cada dia eles vêm adotando mais o uso das tecnologias para otimizar e assegurar suas atividades podemos dizer que é um segmento visado e que necessita de medidas eficazes de segurança da informação.

Atualmente, os Cartórios utilizam tecnologias para informatização e a implementação de sistemas eletrônicos compartilhados, de sistema de registro eletrônico que possibilita a realização das atividades notariais e de registro mediante o uso de tecnologias da informação e comunicação.

Diante de tantos vazamentos e roubo de dados que temos presenciado, os Cartórios, por trabalharem com dados pessoais, inclusive sigilosos, necessitará tomar medidas preventivas de proteção sendo a primeira delas uma avaliação minuciosa sobre criticidade, vulnerabilidade e riscos em seu ambiente físico e lógico.

O processo de uso, compartilhamento, armazenamento e descarte das informações sob sua guarda também deverá ser analisado, uma vez que um desses processos em desacordo com as regras de segurança pode ser a porta de entrada para vários atos ilícitos.

Ao fazermos uma avaliação sobre os riscos oriundos das atividades cartorárias e a sensibilidade das informações tratadas por eles é evidente a necessidade de medidas de segurança eficazes para inibir crimes digitais pois o impacto de um ciberataque ou vazamento de dados em um Cartório pode ter magnitude inimaginável, caso não se tenha um mapeamento/controle sobre os dados utilizados em toda sua cadeia de serviços de forma a criar processos de mitigação de riscos e suspensão de incidentes.

Num processo de segurança da informação, é indispensável que toda Organização mantenha a informação documentada e monitorada para ter a confiança de que os processos foram realizados conforme o planejado e estão atualizados.

A Organização deve controlar as atividades diárias monitorando todas aquelas que contêm riscos de impactar o funcionamento do negócio. Dessa forma, é recomendado a elaboração de um plano de continuidade de negócios capaz de minimizar os efeitos negativos, quando for necessário.

Como forma de instruir Cartórios e garantir a segurança sobre os serviços prestados por eles, o Conselho Nacional de Justiça – CNJ publicou o Provimento n. 74/2018, dispondo sobre padrões mínimos de segurança da informação física e lógica a serem implementadas. Esse provimento visa garantir a segurança, confidencialidade, integridade, autenticidade e disponibilidade das informações sobre as quais os Cartórios mantêm sua custódia.

"Dentre essas informações, podemos destacar documentos com tramitações e informações valiosas sobre pessoas, imóveis, situações financeiras, autenticidade de documentos, endereços e serviços."

Para que os Cartórios possam atender as determinações e modificações previstas no Provimento n. 74/2018 é necessário que haja um planejamento voltado para a implementação de um Sistema de Gestão de Segurança da Informação que envolva pessoas, processos e políticas para todo seu ambiente.

Ao planejar o sistema de gestão de segurança da informação, os Cartórios deverão fazer um levantamento para todo seu portfólio de serviços classificando os ativos com seus respectivos graus de risco, requisitos legais, obrigações contratuais e plano de contingência para continuidade dos serviços do ativo. Todo esse levantamento dará subsídios para elaboração de um plano de ação e processo de melhoria que deverão ser tratados no intuito de prevenir ou reduzir os efeitos indesejados de paradas inesperadas e incidentes de dados, garantindo, assim, o alcance dos resultados e a busca por um processo de melhoria contínua.

Pode-se afirmar que os pilares que suportam a segurança da informação são compostos por: Disponibilidade, Integridade, Confidencialidade. O Provimento n. 74/2018 também adota esses pilares e insere mais um que se trata da Autenticidade transformando a sigla "DICA".

3. CONHECENDO OS CONCEITOS DE SEGURANÇA

Como forma de demonstrar a importância do assunto, faz-se necessário explanar sobre alguns conceitos dos quais trataremos a seguir.

1. **Disponibilidade:** estar acessível e pronto para uso quando solicitado e devidamente autorizado;
2. **Integridade:** capacidade de manter a informação precisa e íntegra;
3. **Confidencialidade:** guarda da informação que é mantida inacessível e onde seu acesso é concedido apenas a pessoas autorizadas;
4. **Autenticidade:** comprovação de que são corretas as características que uma informação ou ativo possui;
5. **Confiabilidade:** recurso relativo à consistência no comportamento e nos resultados desejados;
6. **Informação:** conteúdo de valor para uma organização ou profissional que deverá ser protegida para mantê-la;
7. **Segurança**: medidas de proteção contra perigos, ameaças e incertezas;
8. **Risco:** estabelece a relação entre probabilidade e impacto, ajudando a determinar onde concentrar investimentos em segurança da informação;

9. **Ameaça:** elemento externo capaz de explorar vulnerabilidades existentes que pode ocasionar prejuízo em um sistema ou a uma organização;

10. **Vulnerabilidade:** fragilidade de um ativo ou de um controle que pode ser explorado por uma ou mais ameaças;

11. **Impacto:** trata das consequências esperadas caso as informações protegidas sejam expostas de forma não autorizada;

12. **Probabilidade:** oportunidade de uma vulnerabilidade ser explorada por uma ameaça;

13. **Necessidades de Informação:** conhecimento necessário para gerenciar os objetivos, metas, riscos e problemas;

14. **Nível de Risco:** importância de um risco ou combinação de riscos demonstrados. É a combinação de consequências e probabilidade que o risco ocorra. Os critérios de risco são obtidos de normas, leis, políticas e outros requisitos;

15. **Segurança da Informação:** são medidas praticadas para garantir a proteção e preservação dos dados por acessos indevidos, garantindo a disponibilidade, integridade, confiabilidade e autenticidade;

16. **Continuidade da Segurança da Informação:** processos e procedimentos para garantir a continuidade das atividades relacionadas com a segurança da informação utilizadas pela Organização;

17. **Governança da Segurança da Informação:** conjunto de princípios e processos os quais a Organização adota e utiliza-se para dirigir e monitorar as atividades relacionadas com a segurança da informação;

18. **Incidente de Segurança da Informação:** evento isolado ou série de eventos inesperados detectados no ambiente da Organização, seja um sistema, serviço ou rede que indique uma possível violação ou falha com probabilidade significativa de comprometer as operações do negócio e de ameaçar a segurança da informação;

19. **Gestão de Incidentes de Segurança da Informação:** processos para gerir o incidente (detecção, notificação, avaliação, resposta, tratamento) até sua resolução, seja por medidas corretivas, definitivas ou paliativas;

20. **Gestão de Risco:** atividades coordenadas para dirigir e controlar uma Organização em relação ao risco, aplicabilidade de suas políticas de segurança, bem como monitoramento e revisão dos riscos; e

21. **Plano de Continuidade do Negócio:** fornece estratégias para garantir que serviços essenciais sejam identificados, para garantir sua preservação após a ocorrência de um desastre e até o retorno da situação normal de funcionamento da instituição. Também prevê quais planos de ação devem ser realizados em cada momento.

Conhecer um pouco sobre o glossário que permeia o contexto da segurança da informação possibilita que seja feita uma análise/levantamento dos requisitos necessários para criar uma proteção de ativos de informação da Organização, bem como a aplicação de controles adequados que garantirão a proteção desses ativos.

4. SISTEMA DE GESTÃO DE SEGURANÇA DA INFORMAÇÃO - SGSI

Todo esse conhecimento contribui para a implementação bem-sucedida de um Sistema de Gestão de Segurança da Informação – SGSI.

Pode se definir o SGSI como uma abordagem sistemática para estabelecer, implementar, operar, monitorar, revisar, manter e melhorar a segurança da informação de uma organização para alcançar os objetivos do negócio.

O Sistema de Segurança da Informação é um conjunto de normas e procedimentos que as Organizações devem adotar para garantir a gestão e proteção dos dados, bem como agir em caso de problemas.

O principal objetivo, contudo, é minimizar riscos e diminuir a vulnerabilidade dos sistemas de dados. Uma política formal, ou seja, descrita e aprovada pelos executivos da empresa, tem um papel fundamental em direcionar os recursos adequados para as necessidades corretas da organização quando falamos sobre segurança da informação.

Sua importância se deve, principalmente, ao fato de a empresa ter meios não só de evitar, como também controlar mais efetivamente tudo o que acontece no acesso à sua rede e demais sistemas e plataformas tecnológicas, estando muito mais preparada para enfrentar ameaças e possíveis invasões.

Já o plano de continuidade pode ser dividido em 4 (quatro) planos de segmentos específicos (Plano de Contingência, Plano de Continuidade Operacional, Plano de Recuperação de Desastres e Plano de Administração de Crises), os quais conterão: objetivo, escopo, papéis, responsabilidades e autoridades, condições de ativação do plano, procedimentos que devem ser adotados, comunicação em caso de ocorrência de desastres e encerramento do plano.

Para cada um dos 4 (quatro) planos deverão ser elaborados Planos de Ações para monitoramento, controle ou mitigação com base na sua temporalidade, probabilidade e impacto. Estes devem formar um banco de ações, para que cada acontecimento seja possível verificar o que foi feito em outros momentos similares.

Hoje em dia os riscos são decorrentes tanto de ameaças externas quanto internas de funcionários, com má intenção ou despreparo. Sendo assim, a política deve regular não apenas os recursos que devem ser implementados pela área de tecnologia como também regular os procedimentos internos praticados por todos os setores da Organização. A adoção de um programa para implementar um Sistema de Gestão de Segurança contribui em diversos aspectos na Organização como:

1. Conscientização sobre a necessidade de proteção às informações manipuladas;
2. Clareza nas atribuições e responsabilidades das equipes sobre a segurança da informação;
3. Compromisso da alta direção para uma abordagem abrangente à gestão da segurança da informação;
4. Gestão de riscos e crises com controles apropriados para alcançar níveis aceitáveis de risco;
5. Segurança incorporada como elemento essencial dos sistemas e redes de informação;
6. Elaboração de procedimento para prevenção e detecção ativa de incidentes de segurança da informação; e
7. Gestão contínua da segurança da informação para realização de modificações e melhorias quando necessário.

O sistema de gestão de segurança da informação embasa o objetivo do Provimento n. 74/2018 tendo em vista a necessidade de se adequar por meios de medidas de segurança e proteção os arquivos eletrônicos/mídia digital, os livros e documentos que compõem o acervo dos serviços notariais e de registro.

Para que o Cartório possa ter agilidade e assertividade na implantação dos requisitos do Provimento n. 74/2018, utiliza-se como guia as diretrizes dos *frameworks* já reconhecidos mundialmente como é o caso da família ISO/IEC 27000, mais especificamente o Anexo A da ISO/IEC 27001. O Anexo A é o mais conhecido da família 27000, pois provê uma lista de 114 controles de segurança para serem utilizados quando aplicáveis para melhorar a segurança da informação.

Para que a Organização possa avaliar sua maturidade e aderência aos requisitos da segurança da informação e ao Provimento n. 74/2018, sugere-se a criação de uma tabela combinando os controles do Anexo A da ISO/IEC 27001, aplicáveis ao contexto dos cartórios com as exigências do Provimento 74 e seu Anexo. É recomendável criar colunas ao lado dos requisitos aplicáveis da norma destacando os itens que são atendidos e suas evidências tanto no viés de segurança da informação quanto do provimento.

O Sistema de Gestão designa um conjunto de atividades direcionadas para que uma organização identifique seus objetivos, determine os processos e recursos necessários para os atingir e os coloque em operação dentro de um ciclo de melhoria contínua.

Para que se faça um trabalho completo e que a Organização possa traçar metas de melhoria e controle constantes, é prática de mercado criar mais uma coluna na tabela inserindo o grau de maturidade do item atendido. Recomenda-se o uso dos critérios de maturidade adotados pelo *framework* de governança do Cobit, que prevê uma classificação em 5 níveis que são:

1. **Maturidade Nível 1** – Inicial / *Ad Hoc*: não há processos padronizados. De forma geral as atividades são executadas, porém, o gerenciamento ainda é desorganizado;
2. **Maturidade Nível 2** – Repetível: os processos já foram desenvolvidos, porém, não há treinamento formal ou comunicação sobre os procedimentos padronizados e a responsabilidade é tratada de maneira individual. Existe um alto grau de dependência no conhecimento de indivíduos e erros são comuns;
3. **Maturidade Nível 3** – Processos Definidos: os procedimentos foram padronizados, documentados e comunicados por meio de treinamento;
4. **Maturidade Nível 4** – Gerenciados e Medidos: existe um acompanhamento para garantir a execução, que gerencia, monitora, mede a aderência aos procedimentos e toma ações em que os processos parecem não estar funcionando efetivamente; e
5. **Maturidade Nível 5** – Otimizado: é o grau mais alto, em que os processos foram refinados ao nível de boas práticas, baseados nos resultados de melhoria contínua e modelos de maturidade com outras empresas. A TI é utilizada de maneira integrada para automatizar os fluxos de trabalho, fornecer ferramentas para melhoria de qualidade e efetividade, fazendo, portanto, com que a organização rapidamente se adapte.

A tabela a seguir é um exemplo de avaliação de atendimento aos requisitos tratados pelo Provimento n. 74/2018, bem como os requisitos da ISO/IEC 27001 e 27701 e a maturidade do processo.

Requisitos do Provimento n. 74	Requisitos ISO[3] 27001	Requisitos ISO[4] 27701	Atende	Evidência	Grau de Maturidade
Plano de continuidade de negócios:					
Plano de execução de *backup* redundante:					
Gestão de acesso					
Monitoramento da infraestrutura física e lógica					
Sistema de armazenamento redundante					
Ativos de proteção de rede de dados					
Política de segurança de rede					
Lista de *softwares* homologados para uso					
Gestão e manutenção de ativos					
Link de comunicação redundante					
Sistema de energia elétrica protegido e com contingência					
Segurança física e lógica do ambiente					
Equipe técnica mínima de 3 pessoas					
Endereço eletrônico (*e-mail*) da unidade para correspondência e acesso ao sistema Malote Digital Local técnico (CPD) isolado dos demais ambientes preferencialmente por estrutura física de alvenaria ou, na sua impossibilidade, por divisórias. Em ambos os casos, com possibilidade de controle de acesso (porta com chave) restrito aos funcionários da área técnica					

Fonte: Adaptação do Autor.

---

[3] Como a Norma ISO/IEC 27001 não é gratuita, não colocaremos seus dados na tabela. Recomenda-se adquirir a norma para uso.

[4] Como a Norma ISO/IEC 27701 não é gratuita, não colocaremos seus dados na tabela. Recomenda-se adquirir a norma para uso.

Além do Provimento n. 74/2018 que trata da proteção e segurança da informação, a Lei Geral de Proteção de Dados – LGPD também exigirá dos Cartórios a proteção aos dados dos titulares.

Dessa forma, além da implementação do Provimento n. 74/2018 para segurança das informações e continuidade dos negócios haverá a necessidade, por parte dos Cartórios, da conformidade com as exigências da Lei n. 13.709/2018 – Lei Geral de Proteção de Dados (LGPD).

Um sistema de gestão da privacidade (SGPI) estende os objetivos de confidencialidade, integridade e disponibilidade de um sistema de gestão de segurança da informação (SGSI), de forma a atender também a privacidade da informação; portanto, o Sistema de Gestão de Segurança da Informação (SGSI) passará a chamar Sistema de Gestão da Privacidade da Informação (SGPI).

A LGPD traça as diretrizes para tratamento de dados dos titulares respeitando sua privacidade. Esse assunto será tratado em outro capítulo, então não o detalharemos com o viés de interpretação e entendimento da lei, no entanto, falemos do **framework** da família ISO/IEC 27000 que poderá ajudar no processo de conformidade à LGPD, uma vez que as normas são os meios pelos quais as Organizações atendem às exigências e determinações legais, estabelecendo princípios, requisitos e sanções para atenderem os direitos a serem respeitados e deveres a serem cumpridos.

5. SISTEMA DE GESTÃO DA PRIVACIDADE DA INFORMAÇÃO – SGPI

É necessário conhecer um pouco sobre a eficaz implementação de um SGPI – Sistema de Gestão da Privacidade da Informação em conformidade com a ISO/IEC 27701 – Técnicas de segurança. Ela é a extensão da ISO/IEC 27001 e ISO/IEC 27002 para gestão da privacidade da informação crucial para o sucesso do projeto.

A ISO/IEC 27701 surge para atender as necessidades de direcionamento das Organizações na adequação da proteção e privacidade de dados pessoais. Nela são especificados os requisitos e diretrizes para o estabelecimento, implementação, manutenção e melhoria contínua de um Sistema de Gestão de Privacidade da Informação (SGPI).

Ela é composta por dois anexos, o anexo A composto por 31 controles mandatórios destinados as Organizações classificados como Controladoras (possuem o poder de decisão) e o anexo B composto por 18 controles mandatórios destinados as Organizações classificados como Operadoras (fornecedores, prestadores de serviços). Os controles do Anexo A e/ou Anexo B da NBR ISO 27701 devem ser comparados com os controles do Anexo A da NBR ISO 27001, para verificar se os controles necessários estejam listados.

Além disso, existem outras Normas da ISO/IEC que dão apoio à implementação do SGPI, tais como: ISO/IEC 29100, ISO/IEC 29134, ISO/IEC 29151, ISO/IEC 27035-3, ISO/IEC 27003, ISO/IEC 27004 e ISO/IEC 27005, o escopo de cada norma será apresentado a seguir, bem como alguns conceitos-chaves para a privacidade de dados pessoais.

1. **ISO/IEC 29100:** essa norma trata da Estrutura de Privacidade. Define uma estrutura conceitual de privacidade que permite lidar com a proteção de dados pessoais (DP) dentro de sistemas de tecnologia da informação e de comunicação (TIC). Envolve a especificação, aquisição, arquitetura, projeto, desenvolvimento, teste, manutenção, administração e operação de sistemas ou serviços de tecnologia de informação e comunicação onde há necessidade de controles de privacidade;
2. **ISO/IEC 29134:** essa norma trata da Avaliação do impacto à privacidade, fornecendo diretrizes para processos de avaliação de impacto de privacidade, estrutura e conteúdo de relatório de PIA;
3. **ISO/IEC 29151:** essa norma estabelece objetivos de controle, diretrizes para implementar controles, para atender aos requisitos identificados por uma avaliação de risco e impacto relacionada à proteção de dados pessoais (DP);
4. **ISO/IEC 27035-3:** gerenciamento de incidentes de segurança da informação. Parte 3: Diretrizes para operações de resposta a incidentes de TIC;
5. **ISO/IEC 27003:** a norma descreve o processo de especificação e projeto do SGSI desde a concepção até a elaboração dos planos de implantação;
6. **ISO/IEC 27004:** fornece orientações que têm como objetivo auxiliar as organizações a avaliarem o desempenho da segurança da informação e a eficácia do SGSI a fim de atender aos requisitos da ABNT NBR ISO/IEC 27001:2013;
7. **ISO/IEC 27005:** fornece diretrizes para o processo de gestão de riscos de segurança da informação alinhada e orientada para a gestão da privacidade da informação;

8. **Violação de privacidade:** situação em que o dado pessoal que está sendo tratado ou armazenado sofra algum tipo de violação de um ou mais requisitos pertinentes que causem danos ao titular do dado;

9. **Risco de privacidade:** incerteza sobre a garantia da privacidade;

10. **Controles de privacidade:** medidas que tratam os riscos de privacidade por meio da redução de sua probabilidade ou de suas consequências;

11. **Avaliação de impacto/risco de privacidade (AIP):** processo para identificação, análise, avaliação, consulta, comunicação e planejamento do tratamento de impactos potenciais da privacidade com relação a operação de DP;

12. **Preferências de privacidade:** escolhas específicas, feitas por um titular de dados pessoais (DP) sobre como seus DP's serão tratados conforme a finalidade específica;

13. **Princípios de privacidade:** conjunto de valores compartilhados, governando a proteção de privacidade de dados pessoais (DP), quando tratados em sistemas de tecnologia da informação e comunicação; e

14. **Requisitos de salvaguarda da privacidade:** medidas, ações relacionadas com a proteção e privacidade que uma organização precisa considerar ao tratar DP.

Segurança e prevenção são dois fatores cruciais para a segurança da informação e a proteção dos dados. Portanto, as medidas de segurança para atendimento do Provimento n. 74/2018 também permeiam as exigências trazidas no art. 6º, VII e VIII, da LGPD, no quais são tratadas as medidas técnicas e administrativas para a proteção de dados pessoais e a adoção de medidas preventivas para garantir a proteção dos dados pessoais, respectivamente.

Para atender os requisitos da LGPD, a Organização pode utilizar as diretrizes da ISO/IEC 27701, Técnicas de segurança-Extensão da NBR ISO/IEC 27001 e NBR ISO/IEC 27002 para gestão da privacidade da informação, uma vez que não existe privacidade e proteção de dados sem medidas de segurança.

Como em todo processo existe riscos, o de proteção e privacidade de dados pessoais não poderia ser diferente, para subsidiar essa análise de forma mais adequada do seu ambiente, a Organização pode utilizar as diretrizes apresentadas nas ISO/IEC 27005 e ISO/IEC 27035-3, já mencionadas de forma sucinta nesse documento.

Até o momento, falamos sobre fatores legais e regulatórios, impacto ao negócio e *frameworks* de boas práticas de governança que ajudam os Cartórios em sua conformidade seja para adequação do Provimento n. 74/2018, da LGPD e até mesmo do Provimento n. 80, porém não podemos deixar de tratar fatores cruciais para o sucesso da conformidade: Processos e Pessoas.

Num momento que a tecnologia está aberta a todos, apenas investimento robusto em ferramentas, elaboração de políticas e atendimento de requisitos de legislação não serão suficientes para garantir o mínimo de segurança das informações e a privacidade dos dados, uma vez que o instrumento para a gestão, manutenção e guarda dessas ferramentas, sistemas e políticas são as pessoas.

6. A tríade de gestão de segurança

As Organizações dependem de pessoas para cumprir seus objetivos, independente do segmento de mercado. A garantia de um ambiente atualizado, mapeado e com menor índice de riscos também depende de pessoas, ou seja, não há processos e ferramentas maduras que sobrevivem em um ambiente em que as pessoas não respeitam as regras e os processos.

A figura a seguir ilustra a combinação necessária para transformação de qualquer Organização que realmente deseje mitigar riscos e criar uma gestão de vulnerabilidades efetiva para subsidiar a implementação de um sistema de segurança da informação e proteção de dados.

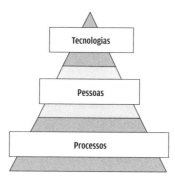

Fonte: Adaptação da autora.

O compromisso em manter a segurança e proteção dos dados das Organizações é papel dos colaboradores, no entanto, eles devem ter plena consciência e conhecimento do seu trabalho e qual seu papel na composição do objetivo geral da Organização.

Para o processo de conscientização e treinamento contínuo, as Organizações devem levantar e descrever seus procedimentos detalhadamente, para assim entender quais serão os cargos mais adequados, bem como as responsabilidades cabíveis a cada colaborador na realização de suas atividades cotidianas.

Essa conduta ajuda a reduzir os riscos e a aumentar o comprometimento dos colaboradores. No entanto, é preciso salientar que esse trabalho não é definitivo, ele necessitará de revisões e acompanhamentos periódicos a fim de que seja melhorado e atualizados quanto as novidades que surgem num mundo em constante mudança, principalmente tecnológicas que afetam diretamente as Organizações e consequentemente os processos e as pessoas.

Para garantir a melhoria contínua do Sistema de Gestão de Segurança e Proteção de Dados e uma gestão de riscos eficaz é importante que as Organizações adotem planos de acompanhamento e testes.

Os planos de testes do ambiente organizacional podem adotar o ciclo PDCA e ter como premissas:

1. Avaliação das configurações do ambiente tecnológico periodicamente;
2. Monitoramento do ambiente crítico;
3. Treinamento dos profissionais responsáveis pelas tecnologias, serviços para garantir o uso máximo da capacidade e *performance*;
4. Plano de testes de continuidade de negócios, bem como vulnerabilidades e ataques; e
5. Testes nos sistemas operacionais e novas tecnologias de *softwares*.

Com esses dados em mãos a área de gestão de segurança da informação e gestão de riscos pode analisar e elaborar combinações de forma a avaliar os impactos que os processos, pessoas e tecnologias podem causar aos negócios, seja para mitigar as vulnerabilidades, seja para potencializá-las.

7. CONCLUSÃO

A segurança eficiente das informações e dados pessoais de todos os envolvidos (cliente, colaborador, fornecedores) nas atividades executadas dentro das Organizações é um desafio. Isto se dá em um ambiente em que *hackers* utilizam tecnologias cada vez mais robustas, onde as Organizações que as possui, se as possui, não as exploram e não as configuram de forma correta, deixando brechas para ataques que podem ser causados pela falta de educação e conscientização digital das partes envolvidas nas atividades.

Inúmeros desafios se apresentam para o mundo dos Cartórios relativos à implementação da segurança da informação e proteção de dados pessoais, uma vez que sem ela não é possível atender os requisitos do Provimento n. 74/2018 e às exigências da LGPD.

Os produtos e serviços ofertados pelos Cartórios deverão manter um padrão de segurança, como forma de garantir sua credibilidade no mercado perante os clientes e órgãos fiscalizadores.

O objetivo do Provimento n. 74/2018 definido pelo CNJ bem com a LGPD é garantir qualidade e continuidade da prestação de serviços de forma segura, respeitando os limites dos titulares de dados, os quais a cada dia vem ficando mais atentos às questões de privacidade de seus dados e optando por Organizações que já adotam níveis de segurança apropriados para seu negócio.

As Organizações precisarão entender que a ausência ou omissão para a adequação e conformidade às legislações, regras de segurança e proteção de dados não se sustentarão seja por descrédito com os clientes, seja por serem alvos mais fáceis para ataques, por roubo de dados ou porque os concorrentes já estejam em conformidade.

O uso cada vez maior de sistemas e tecnologias nos cartórios e a oferta de parte dos seus serviços *online* ampliam os riscos de ataques e exigem um equilíbrio em métodos de segurança para garantir a preservação de seus serviços e dos dados sob sua tutela.

Apresentamos alguns *frameworks* que possibilitam implementar, prevenir, detectar e atuar contra riscos de invasões e consequentes vazamentos. No entanto, o desafio maior é convencer a alta direção investir, respeitar e adotar os requisitos de segurança da informação e proteção de dados em sua rotina e decisões. Esse apoio é fundamental caso haja um incidente de segurança ou vazamento de dados, o que pode causar descrédito para o mercado e punições maiores dos órgãos fiscalizadores.

REFERÊNCIAS

ABNT. Associação Brasileira de Normas Técnicas. Gestão Segurança da Informação de Riscos: Princípios e Diretrizes. Norma Brasileira ABNT NBR ISSO/IEC 31000.

ABNT. Associação Brasileira de Normas Técnicas. Norma Brasileira ABNT NBR ISO/IEC 27001:2013.

CERT.BR. *Cartilha de Segurança para Internet*, desenvolvida pelo CERT.br, mantido pelo NIC.br. Disponível em: <http://cartilha.cert.br/>. Acesso em: 7-1-2021.

FERREIRA, Fernando Nicolau Freitas; ARAÚJO, Márcio Tadeu de. *Política de segurança da informação*: guia prático para elaboração e implantação. 2. ed. rev. Rio de Janeiro: Ciência Moderna, 2008.

FONTES, Edison. *Políticas e normas para a segurança da informação*. Rio de Janeiro: Brasport, 2012.

_____. *Praticando a segurança da informação*. Rio de Janeiro: Brasport, 2008.

GLITZ, Gabriela P. C. *Da privacidade à proteção de dados pessoais*: o caminho para uma lei geral de proteção de dados pessoais.

MALDONADO, Viviane N. (Org.). *LGPD:* Lei Geral de Proteção de Dados Pessoais: manual de implementação. São Paulo: Thomson Reuters Brasil, 2019.

PINHEIRO, Patrícia P. *Proteção de dados pessoais*: comentários à Lei n.13.709/2018 (LGPD). São Paulo: Saraiva, 2018.

SOUSA, Zilda A. Gonçalves de; FRANCO, Igor da Silveira. Aplicação da Lei Geral de Proteção de Dados ao poder público. In: GROSSI, Bernardo Menicucci (Org.). *Lei Geral de Proteção de Dados:* uma análise preliminar da Lei 13.709/2018 e da experiência de sua implantação no contexto empresarial. Porto Alegre: Fi, 2020.

9. ANÁLISE DE IMPACTO À PROTEÇÃO DE DADOS PESSOAIS (AIPD/RIPD)

Adrianne Correia de Lima

José Medeiros

1. INTRODUÇÃO

De acordo com o art. 5º, XVII, da Lei Geral de Proteção de Dados Pessoais – LGPD, o Relatório de Impacto à Proteção de Dados RIPD (ou Avaliação de Impacto sobre Proteção de Dados – AIPD, como é conhecido no exterior) é um instrumento de responsabilidade do controlador dos dados pessoais.

O RIPD, segundo o art. 38 da LGPD, deve conter a descrição dos processos de tratamento de dados pessoais que podem gerar riscos às liberdades civis e aos direitos fundamentais dos titulares, bem como medidas, salvaguardas e mecanismos de mitigação de risco.

Para a elaboração do relatório, devem ser considerados os processos do cartório que envolvem tratamento de dados pessoais, principalmente aqueles que possam oferecer algum tipo de risco aos titulares dos dados pessoais.

A LGPD não detalha as hipóteses ou como o RIPD deva ser conduzido, porém, garante à Autoridade Nacional de Proteção de Dados (ANPD) competência para editar regulamentos e procedimentos a ele referentes, bem como requerer do agente de tratamento o documento elaborado a qualquer momento, segundo o art. 32 da LGPD.

Nesse contexto, a abordagem inicial de *gap analysis* (tradução livre: "análise de lacunas") pode facilitar, como uma avaliação inicial quanto ao cumprimento à legislação de proteção de dados pessoais, com um possível diagnóstico detalhado da organização, para que, então, seja elaborado um plano de ação de implementação de ajustes e seja iniciada a governança em privacidade.

Nessa avaliação, devem ser levadas em consideração em qual contexto a organização atua, bem como leis, normas e regulamentos que afetam as suas atividades.

Ao ser realizado o *gap analysis*, a organização age proativamente, identificando ameaças e trata os riscos relacionados à privacidade e proteção de dados, conformidade e quaisquer outros que impactem os titulares dos dados pessoais.

Qualquer que seja a organização, sendo esta pública ou privada, que realiza e/ou é responsável pelo tratamento de dados pessoais no desenvolvimento de suas atividades ordinárias é denominado controlador, nos termos do art. 5º, VI, da Lei n. 13.709, de 14 de agosto de 2018 – Lei Geral de Proteção de Dados (LGPD).

Na Administração Pública, o controlador é a pessoa jurídica do órgão ou entidade pública, sendo representada pela autoridade responsável pelas decisões acerca do tratamento do dado pessoal.

Nesse sentido, a utilização de padrões reconhecidos e adoção de boas práticas como requisito, além de cumprir um dispositivo legal, é fundamental para avaliar o grau de *compliance* e demais ações que irão auxiliar as medidas de adequação a LGPD.

2. ADOÇÃO DE BOAS PRÁTICAS E MODELAGEM DA GOVERNANÇA

O capítulo VII da LGPD prevê que os agentes de tratamento possam formular ou adotar estruturas reconhecidas como boas práticas. Essas estruturas oferecem modelos de governança, regime de funcionamento, procedimentos (incluindo reclamações e petições de titulares), normas de segurança, padrões técnicos, obrigações específicas para os envolvidos no tratamento, ações educativas, mecanismos internos de supervisão e de mitigação de riscos e outros aspectos relacionados ao tratamento de dados pessoais.

Inclusive, nesse sentido, o Provimento n. 23/2020 do TJSP determina que:

> 138.2. Os sistemas utilizados para o tratamento e armazenamento de dados pessoais deverão atender aos requisitos de segurança, aos padrões de boas práticas e de governança e aos princípios gerais previstos na Lei n. 13.709, de 14 de agosto de 2018, e demais normas regulamentares.

Vale ressaltar que muitos deveres relacionados à segurança da informação dos notários e oficiais de registros já são tratados na Lei n. 8.935/94, como no art. 30, que prevê:

> Art. 30. São deveres dos notários e dos oficiais de registro:
> I – manter em ordem os livros, papéis e documentos de sua serventia, guardando-os em locais seguros;

II – atender as partes com eficiência, urbanidade e presteza;
[...]
V – proceder de forma a dignificar a função exercida, tanto nas atividades profissionais como na vida privada;
[...]
VI – guardar sigilo sobre a documentação e os assuntos de natureza reservada de que tenham conhecimento em razão do exercício de sua profissão;
[...]
X – observar os prazos legais fixados para a prática dos atos do seu ofício;
[...]
XII – facilitar, por todos os meios, o acesso à documentação existente às pessoas legalmente habilitadas;
[...]
XIV – observar as normas técnicas estabelecidas pelo juízo competente.

Quando há tratamento de dados pessoais, sob fundamento da LGPD, é dever do cartório, quando este for controlador:

- identificar os padrões, normas e regulamentos aplicáveis às suas atividades cartorárias, sempre considerando a estratégia e os seus objetivos;
- aprovar diretrizes que assegurem a elaboração do RIPD;
- ser responsável pelo tratamento de dados pessoais, o que quer dizer: entender todo o ciclo de vida dos dados, mapeando responsabilidades, compartilhamento de dados com terceiros e demais obrigações;
- nomear pessoa responsável pela elaboração do RIPD, com conhecimento técnico para realização da atividade, a depender do risco envolvido. Por exemplo: se o risco envolver uma questão jurídica, consultar um advogado; se referir-se a questões técnicas, analisar o RIPD em conjunto a profissional de Tecnologia da Informação, e assim por diante. A pessoa responsável pela elaboração do RIPD deve contar com o apoio da gestão do cartório, mas também dos demais colegas, caso sejam necessárias mais informações ou a obtenção de mais evidências.

Sobre o risco apontado, as medidas de salvaguardas indicadas, o cartório, enquanto controlador no tratamento de dados pessoais, deve decidir se:

- Aplica os controles apropriados para reduzir os riscos; ou
- Assume o risco e continua a atividade, mesmo assim; ou

9 Análise de impacto à proteção de dados pessoais (AIPD/RIPD)

- Evita o risco, ao decidir não iniciar ou continuar com a atividade que dá origem ao risco aos titulares de dados pessoais; ou
- Compartilha os riscos associados com outras partes, contratando um seguro ou negociando parcerias.

3. PROCESSOS DE ADEQUAÇÃO

O *gap analysis* deve considerar as avaliações de segurança, analisando os riscos organizacionais sob vários aspectos, tais como: infraestrutura tecnológica, pessoal, processos e auditorias, para obter um retrato claro do *status* de adequação e conformidade da atividade de tratamento de dados pessoais, que é realizado sob responsabilidade do controlador.

A partir do grau de adequação identificado, a organização deve planejar, executar e adotar medidas de segurança, técnicas e administrativas aptas a proteger os dados pessoais de acessos não autorizados e de situações acidentais ou ilícitas de destruição, perda, alteração, comunicação ou qualquer forma de tratamento inadequado, irregular ou ilícito.

Os agentes de tratamento devem avaliar, acompanhar e melhorar o conjunto de ações que foram normatizados e adotados, que permitam alcançar um nível satisfatório de adequação à LGPD.

4. ETAPAS DO *GAP ANALYSIS*

4.1. Seleção de padrões de referência

A primeira etapa requer que seja realizada uma análise do panorama de privacidade e proteção de dados da organização. Devem ser identificadas as leis que afetam os cartórios, assim como também as estruturas, *frameworks*, normas e demais boas práticas que se adequem aos processos e objetivos da organização.

4.2. Avaliação de pessoas e processos

Deve ser realizada uma análise de prontidão e conscientização dos agentes de tratamento e outros colaboradores do cartório em relação à LGPD.

Por meio de análises de riscos, o controlador deve avaliar as atividades de tratamento de dados pessoais e demais informações técnicas a respeito das equipes, procedimentos, políticas e outros aspectos relevantes para o cartório.

4.3. Avaliação da infraestrutura tecnológica

Devem ser desencadeadas auditorias e varreduras técnicas, buscando as vulnerabilidades. Os especialistas do cartório, e eventuais prestadores contratados, devem avaliar como a infraestrutura tecnológica oferece suporte às atividades do cartório.

Os resultados dessas auditorias e avaliações de privacidade irão sustentar e guiar as decisões sobre as necessidades de adequação para a organização estar em conformidade com a LGPD.

Essas ações irão apontar, dentre outras, a necessidade de criar ou atualizar políticas, adaptar procedimentos, conduzir treinamentos, ajustes em determinadas atividades para minimizar os riscos e identificar quais serão os riscos residuais que ainda permanecerão de acordo com o apetite ao risco do cartório.

4.4. Identificação de *gaps*

Ao incorporar a atividade de análise de risco pelo aspecto da privacidade e proteção de dados, serão identificados: os controles existentes, ausentes, insuficientes, não aplicáveis, riscos residuais e o nível de comprometimento dos responsáveis pela gestão da segurança da informação e a privacidade quanto aos titulares dos dados pessoais tratados pelo cartório ou pelos prestadores de serviço do cartório.

O cartório pode requisitar uma avaliação externa, objetivando isenção no diagnóstico, no intuito de identificar precisamente os *gaps* que estão impactando os processos em que há atividades de dados pessoais.

A terceirização dessa análise pode ser interessante, pois o avaliador externo possuirá certo "distanciamento e isenção necessárias" para identificar e apontar os pontos sensíveis que devem ser priorizados para que o cartório busque a devida adequação à LGPD e ajustes em segurança – quanto a medidas técnicas e organizacionais – e normativos internos, como em suas políticas e manuais de procedimentos, prevenindo potenciais impactos.

4.5. Elaboração de plano de ação

Realizada a análise dos riscos que podem impactar as atividades de tratamento de dados pessoais, o cartório necessitará elaborar um plano de ação que contemple as necessidades para mitigar os *gaps* identificados, com ações educativas e vistas ao melhoramento contínuo, previstos no art. 50, § 2º, da LGPD.

4.6. Correções, treinamento e conscientização

Após elaboração do plano de ação, deve ser priorizada a implantação de mecanismos de controle e governança visando mitigar as vulnerabilidades encontradas. Para sucesso desta atividade, o cartório deve priorizar a conscientização do público interno, por meio de ações de *endomarketing* que internalizem e fomentem a cultura de proteção de dados e privacidade no cartório.

Os resultados dessas avaliações também irão conduzir os treinamentos e outras atividades que objetivem garantir o cumprimento dos requisitos de privacidade internos e externos.

É recomendável que o controlador explique a importância de estabelecer uma mudança cultural no tratamento de dados, realize treinamentos e a conscientização de todos que tiverem acesso a dados pessoais de titulares.

A depender dos riscos identificados, podem ser alinhados nos treinamentos como os empregados, prestadores de serviços e outros colaboradores devem realizar suas atividades quando do uso de *WhatsApp*, troca de *e-mails*, uso de mídias sociais e ferramentas digitais em geral.

5. ESTRUTURAS DE GERENCIAMENTO DE RISCOS E BASE NORMATIVA

Nesse ponto, apresentaremos as terminologias e conceitos sobre gestão de riscos e as principais normas e padrões de referência aplicáveis ao cartório.

A LGPD, no capítulo VII, refere-se à necessidade de os agentes de tratamento terem um Programa de Governança em Privacidade. Sendo assim, cabe destacar alguns conceitos iniciais sobre governança.

Governança é um conjunto de atividades coordenadas que envolve os níveis estratégico, tático e operacional da organização. Essas atividades possibilitam o controle, desenvolvimento, comunicação, análise e agregarão valor em sua atividade.

Os instrumentos para uma boa governança são: Gestão de Riscos, Integridade, Controles Internos e *Compliance*. Para que haja governança, esses instrumentos necessitam estar presentes, coordenados e ativos em uma organização.

A integridade relaciona-se com os princípios da Administração Pública. Nos casos em que as organizações forem pessoas jurídicas de direito público, entidades públicas, pessoas jurídicas de direito privado na condição de operadora de tratamento de dados pessoais em nome do Controlador na administração pública, ou ainda sendo prestadora de serviço público; seus servidores e/ou funcionários, na qualidade de agentes públicos (nos termos do art. 2º da Lei n. 8.429/92), deverão não apenas seguir as legislações, normas e regulamentos, como também serão obrigados a observarem os princípios constitucionais e outros dispostos em leis infraconstitucionais, para que a organização consiga alcançar o seu objetivo maior que é prestar o serviço público com eficiência à sociedade.

A Gestão de Riscos aumenta a probabilidade e a capacidade da organização em alcançar seus objetivos estratégicos. Os controles internos são definidos como sendo a resposta aos riscos levantados e analisados por uma organização.

Ao ser verificado um determinado risco em uma atividade que a organização realiza, deve-se implementar controles para que este seja mitigado ou reduzido a níveis aceitáveis de acordo com o seu apetite ao risco. Sendo assim, os controles internos serão as respostas aos riscos identificados que afetem a organização.

Somente faz sentido a implementação de controles caso sejam verificados riscos que possam ameaçar, afetar ou impactar de alguma forma a organização e que extrapolem o apetite organizacional a este risco.

Por último, *Compliance* é a conformidade com as leis, normas e regulamentos, sendo este um dos objetivos dos controles internos.

Sob o viés da LGPD, o cartório, enquanto controlador de tratamento de dados pessoais deverá:

Implementar programa de governança
que demonstre o comprometimento em adotar processos e políticas internas que assegurem o cumprimento de normas e boas práticas

Exemplos			
Ações educativas	Mitigação de riscos	Monitoramento contínuo	Relatório de impacto

Fonte: os autores.

6. DEFINIÇÃO DE RISCO

Desde os primórdios, o risco faz parte de todas as atividades desenvolvidas pela humanidade. No ambiente organizacional, não sendo diferente, diuturnamente as atividades negociais são expostas a inúmeras incertezas relacionadas a diversos fatores com origens sociais, econômicas, legais, tecnológicas e inúmeras outras.

Dessa forma, a gestão de riscos torna-se imprescindível para que a organização, e também os cartórios, alcancem seus objetivos e cumpram as finalidades de suas atividades.

Sendo assim, de acordo com a definição da norma ABNT NBR ISO 31000:2018 – Gestão de riscos – Diretrizes, Risco é o efeito da incerteza em determinado objetivo.

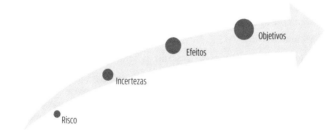

Fonte: os autores.

Exemplo:

Objetivo: Privacidade e Proteção de Dados na atividade cartorária

Incertezas:

1. A atividade cartorária será realizada com apoio de sistema tecnológico?
2. O sistema tecnológico irá funcionar adequadamente?
3. Qual a probabilidade de ocorrer um incidente quanto ao tratamento de dados pessoais durante a atividade "x" ou "y" cartorária?
4. Se ocorrer uma interrupção ou atraso na realização da atividade cartorária, é possível ainda assim o acesso aos dados pessoais?

Eventos:

1. Os sistemas tecnológicos do cartório não funcionam devido a um pico de energia que afetou a rede elétrica do prédio onde está estabelecido o cartório;

2. Após o retorno da energia elétrica, é verificado que foram comprometidos os *hardwares* onde eram realizadas as atividades cartorárias, devendo-se acionar medidas de continuidade dos negócios sem a utilização de sistemas tecnológicos;
3. Durante a análise do incidente de segurança da informação, é verificado que houve acesso indevido e perda de dados pessoais que estavam armazenados fisicamente no interior da organização;
4. Devido aos incidentes de privacidade detectados, parte dos dados foram vazados em *sites* na *Dark Web*;
5. Alguns serviços cartorários foram interrompidos devido ao incidente.

Consequências (efeitos):

1. Não conseguir realizar a atividade cartorária com auxílio de sistemas tecnológicos;
2. Não conseguir recuperar/consertar os *hardwares* utilizados pelo cartório;
3. O vazamento dos dados pessoais gerar dano para os titulares dos dados afetados;
4. Levar mais tempo para restabelecer integralmente as atividades cartorárias.

7. MELHORES PRÁTICAS E ESTRUTURAS DE GERENCIAMENTO DE RISCOS

Apesar de haver diversas estruturas nacional e internacionalmente reconhecidas acerca da gestão de riscos, tais como *Orange Book* Britânico, COSO ERM, Modelo de 3 linhas de Defesa, dentre outros. Este capítulo abordará a metodologia apresentada pela Gestão de riscos – Diretrizes – ABNT NBR ISO 31000:2018, que foi elaborada pela Comissão de Estudos Especial de Gestão de Riscos (CEE-63).

A ABNT NBR ISO 31000:2018 possui estrutura, conteúdo técnico e redação idêntica à ISO 31000:2009, tendo sido desenvolvida pela ISO/TMB/WG (ISO Technical Management Board Working Group on Risk Management), conforme ISO/IEC Guide 21-1:2005.

A implementação dessa norma possibilita ao cartório diversos benefícios. Há a possibilidade de o cartório alcançar: os objetivos organizacionais; a gestão proativa; a melhoria na percepção de oportunidades e ameaça; o *compliance* geral da organização com normas e requisitos legais e regulatórios pertinentes; a otimização nos reportes das informações e estruturas de governanças existentes; o estabelecimento de bases confiáveis para tomada de decisão; melhoria da eficácia e eficiência operacional; minimização de prejuízos; dentre outros.

A ISO 31000 não é destinada e nem específica para determinada área ou setor. Essa estrutura fornece princípios e diretrizes genéricas e pode ser aplicada em qualquer área ou atividade, seja ela em uma organização no setor público ou privado.

Apesar da ISO 31000 fornecer diretrizes genéricas, essa estrutura não objetiva fomentar a uniformização de um modelo padrão de gestão de riscos nas organizações. Os modelos, planos e estruturas de gestão de riscos devem observar as peculiaridades, processos, serviços, projetos e outras especificidades de cada organização.

8. PRINCÍPIOS DA ABNT NBR ISO 31000:2018

De acordo com a norma, objetivando uma gestão de riscos eficaz, todos os níveis da organização devem atentar aos princípios abaixo descritos:

- Princípio da proteção organizacional

    A gestão de riscos deve criar e proteger seus valores organizacionais, contribuindo para a realização dos objetivos e para a melhoria do desempenho referente, por exemplo, à segurança e saúde das pessoas, à segurança, à conformidade legal e regulatória, à aceitação pública, à proteção do meio ambiente, à qualidade do produto, ao gerenciamento de projetos, à eficiência nas operações, à governança e à reputação.

- Princípio da integração total

    A gestão de riscos deve ser parte integrante de todos os processos organizacionais, não sendo uma atividade autônoma separada das principais atividades e processos da organização. A gestão de riscos faz parte das responsabilidades da administração e é parte integrante de todos os processos organizacionais, incluindo o planejamento estratégico e todos os processos de gestão de projetos e gestão de mudanças.

- Princípio da tomada de decisão embasada

    A gestão de riscos deve embasar uma tomada de decisão, auxiliando os gestores a fazer escolhas conscientes, priorizar ações e distinguir entre formas alternativas de ação.

- Princípio da precaução
A gestão de riscos deve abordar explicitamente as incertezas, devendo-se levar em consideração a natureza dessa incerteza e como ela pode ser tratada.

- Princípio da abordagem sistemática, oportuna e estruturada
A gestão de riscos deve ser sistemática, estruturada e oportuna. Uma abordagem sistemática, oportuna e estruturada para a gestão de riscos contribui para a eficiência e resultados consistentes, comparáveis e confiáveis.

- Princípio da melhor informação
A gestão de riscos baseia-se nas melhores informações disponíveis. As entradas para o processo de gerenciar riscos são baseadas em fontes, registros e repositórios de informação, tais como dados históricos, experiências, retroalimentação das partes interessadas, observações, previsões, e opiniões de especialistas.

- Princípio da adequação
A gestão de riscos deve ser realizada sob medida e necessariamente estar alinhada com o contexto interno e externo da organização e de acordo com o perfil e apetite ao risco de cada organização.

- Princípio dos fatores humanos e culturais
A gestão de riscos deve considerar fatores humanos e culturais, reconhecendo as capacidades, percepções e intenções do pessoal interno e externo que podem auxiliar ou prejudicar a realização dos objetivos da organização.

- Princípio da transparência e inclusão
A gestão de riscos deve ser transparente e inclusiva. O envolvimento apropriado e oportuno das áreas interessadas e, em particular, dos gestores em todos os níveis da organização assevera que a gestão de riscos permaneça pertinente e atualizada. O envolvimento também permite que as partes interessadas participem, contribuam e tenham suas opiniões levadas em consideração na identificação e tratamento dos riscos levantados.

9 Análise de impacto à proteção de dados pessoais (AIPD/RIPD)

- Princípio do dinamismo e reação

  A gestão de riscos deve ser uma atividade dinâmica, iterativa e capaz de reagir proativamente a mudanças. Na medida em que acontecem eventos externos e internos, o contexto e o conhecimento são alterados. Após o monitoramento e a análise crítica de riscos já realizados, novos riscos surgem, alguns se modificam e outros desaparecem, devendo a organização ter uma postura proativa e dinâmica que identifique e reaja a esse cenário novo.

- Princípio da melhoria contínua

  A gestão de riscos deve fomentar e facilitar a melhoria contínua da organização. As organizações necessitam desenvolver e implementar estratégias objetivando melhorar a gestão de riscos em conjunto aos demais processos de gestão de sua organização.

Por último, segundo a ISO 31000, a norma indica que processo de gestão de riscos seja parte integrante da gestão, incorporado a cultura e as práticas de forma adaptada aos processos de negócios da organização.

A imagem abaixo sintetiza o processo de gestão de riscos:

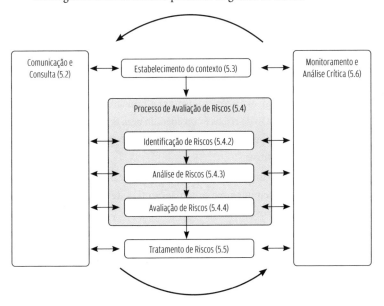

Figura 1 - Processo de Gestão de Riscos de acordo com a ISO 31000

(5.3) Estabelecimento de Contexto: Tanto interno quanto externo, devendo entender onde a organização está inserida, quais são os principais pontos (fortes ou fracos) no ambiente interno, oportunidade e ameaças no contexto do ambiente externo. A organização deve se localizar antes de seguir para o próximo nível de avaliação.

(5.4) Processo de Avaliação de Riscos: ciclo de atividade iniciada pela identificação dos riscos (5.4.2); seguido pelas etapas de Análise de Riscos (5.4.3); Avaliação de Riscos (5.4.4) e Tratamento de Riscos (5.5).

Toda a atividade deve levar em consideração a Comunicação e Consulta aos *stakeholders* (5.2) e sempre realizando o Monitoramento e Análise Crítica (5.6).

9. AVALIAÇÃO DE RISCOS

A organização precisa estar consciente dos riscos principais que envolvem o negócio, bem como necessita gerir esses riscos de maneira que os objetivos estratégicos não venham a ser impactados. Outrossim, é de fundamental importância, por parte da organização, que ela realize suas atividades de forma conjunta e organizada atrelando as ações estratégicas, táticas e operacionais a sua Missão e Visão organizacional.

A gestão de riscos (sendo esta as atividades afetas à identificação, avaliação, controle e respostas aos riscos) interage com o Planejamento Estratégico, à medida que a organização, ao identificar e tratar os riscos e implementar controles internos visando mitigar os riscos, aumentará a probabilidade de alcançar seus objetivos. Ou seja, a gestão de riscos é considerada uma boa prática de Governança da organização, ao incluir aspectos relacionados à prestação de contas e à transparência, dentre outros.

Em relação aos riscos, é importante apresentar os conceitos a seguir: (i) **Risco inerente:** é o risco que uma organização terá de lidar na falta de ações que possam alterar a possibilidade de ocorrência ou o impacto na atividade; (ii) **Risco residual:** é a ameaça remanescente, mesmo após a resposta da organização. A avaliação de riscos deve ser aplicada priorizando inicialmente os riscos inerentes, para somente, após isso, objetivar a avaliação afeta aos riscos residuais.

10. RESPOSTA AOS RISCOS

Para cada *gap* levantado há um risco identificado, sendo necessária uma resposta que poderá ser: evitar, aceitar, compartilhar ou reduzir. Cada uma dessas respostas tem o significado a seguir:

- Evitar – relaciona-se com a impossibilidade de prosseguir com a referida atividade. Sugere que nenhuma opção de resposta tenha sido identificada para reduzir o impacto e a probabilidade a um nível aceitável;
- Reduzir – diminui o risco residual a um nível compatível com o apetite (tolerância) ao risco;
- Compartilhar – uma ação é tomada para transferir ou compartilhar riscos em toda a organização ou com partes externas;
- Aceitar – indica que o risco já está dentro dos níveis de tolerância ao risco que a organização pode suportar.

É importante observarmos que a ação de aceitar o risco é uma forma de responder ao risco. Sendo assim, caso a organização nada faça em relação ao risco, ela responderá a este, desde que essa inércia seja consciente. Isso pode ocorrer, quando o esforço de implementação de uma medida qualquer para responder a determinado risco extrapole os limites da organização, ou mesmo quando os malefícios sejam maiores do que os benefícios que a resposta traria para a atividade organizacional.

A imagem abaixo demonstra as quatro possibilidades de resposta aos riscos:

Algumas das funções da gestão de riscos visam garantir as finalidades e objetivos da organização. A gestão de riscos, por meio da identificação antecipada dos possíveis eventos que poderiam ameaçar o atingimento dos objetivos, cumprimento de prazos, leis e regulamentos etc., implementa estratégias para solução de problemas quando esses surgem inesperadamente, bem como melhora continuamente os processos organizacionais.

11. NORMAS E REGULAMENTAÇÕES RELACIONADAS

Por último, objetivando auxiliar na expansão dos conhecimentos acerca do tema gestão de riscos, controle e integridade, no âmbito da Administração Pública Federal, existe um rol de normas e regulamentações relacionadas ao tema, dentre elas destacamos as principais a seguir:

- Instrução Normativa Conjunta CGU/MP n. 1, de 10 de maio de 2016, dispõe sobre controles internos, gestão de riscos e governança no âmbito do Poder Executivo federal.
- Portaria n. 150, de 4 de maio de 2016, institui o Programa de Integridade e o Comitê de Gestão Estratégica do Ministério do Planejamento, Desenvolvimento e Gestão e Portaria n. 425, de 30 de dezembro de 2016, que altera a Portaria MP n. 150, de 4 de maio de 2016, que instituiu o programa de Integridade e o Comitê de Gestão Estratégica do Ministério do Planejamento, Desenvolvimento e Gestão.
- Política de Gestão de Integridade, Riscos e Controles Internos da Gestão, Portaria n. 426, de 30 de dezembro de 2016, dispõe sobre a instituição da Política de Gestão de Integridade, Riscos e Controles da Gestão do Ministério do Planejamento, Desenvolvimento e Gestão.
- Resolução CEG/MF n. 5/2014, que institui o Comitê de Gestão Integrada de Riscos Corporativos no âmbito do Programa de Modernização Integrada do Ministério da Fazenda (PMIMF).
- Portaria MPS n. 534/2014, que estabelece princípios e diretrizes para a gestão de riscos no âmbito do Ministério da Previdência Social e de suas entidades vinculadas, e dá outras providências.
- Portaria MPS n. 8/2015, que aprova o Manual de Gerenciamento de Riscos, no âmbito do Ministério da Previdência Social e de suas entidades vinculadas.

12. RELATÓRIO DE IMPACTO À PRIVACIDADE DE DADOS – RIPD

O Relatório de Impacto à Privacidade de Dados – RIPD é um documento que formaliza a descrição do tratamento de dados pessoais, avaliando a necessidade e proporcionalidade dessa atividade e que auxilia a gestão da atividade de tratamento, analisando, avaliando e determinando as medidas necessárias para responder aos riscos que possam afetar os direitos e liberdades individuais decorrentes do tratamento dos dados pessoais destes indivíduos.

Devido a Lei Geral de Privacidade e Proteção de Dados, os riscos afetos a privacidade e proteção de dados podem ser incorporados aos riscos corporativos. Entretanto, quando se confecciona um RIPD, os riscos devem ser analisados pelo prisma da privacidade e proteção dos dados pessoais tratados pela organização.

Ao ser realizado os levantamentos dos riscos, devem ser identificados também quais são as medidas (físicas, técnicas e organizacionais) para tratar os *gaps* levantados. Não há problema em haver o risco, pois a mera atividade de tratamento de dado pessoal, por si, já gera um risco para o Titular do Dado. Entretanto, a organização é impelida a realizar análise de risco e impacto ao tratamento destes dados, objetivando a implementação de medidas e controles que minimizem estas ameaças.

O RIPD é um requisito legal, obrigatório, para prestação de contas em uma atividade de tratamento de dados pessoais. Conforme previsto na LGPD, a não observância deste requisito legal pode ocasionar sanções administrativas, tais como imposição de advertência, interrupção da atividade de tratamento de dados e multas à organização e, nos casos afetos a administração pública, também pode acarretar a responsabilização dos agentes públicos que representem ou tratem o dado em nome do órgão controlador.

Sendo assim, o principal objetivo do RIPD é a identificação do risco afeto a atividade de tratamento do dado pessoal para a privacidade do seu titular. O RIPD também é uma ferramenta fundamental para responsabilização e prestação de contas acerca da atividade de tratamento de dados, uma vez que ajuda o responsável pelo tratamento (controlador) não apenas cumprir os requisitos de conformidade, mas também demonstra que foram observados os princípios de privacidade previsto no art. 6º da LGPD.

12.1. Benefícios

Ao considerar os riscos relacionados ao processamento pretendido, é necessário atentar as medidas técnicas indicadas na LGPD, tais como *privacy by design* e *by default*. Em geral, a realização eficaz de um RIPD, aumenta a conscientização da organização sobre questões de privacidade e proteção de dados em uma organização.

Um RIPD permite identificar e corrigir problemas em um estágio inicial, trazendo benefícios mais amplos para indivíduos e sua organização. Esta atividade garante que toda a equipe envolvida na criação dos projetos pense em privacidade nos estágios iniciais e adote essa postura desde a concepção.

Essa atividade garante a proteção e os direitos dos titulares dos dados, reduzindo os riscos atrelados a atividade de tratamento. Em alguns casos, o direito do usuário acerca das informações sobre o tratamento dos seus dados pode possibilitar a consulta ao RIPD dando aos titulares dos dados a possibilidade de opinar sobre a atividade de tratamento que está sendo realizada pelo controlador. A realização e publicação de um RIPD melhora a transparência e facilita o entendimento dos titulares dos dados acerca da finalidade do tratamento do dado que está sendo realizado pela organização.

Outrossim, o RIPD pode ocasionar benefícios secundários para a reputação da organização ao melhorar o relacionamento com os titulares dos dados. A realização de uma análise de impacto à proteção e privacidade de dados, por meio da confecção do RIPD, ajuda a creditar confiança dos "clientes" que usam os serviços da organização, melhorando a compreensão de suas necessidades, preocupações e expectativas.

Além disso, há benefícios também orçamentários, pois ao identificar um problema no início geralmente esta ação pode favorecer uma solução mais simples e menos dispendiosa, evitando possíveis danos à reputação organizacional. Uma análise de impacto pode reduzir os custos de infraestrutura em uma operação de tratamento de dados de um projeto, minimizando a quantidade de informações coletadas sempre que possível e criando processos mais diretos para as equipes.

Em alguns casos, será mais razoável e econômico abranger a avaliação de impacto sobre a proteção de dados para mais de um projeto ou atividade de tratamento. Por exemplo, órgãos públicos que criam soluções tecnológicas, aplicativos ou sistema de tratamento que utilizam bases de dados comuns entre estes controladores adjuntos.

12.2. Identificando a necessidade de um RIPD

O RIPD é necessário pois cumpre um requisito da Lei Geral de Proteção de Dados, que visa compreender e mitigar riscos para os titulares dos dados nos casos em que o tratamento represente alto risco à garantia dos princípios gerais de proteção de dados pessoais previstos no art. 6º da LGPD. Além disto, o RIPD prevê diagnósticos que fomentarão as medidas necessárias para tratar os riscos inerentes a atividade da organização e identificam ainda qual o risco residual afeto ao tratamento dos dados analisados.

Quando um certo tipo de tratamento, em particular, que utilize novas tecnologias e levando-se em consideração a sua natureza, âmbito, contexto e finalidades, for suscetível de implicar um risco exacerbado para os direitos e liberdades das pessoas, o responsável pelo tratamento deve realizar um RIPD antes de iniciar a operação com os dados pessoais.

Segundo o art. 29 WP da Diretiva 95/46/CE (*Working Party on the Protection of Individuals with regard to the Processing of Personal Data*), haveria 9 (nove) critérios para a realização de uma análise de impacto à proteção de dados, sendo estes:

1. Quando o tratamento de dado prever avaliação ou classificação, incluindo definição de perfis e previsão, em especial de aspectos relacionados com o desempenho profissional, a situação econômica, saúde, preferências ou interesses pessoais, fiabilidade ou comportamento, localização ou deslocações do titular dos dados.
2. Quando ocorrer decisões automatizadas que produzem efeitos jurídicos ou afetem significativamente de modo similar tratamento destinado à tomada de decisões sobre os titulares dos dados e que produza efeitos jurídicos relativamente à pessoa singular ou que a afetem significativamente de forma similar.
3. Se a atividade de tratamento acarretar prever o controle sistemático de pessoas, sendo este tratamento utilizado para observar, monitorar ou controlar os titulares dos dados, incluídos dados recolhidos por meio de redes, ou um controle sistemático de zonas acessíveis ao público.
4. Quando tratar dados sensíveis ou dados de natureza altamente pessoal, incluindo-se ainda categorias especiais de dados, bem como dados pessoais relacionados com condenações penais e infrações que possam acarretar qualquer tipo de discriminação.
5. Quando os dados são tratados em grande escala. Apesar do GDPR (legislação europeia sobre tratamento de dados pessoais) não definir o que constituiria grande escala, de qualquer maneira, o Grupo de

Trabalho do art. 29 recomenda que os seguintes fatores, em especial, sejam considerados o número de titulares de dados envolvidos, quer por meio de um número específico, quer por meio de uma percentagem da população pertinente; o volume de dados e/ou a diversidade de dados diferentes a tratar; a duração da atividade de tratamento de dados ou a sua pertinência e a dimensão geográfica da atividade de tratamento.

6. Quando o tratamento do dado estabelecer correspondências, enriquecer ou combinar conjunto de dados, por exemplo, com origem em duas ou mais operações de tratamento de dados realizadas com diferentes finalidades e/ou por diferentes responsáveis pelo tratamento de dados de tal forma que excedam as expectativas.

7. Quando os dados forem afetos a titulares vulneráveis, isso constitui um critério devido ao acentuado desequilíbrio de poder entre os titulares dos dados e o responsável pelo tratamento, significando que os indivíduos podem não ser capazes de consentir, ou opor-se, facilmente a atividade de tratamento ou de exercer os seus direitos. Os titulares de dados vulneráveis podem incluir crianças, empregados, pessoas com doenças mentais, requerentes de asilo, idosos, doentes etc.

8. Utilização de soluções inovadoras ou aplicação de novas soluções tecnológicas ou organizacionais. O GDPR deixa claro que a utilização de uma tecnologia pode desencadear a necessidade de realização do RIPD. Isto acontece porque a utilização dessa tecnologia pode envolver novas formas de coleta e utilização de dados, possivelmente com elevado risco para os direitos e as liberdades dos indivíduos.

9. Quando o próprio tratamento impede os titulares dos dados de exercerem um direito ou de utilizarem um serviço ou um contrato. Estão incluídas operações de tratamento destinadas a autorizar, alterar ou recusar o acesso dos titulares dos dados a um serviço ou que estes celebrem um contrato.

A LGPD não define, expressamente, as hipóteses em que a elaboração de um RIPD é necessária, mas estabelece que a ANPD poderá requerê-lo a qualquer momento. Sendo assim, é recomendável que o cartório elabore o RIPD quando:

- O cartório, ou seus prestadores de serviço, realizarem o monitoramento sistemático ou de grande quantidade de titulares dos dados pessoais;

- As atividades do cartório, ou de seus prestadores de serviço, envolverem técnicas de perfilamento ou de decisões automatizadas que definam perfis ou critérios de *scores* sobre os titulares de dados pessoais ou se auxiliarem na tomada de decisão quanto à oferta de um serviço, oportunidade ou benefício pelo cartório;
- Quando as atividades envolverem dados pessoais sensíveis de acordo com o art. 5º, II, da LGPD;
- Se houver enquadramento legal em interesse legítimo para o tratamento dos dados pessoais.

12.3. Quando o RIPD deve ser aplicado?

Os RIPDs são basicamente uma metodologia de gerenciamento de riscos utilizada para identificar riscos à privacidade do titular dos dados, à segurança de seus dados pessoais e a seus direitos e liberdades em relação a esta atividade de tratamento de dado pessoal.

Dessa forma, é recomendado que o controlador realize o RIPD antes de iniciar a atividade do tratamento. A avaliação do impacto à proteção de dados tem o objetivo de avaliar a probabilidade ou elevado risco, levando-se em consideração a natureza, o âmbito, o contexto, a finalidade do tratamento e as fontes de risco.

O risco para os titulares de dados devem ser identificados e gerenciados juntamente com os demais riscos da organização. O programa de gerenciamento de riscos deve categorizar e analisar esses riscos e, finalmente, fornecer uma resposta apropriada. Portanto, o RIPD deve ser o pilar da atividade de gerenciamento de riscos corporativos de uma atividade de tratamento de dado pessoal.

Além disso, a LGPD prevê que a Autoridade Nacional de Proteção de Dados (ANPD) poderá determinar ao controlador que elabore relatório, o RIPD, referente a suas operações de tratamento de dados.

12.4. Quem precisa ser envolvido?

A LGPD estabelece como responsável pela confecção do RIPD o controlador, pois a este cabe as decisões acerca do tratamento dos dados pessoais da organização. Contudo, o controlador deve procurar aconselhamento do Encarregado pelo tratamento dos dados pessoais, pois este, quando designado, é a figura central de assessoramento e condução do RIPD.

Ademais, os proprietários de ativos e processos certamente devem estar envolvidos. Eles serão responsáveis pelo processamento real e/ou pelos dados pessoais que estão sendo processados, desta forma faz-se necessário que eles tenham um entendimento completo de todos os riscos.

Demais profissionais e setores, dentro ou fora da organização, também podem estar envolvidos, tais como operadores, desenvolvedores, prestadores de serviços, infraestrutura e outros. O envolvimento destes profissionais ou setores dependerá do controlador, da escala e natureza do processamento, de sua complexidade, criticidade para o negócio e, obviamente, da posição da organização em relação à conformidade.

12.5. O que um RIPD deve incluir?

O RIPD, conforme previsto no parágrafo único do art. 38 da LGPD, deverá conter, no mínimo, a descrição dos tipos de dados coletados, a metodologia utilizada para a coleta e para a garantia da segurança das informações e a análise do controlador com relação a medidas, salvaguardas e mecanismos de mitigação de risco adotados.

Contudo, visando apresentar uma metodologia de confecção do RIPD, apresentaremos os requisitos nas etapas a seguir:

- **ETAPA 1: Identificar a necessidade da confecção de um Relatório de Impacto à Privacidade de Dados Pessoais (RIPD)** – Para tanto sugere-se a submissão de um questionário de triagem onde a resposta "sim" a qualquer uma das perguntas indique que um RIPD deva obrigatoriamente ser realizado. É importante realizar também um RIPD em projetos que já estejam em desenvolvimento, onde o questionário de validação possa ser aplicado. Conforme a execução do projeto, ou atividade, principalmente quando ocorrerem alterações no escopo da operação ou estrutura analítica do projeto, pode ser necessário revalidação das respostas.

As perguntas do questionário de triagem da etapa 1 podem ser, por exemplo, as seguintes:

a) Será realizado o tratamento de qualquer tipo de Dados Pessoais em larga escala?

b) Será realizado o tratamento de Dados Pessoais sensíveis dos titulares, incluindo informações sobre origem racial ou étnica, convicção religiosa, opinião política, filiação a sindicato ou a organização de caráter religioso, filosófico ou político, dado referente à saúde ou à vida sexual, dado genético ou biométrico, quando vinculado a uma pessoa natural?

c) Será realizado o tratamento de Dados Pessoais sobre indivíduos vulneráveis?

d) Será realizado o monitoramento sistemático de titulares de Dados Pessoais?

e) O projeto incluirá a avaliação (Perfilização) ou pontuação (*Scoring*) dos titulares de Dados Pessoais?

f) O conjunto de Dados Pessoais serão combinados ou enriquecidos?

g) Existe a possibilidade de que o tratamento de Dados Pessoais pretendido impeça que titulares exerçam um direito ou usem um serviço ou contrato?

h) Existirá transferência de Dados Pessoais para fora do território nacional brasileiro?

i) Durante o tratamento de Dados Pessoais serão empregadas soluções tecnológicas ou organizacionais inovadoras?

j) O projeto incluirá o uso de Dados Pessoais para tomada de decisão automatizada com efeito legal ou significativamente similar?

- **ETAPA 2: Descrever o Tratamento de Dados Pessoais** – Deve ser explicado como os Dados Pessoais são coletados, usados, armazenados e excluídos, devendo ser detalhadas todas as fontes destes dados. Há também a necessidade de detalhamento do tipo e finalidade caso haja compartilhamento do Dado Pessoal. Além disso, sugere-se a inclusão de um diagrama de fluxo de Dados Pessoais ou outra maneira que descreva o fluxo do tratamento do dado. Deve ainda ser informado se existem tipos de tratamento de Dados Pessoais considerado como sendo de alto risco provável.

O detalhamento do escopo, contexto e propósito da atividade de tratamento dos Dados Pessoais na etapa 2 podem ser, por exemplo, os seguintes:

a) A natureza dos Dados Pessoais tratados no projeto;

b) Se ocorre o tratamento de Dados Pessoais sensíveis;

c) O volume estimado de Dados Pessoais coletados e usados;

d) A frequência pretendida de coleta de Dados Pessoais;

e) O período de retenção pretendido para os Dados Pessoais;

f) Uma estimativa de quantos titulares são afetados pelo tratamento;

g) A área geográfica abrangida no tratamento.

h) Qual é a natureza do relacionamento da organização com os titulares de Dados Pessoais?

i) Qual o nível de controle os titulares terão sobre seus Dados Pessoais tratados?

j) Os titulares já esperam que a organização faça esse tipo de tratamento de Dados Pessoais?

k) Dentre os titulares de Dados Pessoais se incluem crianças ou outros grupos vulneráveis?

l) Existem preocupações anteriores ou falhas de segurança já relatadas nesse tipo de tratamento?

m) O tratamento realizado nos Dados Pessoais é considerado inovador ou usa tecnologias inovadoras?

n) Qual é o estado atual da tecnologia empregada no tratamento dos Dados Pessoais?

o) Existem questões atuais de interesse público que precisam ser consideradas para este tratamento?

p) Existem códigos de conduta ou certificações na organização que são relevantes para este tratamento?

q) Quais os objetivos da organização no tratamento destes Dados Pessoais?

r) Qual é o efeito pretendido sobre os titulares dos Dados Pessoais tratados?

s) Quais são os benefícios do tratamento para a organização em um contexto geral?

- **ETAPA 3: Realizar processo de consulta** – Nessa etapa, devem ser realizadas consultas às partes relevantes para o tratamento de Dados Pessoais. Desta forma, é fundamental saber como e quando a organização buscou opiniões dos titulares para o tratamento dos seus Dados Pessoais. Caso isso não tenha sido feito, deve-se justificar o motivo pelo qual não foi possível ou necessário fazê-lo. Deve ser verificado se os gestores da organização validaram o tratamento pretendido para os Dados Pessoais. Se existiu a necessidade de pedir ajuda ou informações aos operadores que realizam tratamento de Dados Pessoais em nome da organização. Da mesma forma, deve ser verificado também se houve consultas a especialistas em Segurança da Informação ou outros especialistas objetivando validar o tratamento pretendido para os Dados Pessoais.

- **ETAPA 4: Avaliar a necessidade e proporcionalidade** – Nessa etapa devem ser descritas as medidas de conformidade e proporcionalidade adotadas no tratamento de Dados Pessoais. Devendo ser informado, por exemplo, o seguinte:

    a) Quais são as bases legais usadas pela organização para o tratamento de Dados Pessoais pretendido;

    b) Como a organização garante que o tratamento dos Dados Pessoais realmente alcança seu objetivo;

    c) Verificar se existem outras maneiras de alcançar o mesmo resultado sem a realização do tratamento de Dado Pessoal pretendido ou realizado;

    d) Como a organização pretende segregar funções conflitantes durante o tratamento de Dados Pessoais;

e) Como a organização pretende garantir a qualidade e a minimização dos dados;

f) Que informação dará aos titulares a respeito do tratamento de seus Dados Pessoais;

g) Como a organização ajudará a apoiar os direitos dos titulares;

h) Que medidas a organização pretende tomar para garantir a conformidade dos operadores envolvidos no tratamento;

i) Como a organização pretende proteger os Dados Pessoais durante transferências internacionais, caso haja.

- **ETAPA 5: Identificar e avaliar riscos** – Nessa etapa, devemos proceder à identificação, análise e avaliação dos riscos afetos a proteção e privacidade no tratamento de Dados Pessoais. Para cada risco, sugere-se que haja um único número identificador (IDR); um detalhamento básico do risco (descrição); a probabilidade associada de ocorrência causadora do risco (gatilho); a descrição das possíveis consequências da concretização do risco (impacto); e, por último, análise do risco por meio da combinação da probabilidade e impacto do evento gerador do risco. Após a análise de riscos, deve ser preenchida a matriz de riscos, o identificador único do risco (IDR) e o nível do risco.

- **ETAPA 6: Identificar medidas para tratar o risco** – Esta etapa prevê o registro das medidas utilizadas para mitigar os riscos no tratamento de dados pessoais, devendo-se descrever a medida ou controle que será utilizado para tratamento do risco; qual a estratégia de tratamento de risco; a medida ou controle que foi implementado (Reduzir, Evitar, Transferir, Aceitar); e informar se a medida ou controle foi aprovado.

- **ETAPA 7: Assinar e registrar os resultados** – Ao final do processo de confecção do RIPD, devem ser preenchidos os campos relacionados aos nomes, cargos, data e assinatura de todos os envolvidos. Não podendo nenhum dos itens ser deixado sem resposta.

12.6. Quando não é obrigatória a confecção do RIPD

- Quando o tratamento não for suscetível de implicar um elevado risco para os direitos e liberdade das pessoas singulares;

- Quando a natureza, o âmbito, o contexto e as finalidades do tratamento forem muitos semelhantes ao tratamento em relação ao qual tenha sido realizado um RIPD. Nestes casos, podem ser utilizados do RIPD realizado para o tratamento semelhante;
- Quando as operações de tratamento tiverem sido previamente controladas por uma autoridade supervisora antes de maio de 2018, em condições específicas que não se tenham alterado.

REFERÊNCIAS

ABNT. Associação Brasileira de Normas Técnicas. Gestão de Riscos: Princípios e Diretrizes. Norma Brasileira ABNT NBR ISO 31000. São Paulo: ABNT, 2009.

BCB. Banco Central do Brasil. *Fundamentos de Gestão de Riscos Não Financeiros*. Disponibilizada pela UniBacen. Curso realizado de 30-6 a 6-7-2015.

BRASIL. MINISTÉRIO DO PLANEJAMENTO. Instrumento para Avaliação da Gestão Pública. Programa Gespública. Secretaria de Gestão Pública. Brasília, 2014b.

_____.. MINISTÉRIO DO PLANEJAMENTO. O Modelo de Excelência em Gestão Pública. Programa Gespública. Secretaria de Gestão Pública. Brasília, 2014a.

_____.. MINISTÉRIO DO PLANEJAMENTO. Projeto de Desenvolvimento do Guia de Orientação para o Gerenciamento de Riscos. Programa Gespública. Secretaria de Gestão Pública. Brasília.

_____.. Tribunal de Contas da União. Avaliação de controles internos na administração pública federal, 2012. Disponível em: <http://portal2.tcu.gov.br/portal/pls/portal/docs/2436815>. Acesso em: 14. set. 2013.

_____.. Tribunal de Contas da União. Processo TC 020.905/2014-9. Relatório de Levantamento de Auditoria, Acórdão 927/2015 – TCU Plenário, Brasília, 2014c.

BRITO, Claudenir; FONTENELLE, Rodrigo. *Auditoria privada e governamental*: teoria de forma objetiva e mais de 500 questões comentadas. 3. ed. Niterói: Impetus, 2016.

COSO ERM. Gerenciamento de riscos corporativos: estrutura integrada, 2004.

COSO. Gerenciamento de riscos corporativos: estrutura integrada. Tradução: Instituto dos Auditores Internos do Brasil (Audibra) e Pricewaterhouse Coopers Governance, Risk and *Compliance*, Estados Unidos da América, 2007.

IBGC. Instituto Brasileiro de Governança Corporativa. Guia de Orientação para Gerenciamento de Riscos Corporativos.

IIA. As Três Linhas de Defesa no Gerenciamento Eficaz de Riscos e Controles. Disponível em: <https://na.theiia.org/standards-guidance/Public%20Documents>. Acesso em: 19 out. 2020.

ISO. *Vocabulary for Risk Management*, ISO Guide 73, 2009.

LIMA, Adrianne Correia de; ALVES, Davis. Encarregados: *Data Protection Officer*. São Paulo: Haikai, 2021.

MIRANDA, Rodrigo F. A. *Implementando a gestão de riscos no setor público*. Belo Horizonte: Fórum, 2017.

10. GOVERNANÇA CORPORATIVA APLICADA AOS CARTÓRIOS

Anielle Eisenwiener Martinelli
Mario Peixoto
Mirian Aparecida Esquarcio Jabur

1. INTRODUÇÃO

Para Bedicks, governança corporativa surgiu como um movimento de acionistas e investidores nos Estados Unidos, na década de 1980, na tentativa de se protegerem de abusos realizados pelo alto escalão das empresas e da falta de posicionamento e medidas punitivas por parte dos conselhos de administração.

Após os escândalos corporativos pelos quais passaram grandes empresas prejudicando a economia mundial tanto na parte financeira como de imagem, em meados do ano de 2000, o mundo corporativo entendeu a necessidade de se implementar as boas práticas de Governança na administração das organizações, como forma de dar a investidores e mercado a transparência sobre seus atos financeiros e de responsabilidade corporativa nos negócios.

No Brasil, o debate sobre o tema se intensificou e ficou mais conhecido nos últimos tempos, depois de tantos escândalos envolvendo grandes organizações e governo. Diante desse cenário, ficou clara a necessidade de um posicionamento mais efetivo dos conselhos para avaliarem não somente questões estratégicas ligadas ao ambiente financeiro, como assuntos antes considerados intangíveis e de difícil mensuração, cujas consequências podem impactar a organização a longo prazo, como externalidades socioambientais e a sucessão e avaliação dos altos cargos administrativos e do próprio conselho.

> As organizações que pretendem ser bem-sucedidas em longo prazo precisam manter uma cultura de integridade e *compliance*, bem como considerar as necessidades e expectativas das partes interessadas. Portanto, integridade

e *compliance* não somente são as bases, mas também oportunidades para uma organização se tornar sustentável e bem-sucedida (ABNT).

2. APLICABILIDADE DA GOVERNANÇA CORPORATIVA

Nesse contexto, a governança corporativa tornou-se item essencial para atender as necessidades do novo mundo corporativo. Seu objetivo é criar um programa pelo qual as empresas e demais organizações que as adotam, são dirigidas, monitoradas e incentivadas, envolvendo os relacionamentos entre sócios, conselho de administração, diretoria, órgãos de fiscalização, controle e demais partes interessadas.

As boas práticas de governança corporativa convertem princípios básicos em recomendações objetivas, alinhando interesses com a finalidade de preservar e otimizar o valor econômico de longo prazo da organização, facilitando seu acesso a recursos e contribuindo para a qualidade da gestão da organização, sua longevidade e o bem comum.

Segundo dados do IBGC, 2015, a governança corporativa, diante das transformações do mercado globalizado, ampliou seu foco para além de sócios, administradores para as demais partes interessadas, demandando dos agentes de governança corporativa um maior cuidado no processo de tomada de decisão. Cada vez mais, desafios sociais e ambientais globais, regionais e locais fazem parte do contexto de atuação das organizações, afetando sua estratégia e cadeia de valor, com impactos na sua reputação e no valor econômico de longo prazo.

As questões de conformidade e corrupção são assuntos tratados, desde 2013, pela OCDE (Organização para a Cooperação e Desenvolvimento Econômico) publicando, em parceria com a OCDE-ONU-BANCO MUNDIAL, o guia *Anti-Corruption Ethics and Compliance Handbook for Business*. Neste guia, a efetividade dos Programas de *Compliance* é uma das preocupações centrais, uma vez que sua adoção é vista como forma para proteger a integridade da organização, conciliando controles internos, gestão de riscos e combate a fraudes.

Diante da importância da OCDE para a economia global, mesmo os países que não são membros da organização, como o Brasil, é importante que as empresas que tenham ou desejem ter relações comerciais com países membros, implementem as orientações do Guia, como forma de se tornar mais atrativas aos olhos de eventuais parceiros que atuem com base nas indicações da OCDE.

10 Governança corporativa aplicada aos cartórios

A crescente movimentação do mercado mundial em busca de empresas que já tenham programa de governança corporativa vem pressionando as organizações para adotar medidas de controle, como forma de garantir a credibilidade, integridade e confiabilidade em suas informações e transações.

Essa pressão para o controle da gestão de riscos, desvios de conduta ou financeiros e a garantia de atendimento ao arcabouço regulatório, exige que as organizações invistam em processos, controles e procedimentos metodológicos específicos, a fim de garantir a conformidade nas operações que são exigidas por leis e regulamentações.

Diante do cenário atual, surge a importância da adoção da governança, que ajuda a estruturar as operações das organizações, trazendo transparência aos processos, otimizando as atividades para diagnosticar/mitigar eventuais ameaças que possam causar prejuízos aos negócios, garantido a credibilidade da organização no mercado e a segurança das informações por ela fornecidas.

Para que as organizações consigam estruturar o programa de governança corporativa, será necessária uma gestão organizacional estruturada para definição de métricas capaz de avaliar resultados, os quais darão suporte nas tomadas de decisão inerentes à atividade empresarial, garantindo o cumprimento das normas, controles internos e externos, políticas e diretrizes estabelecidas, assumidas voluntariamente ou impostas às atividades da organização essenciais à manutenção do sistema de *Compliance* e Integridade.

Implementar um programa de governança corporativa não é tarefa fácil para as organizações. Uma das formas que a organização tem para criar uma estruturação assertiva para implantação é aderindo ao Pacto de Integridade e *Compliance* pela Sustentabilidade iniciativa voluntária que tem por objetivo promover e dar suporte as Organizações associadas com base na ética, crescimento sustentável, orientando as lideranças corporativas para uma visão inovadora e comprometida com as boas práticas. O Pacto não é um código de conduta ou um instrumento regulatório ou fiscalizado do programa de governança corporativa. Ele apresenta diretrizes para mobilizar e conscientizar a comunidade empresarial na adoção de valores fundamentais e internacionalmente aceitos em suas práticas de negócios. Os pilares propostos pelo projeto não desviam de outras literaturas conhecidas, no entanto, seu diferencial está na possibilidade de engajar as organizações dos mais diversos segmentos a aderirem a uma jornada íntegra baseada na estruturação de *compliance*. A seguir descreveremos as diretrizes abordadas.

3. PRINCÍPIOS DA GOVERNANÇA CORPORATIVA

Entender a importância dos princípios básicos da boa governança corporativa é fundamental para o sucesso de qualquer implantação, pois eles apresentam os alicerces e as práticas que nortearão as aplicações a qualquer tipo de organização, independentemente de porte, natureza jurídica ou tipo de controle. Se as melhores práticas podem não ser aplicáveis a todos os casos, os princípios são, formando o alicerce sobre o qual se desenvolve a boa governança. A seguir falaremos sobre esses princípios.

4. PRINCÍPIO DA TRANSPARÊNCIA

O principal aspecto levado em consideração na avaliação de negócios e investimentos pelos clientes, investidores e mercado em geral é a transparência nas informações sobre a forma de trabalho e saúde financeira da organização. Dessa forma, a governança corporativa vem salientar a importância da comunicação tanto interna quanto externamente, ela vai muito além de um simples relatório econômico-financeiro, essa comunicação deve abranger todo fato que possa influenciar a relação entre funcionários, clientes, fornecedores, comunidade, acionistas etc. Essa transparência também influencia em como a organização é vista pelo mercado de investimentos.

5. PRINCÍPIO DA ÉTICA

A presença e exigência da ética nas condutas, em combinação com o conjunto das boas práticas de governança traz a probabilidade maior para evitar os desvios comportamentais e suas consequências danosas à empresa, a seus sócios, e à sociedade em geral.

Para que a organização possa garantir a isonomia no tratamento de todos os envolvidos com os quais mantenha relação de negócios, ela deverá manter uma conduta na qual tratamento justo, igualitário e não discriminatório seja um dos pilares do seu programa de conformidade.

6. PRINCÍPIO DA PRESTAÇÃO DE CONTAS - *ACCOUNTABILITY*

Accountability é um termo que vem do inglês, que pode ser traduzido como controle, fiscalização, responsabilização, ou ainda prestação de contas. Remete a um conjunto de processos que visam selecionar, organizar e disponibilizar as informações para as partes interessadas.

A saúde financeira da empresa, bem como sua credibilidade e aceitação no mercado, provém da forma como a organização e seus gestores apresentam e respondem sobre os atos e atitudes que mantém em sua gestão e consequentemente na prestação de contas sobre seus atos. Quanto maior clareza sobre investimentos e gastos, maior a credibilidade no mercado de investidores.

7. PRINCÍPIO DA SUSTENTABILIDADE

Diante de tantos danos ambientais de grandes proporções causados por negligências das grandes organizações, os projetos de sustentabilidade, antes já importantes para as organizações, passaram a ter um papel fundamental na visão mundial, uma vez que as iniciativas de ordem social e ambiental passam por questões delicadas. Um programa de *compliance* ambiental faz parte de um campo amplo e que deve atingir todos os setores da atividade organizacional, não podendo ficar somente em uma área específica. Afinal, a cadeia produtiva de uma empresa é composta por várias engrenagens.

8. ATIVOS DA GOVERNANÇA CORPORATIVA

Em um processo para adoção de uma governança corporativa sustentável, o gerenciamento dos ativos (pessoas, processos e sistemas), engrenagens fundamentais para o andamento dos negócios, pode ser um longo caminho a ser percorrido pelas organizações na busca de melhores resultados. Porém, será determinante para as organizações sustentáveis se manterem em um mercado globalizado e competitivo. Como forma de melhor entendimento sobre a importância desses ativos, segue breve relato:

- **ativos humanos** – são compostos pelas pessoas, habilidades, planos de carreira, treinamento, relatórios, competências etc.
- **ativos financeiros** – é todo o dinheiro, investimentos, o passivo, o fluxo de caixa, contas a receber etc.
- **ativos físicos** – são os prédios, fábricas, equipamentos, ferramentas, manutenção, segurança etc.

- **ativos de propriedade intelectual** – é composto de todo o conhecimento e *know-how* de produtos, serviços e processos devidamente patenteados, registrados ou embutidos nas pessoas e nos sistemas da empresa.

- **ativos de informação e TI** – são todos os dados digitalizados, estruturas de dados, informações e conhecimento registrado, dados de clientes e de processos organizacionais, dados financeiros e todo o sistema de informação da organização.

- **ativos de relacionamento** – são compostos pelos relacionamentos internos e externos, entre colaboradores, clientes e fornecedores, relacionamentos políticos, com órgãos reguladores, concorrentes, parceiros e com a comunidade.

Ao compreender os pilares, princípios e ativos que compõem a estrutura para a construção de uma governança corporativa robusta, a organização deverá adotar medidas e métricas para o controle e acompanhamento de sua trajetória rumo ao nível adequado de maturidade de acordo com seu segmento de mercado. Um dos primeiros passos para o projeto de implementação da governança corporativa é a execução de uma avaliação de maturidade de seu estado atual (*as is*) para, assim, definir em quais ativos/áreas ela deverá elevar seu grau de maturidade. No mercado existem diversos *frameworks*, porém para essa avaliação (*assessment*) apresentaremos a Matriz de avaliação de grau de maturidade baseada nos pilares e ativos que compõem o processo.

Para aplicar a avaliação proposta pela matriz de avaliação de grau de maturidade, deve-se utilizá-la pontuando cada interseção de ativo x princípio com notas de 0 a 5, sendo 0 a nota para o princípio que é desconhecido e 5 para o princípio que é cumprido e possui controles efetivos. Dessa forma, é possível identificar o grau de maturidade por ativo possibilitando, assim, a visão de quais ativos é dada maior importância e quais ativos precisam de mais atenção para elevar seu grau de maturidade. Geralmente, observa-se que a maturidade dos seis ativos principais varia significativamente na maioria das organizações, sendo os ativos físicos e financeiros com melhor governabilidade e maturidade e os de informação figurando entre os que têm menor grau de maturidade ou que recebem menor atenção da alta gestão, principalmente em organizações que ainda não entenderam o novo papel da TI em seu negócio.

10 Governança corporativa aplicada aos cartórios

Ativos/Princípios	Transparência	Equidade	Prestação de Contas	Sustentabilidade	TOTAL
Humanos					
Financeiros					
Físicos					
Propriedade Intelectual					
Informação e TI					
Relacionamento					
TOTAL					

Fonte: Adaptado Livro certificação Módulo *Security*.

Figura 1 - Matriz para avaliação de grau de maturidade da Governança Corporativa

Outro aspecto que se pode verificar durante a análise da figura apresentada é sua estrutura, que nos remete aos significados que o *compliance* transmite. Apenas relembrando o conceito, **Complicance** é o processo de controle interno que permite esclarecer e proporcionar maior segurança àqueles que utilizam a contabilidade e suas demonstrações financeiras para análise econômico-financeira e seus processos internos, seu principal objetivo é demonstrar a conformidade nos atos, normas internas e leis as quais a organização deverá seguir e manter.

Como recomendação para garantir que os controles apresentados estejam aderentes aos requisitos exigidos, entra em cena a equipe de Auditoria Interna ou Externa para complementar de forma independente esta opinião por meio de execução de testes que podem aferir que os controles desenhados pela área de Controles Internos ou até mesmo pela primeira linha de defesa (área de Negócio) esteja adequadamente desenhada e sua execução efetiva. Abaixo segue uma explicação clara do fluxo deste processo:

Fonte: Figura produzida por Anielle Martinelli.

Figura 2 - Controles e Fluxo Organizacional

9. OBJETIVOS DA GOVERNANÇA, CONFORMIDADES E *COMPLIANCE*

Não é incomum ouvir entendimentos simplistas sobre o papel da governança de TI para o negócio, os entendimentos principais apenas levam em consideração o alinhamento estratégico e a aproximação da TI para suporte ao negócio, no entanto uma boa governança de TI vai muito mais além, agregando benefícios tais como:

- Posicionamento da TI mais claro em relação às demais áreas da empresa e seu papel nos objetivos estratégicos do negócio;
- Mudança de visão em relação à TI, passando a ser vista como uma ferramenta para alavancar os negócios e não como custo para a Organização;
- Suporte claro e objetivo para a Organização alcançar as metas definidas em planejamento estratégico da organização;
- Suporte para atendimento das regulamentações;
- Gestão de riscos da estrutura organizacional e técnica para garantir o alcance da conformidade, sem impactar o negócio;
- Otimização de recursos de TI, garantindo agilidade nos processos da Organização;
- Proporciona suporte a governança corporativa agregando o valor as ações da organização no mercado, aumento da confiança dos investidores e maior aceitação da organização pelo mercado.

A TI sempre foi vista como uma caixa-preta ou ainda uma área que consome recursos indefinida e vorazmente, essa situação sempre causou mal-estar nas organizações fazendo com que, em certos momentos, ela fosse deixada de lado ou desacreditada. Essa imprevisibilidade e descontrole faziam com que os orçamentos de TI não seguissem as proposições definidas, e os investimentos ficassem sem controle e acompanhamento. Dessa forma, as organizações vêm percebendo que a adoção de uma boa governança de TI traria aos processos da área transparência nos investimentos e nas despesas, regras as quais não podem ser quebradas na governança corporativa. Além disso, também passaram a entender a vantagem da adoção da governança de TI, pois, assim, o ambiente traria garantias para o uso correto de seus investimentos, bem como a mitigação de riscos para o alcance dos objetivos propostos.

Nas regras da governança corporativa não existem caixas pretas, tudo deve ser discutido e compartilhado com a organização para atender essa regra, a adoção da governança de TI significa abrir as portas para toda a empresa. É necessário demonstrar ao restante da organização que TI deve ser utilizada como ferramenta para alavancar os objetivos propostos pelo negócio, melhorando ou otimizando os processos e aumentando a produtividade da organização, garantido proteção ao negócio.

10. GOVERNANÇA DE PROCESSOS

A capacidade de flexibilidade, adaptabilidade, otimização de recursos e inovação para melhorar as entregas ao cliente são fatores essenciais para o sucesso de um negócio no mercado atual. Neste contexto, cada vez mais organizações têm buscado otimizar seus processos para melhorar seus resultados e despontar frente a concorrência.

Nesse sentido, a Governança de processos por se tratar de um *framework* que ajuda as Organizações a se estruturarem e conhecerem seus fluxos, etapas e processos, proporcionando uma melhor visibilidade na gestão organizacional, tornou-se muito atraente para as Organizações que desejam evoluir em seu grau de maturidade, pois, a ela pode possibilitar que os resultados não sejam apenas pontuais e que estas melhorias aconteçam de forma consistente.

A Governança de processos tem como pilar o Mapeamento de Processos, uma ferramenta de planejamento e gerenciamento que permite a visualização do fluxo de trabalho de uma empresa fornecendo uma ideia bem mais completa de todo o processo.

Existem vários tipos de mapeamento de processos, sendo alguns dos mais comuns:

- **Mapa do Processo de Atividades:** representa atividades com ou sem valor agregado em um processo;
- **Mapa de Processo Detalhado:** detalha cada etapa do processo produtivo;
- **Mapa de Documentos:** os documentos são as entradas e saídas em um processo;
- **Mapa de Processo Renderizado:** representa o estado atual e/ou futuro de processos para mostrar áreas de melhoria.

É importante ressaltar que a governança não deve tornar a estrutura existente mais complexa ou redundante quanto às atribuições, portanto, o ideal é que a governança de processos otimize a estrutura funcional sem criar uma estrutura paralela.

O objetivo da Governança de Processos é proporcionar as Organizações um ambiente que as possibilite:

- Padronizar cada processo;
- Viabilizar o alinhamento entre áreas e processos;
- Melhoria contínua dos processos da organização;
- Determinar as responsabilidades em cada processo;
- Definir papéis de responsabilidades de cada membro da equipe;
- Automatizar processos da Organização;
- Potencializar a gestão de projetos; e
- Otimizar processos entregando mais valor para a Organização.

11. GOVERNANÇA DE DADOS

Num mundo globalizado em que as informações são o novo petróleo, os dados gerados nas Organizações no desenvolvimento de seus processos devem ser aproveitados e analisados a fim de se transformarem em conteúdo útil para subsidiar as tomadas de decisões, bem como investimentos para melhoria e otimização do negócio.

Dados mal geridos, seja por meio de guarda inadequada ou por falta de precisão em atividades totalmente manuais, são ineficazes durante a extração de informações com excelência e atrapalham o fluxo de ações desempenhadas no dia a dia. Segundo a *Harvard Business Review*, em média, 47% dos registros de dados recentes têm pelo menos um erro crítico, impactando no resultado das atividades. Somente um quarto das pontuações negativas da amostra pesquisada pela equipe da HBR estava abaixo de 30% no quesito "registro de informação incorreta", sendo metade inferior a 57%.

Diante da competitividade acirrada e da velocidade em que se precisa de dados para a tomada de decisões, algumas empresas criaram interna ou externamente à área ligada diretamente a tecnologia, departamentos responsáveis exclusivamente por cuidar dos dados e gerenciá-los, como forma de garantir a qualidade, integridade e velocidade dos dados gerados. Essa estratégia de criação chama-se Governança de Dados.

De acordo com o artigo da *Harvard Business Review*, somente 3% das empresas atingem níveis de qualidade satisfatórios na governança de dados que realizam. Fato preocupante, uma vez que a gestão de dados impacta diretamente na produtividade e credibilidade das tomadas de decisões da Organização. Para auxiliar em uma boa Governança de Dados, existem o *framework* de mercado DAMA.

Para que se tenha uma Governança eficiente de dados as Organizações devem levantar e tratar os seguintes aspectos:

1. **Captura de Dados (*Discover*)**: conhecer todo o ciclo de vida dos seus dados, bem como onde eles estão, seja de forma estruturada ou não é fundamental, pois a garantia da qualidade dos dados está em mantê-los centralizados, conhecidos e atualizados.
2. **Proteja e Preserve:** diante de tanta informação, a forma de proteção (*data center* ou nuvem) e a minimização dos dados garante que apenas informações importantes e necessárias sejam guardadas, garantindo a qualidade e a assertividade delas no momento das decisões, bem como a segurança de sua guarda.
3. **Extraia o maior potencial de seus dados:** a importância em conhecer a necessidade de seus negócios para que se possa compreendê-los em sua totalidade, extrair valores de dados. Uma boa forma de agilizar essa análise é por meio de processos de automatização de processos e negócios, para obter uma maior organização e capacidade de análise de informações.
4. **Disponibilidade:** como forma de mitigar riscos jurídicos e fiscais, estabeleça procedimentos para validação legal de seus dados, levando em conta as legislações específicas de cada setor como a Lei Geral de Proteção de Dados (LGPD), por exemplo, a legislação sobre armazenamento de dados de saúde e a Lei *Sarbanes-Oxley* (*SOX*) do setor financeiro.

12. GOVERNANÇA TECNOLÓGICA - TI

Cada vez mais, a informação é um ativo fundamental para as organizações e a área de Tecnologia da Informação exerce um papel essencial na geração e manutenção deste item, devendo prover ao corpo executivo da organização informações técnicas em um formato gerencial que lhe permita entendê-las para tomadas de decisões que atinjam os objetivos do negócio. Essa dependência, em termos de investimentos e impacto para os negócios, tem feito com que as decisões relacionadas à TI não sejam mais tratadas apenas pelos executivos de TI, exigindo um maior envolvimento dos gestores de negócio.

É nesse contexto que desponta a Governança de TI, tendo por finalidade auxiliar a organização a garantir, com a ajuda de diferentes mecanismos, que os investimentos realizados em TI estejam agregando valor aos negócios. Pois o valor e dependência da tecnologia hoje é muito maior do que dez anos atrás. Qualquer processo, mesmo que pequeno, já apresenta uma alta dependência de TI.

13. CICLO DA GOVERNANÇA DE TI

Para que essa comunicação flua, uma boa governança de TI tem se tornado preocupação primordial nas organizações. O ITGI (Information Tecnology Governance Institute), principal patrocinador do *framework* Cobit – Control Objectives for Information and Related Technology, sugere aos que desejam criar uma boa governança de TI, adotá-lo.

Existem diversos *frameworks* no mercado que trabalham a governança de TI, porém o Cobit, diante de sua maturidade e detalhamento, surge como principal *framework* no suporte adoção da governança de TI, ajudando a guiar os investimentos na área de TI, analisar riscos e atendendo a legislação pertinente. Dessa forma, os investimentos da TI passam a avaliar as necessidades do negócio, entregando valor à organização. Para que houvesse um padrão alinhado aos requisitos de negócios foi criado o ciclo da governança de TI, como mostra a figura a seguir:

Fonte: *ITGI IT Governance Institute.*

Figura 3 – Ciclo da Governança de TI

Como podemos observar na figura apresentada e em detalhamento abaixo, a governança de TI é um processo cíclico e vivo, necessitando de constantes revisões. Ele é composto de cinco etapas principais, as quais são reforçadas pelo manual de boas práticas PQTA, item I de *Compliance*.

14. *STRATEGIC ALIGNMENT* (ALINHAMENTO ESTRATÉGICO)

Tem como principal foco fazer com que a Tecnologia da Informação trabalhe de forma integrada à organização apoiando o negócio e alinhada ao planejamento estratégico da empresa. Esse princípio está bastante coerente com o que estudamos no início do capítulo e é o ponto de partida para a implantação do modelo de governança. Juntamente com o alinhamento estratégico, estão as questões de *Compliance* (conformidade legal). O atendimento à regulamentação é questão de grande importância e deve ser tratado com toda atenção.

14.1. *Value delivery* (entregar valor)

A TI deverá ser responsável por prover recursos necessários a organização na geração/realização de novos negócios. Nessa fase do ciclo, o objetivo é transformar a visão sobre a TI que antes era vista como sem controle no consumo de recursos, para uma visão mais realista, na qual ela se torne uma ferramenta de apoio na geração de valor, inovação, melhoria e automação de processos. O Cobit, a partir da versão 4.1, inclui o ValIT (um conjunto de práticas destinado a ajudar na demonstração do valor de TI).

14.2. *Resource management* (gerenciamento dos recursos)

Os recursos aplicados na TI devem ser geridos de forma sustentável e direcionados para implementar otimização da infraestrutura e do conhecimento. Uma gestão adequada dos recursos permite que se faça mais com menos, garantindo percepção clara sobre a entrega de valor e qualidade ao negócio.

14.3. *Risk management* (gerenciamento dos riscos)

Os riscos são situações inerentes a qualquer negócio, independentemente de serem positivos ou negativos, as organizações precisam conviver e conhecê-los.

Os riscos provêm de diversas fontes, tanto internas quanto externas e de vários níveis de criticidade. A TI deve promover uma clara gestão dos seus riscos, alinhando seu apetite ao risco da organização e atendendo de forma coerente às regulamentações a que estiver submetida. O Cobit, na versão 5, inclui uma área dedicada à gestão de riscos, o RiskIT.

14.4. *Performance measurement* (Monitoramento da *performance*)

A melhor forma de saber se algo está gerando resultados é por meio do monitoramento e indicadores. Nesse caso, a TI deve promover a implementação de métricas e monitorá-las para avaliar continuamente o alcance dos objetivos.

É bastante comum encontrarmos pessoas que cometem equívocos quando definem governança de TI. Conforme visto no início do capítulo, governança é parte da estratégia da empresa. São definições do alto escalão e têm atuação diretamente ligada ao plano estratégico da organização. Por outro lado, a gestão de TI atua de forma tática, como suporte à governança. Nesse contexto, governança e gestão atuam de forma integrada, uma dando suporte à outra.

Os benefícios da adoção do Cobit vai muito além do alinhamento da TI ao negócio, conforme pode ser visto a seguir:

- Conhecimento do grau de maturidade dos processos da área de TI com base num *framework* altamente reconhecido pelo mercado;
- Seleção dos processos de TI mais críticos para a organização;
- Melhor direcionamento dos investimentos em TI;
- Organização das atividades de TI dentro de um modelo de processo amplamente aceito pelo mercado e recomendado pelas principais regulamentações (*Sarbanes Oxley*, Basiléia II, Bacen, TCU, entre outros);
- Identificação dos recursos de TI mais críticos para a organização;
- Conhecimento compartilhado, baseado numa linguagem comum a todos os interessados (administradores, usuários, equipe, cliente, agências reguladoras);
- Integração dos processos e recursos de TI com os objetivos de negócio;
- Atendimento aos requisitos do *COSO* para o ambiente de controles de TI;
- Conhecimento do grau de conformidade dos serviços da área de TI com base numa norma que é referência de mercado; e

10 Governança corporativa aplicada aos cartórios

- Priorização de investimentos justificados em métodos e ferramentas de apoio à adoção da ITIL e ISO/IEC 20000.

A governança corporativa são diretrizes definidas para o cumprimento de regras gerais, como se fosse o passo a passo para a organização de todas as atividades. Ao implantar a Governança Corporativa, significa que a empresa está disposta a atender às exigências legais, normativas e éticas, bem como as políticas específicas para seu segmento. Todos da Organização precisam se envolver, pois, além de interpretar as regras que regem as suas atividades, a Organização precisa ter um eficiente controle interno, além de estar atenta aos riscos operacionais para evitar, detectar e tratar qualquer desvio ou inconformidade que possa ocorrer.

O sucesso do programa da governança corporativa, além da adesão da alta direção e conselho administrativo, é conhecer bem as regulações específicas dos setores. Podem-se citar alguns dos setores com maior número de regulações, sendo saúde, bancário e jurídico, no qual estão inseridos os serviços notariais e de registro dos quais falaremos um pouco a seguir.

Diante da complexidade das informações coletadas, manipuladas e armazenadas em serviços notariais e de registro, o Conselho Nacional de Justiça – CNJ vem definindo regulamentos baseado em *Compliance* para Anticorrupção e Combate a Fraudes, para que notários e registradores se adequem às regulamentações vigentes, garantindo que a documentação sob seu poder tenha grau de detalhamento necessário e serão redigidas de maneira precisa, completa e que reflita a transparência e a proposição da segurança jurídica. Dentre as regulamentações exigidas para o segmento pode se listar:

- **Leis n. 9.613/98 e 12.683/2012:** dispõem sobre os crimes de "lavagem" ou ocultação de bens, direitos e valores. No Brasil esse crime só veio a ser tutelado pelo direito penal com a edição da Lei n. 9.613/98, mas com o tempo foi aparecendo lacunas na lei e para preencher essas lacunas foi publicada a Lei n. 12.683/2012, que trouxe um tratamento mais severo para a prática desse delito;

- **Provimento n. 88:** dispõe sobre a política, os procedimentos e os controles a serem adotados pelos notários e registradores que tratam sobre Tecnologias e serviços para a Prevenção à Lavagem de Dinheiro e ao Financiamento do Terrorismo;

- **Lei n. 12.846/2013 – Lei Anticorrupção:** dispõe sobre a responsabilização administrativa, civil e penal de pessoas jurídicas e pessoas físicas pela prática de atos corruptivos no âmbito das empresas, interna e externamente. Dispõe sobre as melhores práticas no segmento de cartórios e notários que trata de processos de *due diligence* de colaboradores e terceiros;

- **Lei n. 8.935/94 – Lei dos Cartórios**, também conhecida como **Lei dos Notários e Registradores:** dispõe sobre os serviços notariais e de registro, tendo como base a organização técnica e administrativa, destinados a garantir a publicidade, autenticidade, segurança e eficácia dos atos jurídicos. Trata de condutas dos colaboradores de Cartórios que estão proibidos de exercer a advocacia ou a intermediação de seus serviços e ocupar cargo, emprego ou função pública, salvo na atividade de magistério;

- **Lei n. 13.709/2018 – Lei Geral de Proteção de Dados:** também conhecida como LGPD, é uma legislação brasileira que regula as atividades de tratamento de dados pessoais, com objetivo específico de proteção, privacidade e transparência de dados de pessoas físicas. Aplica-se a qualquer pessoa física ou jurídica que realize coleta de dados e todos deverão se adequar à lei;

- **Provimento n. 74/2018:** dispõe sobre padrões mínimos de tecnologia da informação para a segurança, integridade e disponibilidade de dados para a continuidade da atividade pelos serviços notariais e de registro com o compromisso de protegê-los e tratá-los, mitigando os riscos por meio de modernas técnicas de infraestrutura de TI;

- **ABNT NBR 15906:2010 – Gestão Empresarial para Serviços Notariais e de Registros:** a norma estabelece os requisitos de sistema de gestão empresarial para demonstrar a capacidade dos serviços notariais e de registro de gerir seus processos com qualidade, de forma a satisfazer as partes interessadas, atender aos requisitos legais, elementos de gestão socioambiental, saúde e segurança ocupacional;

- **ISO 9001:2015 – Gestão de Qualidade:** o Sistema de Gestão da Qualidade (SGQ) tem o objetivo de verificar todos os processos deste Cartório e como eles podem melhorar a qualidade dos serviços oferecidos aos clientes, sendo fundamentais para a melhoria da imagem institucional, no desempenho global e na cultura organizacional. Além disso, é um diferencial que trabalha focado na satisfação dos clientes e na boa comunicação entre os colaboradores e demais partes interessadas;

- **ISO 14001:2015 – Gestão Ambiental:** emitem seus relatórios de Sustentabilidade pela *Global Reporting Iniciative – GRI*, com qualidade atestada em gestão ambiental e responsabilidade social, apresentando uma série de vantagens competitivas e até o aumento do faturamento quando conseguem agregar o valor de sustentabilidade à imagem do negócio. É além da mera obediência às normas e regulamentos administrativos ou de políticas voluntárias de responsabilidade socioambiental. Contribui para uma redução significativa dos riscos de desastres e escândalos ambientais com proteção da imagem, para o aprimoramento de processos voltando-se à racionalização do uso de recursos naturais e do barateamento dos custos de produção;

- **OHSAS 18001:2007 – Gestão da Saúde e Segurança Ocupacional e NRs: 5,7,9,17,23 e 24:** é uma norma de Sistema de Gestão de Segurança e Saúde Ocupacional (SGSSO), que visa proteger e assegurar que os colaboradores de uma organização tenham um ambiente de trabalho adequado, de acordo com as normas PCMSO (Programa de Controle Médico de Saúde Ocupacional), PPRA (Programa de Prevenção dos Riscos Ambientais), bem como o Laudo Ergonômico, que confira conforto e bem-estar de todos os que atuam em suas dependências;

- **ISO 45001:2018:** vem substituir a **OHSAS 18001da BSI** para atender ao tema específico de gestão e saúde e segurança ocupacional a partir de agora, a tendência é de que as empresas que eram certificadas na OHSAS 18001 façam a transição para a ISO 45001;

- **ISO 31000:** é a atual referência mundial para a Gestão de Riscos. Ela fornece, além do processo para gerenciar riscos de todos os tipos (estratégicos, operacionais, de *compliance* etc.), princípios e estrutura para a implementação eficaz da Gestão de Riscos nas organizações;

- **ISO 19600:2014 – Compliance:** fornece orientações para o estabelecimento, desenvolvimento, implementação, avaliação, manutenção e melhoria do sistema de gestão de *compliance* de forma efetiva e ágil em uma organização;

- **ISO 37001:2017 – Antissuborno:** fornece os requisitos e orientação para estabelecer, implementar, manter e aperfeiçoar um sistema de gestão antissuborno. O sistema pode ser independente ou integrado a um sistema de gestão geral. Ele abrange suborno nos setores público, privado e sem fins lucrativos, incluindo suborno praticado em favor de e contra uma organização ou seus funcionários efetivos, além de subornos pagos por ou recebidos de terceiros;

- **ISO 22301:2012 – Continuidade do Negócio:** especifica os requisitos para planejar, estabelecer, implementar, operar, monitorar, analisar criticamente, manter e melhorar continuamente um sistema de gestão documentado para se proteger, reduzir a possibilidade de ocorrência, preparar-se, responder a e recuperar-se de incidentes de interrupção quando estes ocorrerem;

- **ISO 27001:2013 – Segurança da Informação:** especifica os requisitos para estabelecer, implementar, manter e melhorar continuamente um sistema de gestão da segurança da informação dentro do contexto da organização. Esta Norma também inclui requisitos para a avaliação e tratamento de riscos de segurança da informação voltados para as necessidades da organização, sendo mais detalhada pela ISO 27005:2019; e

- **ISO 27701:2019 – Sistema de Gestão de Privacidade da Informação:** especifica os requisitos e fornece as diretrizes para o estabelecimento, implementação, manutenção e melhoria contínua de um Sistema de Gestão de Privacidade da Informação (SGPI) na forma de uma extensão das ABNT NBR ISO/IEC 27001 e ABNT NBR ISO/IEC 27002 para a gestão da privacidade dentro do contexto da organização.

As normas técnicas (ISO's) apresentadas serão os pilares para a implantação das leis e provimentos exigidos para os Serviços Notariais e de Registros, elas darão subsídios para a assertividade da implantação, bem como sugerir métricas de acompanhamento.

Verificou-se, dessa forma, os contextos de exigências regulatórias que os Serviços Notariais e de Registros necessitam para se adequar as conformidades exigidas em seu segmento. Pode se entender que diante de tantas informações coletadas, manuseadas, armazenadas pelos profissionais do setor, deve-se levar em consideração que os negócios estão sujeitos a riscos, cuja origem pode ser operacional, financeira, regulatória, estratégica, tecnológica, sistêmica, social e ambiental. Os riscos a que a organização está sujeita devem ser gerenciados para subsidiar a tomada de decisão pelos administradores de forma a mitigá-los ao máximo e apresentar informações claras e objetivas as partes interessadas.

10 Governança corporativa aplicada aos cartórios

Os serviços e produtos ofertados pelos Cartórios possuem diversos dados, para tanto garantir a qualidade e integridade deles é necessária a implementação de um programa de *compliance*, que atenda todas as regulações e ainda garanta a governabilidade e a rastreabilidade de seus dados.

A robustez de um programa de *compliance* se mede pela sua efetividade e, como forma de garantir que a organização está caminhando na direção correta, é necessário implementar um processo de monitoramento que fornecerá subsídio para o processo de melhoria contínua. As auditorias regulares também são necessárias para identificar se os diversos pilares do programa estão funcionando conforme planejado, se os efeitos esperados da conscientização dos funcionários surtindo efeito e se os riscos identificados ou identificáveis previamente estão sendo controlados como previsto.

As organizações devem possuir uma função de auditoria interna para o *compliance*, própria ou terceirizada, uma vez que todos podem ser diretamente beneficiados pela melhoria do ambiente de controles internos decorrente de uma atuação ativa da auditoria interna.

Os controles internos são mecanismos, geralmente formalizados por escrito nas políticas e procedimentos da empresa, que, além de minimizar riscos operacionais e de *compliance*, asseguram que os livros e registros contábeis e financeiros reflitam completa e precisamente os negócios e operações da empresa, conforme requerido por diversos instrumentos, como o FCPA e a Lei Sarbanes-Oxley.

Segundo o COSO, os controles internos podem ser considerados eficientes e eficazes se a alta direção tiver uma segurança razoável de que:

- Os objetivos das operações da Organização estão sendo alcançados (objetivos das operações);
- As demonstrações financeiras publicadas são preparadas de maneira confiável (objetivos de relatórios financeiros); e
- As leis e regulamentos aplicáveis estão sendo cumpridos (objetivo de conformidade).

A base principal para a implementação da estrutura integrada de controles internos é a definição e mapeamento dos processos de negócio da organização, tanto os essenciais como os de suporte. Isso porque somente pode-se identificar riscos e sugestionar ou identificar controles quando se tem conhecimento de cada atividade realizada.

Ao analisar todo o contexto descrito até o momento pode se verificar que os dois ativos mais importantes para o sucesso tanto da implantação do programa de *compliance* quanto para sua continuidade e melhorias são Pessoas e TI, e para tal entendemos que as pessoas, ativo crítico para a organização, necessitam de um direcionamento claro e objetivo para a garantia do sucesso dos negócios da Organização. Esse programa precisa ter um embasamento importante em itens como treinamentos, código de conduta bem escritos e divulgados, metas e plano de comunicação bem definidos.

Os planos de comunicação e treinamentos devem ser parte essencial no planejamento das Organizações. Uma vez definida a equipe do programa de governança corporativa, código de conduta e as políticas de *compliance*, é crucial que tudo isso seja devidamente comunicado ao restante da Organização. Cada funcionário, independente de cargo ocupado, deve conhecer e entender todo o programa, bem como seu papel para garantir o sucesso do programa. Outros participantes do processo de trabalho que não pode ser esquecido são os profissionais que de alguma forma interagem com a Organização e podem impactar no processo como: subsidiárias, terceiros, distribuidores, parceiros comerciais e fornecedores, eles também devem participar de todo o processo.

Há diversas maneiras de se conduzir treinamentos, programas de conscientização e comunicações, devendo ser analisado o necessário equilíbrio entre custo e benefício para a Organização. Mas é claro que todo conhecimento para os funcionários é extremamente rico em questão de *Compliance*, Riscos e Controles.

Uma equipe consciente sobre os papéis e responsabilidades no contexto do negócio para o sucesso da Organização pode exercer melhor as suas atividades e atuar também como fiscalizador no ambiente. A ferramenta mais comum e utilizada por Organizações que já adotam o programa de *Compliance* é o Canal de Denúncia. Esse canal fornece aos envolvidos com a Organização uma forma de alerta para potenciais violações de desvios, sejam eles código de conduta, políticas, posturas inadequadas de funcionários ou terceiros.

Além de ser esperado pelos reguladores que as empresas implementem este tipo de canal de comunicação, no qual os funcionários ou parceiros comerciais podem entrar em contato para relatar suas preocupações e denúncias de forma confidencial e anônima, e dentro dos termos da lei local, este tipo de canal é a principal fonte de identificação de fraudes.

A importância em se criar estruturas de *Compliance*, Auditoria Interna e Controles Internos nas organizações é que estas áreas poderão acompanhar de forma contínua e tempestiva os processos monitorando-os para assegurar a aderência as regras definidas pelas instituições, legislações ou processos internos para prevenção de controle de riscos inerentes aos processos do negócio. Pode-se dizer que o papel dessas equipes são "fiscalizadoras" para preservar a reputação, garantir a integridade, a credibilidade da imagem, dentro das regulações, perante o mercado e seus colaboradores.

Seu sucesso dependerá diretamente de como a alta gestão o valoriza, pois eles são espelhos para os demais colaboradores.

15. CONCLUSÃO

Diante da troca de informações sem limites e fronteiras e o uso cada vez maior de tecnologia de comunicação ultrarrápida. Haverá a cada dia um volume maior de dados para serem tratados e armazenados pelas Organizações. De acordo com a Revista *CIO*, em 2020, a previsão é de termos 44 trilhões de *gigabytes* de informações disponíveis no universo digital.

É nesse ambiente digital que a preocupação com a qualidade e quantidade de dados utilizados pelas Organizações passam a ser vistos como um problema além do controle da alta direção. As Organizações passaram a ver a TI como necessária ao negócio e a envolve para que criem serviços e projetos com mais eficiência, uma vez que o tratamento e cuidado dos dados pelas abordagens tradicionais de proteção e *backup* de dados não estão sendo mais suficientes, criando a necessidade de novas metodologias, soluções ou táticas.

Com os investimentos e competividade cada vez maior no mercado acionário global, as empresas precisarão se preocupar em encontrar um modelo de gestão eficiente e transparente, que passe aos interessados uma visão de gestão estruturada e de confiança. Tais tendências demonstram que o sucesso da Organização apenas será possível se todos os envolvidos, independentemente de cargo, trabalhem de forma alinhada para gerar valor aos negócios, não apenas criando projetos mais robustos de TI.

É num contexto de mercado tumultuado e competitivo em que todos querem garantir que seus investimentos e que as informações estejam sendo utilizadas com transparência e idoneidade, que o papel dos *frameworks* das governanças aqui apresentados ganharão cada vez mais importância no Brasil, pois dará meios pelos quais as organizações conseguirão suprir a demanda por um ambiente que minimize os riscos de forma transparente, confiável e ágil.

Investimentos e crescimento de mercado impactam diretamente em serviços notariais e de registro, pois são eles que chancelam as transações e garantem sua confiabilidade. Para dar conta da quantidade de dados que as Organizações estão produzindo, mantendo a confidencialidade, disponibilidade, integridade, transparência e segurança, será necessária uma atenção maior para a implantação de um programa de *compliance*, no entanto, para garantir sua efetividade primeiramente, deverão ser implementadas as boas práticas sugeridas na governança de processos, seguida pelas melhorias da governança de TI e por fim a governança de dados. Essas etapas serão fundamentais para o sucesso do programa de *compliance*, pois como já mencionado serão os pilares de suporte das Organizações dando-as capacidade e controle sobre suas atividades, obtendo informações rápidas e assertivas para garantir a eficiência em seus investimentos, bem como em seus gastos.

Não obstante, pode se entender que essa adoção possibilita a Organização se conhecer e ter um controle mais maduro de seus processos, tendo como reagir em um momento que haja necessidade para tomadas de decisões rápidas com uma maior complexidade de informações, garantindo aos interessados, mais visibilidade, agilidade e maior facilidade em entender as informações fornecidas.

Apesar de não ser um processo fácil e nem rápido os benefícios trazidos pela adoção de *framework* de governança são indiscutíveis, no entanto, se não houver um trabalho na cultura organizacional e uma conscientização de todos os envolvidos, nenhuma ferramenta será capaz de garantir o sucesso e a confiabilidade das Organizações.

REFERÊNCIAS

4 passos para criar uma governança de dados eficiente. Disponível em: <https://cio.com.br/gestao/4-passos-para-criar-uma-governanca-de-dados-eficiente/>. Acessado em: 20-10-2020.

ABNT NBR ISO/IEC 27001:2013. Disponível em: <https://www.abntcatalogo.com.br/norma.aspx?ID=306580>. Acessado em: 24-10-2020.

ABNT. Uma norma para orientar a gestão das organizações. Disponível em: <https://bit.ly/3t0mkf1>. Acessado em: 21-10-2020.

BEDICKS, Heloisa. O surgimento da Governança Corporativa e sua implementação no Brasil. Disponível em: <https://planin.com/o-surgimento-da-governanca-corporativa-e-sua-implementacao-no-brasil/>. Acessado em: 21-10-2020.

CICCO, Fernando Fibe de. Manual para Implementação da ISO 31000:2018. Disponível em: <https://iso31000.net/manual-para-implementacao-da-iso31000/>.

_____.. OHSAS 18001 x ISO 45001 – As 10 Principais Mudanças e Tabela Comparativa Completa. Disponível em: <https://www.qsp.net.br/2018/06/ohsas-18001-x-iso-45001-as-10.html>. Acessado em: 24-10-2020.

Comitê de *Compliance* – ABBI Comissão de *Compliance* – FEBRABAN. Função do *Compliance*. Disponível em: <http://www.abbi.com.br/download/funcaodecompliance_09.pdf>.

CRUZ, Alessandra Janine Suzuki da et al. Governança corporativa: análise do processo de adequação de uma empresa brasileira do setor elétrico as exigências do mercado de ações norte-americano. Disponível em: <http://www.abepro.org.br/biblioteca/enegep2006_TR450313_8388.pdf>. Acessado em: 23-10-2020.

Instituto Brasileiro de Governança Corporativa (IBGC). Código das Melhores Práticas de Governança Corporativa. Disponível em: <https://edisciplinas.usp.br/pluginfile.php/4382648/mod_resource/content/1/Livro_Codigo_Melhores_Praticas_GC.pdf>. Acessado em: 20-10-2020.

Manual de Governança de Processos. Disponível em: <file:///C:/Users/miria/Downloads/Manual%20-%20Secao%20de%20Modelagem%20de%20Processo.pdf>. Acessado em: 20-10-2020.

Runrun.it. Governança de dados: organize esse processo crítico para a sua empresa. Disponível em: <https://www.tecinco.com.br/governanca-de-dados-organize-esse-processo-critico-para-a-sua-empresa/>. Acessado em: 21-10-2020.

SG *Compliance*. Boas Práticas de *Compliance* para Cartórios. Disponível em: <http://sgcompliance.net/wp-content/uploads/2019/11/Cartilha-SG-ANOREG-BR.pdf>. Acessado em: 24-10-2020.

11. OPERACIONALIZAÇÃO DOS DIREITOS DOS TITULARES DE DADOS PESSOAIS

Adrianne Correia de Lima
Mariana Sbaite Gonçalves

1. INTRODUÇÃO

Com o advento da Lei Geral de Proteção de Dados Pessoais (LGPD) – Lei n. 13.709/2018, diversas mudanças operacionais foram trazidas, a fim de proteger a privacidade e os direitos dos titulares de dados pessoais.

A LGPD é aplicada à pessoa física ou jurídica, de direito público ou privado, que realize atividades de tratamento de dados pessoais, impactando também, dessa forma, os procedimentos internos das serventias extrajudiciais.

Além de trazer as definições de dados pessoais e dados pessoais sensíveis, bem como as figuras dos agentes de tratamento (controlador e operador) e do encarregado, também chamado de *Data Protection Officer* – DPO, traz diretrizes para tratamento de dados pessoais.

A Lei dispõe sobre todos os direitos que os titulares poderão exercer quando forem realizados tratamentos com seus dados pessoais. O Titular, segundo definição da LGPD, é a pessoa natural a quem se referem os dados pessoais que são objeto de tratamento. De forma simplificada, é o "dono dos dados pessoais", tendo o direito de controlar e proteger seus próprios dados.

A LGPD também descreve sobre o papel do Controlador e do Operador, sendo o controlador aquele a quem competem as decisões referentes ao tratamento de dados pessoais (Empresas e Pessoas que coletam os dados para prestação de alguns serviços), e o Operador é aquele que realiza o tratamento dos dados em nome do Controlador, conforme regras definidas. Assim sendo, independentemente de como será realizada a captura de tais dados, é dever do Controlador sempre informar ao titular sobre qualquer tratamento realizado com os seus dados pessoais.

Com base nos direitos dos titulares elencados no art. 18 da LGPD, os Cartórios precisarão fazer não somente suas adequações à Lei, mas também estruturar a forma de atender às solicitações dos titulares. Essa tem sido uma das tarefas mais complexas da atualidade, haja vista a ausência de diretrizes nesse sentido, bem como da falta de referência no mercado, em função da LGPD ser relativamente nova no Brasil.

Ainda, salienta-se que, os Oficiais de Registro Civil estão sujeitos à Lei Geral de Proteção de Dados Pessoais e a ANPD (Autoridade Nacional de Proteção de Dados), que poderá realizar novas determinações no que se refere ao tratamento de dados pessoais.

O propósito deste capítulo é demonstrar as formas mais objetivas e melhores práticas no que tange ao atendimento às solicitações dos titulares de dados pessoais, primando sempre pela clareza, transparência e cumprimento da LGPD.

2. O OBJETIVO DA OPERACIONALIZAÇÃO DOS DIREITOS DOS TITULARES DE DADOS PESSOAIS

Inicialmente, é importante destacar que o Provimento n. 23/2020 estabelece que os responsáveis pelas delegações dos serviços extrajudiciais de notas e de registro são considerados controladores, ou seja, responsáveis pelas decisões no que tange ao tratamento de dados pessoais.

A fim de facilitar o exercício dos direitos dos titulares de dados pessoais, é necessária a criação de uma estrutura de atendimento, com procedimentos organizados, profissionais treinados e utilização de objetividade e transparência nas respostas aos titulares.

É essencial saber reconhecer se a solicitação feita pelo titular de dados pessoais se aplica com base na Lei vigente e quando ela pode ser recusada, bem como ter um plano de solicitações, reclamações e retificações. Ter fluxos desenhados e processos arranjados auxiliarão na composição de uma estrutura de atendimento eficaz.

Fato é que, independentemente da forma de atendimento, será necessário o atendimento aos princípios da Lei, permitindo que os titulares de dados pessoais possam exercer seus direitos, com o intuito de cumprir os dispositivos da LGPD, evitando, dessa forma, sanções administrativas e judiciais.

3. QUAIS SÃO OS TITULARES DE DADOS PARA O CARTÓRIO?

Como dito, anteriormente, o titular de dados pessoais é o "dono dos dados pessoais", tendo o direito de controlar e proteger seus próprios dados, fundamentada aqui a autodeterminação informativa, mencionada no art. 2º, II, da LGPD.

A título de conhecimento, a autodeterminação informativa é liberdade que o titular tem de dispor sobre suas informações, havendo limitação na forma como o Estado pode utilizá-las.

Para o cartório, será considerada titular de dados pessoais qualquer pessoa natural (individualizada e dotada de personalidade, sendo sujeito de relações jurídicas e tutelada pelo ordenamento jurídico), como funcionários, clientes e terceirizados. Especificando, aqui teremos a seguinte divisão, para explicar o tema em tela: **(i)** funcionários do cartório (CLT) e prestadores de serviço externos (pessoas naturais); **(ii)** pessoas cujos dados tenham sido utilizados para fins de *marketing*; e **(iii)** pessoas que possuem dados armazenados no acervo do cartório. Ao realizar o tratamento de dados pessoais de qualquer um destes, a LGPD será aplicada.

Diante do acima exposto, sabendo que as serventias de Registro Civil, Registro de Imóveis, Registro de Títulos e Documentos, Tabelionatos de Protesto, Tabelionato de Notas e Tabelionato de Contratos Marítimos, possuem extensa base de dados pessoais (por exemplo, nomes, endereços etc.) e dados pessoais sensíveis (por exemplo, alteração de gênero), é importante atuar com base nos princípios da segurança e da prevenção (art. 6º, VII e VIII, da LGPD), para, além de permitir a possibilidade do titular de dados pessoais de exercer seus direitos, também proteger as informações, a fim de evitar incidentes com dados pessoais.

4. DIREITOS EM ESPÉCIE

O art. 18 da Lei Geral de Proteção de Dados Pessoais (LGPD) elenca os direitos dos titulares de dados pessoais, que serão explicados abaixo, com base na seguinte divisão:

4.1. Funcionários do cartório (CLT) e pessoas cujos dados tenham sido utilizados para fins de marketing

Aqui, os titulares acima mencionados têm os seguintes direitos:

Confirmação da existência de tratamento

A confirmação da existência será realizada por meio de requisição do titular de dados pessoais, em formato simplificado ou por meio de declaração clara e completa, em até 15 (quinze) dias contados da data do requerimento.

A depender do cenário e após análise de possíveis impactos pelo encarregado, eventualmente esse direito poderia ser exercitado via *software*, que constate a inexistência e já retorne ao titular com uma resposta positiva ou negativa.

Acesso aos dados

O titular poderá solicitar esse acesso a qualquer tempo, por via eletrônica ou impressa. As informações deverão ser claras e precisas e a consulta será gratuita. Também, como na confirmação da existência, o acesso será providenciado mediante requisição do titular, em formato simplificado ou por meio de declaração clara e completa, em até 15 (quinze) dias contados da data do requerimento.

O titular poderá, ainda, solicitar ao cartório quais dados pessoais já foram compartilhados com outras organizações e prestadoras de serviço pelo cartório. Há a necessidade de transparência.

Cabe destacar que esse direito não se confunde com a emissão de certidões, em que há os atributos de fé pública e a cobrança respectiva de emolumentos, tanto que o Provimento n. 23/2020 do TJSP é nesse sentido:

> 142.1. Na informação, que poderá ser prestada por meio eletrônico, seguro e idôneo para esse fim, ou por documento impresso, deverá constar a advertência de que foi entregue ao titular dos dados pessoais, na forma da Lei n. 13.709, de 14 de agosto de 2018, e que não produz os efeitos de certidão e, portanto, não é dotada de fé pública para prevalência de direito perante terceiros.

[...]

143. As certidões e informações sobre o conteúdo dos atos notariais e de registro, para efeito de publicidade e de vigência, serão fornecidas mediante remuneração por emolumentos, ressalvadas as hipóteses de gratuidade previstas em lei específica.

Correção de dados incompletos, inexatos ou desatualizados

A correção poderá ser solicitada quando houver erros, desatualização ou falta de dados sobre o titular. Como exemplos, pode-se citar a atualização de endereço residencial ou mudança de gênero.

Se envolver documentos com fé pública, o titular deverá seguir os trâmites normais de retificação de registros públicos, como também corroborado pelo Provimento n. 23/2020 do TJSP: "146. A retificação de dado pessoal constante em registro e em ato notarial deverá observar o procedimento, extrajudicial ou judicial, previsto na legislação ou em norma específica".

Anonimização, bloqueio ou eliminação de dados

A anonimização é a técnica de processamento de dados que remove ou modifica informações que possam identificar o titular de dados pessoais e, de acordo com a LGPD, sempre que possível, os dados serão anonimizados. Importante salientar que os dados anonimizados não estão sujeitos à LGPD. Ainda, havendo dados desnecessários ou excessivos, estes podem ser bloqueados ou eliminados, eis que não atendem às finalidades informadas para o tratamento.

Portabilidade dos dados

Por meio de requisição expressa, o titular de dados pessoais pode levar seus dados para outro fornecedor de serviços ou produtos, desde que não importe em violação de segredos comercial e industrial. Um exemplo clássico: quando o titular faz a mudança de linha telefônica de celular de uma operadora para outra mantendo o número de telefone.

A princípio, esse direito não se aplicaria, tendo em vista a previsão do art. 147 do Provimento n. 23/2020 do TJSP, porém, ainda aguardar melhor definição pela Autoridade Nacional de Proteção de Dados Pessoais – ANPD, devido ao art. 4º, II, *c*, do Decreto n. 10.474/2020 já que há dificuldades operacionais em cumprir esse direito, bem como as orientações específicas do Conselho Nacional de Justiça – CNJ.

Eliminação dos dados pessoais tratados com o consentimento do titular

Os dados pessoais poderão ser eliminados, por meio de requisição expressa do titular de dados pessoais, caso não haja a obrigatoriedade da manutenção daqueles para cumprimento de obrigação legal ou regulatória pelo Controlador.

Informação das entidades públicas e privadas com as quais o controlador realizou uso compartilhado de dados

Nesse caso, o titular de dados pessoais tem o direito de saber com quais entidades o Controlador compartilha seus dados pessoais. Por exemplo, quando utiliza uma rede social, tem o direito de saber com quais empresas a referida rede social faz o compartilhamento de seus dados pessoais.

Informação sobre a possibilidade de não fornecer consentimento e sobre as consequências da negativa

Caso o titular de dados pessoais não forneça o consentimento, ele tem o direito de saber quais serão as consequências com relação à negativa. Como, por exemplo, quando não concorda com os termos de certa empresa e, por esse motivo, não pode utilizar determinados serviços.

Revogação do consentimento

Pode o titular de dados pessoais, a qualquer momento, revogar o consentimento dado, sem custos e por meio de requerimento expresso, em relação àqueles tratamentos que são pautados no mencionado consentimento.

Revisão das decisões automatizadas

Ocorrendo decisões automatizadas que afetem os interesses do titular de dados pessoais, este pode solicitar a revisão da referida decisão, a fim de ter informações sobre os critérios empregados na tomada da referida decisão.

4.2. E quando os titulares têm os dados armazenados no acervo do cartório?

Aqui, a situação funciona de forma um pouco diferente. Isso porque há especificidades nos procedimentos referentes aos documentos que são armazenados nos acervos dos cartórios.

Ocorrerão situações em que a guarda e uso de dados pessoais pelo poder público será relevante para seu tratamento, para cumprir certas obrigações legais, por exemplo. Ou, ainda, que o cartório precise conferir autenticidade e segurança a certos documentos e atos, atendendo determinados regulamentos, necessitando, dessa forma, de usar e manter certos dados pessoais. Ainda, atenção especial deverá ser dispensada, quando se tratar de dados pessoais sensíveis.

Seguem alguns pontos de destaque, no que tange à LGPD e sua aplicação aos cartórios:

- A LGPD definiu, em seus arts. 23 e s., que se aplicarão aos cartórios as mesmas regras de tratamento pelo Poder Público;
- O Provimento n. 23/2020 estabelece que os responsáveis pelas delegações dos serviços extrajudiciais de notas e de registro são considerados controladores, ou seja, responsáveis pelas decisões no que tange ao tratamento de dados pessoais. Ainda de acordo com o texto, os prepostos também podem atuar em funções de tratamento de dados, em especial no que se refere aos prestadores dos serviços de informática;
- É essencial que todos os procedimentos realizados no cartório estejam atrelados a uma base legal. Ou seja, há a necessidade de que o tratamento se encaixe em uma das hipóteses de tratamento elencadas pela Lei;
- Ainda que os titulares de dados pessoais possuam direitos, eles não são absolutos, e o cartório deverá analisar caso a caso, quando receber demandas dos titulares, para atendimento ou supressão de seus direitos;
- Dispõe o Provimento n. 23/2020 que tratamento de dados pessoais destinados à prática dos atos inerentes ao exercício dos ofícios notariais e registrais, no cumprimento de obrigação legal ou normativa, independe de autorização específica da pessoa natural que deles for titular. Ou seja, aqui, não há a necessidade do consentimento do titular de dados pessoais;
- No que se refere ao DPO, cada unidade dos serviços extrajudiciais de notas e de registro deverá manter um encarregado que atuará como canal de comunicação entre o controlador, os titulares dos dados e a Autoridade Nacional de Proteção de Dados (ANPD).

Abaixo, elencamos pontos de atenção, com base no Provimento n. 23/2020, quando o foco for o atendimento à solicitação de titulares que tenham dados pessoais armazenados nos arquivos dos cartórios:

Os titulares terão livre acesso aos dados pessoais, mediante consulta facilitada e gratuita, e o acesso será restrito ao titular dos dados pessoais, podendo ser promovido mediante informação verbal ou escrita, conforme for solicitado.

Importante dizer que a informação, que poderá ser prestada por meio eletrônico, seguro e idôneo para esse fim, ou por documento impresso, deverá constar a advertência de que foi entregue ao titular dos dados pessoais, na forma da LGPD, e que não produz os efeitos de certidão e, portanto, não é dotada de fé pública para prevalência de direito perante terceiros.

Qualquer solicitação de correção/retificação de dados pessoais que constem em arquivos do cartório deverá observar o procedimento, extrajudicial ou judicial, previsto na legislação ou em norma específica.

No que tange à portabilidade de dados pessoais (art. 18, V, da LGPD), os responsáveis pelas delegações dos serviços extrajudiciais de notas e de registro não se equiparam a fornecedores de serviços ou produtos.

Sobre certidões e informações sobre o conteúdo dos atos notariais e de registro, serão fornecidas mediante remuneração por emolumentos, ressalvadas as hipóteses de gratuidade previstas em lei específica. Para a expedição, ainda poderá ser exigido o fornecimento, por escrito, da identificação do solicitante e da finalidade da solicitação. Serão negadas, por meio de nota fundamentada, as solicitações de certidões e informações formuladas em bloco, relativas a registros e atos notariais relativos ao mesmo titular de dados pessoais ou a titulares distintos, quando as circunstâncias da solicitação indicarem a finalidade de tratamento de dados pessoais, pelo solicitante ou outrem, de forma contrária ao que dispõe a LGPD.

Por fim, dispõe o item 144, da Seção VIII, que as certidões, informações e interoperabilidade de dados pessoais com o Poder Público, nas hipóteses previstas na LGPD, e na legislação e normas específicas, não se sujeitam ao disposto nos itens 144 a 144.3 do Provimento n. 23/2020.

Diante do exposto, fica claro que alguns direitos dos titulares de dados pessoais serão tratados de forma diferenciada, por conta de algumas especificidades de outras leis vigentes, demandando cautela e atenção, por parte das serventias, na análise das solicitações recebidas.

4.3. Estrutura interna e aplicação de boas práticas

Como já mencionado no Capítulo 8 deste livro, a ABNT NBR ISO 31000 possui estrutura, conteúdo técnico e redação idêntica à ISO 31000:2009, tendo sido desenvolvida pela ISO/TMB/WG (*ISO Technical Management Board Working Group on risk management*) conforme a *ISO/IEC Guide 21-1:2005*, e também serve como norteadora quando se fala em atendimento aos titulares de dados pessoais.

Boas práticas, de forma simplificada, nada mais são do que realizar as tarefas da forma mais organizada e segura. Elaborar e aplicar treinamentos, analisar o ciclo de vida dos dados, ter um procedimento de descarte de dados pessoais, implantar um programa de governança e ter política de privacidade e política da segurança da informação são boas práticas que ajudam na adequação à Lei Geral de Proteção de Dados Pessoais (que menciona, em seu art. 50, que controladores e operadores poderão formular regras de boas práticas e segurança).

Além de uma estrutura ordenada, otimização nos atendimentos, controle de *KPIs (Key Performance Indicator)* e reciclagem de treinamentos, implementar a ISO 31000 coopera para uma gestão eficiente e para a minimização de riscos. Padronizar os procedimentos e distribuir bem todas as etapas do fluxo do atendimento, certamente gerará melhores resultados e bons níveis de satisfação por parte dos titulares de dados pessoais.

Ainda, tratando do tema segurança, o Provimento n. 74/2018 dispõe algumas regras aos serviços notariais e de registro, como, por exemplo: adotarem políticas de segurança da informação, possuírem sistema de *backup* em nuvem, terem plano de continuidade de negócios, dentre outros.

Na criação da estrutura de atendimento, devem ser avaliados os possíveis riscos e aplicar os controles de segurança necessários, com o intuito de conseguir responder as solicitações de forma hábil e assertiva, obedecendo aos dispositivos da Lei Geral de Proteção de Dados Pessoais.

5. Como são operacionalizados os direitos?

Após elencados todos os direitos dos titulares de dados pessoais, aqui trataremos da estrutura do fluxo de atendimento, ou seja, a melhor forma de atender todas as solicitações realizadas pelos titulares de dados pessoais.

Importante dizer que: quando alguma informação for requerida, será exigida a identificação do solicitante para as informações, por via eletrônica, que abranjam dados pessoais, salvo se a solicitação for realizada por responsável pela unidade, ou seu preposto, na prestação do serviço público delegado.

É recomendável realizar uma espécie de mapeamento básico inicial e, claro, avançar com uma consultoria ou a definição do encarregado e um time para suportá-lo. Preliminarmente, vale mapear:

- As categorias de dados pessoais tratados (se há dados sensíveis também);
- Quais são os dados (ex: nome, RG, CPF etc.);

- Os fins para os quais o cartório trata os dados pessoais;
- Quais dados são compartilhados com outras organizações e por quais motivos.

E avançar no Programa de Governança em Privacidade.

Cabe analisar como se dará o canal de comunicação entre o cartório e o titular de dados. Isso porque: exercitar os direitos dos titulares também é cumprir a LGPD.

O Cenário ideal é a comunicação ocorrer diretamente com o controlador, cabendo ao cartório analisar como receberá e responderá as requisições dos titulares: por meio do *site*, *e-mail*, telefone, formulário físico no balcão do cartório ou outra plataforma digital segura do cartório[1].

Abaixo, segue uma sugestão para um portal de atendimento:

ACESSO AO PORTAL DE ATENDIMENTO AO TITULAR:

Apresentar em lugar visível:

- Aviso de Privacidade
- Política de *Cookies*
- Canal de Contato
- Nome do Encarregado de dados

Nota: o Provimento n. 23/2020 do TJSP orienta que:

> "134. A política de privacidade e o canal de atendimento aos usuários dos serviços extrajudiciais deverão ser divulgados por meio de cartazes afixados nas unidades e avisos nos sítios eletrônicos mantidos pelas delegações de notas e de registro, de forma clara e que permita a fácil visualização e o acesso intuitivo.
>
> 134.1. A critério dos responsáveis pelas delegações, a política de privacidade e a identificação do canal de atendimento também poderão ser divulgados nos recibos entregues para as partes solicitantes dos atos notariais e de registro".

- **Quem sou:**
    ( ) Funcionário
    ( ) Cliente

---

[1] LIMA & ALVES, 2021.

( ) Terceiro
( ) Outro

- **Minha identificação:**
  ✓ Nome completo:
  ✓ CPF:
  ✓ *E-mail*:

- **Minha solicitação:**
  ✓ Consultar meus dados pessoais
  ✓ Solicitação de informações sobre o uso dos meus dados pessoais
  ✓ Conceder ou revogar consentimento
  ✓ Consequências de não dar consentimento para o tratamento dos meus dados
  ✓ *Download* dos meus dados pessoais coletados pela organização
  ✓ Correção dos meus dados pessoais
  ✓ Verificar transferências e compartilhamentos dos meus dados pessoais
  ✓ Solicitação de portabilidade dos meus dados pessoais
  ✓ Oposição ao tratamento dos meus dados pessoais
  ✓ Eliminação dos meus dados pessoais
  ✓ Esclarecimentos ou revisões sobre decisões automatizadas

- **Recebimento da solicitação:**
  ✓ Atender a requisição do titular
  ✓ Gerar evidência de atendimento no sistema
  ✓ Executar *workflow* do atendimento
  ✓ Gerar KPI *(Key Performance Indicator)* de atendimento
  ✓ Consultar andamento de pedidos
  ✓ Gerar resposta ao titular de dados pessoais

Aqui, fizemos uma sugestão básica e prática. O modelo de estrutura do atendimento fica a critério do Controlador, importando que, de fato, seja claro e objetivo, e permita ao titular de dados pessoais exercer seus direitos sem maiores dificuldades.

O titular que quiser exercer qualquer um de seus direitos deverá ser direcionado para o portal de atendimento e preencher o formulário existente. Após a realização da solicitação, será feita uma verificação de sua identidade e então seu requerimento poderá ser avaliado, gerando Ticket de Atendimento para seu acompanhamento.

Posteriormente, o Encarregado pelo Tratamento de Dados Pessoais (DPO) avaliará as solicitações do titular, verificando se é cabível e qual a melhor forma de ser atendida (análise do tipo de tratamento, base legal, dentre outras). Após o resultado dessa análise, o DPO indicará à equipe de atendimento como responder a mencionada solicitação.

Após o atendimento ser finalizado, será gerada uma evidência de que ele foi realizado e o titular terá a possibilidade de dar um *feedback* sobre o atendimento à sua solicitação.

Cenário de forma resumida:

Por fim, fica clara a necessidade de organização e transparência, quando o tema for atendimento às solicitações dos titulares de dados pessoais.

Algumas reflexões a se fazer quando se trata de direitos dos titulares perante a LGPD:

- Quem vai receber as solicitações, como será o processo interno e com terceiros, bem como a resposta aos titulares pelo cartório?

- Se o cartório receber a solicitação, como será cumprido pelos prestadores de serviço (operadores)?
- Se as solicitações forem recebidas pelos prestadores de serviço (operadores), como o cartório tomará conhecimento para efetivar a solicitação?

Alguns pontos se destacam, quando da organização dessa estrutura: ter um canal para recebimento de solicitações dos titulares de dados adequado à realidade da organização, treinar os funcionários que realizarão essas ações, identificar o titular, gerenciar o tempo do recebimento e das respostas, gerar evidências sobre recebimento e respostas às solicitações e utilizar ferramentas que protejam a segurança das informações, bem como facilitem a operação de resposta, de forma a possibilitar o cumprimento de todos os direitos dos titulares.

Por fim, é importante conscientizar todos os envolvidos, a fim de mitigar os riscos de incidentes e vazamentos, exercitar o cumprimento da LGPD, bem como desenvolver a privacidade e a proteção dos dados pessoais dentro da organização, gerando uma relação saudável de confiança entre as serventias, seus funcionários e todos os titulares de dados pessoais.

REFERÊNCIAS

ABNT. Associação Brasileira de Normas Técnicas. Gestão de Riscos: Princípios e Diretrizes. Norma Brasileira ABNT NBR ISO 31000. São Paulo: ABNT, 2009.

ARPENSP. O impacto da LGPD nas atividades dos registradores civis de pessoas naturais. Disponível em: <https://bit.ly/3c4koLt>. Acesso em: mar. 2021.

COÊLHO, Marcus Vinicius Furtado. O direito à proteção de dados e a tutela da autodeterminação informativa. Disponível em: <https://bit.ly/3rk9Gqp>. Acesso em: mar. 2021.

LIMA, Adrianne Correia de; ALVES, Davis. *Encarregados: Data Protection Officer*. São Paulo: Haikai, 2021.

MALDONADO, Viviane Nóbrega. *LGPD – Lei Geral de Proteção de Dados Comentada*. São Paulo: Thomson Reuters, 2019.

SÃO PAULO. TJSP. Provimento CGJ n. 23/2020. Dispõe sobre o tratamento e proteção de dados pessoais pelos responsáveis pelas delegações dos serviços extrajudiciais. Disponível em: <https://bit.ly/3qti7j1>. Acesso em: jan. 2021.

12. ENQUADRAMENTO DE BASES LEGAIS NOS CARTÓRIOS

Adrianne Correia de Lima
Ana Lidia Olivieri de Oliveira Maia
João Rodrigo Stinghen
Rachel Leticia Curcio Ximenes

1. INTRODUÇÃO

Este capítulo vem com a orientação de levantar os principais pontos de impacto do Provimento n. 23/2020 da Corregedoria Geral da Justiça do Estado de São Paulo (CGJ/SP), diante da Lei Federal n. 13.709/2018 – Lei Geral de Proteção de Dados (LGPD), no que diz respeito aos notários e registradores.

A LGPD dispõe sobre o tratamento de dados pessoais, inclusive nos meios digitais, por pessoa natural ou por pessoa jurídica de direito público ou privado, com o objetivo de proteger os direitos fundamentais de liberdade e de privacidade e o livre desenvolvimento da personalidade da pessoa natural. A LGPD entrou em vigor em 18 de setembro de 2020. As sanções ficaram previstas para agosto de 2021. Em seu arcabouço, a lei traz grandes impactos para aqueles que recolhem e processam dados de terceiros, exigindo consentimento explícito do titular dos dados para o tratamento.

O Provimento n. 23/2020 *dispõe sobre o tratamento e proteção de dados pessoais pelos responsáveis pelas delegações dos serviços extrajudiciais de notas e de registro de que trata o art.* 236 da Constituição Federal, definindo as diferentes formas de tratamento que serão dadas aos atos relativos ao exercício dos ofícios extrajudiciais e aos atos decorrentes do gerenciamento administrativo e financeiro das delegações exercidas por particulares mediante outorga pelo Poder Público.

Considerando que o novo regime de tratamento de dados pessoais se aplica aos serviços públicos extrajudiciais de notas e de registros prestados na forma do art. 236 de Constituição Federal e que os responsáveis pelas delegações dos serviços extrajudiciais de notas e de registro, no desempenho de suas atividades, são controladores de dados pessoais, faz-se necessário o cumprimento das disposições previstas no provimento em questão.

Dessa forma, para atender as exigências previstas, os cartórios terão de realizar uma triagem dos dados, uma vez que a nova legislação exige que as organizações limitem a quantidade e o escopo dos dados pessoais processados ao mínimo necessário. O documento descreve os requisitos destinados a conferir maior segurança para as informações e certidões solicitadas por meio eletrônico e assim reduzir o risco de uso contrário aos princípios da LGPD. Além de definir aspectos do compartilhamento com as Centrais de Serviços Eletrônicos Compartilhados, que, apesar de previsões legais e normativas que possibilitam em alguns casos o acesso a dados pessoais mediante compartilhamento, não são equiparadas a pessoas jurídicas de direito público para efeito de sujeição à LGPD.

Ademais, para garantir o tratamento dos dados pessoais em conformidade com a LGPD, os cartórios deverão formar o controlador e o processador de dados. O controlador será aquele que realizará as decisões acerca do tratamento de dados e o processador quem efetuará o tratamento das informações. Ambos são responsáveis pela administração dos dados. Os responsáveis pelas delegações dos serviços extrajudiciais, na qualidade de titulares, interventores ou interinos, são considerados controladores. Ainda de acordo com o texto, os prepostos também podem atuar em funções de tratamento de dados, em especial no que se refere aos prestadores dos serviços de informática. A mesma publicação regulamenta a possibilidade de nomeação de encarregado não integrante do quadro de funcionários da serventia, com remuneração promovida, ou subsidiada, pelas entidades representativas de classe, podendo o encarregado atuar em mais de uma delegação.

2. DA NATUREZA JURÍDICA DA ATIVIDADE NOTARIAL E REGISTRAL

De acordo com o art. 236 da Constituição Federal, os serviços notariais e de registro são exercidos em caráter privado, mas por delegação do poder público. Isso significa que eles são, na verdade, uma função pública delegada a particulares, via concurso público, para fins de otimização da sua execução. Tendo em vista a natureza pública desses serviços, incidem sobre eles as diretrizes basilares da Administração Pública (legalidade, impessoalidade, moralidade, publicidade e eficiência, presentes no *caput* do art. 37 da Constituição Federal), e têm sua atuação regulada por lei (n. 8.935/94), bem como devem perseguir o fim maior de toda a atividade estatal: o interesse coletivo.

É claro que as relações sociais e econômicas modernas permitem que o Estado delegue a particulares a execução de certos serviços públicos. No entanto, essa delegação não descaracteriza o serviço como público, vez que o Estado sempre se reserva o poder jurídico de regulamentar, alterar e controlar o serviço[1].

Quando falamos de direito à privacidade, estamos falando da inviolabilidade da intimidade, da vida privada, da honra e imagem, bem como da casa e do sigilo das telecomunicações. Trata-se de, exatamente em virtude da natureza pública desses serviços, a LGPD determinou, em seu art. 23, § 4º, que os serviços notariais e de registro terão o mesmo tratamento dispensado às pessoas jurídicas de direito público. A LGPD dispôs também que os órgãos notariais e de registro devem fornecer, para a Administração Pública, o acesso aos dados por meio eletrônico.

3. A PRIVACIDADE COMO DIREITO FUNDAMENTAL

O ordenamento jurídico brasileiro dispõe sobre o direito à privacidade, intimidade, à vida privada, no art. 5º, X, da Constituição Federal, resguardando o poder de escolha, para que cada cidadão, brasileiro e estrangeiro, que reside no Brasil tenha direito à sua intimidade.

A esse respeito, José Afonso da Silva defende que o direito à privacidade é mais abrangente que os demais direitos, conforme depreende-se:

> Por isso, preferimos usar a expressão direito à privacidade, num sentido genérico e amplo, de modo a abarcar todas essas manifestações da esfera íntima, privada e da personalidade, que o texto constitucional em exame consagrou. Toma-se, pois, a privacidade, como "o conjunto de informação acerca do indivíduo que ele pode decidir manter sob seu exclusivo controle, ou comunicar, decidindo a quem, quando, onde e em que condições, sem a isso poder ser legalmente sujeito". A esfera de inviolabilidade, assim, é ampla, "abrange o modo de vida doméstico, nas relações familiares e afetivas em geral, fatos, hábitos, local, nome, imagem, pensamentos, segredos e, bem assim, as origens e planos futuros do indivíduo". A doutrina sempre lembra que o Juiz americano Cooly, em 1873, identificou a privacidade como o direito de ser deixado

---

[1] CARVALHO FILHO. *Manual de direito administrativo.* 28. ed. São Paulo: Atlas, 2015, p. 334.

tranquilo, em paz, de estar só: *Right to be alone*. O *right of privacy* compreende, decidiu a Corte Suprema dos Estados Unidos, o direito de toda pessoa tomar sozinha as decisões na esfera da sua vida privada[2].

Além do direito à privacidade, intimidade, imagem mencionados no inciso X do art. 5º da Constituição Federal, é de salutar importância as garantias descritas no inciso XII que versam sobre a inviolabilidade da correspondência e das comunicações telegráficas de dados e telefônicas, como direito fundamental, só podendo ser quebrado por ordem judicial.

Apesar da garantia constitucional apresentada acima, resta clara que, na hipótese de relação de emprego, há poder de direção do empregador, decorrente da subordinação. Em respeito a tal noção e em decorrência da responsabilidade objetiva do empregador por atos cometidos por seus empregados, é razoável que aquele possa monitorar estes, a fim de se resguardar juridicamente.

O empregador pode, legitimamente, monitorar seus empregados apenas no que tange a ferramentas de trabalho por ele concedidas, *e.g.*, *e-mails* corporativos, telefones móveis corporativos, programas de envio de mensagem instantânea, entre outras.

Nesse contexto, a Justiça do Trabalho vem se posicionando no sentido de que, para se resguardar de eventual responsabilidade, é lícito o monitoramento, bem como sua utilização como prova em eventual ação judicial, conforme depreende-se da ementa do acórdão abaixo:

> PROVA ILÍCITA. *E-MAIL* CORPORATIVO. JUSTA CAUSA. DIVULGAÇÃO DE MATERIAL PORNOGRÁFICO. 1. Os sacrossantos direitos do cidadão à privacidade e ao sigilo de correspondência, constitucionalmente assegurados, concernem à comunicação estritamente pessoal, ainda que virtual (*e-mail* particular). Assim, apenas o *e-mail* pessoal ou particular do empregado, socorrendo-se de provedor próprio, desfruta da proteção constitucional e legal de inviolabilidade. 2. Solução diversa impõe-se em se tratando do chamado *e-mail* corporativo, instrumento de comunicação virtual mediante o qual o empregado louva-se de terminal de computador e de provedor do cartório, bem assim do próprio endereço eletrônico que lhe é disponibilizado igualmente pelo cartório. Destina-se este a que nele trafeguem mensagens de cunho estritamente profissional. Em princípio, é de uso corporativo, salvo consentimento do empregador. Ostenta, pois, natureza jurí-

---

[2] SILVA, 2015, p. 208.

dica equivalente a de uma ferramenta de trabalho proporcionada pelo empregador ao empregado para a consecução do serviço. 3. A estreita e cada vez mais intensa vinculação que passou a existir, de uns tempos a esta parte, entre Internet e/ou correspondência eletrônica e justa causa e/ou crime exige muita parcimônia dos órgãos jurisdicionais na qualificação da ilicitude da prova referente ao desvio de finalidade na utilização dessa tecnologia, tomando-se em conta, inclusive, o princípio da proporcionalidade e, pois, os diversos valores jurídicos tutelados pela lei e pela Constituição Federal. A experiência subministrada ao magistrado pela observação do que ordinariamente acontece revela que, notadamente o *e-mail* corporativo, não raro sofre acentuado desvio de finalidade, mediante a utilização abusiva ou ilegal, de que é exemplo o envio de fotos pornográficas. Constitui, assim, em última análise, expediente pelo qual o empregado pode provocar expressivo prejuízo ao empregador. 4. Se se cuida de *e-mail* corporativo, declaradamente destinado somente para assuntos e matérias afetas ao serviço, o que está em jogo, antes de tudo, é o exercício do direito de propriedade do empregador sobre o computador capaz de acessar a INTERNET e sobre o próprio provedor. Insta ter presente também a responsabilidade do empregador, perante terceiros, pelos atos de seus empregados em serviço (Código Civil, art. 932, III), bem como que está em xeque o direito à imagem do empregador, igualmente merecedor de tutela constitucional. Sobretudo, imperativo considerar que o empregado, ao receber uma caixa de *e-mail* de seu empregador para uso corporativo, mediante ciência prévia de que nele somente podem transitar mensagens profissionais, não tem razoável expectativa de privacidade quanto a esta, como se vem entendendo no Direito Comparado (EUA e Reino Unido). 5. Pode o empregador monitorar e rastrear a atividade do empregado no ambiente de trabalho, em *e-mail* corporativo, isto é, checar suas mensagens, tanto do ponto de vista formal quanto sob o ângulo material ou de conteúdo. Não é ilícita a prova assim obtida, visando a demonstrar justa causa para a despedida decorrente do envio de material pornográfico a colega de trabalho. Inexistência de afronta ao art. 5º, incisos X, XII e LVI, da Constituição Federal. 6. Agravo de Instrumento do Reclamante a que se nega provimento (TST, RR 61300-23.2000.5.10.0013, Rel. Min. João Oreste Dalazen, julgado em 18-5-2005, 1ª Turma, *DJ* 10-6-2005)[3].

---

[3] Disponível em: <http://aplicacao5.tst.jus.br/consultaunificada2/inteiroTeor.do?action =printInteiroTeor&format=html &highlight=true&numeroFormatado=RR%20-%20 61300-23.2000.5.10.0013&base=acordao&rowid=AAANGhAAFAAAgNcAAS&data Publicacao=10/06/2005 &localPublicacao=DJ&query=PROVA%20and%20ILÍCITA>. Acesso em: 29 dez. 2020.

MONITORIZAÇÃO DO MSN. QUEBRA DE SIGILO DE CORRESPONDÊNCIA. NÃO OCORRÊNCIA. Considerando que os equipamentos de informática são disponibilizados pelas empresas aos seus funcionários com a finalidade única de atender às suas atividades laborativas, sendo o MSN comumente utilizado na empresa como ferramenta de trabalho, é perfeitamente aceitável a monitorização das mensagens enviadas e recebidas pela empregadora, sem que reste configurada violação dos direitos à intimidade ou privacidade e sigilo de correspondência. Esse controle apresenta-se como a forma mais eficaz, tanto de proteção e fiscalização às informações que tramitam no âmbito da empresa, inclusive sigilosas, quanto de evitar o mau uso do sistema internet, que pode, inclusive, atentar contra a moral e os bons costumes, causando à imagem do cartório prejuízos de larga monta. Nego provimento ao recurso (TRT 18ª Região, 1634200901118001 GO 01634-2009-011-18-00-1, Rel. Aldon do Vale Alves Taglialegna, *DJe* 8-4-2010)[4].

Em conclusão, apesar de a privacidade ser considerada um direito fundamental, bem como as garantias constitucionais que regem o direito a inviolabilidade da correspondência, comunicações telegráficas, dados telefônicos, existe uma visão relativa destes direitos quando o cenário é decorrente de uma relação de emprego, onde o empregador é quem concede aos seus funcionários computadores, *e-mails*, celulares e demais ferramentas para fins do negócio. Além disso, os argumentos acima apresentados salvaguardam o empregador no que diz respeito às investigações internas e às ações individuais contra os empregados investigados.

4. A PROTEÇÃO DE DADOS PESSOAIS

A proteção de dados está inteiramente ligada com conceitos e direitos fundamentais anteriormente apresentados, bem como os direitos humanos e a liberdade de expressão. Nas últimas décadas, seu estudo tem sido paralelo ao estudo dos direitos fundamentais, em âmbito internacional.

Até 2018, sob a ótica da proteção de dados, o Brasil enfrentava a ausência de legislação que a regulasse, de forma ampla e integral. Eram percebidas, tão

---

[4] Disponível em: <https://trt-18.jusbrasil.com.br/jurisprudencia/18951543/1634200901118001-go-01634-2009-011-18-00-1/inteiro-teor-104204967 1?ref=juris-tabs>. Acesso em: 27 set. 2018.

somente, leis setoriais pouco abrangentes e que transferiam ao público inúmeras incertezas e divergências. Era o que se sucedia, a título de exemplo, com o Marco Civil da Internet[5], que dedica alguns de seus artigos à proteção de dados no ambiente *online*, mas sem trazer conceitos pré-definidos, como a de definição de dados pessoais, que apresenta lacuna de concepção[6].

Apesar de estarem intimamente ligados, o direito à privacidade e o direito à proteção de dados pessoais são distintos.

Quando falamos de direito à privacidade, estamos falando da inviolabilidade da intimidade, da vida privada, da honra e imagem, bem como da casa e do sigilo das telecomunicações. Trata-se de uma proibição da interferência estatal na vida privada, exceto excepcionalmente, desde que de acordo com a lei, por importante razão e legítimo interesse público.

Com o advento da internet e do cada vez mais presente espaço digital, surgem novos riscos à vida privada relacionados à coleta e ao uso de dados e informações pessoais nesses ambientes, emergindo um novo conceito de privacidade: a privacidade informacional ou o direito à autodeterminação informacional.

5. LINHA DO TEMPO SOBRE PROTEÇÃO DE DADOS PESSOAIS NO BRASIL

A Constituição Federal conforme já descrito anteriormente, em seu art. 5º, X, confere proteção à vida privada e assegura o direito de indenização seja moral ou material para aqueles que violarem este direito e causarem dano a outrem. A questão é que com tanta mudança ocasionada pela chamada era tecnológica ou da informação, gerou a necessidade de novas leis com intuito de reconhecer os novos direitos e de maneira mais que especial, aqueles relacionados a proteção de dados pessoais.

Algumas dessas leis são descritas a seguir:

---

[5] BRASIL. Lei n. 12.965, de 23 de abril de 2014. *Diário Oficial da União*. Brasília, DF, 23 abr. 2014. Disponível em: <http://www.planalto.gov.br/ccivil_03/_ato2011-2014/2014/lei/l12965.htm>. Acesso em: 30 set. 2018.

[6] LIMA & ALVES, 2021.

MARCO INICIAL

Lei n. 12.527, de 18 de novembro de 2011

Conhecida como "Lei de Acesso à Informação". Dispõe sobre os procedimentos a serem observados pela União, Estados, Distrito Federal e Municípios, com o fim de garantir o acesso a informações previsto no inciso XXXIII do art. 5º, no inciso II do § 3º do art. 37 e no § 2º do art. 216 da Constituição Federal. Referida lei trata também de dados pessoais de acesso público. **Importante por já trazer algumas definições, como para "informação pessoal" e "tratamento da informação".**

A primeira significa "aquela relacionada à pessoa natural identificada ou identificável", e a segunda, "conjunto de ações referentes à produção, recepção, classificação, utilização, acesso, reprodução, transporte, transmissão, distribuição, arquivamento, armazenamento, eliminação, avaliação, destinação ou controle da informação". **Todavia, apenas refere-se a guarda de dados pelo Poder Público, bem como os itens que podem e devem ser divulgados, estando longe de representar o marco para proteção de dados.**

Lei n. 12.737, de 30 de novembro de 2012

Conhecida como "Lei Carolina Dieckmann", referida norma dispõe sobre a **tipificação criminal de delitos informáticos**, cuja motivação se deu após o vazamento de arquivos íntimos do computador da atriz Carolina Dieckmann. Dessa forma, busca garantir a proteção ao direito fundamental à intimidade do cidadão, que tem correlação intrínseca à proteção de dados pessoais.

Lei n. 12.965, de 23 de abril de 2014

Conhecida como **"Marco Civil da Internet"**, referida lei estabelece princípios, garantias, direitos e deveres para o uso da internet no Brasil e determina as diretrizes para atuação da União, dos Estados, do Distrito Federal e dos Municípios em relação à matéria. Inaugurando a legislação específica para relações virtuais, seu art. 3º estabelece a proteção da privacidade, bem como a proteção dos dados pessoais como princípio. Ainda, seu art. 7º trata sobre alguns direitos aos usuários da internet, dentre eles, a inviolabilidade da intimidade e da vida privada, o direito a informações claras e completas nos contratos de prestação de serviços e o direito de não fornecimento a terceiros de seus dados pessoais, salvo mediante consentimento.

Entretanto, **ainda se mostrou insuficiente para regular a proteção de dados no Brasil** (o Marco Civil remete alguns detalhes específicos quanto a coleta e o tratamento de dados a regulamento futuro), o que ensejou a criação de um marco próprio acerca da temática.

Decreto n. 8.771, de 11 de maio de 2016

Regulamenta a Lei n. 12.965, de 23 de abril de 2014 (Marco Civil da Internet), para tratar das hipóteses admitidas de discriminação de pacotes de dados na internet e de degradação de tráfego, indicar procedimentos para guarda e proteção de dados por provedores de conexão e de aplicações, apontar medidas de transparência na requisição de dados cadastrais pela administração pública e estabelecer parâmetros para fiscalização e apuração de infrações. **O foco se dá na segurança dos dados, e não exatamente nas regras sobre o seu tratamento pelos próprios coletores.**

Lei n. 13.709, de 14 de agosto de 2018

É a nossa Lei Geral de Proteção de Dados (LGPD), elaborada especificamente para dispor sobre o tratamento de dados pessoais no Brasil, após não mais poder se esquivar da demanda internacional pelo marco legislativo. Nesse sentido, a Lei n. 13.709/2018 vem para trazer uma nova lei com o objetivo de sanar todas as brechas que existiam no ordenamento. A norma, em síntese, visa proteger os direitos fundamentais do cidadão em relação ao tratamento de dados pessoais por sujeitos de direito público ou privado. Seus princípios buscam resguardar direitos básicos de liberdade e de privacidade, tal como o desenvolvimento da personalidade da pessoa natural. A Lei entrou em vigor em setembro de 2020. As sanções entrarão em vigor em 2021.

Decreto n. 9.854, de 25 de junho de 2019

Institui o **Plano Nacional de Internet das Coisas** com a finalidade de implementar e desenvolver a Internet das Coisas no País e, com base na livre concorrência e na livre circulação de dados, observadas as diretrizes de segurança da informação e de proteção de dados pessoais.

Lei n. 13.853, de 8 de julho de 2019

Altera a LGPD, para **criar a Autoridade Nacional de Proteção de Dados (ANPD)**, órgão da administração pública responsável por zelar, implementar e fiscalizar o cumprimento desta Lei em todo o território nacional. No momento, aguarda-se a criação da ANPD pelo Governo Federal, visto que é fundamental para que a LGPD seja observada.

Decreto n. 10.046, de 9 de outubro de 2019

Dispõe sobre a governança no compartilhamento de dados no âmbito da administração pública federal e institui o Cadastro Base do Cidadão e o Comitê Central de Governança de Dados. O objetivo é: i) aprimorar a gestão de políticas públicas; ii) aumentar a confiabilidade dos cadastros de cidadãos existentes na administração pública; iii) facilitar o compartilhamento de dados cadastrais do cidadão entre os órgãos da administração pública; iv) disponibilizar uma interface unificada de atualização cadastral, suportada por soluções tecnológicas interoperáveis das entidades e órgãos públicos participantes do cadastro; v) facilitar o compartilhamento de dados cadastrais do cidadão entre os órgãos da administração pública; e vi) realizar o cruzamento de informações das bases de dados cadastrais oficiais a partir do número de inscrição do cidadão no CPF.

Inova ao trazer a integração entre dados biográficos, biométricos e cadastrais, o que gera um debate mais íntimo em relação à atenção a nova Lei de

Proteção de Dados, uma vez que os dados dos cidadãos devem permanecer protegidos e a concentração deles será mais significativa pelos diferentes organismos do Poder Público.

Provimento n. 23, de 3 de setembro de 2020

Dispõe sobre o tratamento e proteção de dados pessoais pelos responsáveis pelas delegações dos serviços extrajudiciais de notas e de registro de que trata o art. 236 da Constituição da República e acrescenta os itens 127 a 152.1 do Capítulo XIII do Tomo II das Normas de Serviço da Corregedoria Geral da Justiça.

6. PROVIMENTO N. 23/2020

O Provimento n. 23/2020 da Corregedoria Geral do Tribunal de Justiça de São Paulo, que atualizou o Código de Normas do Foro Extrajudicial, como mencionado anteriormente, acrescentou alguns itens a fim de regulamentar a aplicação da LGPD nos cartórios paulistas.

Merece especial atenção o **item 132 do Provimento n. 23**, observe:

- Quando classifica funcionários como operadores, o item 132 do Provimento n. 23 **inova no ordenamento jurídico**, em ofensa à LGPD e à Lei n. 8.935/94. Essa previsão deve ser completamente desconsiderada;
- Operadores de dados são agentes de tratamento autônomos, jamais se confundindo com prepostos (empregados). Além da ausência de subordinação ao controlador, os operadores possuem responsabilidade direta pelos seus atos e devem indicar seu próprio encarregado de dados;
- No entanto, os deveres do controlador (agente delegado) são similares para operadores e empregados. Assim, os itens 132.1, 132.2, 132.3, 132.4 e 132.5 são aplicáveis a funcionários e a operadores de dados;
- Os deveres em questão são: **(i)** orientação e conscientização; **(ii)** monitoramento; **(iii)** registro da orientação.

7. QUEM SÃO OS TITULARES DE DADOS PESSOAIS

A Lei Geral de Proteção de Dados traz no art. 5º, V, a definição sobre quem são os titulares de dados pessoais: "Art. 5º Para os fins desta Lei, considera-se: [...] V – titular: pessoa natural a quem se referem os dados pessoais que são objeto de tratamento".

O Código Civil, na parte geral, livro I, título I (Das pessoas naturais), no art. 1º, define que: "Toda pessoa é capaz de direitos e deveres na ordem civil".

O titular é toda pessoa natural (capaz de exercer seus direitos e deveres), a quem se referem os dados pessoais que são objeto de tratamento.

No âmbito dos cartórios é possível encontrar três tipos de titulares de dados. Veja o quadro abaixo:

TITULARES DE DADOS PESSOAIS	EXEMPLO
Os clientes externos ou usuários dos serviços do cartório.	Um cliente que chega até o cartório de notas para registrar o nascimento de seu filho.
Os funcionários do cartório ou clientes internos.	Colaborador do cartório que para efetivar ou regularizar sua contratação, entrega para o RH do cartório cópia de seus documentos pessoais como RG, CPF, CTPS, comprovante de residência, exame médico admissional ou periódico.
Prestadores de Serviço enquanto pessoa física.	Escritório de contabilidade que presta o serviço de RH para o cartório. No contrato de prestação de serviços consta o nome completo, RG, CPF, endereço, número de telefone do responsável pelo escritório de contabilidade.

Cabe aos responsáveis pelas delegações dos serviços extrajudiciais de notas e de registros decidir como fará o tratamento dos dados pessoais, conforme item 129 do Provimento n. 23/2020 da CGJ/SP.

8. O TRATAMENTO DE DADOS PESSOAIS PELOS CARTÓRIOS

O tratamento de dados pessoais realizado pelos cartórios – destinados à prática dos atos inerentes ao exercício dos respectivos ofícios – deve visar ao atendimento de sua finalidade da prestação do serviço público, na persecução do interesse público, com o objetivo de executar as competências legais ou cumprir com as atribuições legais inerentes aos serviços notariais e de registro e não dependem, nesses casos, de autorização específica da pessoa natural que deles for titular.

Exemplos de tratamento de dados referentes a serviços notariais e de registro:

CARTÓRIOS	TRATAMENTO DE DADOS
Notas	Coleta de documentos da parte interessada para elaborar **lavratura de escritura e procurações, públicas**;
Protesto	Coleta de documentos da parte interessada para **lavratura e registro de protesto**;
Registro de Imóveis	Coleta de documentos das partes interessadas para elaborar **registro do contrato de alienação fiduciária em garantia de coisa imóvel**;
Registro Civil	Coleta de documentos da parte interessada para **emissão de certidão de nascimento**;
Registro de Títulos	Coleta de documentos da parte interessada para **realizar notificações extrajudiciais**.

9. POSSÍVEIS HIPÓTESES DE LEGITIMIDADE (BASES LEGAIS)

O uso de dados nunca pode ocorrer de maneira fortuita. Para ser legítimo, todo tratamento deve seguir, basicamente, três exigências básicas: (1ª) ser fundamentado em algumas das bases legais da LGPD; (2ª) possuir finalidade específica e informada ao titular, a qual o tratamento está vinculado; e (3ª) respeitar os direitos dos titulares.

A utilização das bases legais varia muito de organização para organização, mas não é algo simples. Muitos delegatários acreditam que a base legal dos cartórios seja apenas cumprimento de dever decorrente de leis e regulamentos. Isso está completamente equivocado. Nenhuma atividade (pública ou privada) está respaldada apenas numa única hipótese autorizativa.

A questão não é um solecismo acadêmico, mas envolve considerações de ordem prática. O agente de tratamento que precisaria pedir consentimento e não o faz será punido, por exemplo. Portanto, quem quiser evitar sanções e indenizações deve refletir com mais humildade, cautela e seriedade nesse tema.

Por fim, cabe alertar que o tratamento de dados para fins de gestão do cartório deverá se submeter princípios da atividade notarial e registral, conforme se percebe do item 131.1 do Provimento n. 23/2020:

> 131.1. O tratamento de dados pessoais decorrente do exercício do gerenciamento administrativo e financeiro promovido pelos responsáveis pelas delegações será realizado em conformidade com os objetivos, fundamentos e princípios decorrentes do exercício da delegação mediante outorga a particulares.

Dito isso, iniciemos a análise pelas bases gerais para depois refletir sobre as restritas.

10. DADOS COMUNS E DADOS SENSÍVEIS

Para tratamento de dados pessoais COMUNS, há **dez bases legais** possíveis previstas no art. 7º da LGPD. Já para o tratamento de dados sensíveis, há **oito bases legais** previstas no art. 11 da lei. Veja em comparação:

DADOS COMUNS	DADOS SENSÍVEIS
1. Mediante consentimento do titular;	1. Consentimento, de forma específica e destacada, para finalidades específicas;
2. Para cumprir obrigação legal ou regulatória;	2. Cumprimento de obrigação legal ou regulatória pelo controlador;
3. Para a execução de políticas públicas;	3. Execução de políticas públicas;
4. Para a realização de estudos por órgão de pesquisa;	4. Para a realização de estudos por órgão de pesquisa;
5. Para a execução de contrato ou de procedimentos preliminares relacionados a contrato;	5. Para o exercício regular de direitos em processo judicial, administrativo ou arbitral;
6. Para o exercício regular de direitos em processo judicial, administrativo ou arbitral;	6. Proteção da vida ou da incolumidade física do titular ou de terceiro;
7. Para a proteção da vida ou da incolumidade física do titular ou de terceiro;	7. Tutela da saúde;
8. Para a tutela da saúde;	8. Prevenção à fraude e à segurança do titular, nos processos de identificação e autenticação de cadastro em sistemas eletrônicos.
9. Para atender aos interesses legítimos do controlador ou de terceiro;	
10. Para a proteção do crédito.	

Embora semelhantes, as bases legais para dados comuns e sensíveis possuem diferenças, que sempre apontam para a maior restrição ao tratamento de dados sensíveis. Isso é claramente perceptível pelo cotejo entre os permissivos equivalentes dos arts. 7º e 11 da LGPD.

- enquanto o art. 7º prevê que o tratamento de dados pode ocorrer "mediante o fornecimento de consentimento pelo titular" (inciso I), o art. 11 diz que o tratamento pode ocorrer "quando o titular ou seu responsável legal consentir, **de forma específica e destacada, para finalidades específicas**" (grifou-se).
- no tratamento para execução de políticas públicas, o art. 7º reza que tais políticas podem estar respaldadas em leis, regulamentos, contratos e convênios, ao passo que o art. 11 diz que somente podem estar respaldadas em políticas públicas previstas em leis ou regulamentos.

Além disso, o uso do termo **"indispensável"**, no art. 11, II, restringe o tratamento de dados sensíveis sem consentimento ao mínimo. Frise-se que, se o tratamento ocorrer com dados comuns e sensíveis de maneira indistinta, a presença destes últimos atrai a incidência da proteção especial, na forma do art. 11, § 1º.

11. DADOS DE CRIANÇAS E ADOLESCENTES

A LGPD prevê cuidados especiais para o tratamento de dados de crianças e adolescentes, seguindo a estrutura protetiva que decorre do próprio ordenamento brasileiro, em que o Código Civil prevê um regime de capacidades diferenciado e, sobretudo, em que o Estatuto da Criança e do Adolescente (ECA) contempla um microssistema normativo específico para a tutela de crianças e adolescentes.

A qualificação como dados de crianças e adolescentes é diferente, pois é focada na proteção de seus titulares e não na natureza dos dados. Assim, pode haver dados comuns ou sensíveis de adultos, bem como dados comuns ou sensíveis de crianças e adolescentes, existindo uma hierarquia de proteção:

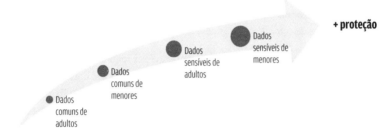

Fonte: João Rodrigo.

Figura 1 - Hierarquia da proteção de dados pessoais

A LGPD enfatiza que os controladores não deverão exigir informações pessoais de crianças e adolescentes além das **estritamente necessárias** à atividade (art. 14, § 4º, da LGPD). E determina o uso de **linguagem adaptada**, necessária para que o público infanto-juvenil compreenda as informações que lhes são repassadas sobre seus dados pessoais (art. 14, § 6º, da LGPD).

A lei também prevê que o **consentimento** para tratamento de dados de crianças e adolescentes está a cargo de um dos pais ou do responsável legal (art. 14, § 1º), cabendo ao controlador o dever de realizar todos os esforços razoáveis para averiguar se o consentimento foi realmente prestado pelo responsável (art. 14, § 5º).

Mesmo o consentimento sendo dado pelos representantes, note-se que o tratamento dos dados deverá ser realizado no **melhor interesse** das crianças e dos adolescentes (art. 14, *caput*, da LGPD). Essa expressão quer significar tratamento prioritário, que salvaguarda crianças e adolescentes "de toda forma de negligência, discriminação, exploração, violência, crueldade e opressão" (art. 227 da Constituição Federal) e lhes assegura todas as oportunidades para o "desenvolvimento físico, mental, moral, espiritual e social" (art. 3º do ECA).

12. BASES GERAIS: LEGÍTIMO INTERESSE E CONSENTIMENTO

Em primeiro lugar, não se vislumbra nos cartórios a possibilidade de utilização dessa base legal, que é mais reservada à iniciativa privada. Sobre o consentimento, vejamos o que diz o Provimento n. 23:

> 131. O tratamento de dados pessoais destinados à prática dos atos inerentes ao exercício dos ofícios notariais e registrais, no cumprimento de obrigação legal ou normativa, **independe de autorização** específica da pessoa natural que deles for titular (grifou-se).

Como se percebe, o consentimento não deve ser requerido dos titulares de dados para a prática "dos atos inerentes ao exercício dos ofícios notariais e registrais" (isto é: registros, averbações, escriturações, reconhecimento de firmas etc.). Isso não significa que não haja nenhuma situação de consentimento, mas que essa base legal não é adequada para as "atividades-fim" do cartório.

O consentimento é a manifestação de vontade livre, específica, informada e inequívoca de que o titular concorda com o tratamento de seus dados[7]. Deve ser pedido de maneira destacada, com ampla informação. E quais seriam as possibilidades de consentimento nos cartórios?

- **Uso de imagem de colaboradores:** é muito comum divulgar imagens de colaboradores para diversas finalidades, como premiação de "funcionário do mês", festas de aniversário, eventos ou publicidade das atividades do cartório. Para cada um desses usos, o consentimento específico é necessário. Nunca se "reaproveitar" imagens para finalidades diferentes sem um novo consentimento.
- **Uso de imagem de usuários das serventias:** é comum que se use fotografias de usuários sendo atendidos para divulgar as atividades do

---

[7] TEPEDINO, Gustavo; TEFFÉ Chiara S. de. Consentimento e proteção de dados pessoais na LGPD. In: TEPEDINO, Gustavo; FRAZÃO, Ana; OLIVA Milena D. (Coords.). *A Lei Geral de Proteção de Dados Pessoais:* e suas repercussões no direito brasileiro. Revista dos Tribunais, 2019. E-book.

cartório em redes sociais. Além disso, hoje em dia, muitos cartórios fazem *"lives"* no Instagram divulgando atos, sobretudo casamentos. O que se disse sobre o uso de imagens de colaboradores também vale nessas situações, mas o cuidado deve ser redobrado. O consentimento deve ser fornecido de maneira expressa e indubitável, e deve se referir a finalidades específicas, devidamente informadas ao titular. A coleta do consentimento pode se dar em formato escrito ou verbal, desde que devidamente armazenado. Quando envolver crianças e adolescentes, o uso de imagem deve ser feito mediante consentimento expresso dos pais. Nesse caso, recomenda-se o consentimento escrito.

- ***Cookies* em *sites***: embora não seja algo obrigatório, é recomendável que cada cartório possua um *site*, mesmo que seja bem simples. O uso de *cookies* é sempre algo opcional. Mas se utilizar é necessário pedir consentimento.
- **Listas de *e-mails***: assim como as redes sociais, o *e-mail marketing* é uma ferramenta muito comum hoje em dia, também usada por cartórios para divulgar suas atividades ou boletins informativos. Sempre que for incluir algum *e-mail* na lista, é imprescindível pedir o consentimento. Jamais se deve condicionar qualquer ato no cartório ao consentimento para fins de publicidade.

Pode haver outras situações que não sejam as acima previstas. Nesses casos, o delegatário deve enquadrar o tratamento de dados por exclusão.

Também é possível o uso de dados sensíveis com consentimento. Isso demanda mais atenção. Por um lado, a demonstração da finalidade do tratamento deve ser mais robusta e, por outro, que lesões a tais dados acarretarão sanções e indenizações em valores mais expressivos.

Lembre-se: o tratamento é vinculado à finalidade informada ao titular. Caso haja necessidade de utilização dos dados para finalidades diversas, a legitimidade do tratamento depende de *novo consentimento*.

13. CUMPRIMENTO DO DEVER LEGAL

Pela natureza da atividade, a maior parte do tratamento de dados é fundamentada no cumprimento de obrigação legal ou regulatória (art. 7º, II). Veja-se o que diz o Provimento n. 23/2020 do TJSP:

130. O tratamento de dados pessoais destinado à prática dos atos inerentes ao exercício dos respectivos ofícios será promovido de forma a atender à finalidade da prestação do serviço, na persecução do interesse público, e **com os objetivos de executar as competências legais e desempenhar atribuições legais e normativas** dos serviços públicos delegados (grifou-se).

O cumprimento do dever legal é uma base cabível para o tratamento de dados inerentes para prática de exercício dos ofícios notariais e registrais (isto é: registros, averbações, escriturações, reconhecimento de firmas etc.).

Outra situação de tratamento com base na legalidade ocorre nas *exigências feitas a partir do juízo de qualificação*, que geralmente envolvem a requisição de dados pessoais dos usuários. É o caso, por exemplo, da requisição da certidão de casamento para instruir um pedido de registro de alienação imobiliária, ou de um comprovante de endereço para uma pessoa que deseja lavrar uma escritura pública.

Frise-se que a dispensa do consentimento *"não desobriga os agentes de tratamento das demais obrigações previstas nesta Lei, especialmente da observância dos princípios gerais e da garantia dos direitos do titular"* (art. 7º, § 6º, da LGPD). Assim, à luz da LGPD, concebem-se *quatro pontos de reflexão* a ser considerados no momento de fazer uma exigência de qualificação:

1. Requisitar qualquer dado pessoal traz consigo o dever de proteção, pois a qualidade dos dados é um direito dos titulares. Assim, eventuais falhas na segurança podem gerar danos e responsabilizações no plano civil e disciplinar, riscos que não são de pouca relevância na gestão da serventia.
2. Todo tratamento precisa ter sua finalidade demonstrada. No caso, a finalidade deve decorrer da mesma prescrição normativa da qual a exigência é embasada.
3. O paradigma deve ser sempre o tratamento mínimo de dados suficiente para praticar o ato, em respeito ao *princípio da necessidade* (art. 6º, III, da LGPD). Em outras palavras, quanto menos operações com dados o controlador puder fazer para conseguir seus objetivos, melhor.
4. Quando a diligência envolver **dados sensíveis,** o agente delegado deve ter redobrada a reflexão sobre a real necessidade da exigência que está sendo feita.

Diante disso, o delegatário deve-se perguntar com sinceridade se é realmente necessário fazer a exigência. Infelizmente, não é incomum delegatários requererem muito mais documentos e informações do que exige a lei. Isso não é cautelaridade, muito menos "prudência registral". Além de um verdadeiro desrespeito ao usuário dos serviços, é um tratamento de dados em **DESCONFORMIDADE** com o **princípio da necessidade:**

> **Art. 6º** As atividades de tratamento de dados pessoais deverão observar a boa-fé e os seguintes princípios:
> [...]
> III – **necessidade: limitação do tratamento ao mínimo necessário** para a realização de suas finalidades, com abrangência dos dados pertinentes, proporcionais e não excessivos em relação às finalidades do tratamento de dados (grifou-se).

A verdadeira prudência registral envolve o respeito a todas as leis e direitos dos usuários dos serviços, inclusive a LGPD. Não se trata de descumprir o dever de cautela, mas de efetivá-lo em maior grau, pensando na segurança dos dados requeridos e na necessidade de tratamento. Refletir a necessidade das exigências a partir do novo contexto normativo não é diletantismo, mas algo imprescindível para evitar riscos desnecessários à serventia.

14. EXECUÇÃO DE POLÍTICAS PÚBLICAS E USO COMPARTILHADO DE DADOS

Também é concebível nos cartórios o tratamento para execução de políticas públicas (art. 7º, III). A lei determina que a política pública apta a legitimar tratamento de dados deve ser fundamentada em lei, regulamentos, convênios e contratos. Caso envolva dados sensíveis, as políticas precisam ser baseadas apenas em leis ou regulamentos.

Embora as políticas públicas possam ser realizadas pela iniciativa privada, em regra compete ao Estado, incidindo o regime específico previsto nos arts. 23 a 30 da LGPD.

No uso compartilhado de dados pelo Poder Público, a LGPD resguarda os direitos dos titulares (art. 26). Independentemente da finalidade imediata, o tratamento é vinculado, em última instância, ao "atendimento de sua finalidade pública, na persecução do interesse público" (art. 23, *caput*).

O compartilhamento de dados pode ocorrer entre as entidades estatais (público-público) ou entre entidades estatais e particulares (público-privado). Enquanto o compartilhamento público-público é pressuposto, o público-privado é vedado em regra, salvo em hipóteses autorizativas. A partir dos arts. 26, § 1º, e 27 da LGPD, enumeram-se os seguintes permissivos:

1. execução descentralizada de atividade pública (art. 26, I);
2. dados acessíveis publicamente (art. 26, III);
3. transferência respaldada em leis ou contratos (art. 26, IV), devidamente comunicados à ANPD (art. 26, § 2º);
4. prevenção de fraudes e segurança dos dados (art. 26, V);
5. consentimento do titular (art. 27, *caput*);
6. hipóteses de dispensa de consentimento previstas na LGPD (art. 27, I);
7. uso compartilhado de dados, com os requisitos do art. 23, I (art. 27, II).

Quando o agente delegado compartilha dados com entes estatais – como órgãos do Poder Judiciário ou da Administração Pública, por exemplo – realiza um compartilhamento público-público. Afinal, conquanto seja uma pessoa física, o delegatário é equiparado às pessoas jurídicas de direito público para fins da LGPD (art. 23, § 4º).

São diversas as situações próprias da atividade notarial e de registro que se amoldam às hipóteses legais de compartilhamento público-privado. Uma delas é o **repasse de dados a fornecedores**. Esse compartilhamento se amolda ao art. 26, IV, da LGPD, que determina a comunicação dos contratos particulares à ANPD, informando previamente a existência desses canais de compartilhamento de dados públicos. Outra precaução a ser tomada pelo delegatário é conferir se os seus prestadores de serviço possuem uma política séria de proteção de dados, pois eventuais falhas na segurança podem comprometer os dados da serventia.

15. OUTRAS BASES LEGAIS RESTRITIVAS

Em menor escala, existe a possibilidade de o tratamento ser fundamentado em bases legais além do cumprimento de dever legal e execução de políticas públicas.

Todos os agentes delegados podem utilizar dados do cartório no **exercício regular de direitos em processo** judicial, administrativo ou arbitral. É o caso de compartilhar parte de documentos no âmbito de um Processo Administrativo Disciplinar ou de uma ação cível, nas quais o delegatário seja parte.

O delegatário pode tratar dados para a **execução de contrato** ou de procedimentos preliminares relacionados a contrato, sobretudo nas seguintes situações: (i) quando coleta dados de seus colaboradores, para selecioná-los ou já na vigência do contrato; (ii) quando coleta dados de parceiros comerciais, que prestam serviços de maneira autônoma na serventia. Existe a possibilidade de o tabelião de notas utilizar essa base, ademais, para coletar informações necessárias para a lavratura de escrituras públicas.

A base legal de **proteção ao crédito** pode ser invocada pelo tabelião de protestos para coletar informações de devedores e facilitar o trâmite do pedido de protesto. Também se diga ao registrador de imóveis que recebe um pedido de consolidação extrajudicial da propriedade resolúvel de bem imóvel (arts. 22 a 33 da Lei n. 9.514/97).

O uso de dados para a **proteção da vida, da incolumidade física do titular ou de terceiro e tutela da saúde** não se relaciona com a atividade-fim do cartório, mas podem ser úteis. Essas previsões dispensam a preocupação com consentimento do titular para colher dados em situações de emergência. Assim, caso alguém passe mal no cartório, por exemplo, o delegatário e seus prepostos podem consultar os documentos da pessoa para auxiliá-la.

Por fim, nada impede que sejam utilizados dados do cartório para a realização de estudos por **órgão de pesquisa**. Isso pode ser utilizado para fundamentar a elaboração, em parceria com os corregedores, de planos para aprimorar a prestação dos serviços, na forma do art. 38 da Lei n. 8.935/94:

> Art. 38. O juízo competente zelará para que os serviços notariais e de registro sejam prestados com rapidez, qualidade satisfatória e de modo eficiente, podendo **sugerir à autoridade competente a elaboração de planos de adequada e melhor prestação desses serviços**, observados, também, critérios populacionais e socioeconômicos, publicados regularmente pela Fundação Instituto Brasileiro de Geografia e Estatística (grifou-se).

Como envolve dados públicos, porém, é interessante que esse tratamento/compartilhamento esteja previsto ao menos em termos de convênio. Se envolver dados sensíveis, uma previsão regulamentar é imprescindível.

16. CONTRATOS JÁ FIRMADOS COM EMPREGADOS E PRESTADORES DE SERVIÇO

Quando já há um contrato formalizado, a base legal – ou hipótese de legitimidade – é o cumprimento do contrato. Não há necessidade de consentimento pois está em uma das hipóteses de exceção de consentimento do art. 7º da Lei n. 13.709/2018, no caso inciso V. Contudo, é necessário cumprir com o princípio da transparência do art. 6º da mesma lei.

Para este tipo de situação onde já existe contrato firmado entre delegatário e prestador de serviço ou fornecedor – delegatário controlador e prestador de serviço ou fornecedor operador – é de suma importância que ocorra a revisão contratual e elaboração se for o caso de aditivo contratual, respeitando o disposto no art. 37 da Lei n. 13.709/2018, que descreve: "O controlador e o operador devem manter registro das operações de tratamento de dados pessoais que realizarem, especialmente quando baseado no legítimo interesse". Tanto o controlador quanto o operador devem planejar e executar suas atividades de forma a prezar pela privacidade dos dados pessoais dos titulares.

Também vale para contrato já firmado entre delegatário e empregado, com a diferença de além do aditivo contratual, ser necessária a elaboração de outros documentos como política de privacidade de proteção de dados, termo de consentimento e confidencialidade.

17. CONTRATOS AINDA NÃO FORMALIZADOS COM EMPREGADOS E PRESTADORES DE SERVIÇO

Para novos contratos deve-se considerar:

Opção 1: coletar o consentimento no momento do cadastro para participar da seleção de uma vaga ou da seleção de fornecedor que informe ao participante, que este está ciente e consente o tratamento de dados pessoais para fins de atendimento da Política de Privacidade e conferir a ele acesso à Política, que detalhe quais são os dados coletados, inclusive, caso cabível, que haverá compartilhamento de seus dados com terceiros prestadores de serviço para atendimento das finalidades previstas.

Sobre empregados, vale ressaltar o entendimento de João Teixeira Filho:

> Para obter maiores informações do candidato pode o empregador requerer que seja utilizada várias formas, como, por exemplo, análise de *curriculum vitae*, referências pessoais, entrevistas, testes grafológicos, exames médicos e psicotécnicos. Estes devem ser utilizados apenas para a seleção do candidato que será contratado, não podendo passar da razoabilidade e pertinência destas informações, caso contrário será caracterizado ofensa à honra, à

intimidade e à moral do empregado gerando com isto dano e direito a indenização[8].

Em complemento ao entendimento anterior, Reginald Delmar Fintz Felker esclarece:

> É claro que algumas informações são imprescindíveis à formalização do contrato de emprego, como seja endereço (para fins de vale-transporte), número e idade dos filhos (para fins do salário-família), experiência anterior ou informações inerentes à atividade pretendida. Entretanto, será conduta abusiva do empregador pedir informações ao candidato ao emprego, sobre sua religião, filiação política ou preferências sexuais, informações sobre sua vida familiar ou pedir antecedentes dos pais ou parentes próximos[9].

Coletar somente o necessário para conclusão da atividade-fim é atender os princípios que regem a LGPD e a Legislação Trabalhista.

Opção 2: não coletar o consentimento e enquadrar a justificativa do tratamento na hipótese de cumprimento de obrigação legal da Lei n. 13.709/2018 e no Legítimo Interesse (ambas hipóteses de exceção de consentimento previstos no art. 7º, II e IX) e preparar o Relatório de Impacto à Proteção de Dados Pessoais caso seja exigido pela Autoridade Nacional de Proteção de Dados Pessoais, art. 10, § 3º.

Em todas as opções, há necessidade de atender ao princípio da transparência, com informações claras sobre quais dados pessoais são coletados, para quais finalidades serão tratados e que haverá tratamento para finalidade de atender à exigência legal ou contratual e legítimo interesse.

Cada delegatário deverá fazer a análise prévia de qual das opções se encaixa melhor no seu contexto.

18. CONCLUSÃO

A LGPD, em vigor no dia 18 de setembro de 2020, dispõe sobre o tratamento de dados pessoais, "com objetivo de proteger os direitos fundamentais de liber-

---

[8] TEIXEIRA FILHO, João de Lima. *O dano moral no direito do trabalho:* trabalho e doutrina. São Paulo: Saraiva, n.10, 1996, p. 28.

[9] ELKER, Reginald Delmar Fintz. *O dano moral no direito do trabalho:* trabalho e doutrina. São Paulo: Saraiva, n.10, 1996, p.101.

dade e de privacidade" – art. 1º, *caput* – e trouxe grandes impactos para todos os que fazem tratamento destes dados, seja pessoa natural, jurídica de direito público ou privado.

Os serviços notariais e de registro de acordo com o art. 23, § 4º, da LGPD, possuem o mesmo tratamento dispensado às pessoas jurídicas de direito público. Os cartórios por meio de seus delegatários e em razão de sua finalidade exercem uma função pública, devendo atender ao interesse coletivo e obedecer às diretrizes basilares da Administração Pública: legalidade, impessoalidade, moralidade, publicidade e eficiência, presentes no *caput* do art. 37 da Constituição Federal.

A LGPD vem suprir a ausência de legislação que regulasse, de forma ampla e integral a chamada proteção de dados pessoais, privacidade em um momento em que o mundo se torna cada vez mais digital e os cartórios que antes só atendiam seus clientes presencialmente, também passam a iniciar os atendimentos por meio de *e-mails*, *Whatsapp*, aplicativos.

O titular de dados que segundo a LGPD é "a pessoa natural a quem se referem os dados que são objeto de tratamento". No contexto cartório, são possíveis três tipos de titulares de dados: o titular de dados cliente externo, titular de dados cliente interno (colaborador) e titular de dados prestador de serviços.

No caso do tratamento de dados pessoais realizado pelo cartório, devido a sua natureza jurídica, por meio de atos inerentes ao exercício dos respectivos ofícios e na persecução do interesse público e, ainda, executando suas competências legais, terá respaldo no **cumprimento de obrigação legal ou cumprimento do dever legal,** art. 7º, II, da LGPD c/c item 130 do Provimento n. 23/2020 da CGJ/SP.

Os cartórios também podem utilizar a base legal inserida no art. 7º, III, da LGPD que versa sobre o tratamento e uso compartilhado de dados necessários à execução de políticas públicas, quando fundamentada em lei, regulamentos, convênios e contratos.

É possível observar que o cumprimento do dever legal não é a única base que dá legitimidade para tratamento de dados pessoais pelos cartórios. Em um cenário mais restritivo pode se utilizar a **execução de contrato, consentimento, exercício regular de direitos, para proteção da vida, proteção de crédito e para realização de estudos por órgãos de pesquisa.**

Para tratamento de dados pessoais relacionado as crianças e adolescentes, assim como os considerados dados sensíveis deverá haver por parte dos cartórios uma proteção mais severa e criteriosa, com o objetivo de preservar os direitos destes titulares de forma adequada.

Com relação aos novos contratos ou os já formalizados, entre os cartórios e colaboradores é preciso que sejam inseridas cláusulas que versem sobre a privacidade de dados, que sejam elaborados documentos como política de privacidade de proteção de dados dentre outros e revisão para contratos elaborados antes da LGPD. Para contratos novos ou anteriores a Lei n. 13.709/2018, entre cartórios e prestadores de serviços também é preciso uma revisão, ajuste e alinhamento de tais documentos para que fiquem adequados ao que pede a Lei Geral de Proteção de Dados e demais leis que sejam pertinentes ao caso concreto.

Por tudo o que se estudou neste capítulo, observa-se que a legitimidade para tratamento dos dados pessoais por parte das Serventias não se restringe única e exclusivamente ao cumprimento do dever legal, mas pode se estender às várias hipóteses relacionadas no art. 7º da LGPD, de acordo com cada situação.

Também ficou evidente, que os Cartórios podem tratar dados pessoais de menores, dados sensíveis, compartilhar dados, investigar seus colaboradores quando necessário, desde que respeitadas as restrições impostas pela lei.

A LGPD vem não para impedir o tratamento de dados pessoais, o que seria inconcebível para esta nova realidade que recai sobre todos, mas para limitar este tratamento de dados, visando proteger os direitos fundamentais de intimidade, honra, direito de imagem, privacidade, segurança e dignidade dos titulares de dados.

ANEXO I - *CHECKLIST* PARA COMPREENDER QUAL É A HIPÓTESE DA LGPD QUE CONFERE LEGITIMIDADE AO TRATAMENTO DE DADOS PESSOAIS PELO CARTÓRIO

Processo interno	Exemplo	Base Legal
Como se dá o recebimento dos dados pessoais dos candidatos? (Quem, como e qual a periodicidade)	Currículo impresso, recepcionado pelo RH do cartório e arquivado em armário ou pastas.	Consentimento e/ou Legítimo interesse
Qual a finalidade?	Seleção de candidatos para preenchimento de vaga em aberto.	Consentimento e/ou Legítimo interesse
Onde são armazenados os currículos em formato digital e em papel?	O RH recebe currículo impresso e armazena em arquivo. Se for currículo digital fica armazenado na nuvem.	Consentimento e/ou Legítimo interesse
Candidato foi selecionado o que ocorre com seus dados pessoais?	O RH do cartório recepciona documentos necessários para efetivar contratação do empregado.	Consentimento e/ou Execução de contrato
Quais as bases legais para recebimento, armazenamento e compartilhamento com outros dados pessoais dos candidatos?	O RH do cartório compartilha dados pessoais do empregado com escritório de contabilidade que processará folha de pagamento (emissão de holerite, cálculo de férias). E também com Receita Federal e eSocial.	Consentimento/ Cumprimento de obrigação legal

ANEXO II - *CHECKLIST* PARA CONFIRMAR A TRANSPARÊNCIA E CUMPRIMENTO DOS DIREITOS DOS TITULARES, SOB O VIÉS DA LGPD

1. Quem vai receber as solicitações de exercício de direitos dos titulares? Como será o processo interno para a resposta aos titulares?
2. Caso o titular verifique que algum dado está incompleto, inexato ou desatualizado, poderá solicitar sua retificação?
3. Houve mapeamento de todos os processos que são realizados no cartório?
4. Quem será o encarregado de dados?
5. Existe uma equipe multidisciplinar focada na privacidade de dados?
6. Os empregados receberam treinamento básico sobre a LGPD?
7. Os empregados sabem da importância que é assinar um termo de consentimento para o empregador, assim como Política de Privacidade e Proteção de Dados, Termo de Confidencialidade?
8. Os empregados que ficam na linha de frente sabem atender os titulares de dados com o básico? Sabem tirar dúvidas relacionadas a LGPD e como orientá-los para verem seus direitos atendidos?
9. Como ficará o Direito dos titulares relacionado a Portabilidade de seus dados?
10. O cartório envia *e-mail* marketing aos seus clientes? Houve coleta de **Consentimento**? Este documento foi elaborado respeitando os princípios da transparência e finalidade?

ANEXO III - JURISPRUDÊNCIA

Em decisão recente ainda passível de recurso proferida em 14-12-2020, pelo Juiz Corregedor Permanente de Registro de Imóveis da Comarca de São José do Rio Preto/SP, houve indeferimento do pedido de providências administrativas, com relação ao pedido do requerente que pleiteava a aplicação da Lei Geral de Proteção de dados, ante a exposição de dados pessoais de seu genitor, no que dizia respeito as certidões emitidas pelo cartório do 1º Oficial de Registro de Imóveis de São José do Rio Preto, expedidas a pedido de terceiros interessados.

Segue abaixo dispositivo final da sentença:

Por esses motivos, até a eventual regulação da LGPD, ao menos pelo CNJ e pelas Normas de Serviço da Corregedoria Geral da Justiça de São Paulo, nos limites de suas competências, apenas cabem aos Delegados Oficiais, perante os pedidos de fornecimento de dados públicos sob as suas guardas, qualificá-los e, como operadores do Direito que também são, interpretá-los quanto a sua oportunidade perante a referida lei, conforme lhes assegura o item 7, Seção I, Capítulo XX, das Normas de Serviço da CGJ, ressalvando, aos eventuais prejudicados, o seu direito de petição.

Ante o exposto INDEFIRO O PEDIDO DE PROVIDÊNCIAS ADMINISTRATIVAS requerido por GUILHERME ARTHUR REBOLA ARIOZI contra o 1º (PRIMEIRO) OFICIAL DE REGISTRO DE IMÓVEIS DA COMARCA DE SÃO JOSÉ DO RIO PRETO SP e, por consequência, após o trânsito em julgado da presente, oficiem-se também comunicando ao 2º (SEGUNDO) OFICIAL DE REGISTRO DE IMÓVEIS desta Comarca, para a sua ciência também, com a observação acima da necessidade de suas interpretações, de acordo com as suas livres convicções jurídicas, sobre cada caso em concreto, a respeito desse conflito de acesso às informações (Processo administrativo n. 0018170-43.2020.8.26.0576, Juiz Corregedor: Lincoln Augusto Casconi, Data de Julgamento: 14-12-2020, 5ª Vara Cível de São José do Rio Preto, *DJ* 15-12-2020)[10].

REFERÊNCIAS

ALEIROS JUNIOR, José L. A tutela jurídica dos dados pessoais sensíveis à luz da Lei Geral de Proteção de Dados. In: LONGHI, João V. R.; FALEIROS JUNIOR, José L. (Coords.). *Estudos essenciais de direito digital.* Uberlândia: LAECC. E-book.

ANPD. Perguntas Frequentes. Disponível em: <https://bit.ly/3oU0Z4P>. Acesso em: 19-12-2020.

LIMA, Adrianne Correia de; ALVES, Davis. *Encarregados: Data Protection Officer.* São Paulo: Haikai, 2021.

MENDES, Gilmar Ferreira; BRANCO, Paulo Gustavo Gonet. *Curso de direito constitucional.* 10. ed., rev. e atual. São Paulo: Saraiva, 2015.

---

[10] Disponível em: <https://esaj.tjsp.jus.br/cpopg/show.do?processo.codigo= G0000HFVH0000&processo.foro=576&processo.numero=0018170-43.2020. 8.26.0576&uuidCaptcha=sajcaptcha_7aa090d3f54a43df89165d71e5f2c35d&gateway= true>. Acesso em: 11 jan. 2021.

SÃO PAULO. TJSP. Provimento CGJ n. 23/2020. Dispõe sobre o tratamento e proteção de dados pessoais pelos responsáveis pelas delegações dos serviços extrajudiciais. Disponível em: <https://bit.ly/3qti7j1>. Acesso em: jan. 2021.

TEPEDINO, Gustavo; TEFFÉ, Chiara S. de. Consentimento e proteção de dados pessoais na LGPD. In: TEPEDINO, Gustavo; FRAZÃO, Ana; OLIVA, Milena D. (Coords.). *A Lei Geral de Proteção de Dados Pessoais:* e suas repercussões no Direito Brasileiro. São Paulo: Revista dos Tribunais, 2019. *E-book.*

13. REVISÃO DE DOCUMENTOS E POLÍTICA DE PRIVACIDADE

Flávia Alcassa
João Rodrigo Stinghen

1. INTRODUÇÃO

O art. 1º da Lei Geral de Proteção de Dados Pessoais (LGPD) esclarece que suas disposições se aplicam ao:

> tratamento de dados pessoais, inclusive nos meios digitais, por pessoa natural ou por pessoa jurídica de direito público ou privado, com o objetivo de proteger os direitos fundamentais de liberdade e de privacidade e o livre desenvolvimento da personalidade da pessoa natural.

Cumpre destacar que o alcance da LGPD não é apenas em relação às empresas do setor privado, mas também às pessoas naturais e às pessoas jurídicas de direito público. Os serviços notariais e de registro, exercidos em caráter privado, devem obedecer ao mesmo regime jurídico aplicável ao Poder Público, já que exercem suas funções por delegação estatal (art. 23, § 4º, da LGPD).

Diante da vigência da LGPD, é preciso tomar medidas para a sua aplicação, notadamente nos processos sujeitos a cartórios judiciais e extrajudiciais. As revisões dos atos dos cartórios visando estar adequado é a melhor forma de conquistar a credibilidade dos titulares dos dados: usuários, clientes, funcionários, servidores, a fim de aumentar sua boa imagem. Acima de tudo é estar orientado ao caminho seguro e segurança dos dados pessoais nas serventias.

Outro documento de suma importância para demonstrar a conformidade da serventia com a LGPD é a política de privacidade. Concretizando a autodeterminação informativa, o princípio da transparência torna necessária a publicização das operações de tratamento, o que se faz através desse documento, em especial.

2. REVISÃO DE ATOS E DOCUMENTOS À LUZ DA LGPD

Há dois tipos de cartório: os judiciais e os extrajudiciais. Os primeiros também recebem o nome de varas do trabalho, criminais, cíveis, fazenda pública etc. Elas são órgãos do Poder Judiciário os quais respondem pela guarda e execução de processos judiciais. Os cartórios extrajudiciais são vinculados a um tabelião ou oficial de registro. Eles recebem delegação do poder público para registrar atos extrajudiciais; são os registros civis, tabelionatos, tutelas e curatelas, protestos de títulos etc.

2.1. Atos de cada tipo de função notarial e registral

No âmbito das serventias extrajudiciais temos uma gama de atos e documentos praticados, o que implica diversas formas de coleta e arquivamento de dados pessoais.

O Registro Civil das Pessoas Naturais

Além do nascimento, do casamento e do óbito – os principais atos da vida civil – são registrados no Registro Civil das Pessoas Naturais uma série de outros momentos da biografia do sujeito de direito: emancipação; interdição; ausência; sentenças de alteração do estado civil de casal estrangeiro cujo casamento tenha sido contraído no exterior; traslado de certidões de registro civil das pessoas naturais emitidas no exterior; nascimento de nascidos no Brasil filhos de pais estrangeiros a serviço de seu país; opção pela nacionalidade brasileira; decisões judiciais sobre tutela, guarda e união estável, se assim for determinado pelo juízo competente, a requerimento das partes, a escritura declaratória ou de dissolução de união estável, após o registro no Registro de Títulos e Documentos competente, o instrumento particular declarando a união estável (art. 542, I a VII, c/c art. 543, I a III, e parágrafo único).

Registro de Títulos e Documentos

São registrados os instrumentos particulares, para a prova das obrigações convencionais de qualquer valor; o penhor comum sobre coisas móveis; caução de títulos de crédito pessoal e da dívida pública federal, estadual ou municipal, ou de bolsa ao portador; o contrato de penhor de animais, não compreendido nas disposições do art. 10 da Lei n. 492, de 30 de agosto de 1934; o contrato de parceria agrícola ou pecuária; o mandado judicial de renovação do contrato de arrendamento; e as garantias de bens móveis constituídas em cédulas de crédito, à exceção dos penhores rural, industrial, comercial ou mercantil.

13 Revisão de documentos e política de privacidade

Em caráter facultativo, poderão ser registrados, no cartório do domicílio dos conviventes, os instrumentos particulares declaratórios de união estável e da respectiva dissolução, para fazer prova das obrigações convencionais e para validade contra terceiros (art. 127, I a VI, da Lei n. 6.015/73 c/c arts. 358, § 2º, e 359, do CN1).

Caberá, ainda, a realização de qualquer registro não atribuído expressamente a outro ofício, além do registro facultativo de qualquer documento apenas para fins de conservação (art. 127, VII, e parágrafo único da Lei n. 6.015/73).

Registro de imóveis

A matrícula do imóvel onde são registrados os atos jurídicos relativos a imóveis, como a compra e venda, a doação, a permuta, o usufruto, a hipoteca etc. São requeridas certidões de inteiro teor da matrícula, certidão por quesitos e outras certidões previstas em leis e regulamentos.

Tabelionato de Protesto

É o ato pelo qual se prova a inadimplência e o descumprimento de obrigação originada em títulos de crédito (cheque, duplicata, nota promissória, letra de câmbio etc.) e outros documentos de dívida (art. 1º da Lei n. 9.492/97).

Tabelionato de Notas

São lavradas escrituras públicas em geral, como inventários, divórcios, declaratórias de união estável, procurações, testamentos, entre outras. Também são lavradas atas notariais, é feito o reconhecimento de firma e a autenticação de cópia, são expedidos traslados e certidões (art. 144 do Provimento n. 260/2013 do CGJ).

2.2. Recomendações aos cartórios extrajudiciais

Como se percebe, o volume de dados pessoais tratados nas serventias é bastante elevado, independentemente do porte do cartório ou da função exercida. Isso decorre de dois motivos básicos: **(i)** o número de atos praticados; e **(ii)** a natureza dos atos praticados.

O **primeiro aspecto** acima descrito é decorrente da função notarial e registral de contribuir para a segurança jurídica. Muitas leis exigem a participação de notários e registradores como garantia de validade e/ou eficácia de uma série de atos jurídicos públicos e privados, tendo em vista a relevância da atividade notarial e registral para a segurança jurídica. Sem contar com as atribuições dos notários e registradores em contribuições laterais com o Poder Público, como no combate à sonegação fiscal e à lavagem de dinheiro.

O **segundo aspecto** decorre da fé pública atribuída aos notários e registradores. Nesse sentido, a legislação aplicável à atividade notarial e registral – com objetivo de garantir a validade e eficácia de atos e prevenir fraudes – é bastante meticulosa nas exigências para a prática de atos dotados de fé pública. Logo, cartórios de qualquer função são instados a coletar e armazenar um elevado número de dados pessoais, constantes em variados documentos.

Contudo, a LGPD impõe revisão nas práticas registrais para que o processamento de dados pessoais se restrinja ao **estritamente necessário** para o exercício de suas competências. Não se diz para notários e registradores não cumprirem as leis próprias de sua atividade para cumprirem a LGPD. A questão é que toda lei demanda certa margem de interpretação e, nesse ponto, cabe ao notário e ao registrador refletir sobre a legitimação do tratamento de dados realizado.

Para atingir esse objetivo é necessária a adoção das seguintes diretrizes e recomendações:

1. Revisar a prática de lavratura de todos os atos dos cartórios (judiciais e extrajudiciais) estabelecendo um liame entre as leis setoriais e a LGPD, estabelecendo diretrizes uniformes sobre o conteúdo mínimo necessário, em diferentes contextos possíveis, para produzir o efeito de segurança dos documentos produzidos e ao mesmo tempo assegurar a proteção de dados pessoais dos titulares dos dados envolvidos;

2. Respeitar o princípio da necessidade (art. 7º, III, da LGPD), utilizar o mínimo suficiente de dados pessoais suficientes para praticar o ato;

3. Indicar para quais finalidades os dados são coletados: Exemplo: execução das atividades contratuais, para lavratura de atos (certidões, registros, escrituras, matrículas) ou para o cumprimento de obrigações legais e regulatórias;

4. Revisar/elaborar contratos de funcionários, fornecedores, clientes e prestadores de serviços visando a adequação da LGPD, bem como considerando os três pilares de segurança: confidencialidade, integridade e disponibilidade, em conformidade com a ISO 27001, 27002 e a extensão ISO 27701.

3. A REVISÃO DOS CONTRATOS À LUZ DA LGPD

Os contratos de fornecedores, clientes, funcionários e prestadores devem ser revisados para entender a finalidade do tratamento de dados realizado em cada um deles e avaliar a existência, ou não, de *compliance* em relação à LGPD.

3.1. Justificativas para alteração contratual

Essa exigência é decorrência de uma série de previsões da lei, dentre as quais se destacam os princípios, eis que normas estruturantes de todo o microssistema normativo de proteção de dados. É evidente que, pela natureza expansiva desse tipo de normas, de certa forma toda a aplicação da LGPD – ou toda a etapa de um programa de implementação da LGPD – deve considerar a incidência concomitante de todos os dez princípios contemplados no art. 6º da LGPD.

Todavia, as situações concretas podem exigir a aplicação de alguns destes princípios com maior densidade. No caso da revisão de contratos, os princípios mais diretamente incidentes são:

> Art. 6º [...]
> VII – segurança: utilização de medidas técnicas e administrativas aptas a proteger os dados pessoais de acessos não autorizados e de situações acidentais ou ilícitas de destruição, perda, alteração, comunicação ou difusão;
> VIII – prevenção: adoção de medidas para prevenir a ocorrência de danos em virtude do tratamento de dados pessoais;
> [...]
> X – responsabilização e prestação de contas: demonstração, pelo agente, da adoção de medidas eficazes e capazes de comprovar a observância e o cumprimento das normas de proteção de dados pessoais e, inclusive, da eficácia dessas medidas.

Revisar contratos para exigir sua adequação à LPGD é claramente uma medida administrativa apta a proteger os dados pessoais (princípio da segurança), que pode ser classificada como medida preventiva para ocorrência de danos em virtude do tratamento de dados (princípio da prevenção) e como medida capaz de comprovar a observância e o cumprimento das normas de proteção de dados pessoais e, inclusive, da eficácia dessas medidas (princípio do *accountability*).

Noutro viés, a revisão de contratos para adequação à LGPD pode ser um dever do controlador em relação ao operador de dados. Nesse sentido, diz a LGPD que:

> Art. 39. O operador deverá realizar o tratamento segundo as instruções fornecidas pelo controlador, que verificará a observância das próprias instruções e das normas sobre a matéria.

Ora, se o operador deve agir conforme orientações fornecidas pelo controlador, é evidente que existe o dever do controlador em comunicar ao operador tais orientações. Caso haja contrato escrito entre as partes, este instrumento será o mais indicado para fazer constar tais instruções.

Mas não apenas os contratos que abordem a relação entre controladores e operadores devem ser revisados. Os prepostos do cartório não são operadores de dados e, mesmo assim, deve-se informá-los que podem ser responsabilizados pelo mau tratamento de dados pessoais.

> Art. 47. Os agentes de tratamento ou **qualquer outra pessoa que intervenha em uma das fases do tratamento** obriga-se a garantir a segurança da informação prevista nesta Lei em relação aos dados pessoais, mesmo após o seu término (grifou-se).

É preciso considerar que a negligência em revisar títulos e documentos pode acarretar responsabilidade civil ou disciplinar. Afinal, o art. 42 da LGPD obriga os agentes de tratamento ao ressarcimento de danos causados a direitos dos titulares, incluídos os de tratamento realizados pelos operadores de dados.

3.2. Institutos e instrumentos para revisão contratual

Antes de abordar o que pode ser feito na prática, convém retomar alguns institutos de direito civil que devem ser considerados, além da LGPD, para a revisão dos contratos.

Com efeito, a revisão contratual à luz da LGPD pode ser requisitada com base em diversos instrumentos constantes no Código Civil.

O primeiro deles, sem dúvida, é **a boa-fé objetiva.** Prevista nos arts. 113 e 422 do Código Civil, a boa-fé objetiva exige dos contratantes uma atuação proba durante todas as fases do contrato. De igual modo, a própria LGPD contempla, em seu art. 6º, *caput*, que a boa-fé é um dos princípios norteadores do sistema de proteção de dados brasileiro.

Embora não haja uma menção ao fato desta boa-fé ser subjetiva ou objetiva, é possível aferir que esta última seja a mais indicada. Afinal, numa interpretação sistemática da LGPD, é possível deduzir que importa mais ao agente de tratamen-

13 Revisão de documentos e política de privacidade

to demonstrar sua adequação às exigências de proteção de dados por meio do cumprimento de medidas concretas que seu estado anímico subjetivo.

Nesse ínterim, é perfeitamente possível que sejam exigidas alterações contratuais de parceiros e fornecedores por uma exigência de boa-fé objetiva.

Outro instituto passível de ser invocado é a **função social do contrato**. Afinal, determina o Código Civil que "A liberdade contratual será exercida nos limites da função social do contrato" (art. 421). A proteção de direitos dos titulares de dados pessoais – sejam partes no contrato ou terceiros – aparentemente integra a função social deste contrato, que vai além da relação bidirecional estabelecida entre as partes.

Porém, a simples menção à LGPD não é o suficiente para efetuar modificações e, sobretudo, rescisões contratuais. Isso porque "Nas relações contratuais privadas, prevalecerão o princípio da intervenção mínima e a excepcionalidade da revisão contratual" (parágrafo único do art. 421 do CC). O art. 421-A, por sua vez, contempla que:

> Art. 421-A. Os contratos civis e empresariais presumem-se paritários e simétricos até a presença de elementos concretos que justifiquem o afastamento dessa presunção, ressalvados os regimes jurídicos previstos em leis especiais, garantido também que:
> I – as partes negociantes poderão estabelecer parâmetros objetivos para a interpretação das cláusulas negociais e de seus pressupostos de revisão ou de resolução;
> II – a alocação de riscos definida pelas partes deve ser respeitada e observada;
> III – a revisão contratual somente ocorrerá de maneira excepcional e limitada.

Tendo em vista os princípios da intervenção mínima e da excepcionalidade da revisão contratual, bem como o próprio *pacta sunt servanda*, devem ser fundamentadas as adequações requeridas de parceiros e fornecedores à luz da LGPD. É preciso demonstrar porque o contrato atual de alguma forma descumpre a LGPD e como a alteração específica requerida contribui para a proteção de dados pessoais.

Outra decorrência destes princípios é que o aditamento contratual é sempre preferível à rescisão. Toda a rescisão contratual exigida à luz da LGPD deve ser precedida de robusta demonstração de que a manutenção do contrato ofende direitos dos titulares de dados. Em outras palavras, a LGPD não pode ser utilizada como subterfúgio para que as partes rescindam contratos ao bel prazer, sem arcar com as penalidades da rescisão.

Muito comum atualmente, sobretudo após a pandemia de Covid-19, o contrato eletrônico segue as mesmas regras dos contratos em geral. Trata-se de acordo bilateral ou multilateral que formaliza a vontade das partes, sendo válido se a declaração de vontade for efetuada de maneira clara e livre de vícios.

Para Maria Helena Diniz, contrato eletrônico é "o contrato virtual que opera-se entre o titular do estabelecimento virtual e o internauta, mediante transmissão de dados"[1]. O contrato digital tem o diferencial de ocorrer por mediação de meio eletrônico. Não se trata apenas de uma alteração de suporte físico, pois é preciso garantir que a declaração de vontade seja válida por via digital. Nesse sentido, é importante considerar que o contrato digital deve ser formalizado por uma assinatura eletrônica ou assinatura digital.

3.3. A revisão de contratos para fins da LGPD

A LGPD exige que sejam tomadas medidas para adequar contratos à LGPD.

Instrumentalmente, isso pode ser feito de diversas maneiras, a depender do negócio jurídico entabulado, do volume e da natureza dos dados tratados, volume e da natureza do tratamento realizado etc. As principais medidas de adequação, em âmbito contratual, podem ser:

1. inserção de cláusulas referentes à proteção de dados pessoais. Nos contratos em vigência, isso pode ser feito por aditivos contratuais;
2. a novação contratual, com a substituição do contrato atual por um novo pacto adequado à LGPD;
3. a rescisão contratual, por se verificar que a constatação de que o negócio entabulado não estava em conformidade com a LGPD;
4. a rescisão contratual, por se constatar que a contraparte não estava adequada à LGPD nem estaria adequada em tempo razoável.

Independentemente do instrumento que se use, vale mencionar algumas orientações de conteúdos específicos para a revisão de contratos tratados entre o agente delegado e partes diversas:

---

[1] 2008, p. 756.

13 Revisão de documentos e política de privacidade

Contratos com Prestadores de serviços	Deverá conter cláusulas exigindo confidencialidade e, além disso, obrigações específicas relacionadas ao tratamento de dados pessoais. Tais cláusulas devem descrever os procedimentos a serem tomados pelo proposto no que diz respeito, sobretudo, à coleta, ao armazenamento e ao compartilhamento dos dados pessoais, bem como à segurança que se deve ter com tais informações.
Contratos com fornecedores	Nos contratos com fornecedores as cláusulas primordiais são: (1) "Dos agentes de tratamento de dados" e (2) "Das responsabilidades dos agentes de tratamento de dados". É fundamental definir os atores da LGPD: Que é o controlador no caso? Que é o operador? Quem são e quais os contatos dos respectivos encarregados de dados pessoais. Note-se que tal contrato deve ser feito após alinhar os papéis entre os agentes de tratamento de dados no ambiente interno da empresa.
Contratos e convênios com o Poder Público	É evidente que os contratos administrativos não são maleáveis como os contratos cíveis, mas isso não significa que estejam blindados de adequação à LGPD. Essa revisão, todavia, deve se pautar pela regulamentação pertinente aos setores públicos.

Além das orientações acima, recomenda-se que a revisão de contratos paute-se pelas diretrizes abaixo arroladas:

Classificar os contratos conforme o risco de ofensa à LGPD	A ordem de preferência em contratos que apresentam maior risco, mitiga a ocorrência de dano aos titulares de dados pessoais.
Estruturar responsabilidades dos agentes de tratamento	É recomendável a avaliação de quais são as responsabilidades de cada parte desde a coleta até a eliminação dos dados pessoais: medidas técnicas e organizacionais, certificações de empregados, subcontratações, responsabilidades em caso de violações etc.
Estruturar as bases legais aplicáveis	O tratamento será lícito/legítimo se houver o enquadramento, ao menos, em uma das bases legais previstas nos arts. 7º e 11 da LGPD. Exemplo: contrato com empregados: embora neste caso seja utilizada, predominantemente, a base legal "legítimo interesse", "obrigação legal" ou "execução de contrato". Exemplo: contrato com fornecedores, prestadores de serviço e clientes: "execução de contrato", consentimento, entre outros.
Organizar os contratos com normas setoriais e leis aplicáveis	Exemplo: leis dos registros públicos, regimentos dos cartórios, privacidade dos dados e marco civil da internet etc.
Segurança na transmissão e armazenamento dos dados pessoais	Na maior parte dos casos, os contratos contêm informações sigilosas e que comprometem a atividade da organização. Logo, ao contratar profissionais externos é imprescindível que contenha a cláusula de confidencialidade no contrato de prestação de serviço, bem como ambas as partes buscarão adequar-se ou estar em adequação à LGPD.
No caso de necessidade de termos de consentimento	O art. 5º, XII, da lei estabelece que consentimento é a "manifestação livre, informada e inequívoca pela qual o titular concorda com o tratamento de seus dados pessoais para uma finalidade determinada". No âmbito das serventias extrajudiciais, uma das hipóteses autorizadoras para o tratamento dos dados é o consentimento dos usuários ser expresso e válido segundo os critérios legais de manifestação da vontade.

No caso de necessidade de termos de consentimento	Neste sentido, para que o termo de consentimento seja válido, é necessário registrar a manifestação **livre**, **informada** e **inequívoca** pela qual o Titular concorda com o tratamento de seus dados pessoais para finalidade específica. São recomendadas para constar no termo de consentimento as seguintes informações: (i) finalidade do tratamento; (ii) compartilhamento de dados efetuado; (iii) exclusão de dados; (iv) direito de revogação do consentimento; (v) direito de não oferecer consentimento.
Atendendo os princípios da LGPD	Todas as cláusulas presentes nos contratos devem obedecer aos princípios do art. 6º da LGPD (finalidade; adequação; necessidade; livre acesso; qualidade dos dados; transparência; segurança; prevenção; não discriminação; responsabilização e prestação de contas. Abaixo, alguns exemplos de como exigir contratualmente o respeito a princípios da LGPD: **princípio da finalidade:** especificar no contrato quais dados pessoais são tratados e a finalidade (ou as finalidades) para o tratamento realizado sobre eles; **princípio da segurança:** especificar medidas para garantir a segurança de dados, protegendo a confidencialidade e integridade dos dados que utiliza como método preventivo à ocorrência de eventuais danos em virtude da análise desses dados.
Duração do tratamento dos dados pessoais	Conforme previsto no art. 16 da LGPD, a regra geral é de que os dados pessoais sejam eliminados após o término de seu tratamento, respeitando os limites técnicos da atividade. Existem exceções ao princípio da eliminação, mas elas precisam ser fundamentadas nas bases legais dos arts. 7º e 11 da LGPD, como toda forma de tratamento. É importante dizer que a não eliminação pode salvaguardar os agentes de tratamento, tais como a guarda de documentos para demonstração de provas em ações indenizatórias (art. 206, § 3º, do CPC - prescrição em 3 anos); em alinhamentos diversos sobre prestações de serviço (art. 593 do CC); crédito tributário (art. 174 do CTN - prescrição em 5 anos); atendimento a resoluções do Conselho Federal de Medicina (n. 1.639/2002, art. 4º, guarda de prontuários médicos por 20 anos).

4. A POLÍTICA DE PRIVACIDADE

Além de revisão de documentos, a política de privacidade é um dos principais "entregáveis" da implementação da LGPD em qualquer organização, não sendo diferente para as serventias extrajudiciais.

A política de privacidade é uma concretização do princípio da transparência: "garantia, aos titulares, de informações claras, precisas e facilmente acessíveis sobre a realização do tratamento e os respectivos agentes de tratamento, observados os segredos comercial e industrial" (art. 6º, IV, da LGPD).

Convém destacar que, para os cartórios, as normas das corregedorias são de grande relevância, devendo a política de privacidade contemplar essas "fontes normativas" da atividade em seu bojo: legislação federal, legislação estadual, normativa do CNJ, normativas das corregedorias estaduais.

4.1. A política de privacidade é obrigatória?

Na falta de uma regulamentação específica ou nacional, o Provimento n. 23/2020 do TJSP é um excelente parâmetro para aplicação da LGPD em todos os cartórios. Sobre a política de privacidade, assim dispõe a referida normativa:

> 133.6. Os responsáveis pelas delegações dos serviços extrajudiciais de notas e de registro manterão em suas unidades: [...]
>
> II – política de privacidade que descreva os direitos dos titulares de dados pessoais, de modo claro e acessível, os tratamentos realizados e a sua finalidade [...][2].

Como se percebe, a política de privacidade é uma requisição expressa do Provimento n. 23/2020 do TJSP para a adequação dos cartórios à LGPD. Essa previsão regulamenta o disposto no art. 50, § 2º, I, *a*, da LGPD:

> Art. 50. [...]
>
> § 2º Na aplicação dos princípios indicados nos incisos VII e VIII do *caput* do art. 6º desta Lei, o controlador, observados a estrutura, a escala e o volume de suas operações, bem como a sensibilidade dos dados tratados e a probabilidade e a gravidade dos danos para os titulares dos dados, poderá:
>
> I – implementar programa de governança em privacidade que, no mínimo:
>
> *a)* demonstre o comprometimento do controlador em adotar processos e **políticas internas** que assegurem o cumprimento, de forma abrangente, de normas e boas práticas relativas à proteção de dados pessoais (grifou-se).

Do ponto de vista pragmático, uma boa política de privacidade – assim como outras políticas de governança – é uma demonstração de *compliance* que pode afastar ou ao menos mitigar as sanções a serem aplicadas pelo descumprimento da LGPD:

> Art. 52. [...]
>
> § 1º As sanções serão aplicadas após procedimento administrativo que possibilite a oportunidade da ampla defesa, de forma gradativa, isolada ou

---

[2] SÃO PAULO. TJSP. Provimento CGJ n. 23/2020. Dispõe sobre o tratamento e proteção de dados pessoais pelos responsáveis pelas delegações dos serviços extrajudiciais. Disponível em: <https://bit.ly/3qti7j1>. Acesso em: jan. 2021.

cumulativa, de acordo com as peculiaridades do caso concreto e considerados os seguintes parâmetros e critérios: [...]

d) estabeleça **políticas** e salvaguardas adequadas com base em processo de avaliação sistemática de impactos e riscos à privacidade (grifou-se).

Note-se que a LGPD não determina de maneira expressa quais políticas devem ser confeccionadas, pois isso depende da atividade de tratamento realizada em cada organização.

Nesse sentido, além da política de privacidade, outras podem ser necessárias. No caso dos cartórios, destacam-se duas que decorrem das normativas próprias da atividade: (i) política de gestão de descartes (Provimento n. 50/2015 do CNJ); e (ii) política de segurança da informação (Provimento n. 24/2018 do CNJ). Essas políticas, porém, serão abordadas oportunamente, em matérias específicas.

4.2. O que é a política de privacidade?

Mas o que seria, afinal, a política de privacidade?

Antes de mais, é preciso entender o sentido do termo "política". Ao contrário de manuais de conduta e procedimentos operacionais, as políticas não descrevem detalhes procedimentais. Seu escopo é mais amplo, delimitando objetivos, metas e atividades em caráter mais genérico. Trata-se de documento de caráter mais geral e programático, portanto, cujo principal objetivo é informar aos interessados, não tanto determinar o modo pelo qual a organização opera.

A política de privacidade é documento pelo qual o agente de tratamento – controlador ou operador – informa aos titulares e todos os demais interessados como efetua o tratamento de dados, qual a legitimidade desse tratamento e como os direitos dos titulares estão sendo respeitados.

4.3. Para que serve a política de privacidade?

A política de privacidade torna público, a todos os interessados, os principais aspectos da atividade de tratamento realizada por determinado agente. Logo, sua principal função é o direito de informação do titular de dados, que decorre do **princípio da transparência:**

> Art. 6º As atividades de tratamento de dados pessoais deverão observar a boa-fé e os seguintes princípios: [...]

VI – transparência: garantia, aos titulares, de informações claras, precisas e facilmente acessíveis sobre a realização do tratamento e os respectivos agentes de tratamento, observados os segredos comercial e industrial.

Convém ressaltar que a **publicização** da política de privacidade dos cartórios, na dicção do item 134[3] do Provimento n. 23/2020 do TJSP, deve ser igual à do canal de atendimento: (1) aviso no *site*; (2) cartazes afixados na serventia; (3) recibos entregues dos atos notariais e de registro. Os dois primeiros meios de divulgação são **obrigatórios,** ao passo que o terceiro é opcional.

4.4. Elementos essenciais de uma boa política de privacidade

A partir do que consta no Provimento n. 23/2020 do TJSP, na LGPD e na observação empírica do que fazem as organizações que estão em conformidade, tem-se que uma política de privacidade deve conter no mínimo: (1) conceitos e orientações básicas sobre direitos dos titulares; (2) a relação de dados tratados; (3) o tipo de tratamento realizado e a finalidade; (4) a legitimação do tratamento (bases legais); (5) a relação de agentes de tratamento com os quais os dados são compartilhados.

1. **Conceitos e orientações básicas sobre direitos dos titulares.** Como a política de privacidade é um documento informativo, é interessante fazer constar nelas algumas definições básicas necessárias para que os leitores compreendam do que ela trata sem precisar consultar outras fontes. Afinal, o titular de dados muito provavelmente não é uma pessoa versada em Direito e, muito menos, em privacidade.

   É interessante constar, por exemplo, o conceito de dados pessoais, de titular de dados, de agentes de tratamento etc. Além disso, é conveniente indicar algumas orientações básicas sobre como os titulares podem exercer seus direitos. Para tanto, recomenda-se que conste os contatos

---

[3] "134. A política de privacidade e o canal de atendimento aos usuários dos serviços extrajudiciais deverão ser divulgados por meio de cartazes afixados nas unidades e avisos nos sítios eletrônicos mantidos pelas delegações de notas e de registro, de forma clara e que permita a fácil visualização e o acesso intuitivo. 134.1. A critério dos responsáveis pelas delegações, a política de privacidade e a identificação do canal de atendimento também poderão ser divulgados nos recibos entregues para as partes solicitantes dos atos notariais e de registro."

do DPO, da Autoridade Nacional de Proteção de Dados (ANPD) e da corregedoria local, com orientações sobre como fazer requerimentos.

2. **A relação de dados tratados.** Envolve a informação, com o máximo de riqueza possível de detalhes, todos os dados pessoais que a serventia trata. Disso se antevê que o mapeamento de dados prévio é necessário para que a política de privacidade seja realizada de maneira adequada, pois é apenas através desse tipo de procedimento que é possível obter a relação (ou o inventário) dos dados tratados.

3. **O tipo de tratamento realizado e a finalidade.** Não basta apenas informar quais dados são tratados, mas o tipo de tratamento (coleta, armazenamento, processamento etc.)[4] e a finalidade de cada tratamento. Para que esse dever de informação seja cumprido, é preciso não apenas mapear os dados, como também fazer uma análise jurídica para efetuar seu correto "enquadramento legal". Não é qualquer advogado ou operador do direito que possui a *expertise* necessária para realizar tal enquadramento. É preciso ter um conhecimento sólido tanto em privacidade quanto na área notarial e registral.

Destaque-se que cada função (Notas, Protestos, Contratos Marítimos, Registros de Imóveis, Registros de Pessoas Naturais, Registros de Pessoas Jurídicas e Registros de Títulos e Documentos) possui suas especificidades quanto a tipos de tratamento realizados e regulamentos. As associações estão fazendo um importante papel de conscientização, divulgando cartilhas específicas. É importante consultar esses materiais para fazer sua política.

4. **A legitimação do tratamento (bases legais).** Todo o tratamento de dados deve ser subsumido a alguma das hipóteses de tratamento previstas nos arts. 7º e 11 da LGPD (para dados pessoais comuns e sensíveis, respectivamente). Por isso, é preciso informar ao titular a legitimação de cada tipo de tratamento realizado.

---

[4] Para a Lei Geral de Proteção de Dados: "Art. 5º [...] X – tratamento: toda operação realizada com dados pessoais, como as que se referem a coleta, produção, recepção, classificação, utilização, acesso, reprodução, transmissão, distribuição, processamento, arquivamento, armazenamento, eliminação, avaliação ou controle da informação, modificação, comunicação, transferência, difusão ou extração".

Caso seja utilizada a base legal de consentimento, a LGPD descarta a importância de informar ao titular sobre a possibilidade de não conceder consentimento, bem como de revogá-lo a qualquer tempo:

> Art. 18. O titular dos dados pessoais tem direito a obter do controlador, em relação aos dados do titular por ele tratados, a qualquer momento e mediante requisição: [...]
>
> VIII – informação sobre a possibilidade de não fornecer consentimento e sobre as consequências da negativa;
>
> IX – revogação do consentimento, nos termos do § 5º do art. 8º desta Lei.

Também é importante incorporar na política as obrigações legais – decorrentes das leis, dos regulamentos do CNJ e da corregedoria local – que tenham relação com tratamento de dados. Essas regulamentações geralmente dizem respeito aos dados constantes nos documentos oficiais e livros da serventia. No que tange aos dados de colaboradores, a legitimação se encontra na legislação trabalhista, principalmente a CLT.

5. **A relação de agentes de tratamento com os quais os dados são compartilhados.** Embora esse item pudesse estar enquadrado no item 2 (pois o compartilhamento é um tipo de tratamento), merece destaque a necessidade de informar o compartilhamento.

   A LGPD considera importante que haja informações claras sobre todos os agentes de tratamento que terão acesso aos seus dados. Tanto assim é que prevê essa informação como um direito específico, contemplado em seu art. 18:

   > Art. 18. O titular dos dados pessoais tem direito a obter do controlador, em relação aos dados do titular por ele tratados, a qualquer momento e mediante requisição: [...]
   >
   > VII – informação das entidades públicas e privadas com as quais o controlador realizou uso compartilhado de dados.

   Nesse sentido, é preciso atentar que a política de privacidade deve ser específica, pois cada cartório é livre para escolher seus fornecedores e prestadores de serviço. Não faz sentido algum "copiar" a política de privacidade integralmente sem contemplar a realidade do compartilhamento de dados no cartório em específico.

REFERÊNCIAS

BRASIL. CNJ. Portaria n. 212, de 15-10-2020. Institui Grupo de Trabalho destinado à elaboração de estudos e de propostas voltadas à adequação dos tribunais à Lei Geral de Proteção de Dados e dá outras providências. Disponível em: <https://atos.cnj.jus.br/atos/detalhar/3520>. Acesso em jan. 2020.

MALDONADO, Viviane Nóbrega (Coord.). *LGPD*: Lei Geral de Proteção de Dados Pessoais: manual de implementação. São Paulo: Thomson Reuters Brasil, 2019.

MARANHÃO. Juliano Souza de Albuquerque. *Proteção de dados e o registro imobiliário*. Disponível em: <https://near-lab.com/>. Acesso em: jan. 2020.

PALHARES, Felipe (Coord.). *Temas atuais de proteção de dados*. São Paulo: Thomson Reuters Brasil, 2020.

PINHEIRO, Patrícia Peck. *Proteção de dados pessoais*: comentários à Lei n. 13.709/2018 (LGPD). 2. ed. São Paulo: Saraiva Educação, 2020.

POZZO, Augusto Neves Dal; MARTINS, Ricardo Marcondes. *LGPD e administração pública*. São Paulo: Thomson Reuters, 2020.

ROCHA, Willian Alessandro. Dados pessoais nas varas do trabalho. LGPD e os dados das secretarias das varas do trabalho.

SÃO PAULO. TJSP. Provimento CGJ n. 23/2020. Dispõe sobre o tratamento e proteção de dados pessoais pelos responsáveis pelas delegações dos serviços extrajudiciais. Disponível em: <https://bit.ly/3qti7j1>. Acesso em: jan. 2021.

14. RESPONSABILIDADE CIVIL DOS CARTÓRIOS E LGPD

Rodrigo Bley Santos

1. INTRODUÇÃO

Ubi ius, ibi remedium. "For every right, there is a remedy; where there is no remedy, there is no right". Esses dois brocardos, provenientes das tradições jurídicas romana e anglo-saxã, traduzem uma noção comum a ambas e igualmente presente no ordenamento jurídico brasileiro: em suma, a ideia de que a qualquer direito subjetivo reconhecido deve corresponder um *remédio*. É dizer, um mecanismo oferecido pelo ordenamento ao titular do direito na hipótese do seu descumprimento e/ou violação, a fim de garantir-lhe tutela, seja ela preventiva ou repressiva, judicial ou extrajudicial[1]. Em outras palavras, é possível reconhecer no regime da responsabilidade civil uma função de garante do arcabouço de direitos subjetivos dos cidadãos, uma segurança de que as situações jurídicas subjetivas serão objeto de efetiva proteção.

O que vem de ser dito possui plena aplicabilidade nos dois grandes objetos de estudo do presente volume (i.e., o direito notarial/registral e o direito de proteção de dados), bem como na zona de sua intersecção. Afinal de contas, a efetividade do regime de proteção de dados, em específico do amplo rol de direitos reconhecidos aos usuários pela LGPD, depende da possibilidade de os controladores e operadores sejam civilmente responsabilizados à medida que incorram na violação desses direitos.

Assim, há uma evidente conexão entre o instituto da responsabilidade civil e a disciplina da proteção de dados. A responsabilidade civil serve como instrumento de tutela à parte lesada, cumprindo a sua função *reparatória* ao buscar reestabelecer, na medida do possível, o *status quo ante*.

---

[1] AMARAL, Francisco. *Direito civil*: introdução. 10. ed. rev. e mod. São Paulo: Saraiva, 2018, p. 315.

Da mesma forma, procura-se desestimular a parte ofensora a perpetrar novos abusos, seja punindo-a pelos danos já feitos, seja prevenindo a ocorrência de novas condutas ilícitas[2]. Eis por que a possibilidade da sanção – no caso específico, da sanção civil – paira sempre como um *garante* dos direitos subjetivos tutelados: uma demonstração de que a declaração de sua existência não consubstancia simples bravata, mas sim norma cujo descumprimento justifica a repreensão estatal.

Também se dá no âmbito dos cartórios. Enquanto controladores e operadores de dados, incumbe aos agentes e aos seus prepostos o cumprimento dos deveres de proteção de dados dos usuários dos serviços notariais e registrais, sendo certo que transita diuturnamente uma enorme variedade de dados sensíveis pelos tabelionatos e registros brasileiros. Assim, também os oficiais de serventias extrajudiciais tornaram-se responsáveis pela proteção dos "direitos fundamentais de liberdade, de intimidade e de privacidade" dos cidadãos, nos termos do art. 17 da LGPD.

No entanto, ocorre um problema de ordem teórica no âmbito da atividade notarial e registral. É que, por força da aplicabilidade da Lei n. 8.935/94, o serviço extrajudicial se submete a um regime de responsabilidade civil especial, que se distingue tanto do regime de responsabilidade geral previsto no Código Civil, quanto do regime especial do Código de Defesa do Consumidor. Para além disso, note-se que a LGPD adota ainda um ulterior regime especial de responsabilidade civil, previsto nos seus arts. 42 a 45.

Eis que se apresenta delineado o problema teórico a ser abordado: a constatação de possível tensão entre o regime jurídico especificamente incidente aos agentes notariais e registrais, por um lado, e o regime específico conferido ao tema da proteção de dados previsto na LGPD, por outro.

O propósito deste capítulo, portanto, é explorar o regime de responsabilidade aplicável aos titulares e/ou prepostos das serventias notariais e registrais na condição de controladores/operadores de dados, examinando a eventual ocorrência de antinomia normativa e propondo algumas formas de resolvê-la, quando constatada.

Por fim, sugerem-se alguns meios possíveis de defesa processual dos agentes notariais e registrais, sempre atentando-se aos entendimentos jurisprudenciais contemporaneamente vigentes.

---

[2] FARIAS, Cristiano Chaves de; ROSENVALD, Nelson; BRAGA NETTO, Felipe Peixoto. *Curso de direito civil:* responsabilidade civil. 7. ed. rev. e atual. Salvador: JusPodivm, 2020, p. 37-52.

2. RESPONSABILIDADE CIVIL NO ÂMBITO DAS SERVENTIAS NOTARIAIS E REGISTRAIS: LEI N. 8.935/94 (LEI DOS CARTÓRIOS)

A regulação normativa das serventias notariais e registrais encontra fundamento constitucional. Especificamente quanto ao regime da responsabilidade civil, todavia, não há unanimidade quanto a qual seria o dispositivo constitucional específico que teria aplicabilidade imediata. Uma parcela da doutrina extrai do art. 37, § 6º[3], da Constituição o fundamento direto da responsabilidade dos agentes extrajudiciais, entendendo viger quanto a eles o regime da responsabilidade objetiva, que independe de aferição de dolo e/ou culpa. Já outra parte da doutrina vislumbra no art. 236, § 1º[4], a regra imediatamente aplicável aos cartórios. O referido dispositivo não determina concretamente o regime incidente, mas remete o ônus de sua instituição ao legislador. É como entende Demades Mario Castro, para quem o artigo e seu parágrafo único consagram, por força do princípio da especialidade, regime de responsabilidade excepcional aos agentes notariais e de registro, delegando-se ao legislador ordinário o papel de traçar os específicos contornos de sua responsabilidade civil[5].

O legislador se desincumbiu do ônus de criar um regime próprio para os cartórios por meio da Lei n. 8.935/94. Na parte atinente à responsabilidade civil, consagrava-se, segundo a redação originária do art. 22 do diploma[6], regra que previa a responsabilização dos agentes sem mencionar em momento algum a necessidade de aferição de dolo ou culpa. Foi o que suscitou novamente controvérsia doutrinária a respeito do tema, havendo discordância sobre a possibilidade de invocação de referido artigo como evidência do regime de responsabilidade objetiva incidente sobre a atividade notarial e registral.

---

[3] "Art. 37. [...] § 6º As pessoas jurídicas de direito público e as de direito privado prestadoras de serviços públicos responderão pelos danos que seus agentes, nessa qualidade, causarem a terceiros, assegurado o direito de regresso contra o responsável nos casos de dolo ou culpa."

[4] "Art. 236. [...] § 1º Lei regulará as atividades, disciplinará a responsabilidade civil e criminal dos notários, dos oficiais de registro e de seus prepostos, e definirá a fiscalização de seus atos pelo Poder Judiciário."

[5] CASTRO, Demades Mario. A responsabilidade civil dos notários e registradores e a edição da Lei 13.286, de 10 de maio de 2016. *Revista de Direito Imobiliário*, v. 81, p. 337-361, jul./dez.2016, *on-line*.

[6] "Art. 22. [...] Os notários e oficiais de registro responderão pelos danos que eles e seus prepostos causem a terceiros, na prática de atos próprios da serventia, assegurado aos primeiros direito de regresso no caso de dolo ou culpa dos prepostos."

A redação do artigo foi inicialmente alterada pela Lei n. 13.137/2015, passando a prever a responsabilidade expressa de notários e registradores temporários ou permanente, além de inclusive por danos causados a "direitos e encargos trabalhistas", bem como a responsabilidade pelos atos dos prepostos, assegurado ainda o direito de regresso em caso de culpa ou dolo deles.

O enunciado normativo foi novamente alterado pela Lei n. 13.286/2016. Na nova redação do art. 22, incluiu-se expressamente que os notários e oficiais de registro serão civilmente responsáveis pelos prejuízos causados a terceiros *por culpa ou dolo*[7]. O legislador assegurou, a partir desse momento[8], a responsabilidade subjetiva para os agentes extrajudiciais, em decisão que não passou imune a críticas diante do temor de que as vítimas dos danos perpetrados pela atuação irregular dos cartórios se vejam desassistidas de qualquer sorte de indenização pelos prejuízos suportados[9].

Outra relevantíssima questão envolve a legitimidade passiva do Estado quanto aos agentes notariais e registrais em ações indenizatórias. É que pairava questão sobre em que medida seria o Poder Público responsável pelos danos causados pelos agentes extrajudiciais, que não se qualificam propriamente como servidores públicos.

---

[7] "Art. 22. Os notários e oficiais de registro são civilmente responsáveis por todos os prejuízos que causarem a terceiros, por culpa ou dolo, pessoalmente, pelos substitutos que designarem ou escreventes que autorizarem, assegurado o direito de regresso."

[8] Apesar disso, havia já diante da redação originária do art. 22 precedentes com aplicação da regra da responsabilidade subjetiva, como os Recursos Especiais 489.511/SP, 481.939/GO e 1.027.925/RJ. Cf. BENICIO, Hercules Alexandre da Costa. A responsabilidade civil de notários e registradores sob a égide da Lei 13.286/2016. *Revista de Direito Imobiliário*, v. 81, p. 363-381, jul./dez.2016, *on-line*.

[9] "Por certo, a mudança é boa para os cartórios, mas ruim para as vítimas dos danos relacionados a esses serviços. Sabemos, pelas lições históricas, que a responsabilidade subjetiva equivale, muitas vezes, a deixar as vítimas sem indenização. Nem sempre, ou quase nunca, é fácil provar a culpa do ofensor. Não será simples evidenciar que o notário ou oficial do registro se houve com culpa – sobretudo porque eles, e não as vítimas, é que dominam os meandros da atividade. Nem sempre é fácil definir cada passo acerca do que foi feito, ou do que deveria ter sido feito, para que o dano não ocorresse. Esses tecnicismos são de domínio de quem exerce a atividade, e não de quem sofre o dano a ela relacionado" ROSENVALD, Nelson. A responsabilidade civil dos notários e registradores e a Lei n. 13.286/2016, de 12-7-2016. Disponível em: <https://www.nelsonrosenvald.info/single-post/2016/07/12/A-responsabilidade-civil-dos-not%C3%A1rios-e-registradores-e-a-Lei-n-132862016>. Acesso em: 2-10-2020.

Importante julgado a respeito da matéria foi o Recurso Extraordinário 842.846/SC, de relatoria do Min. Luiz Fux. No caso, julgado em 2019 pelo Supremo Tribunal Federal, firmou-se a tese segundo a qual o Estado:

> responde, objetivamente, pelos atos dos tabeliães e registradores oficiais que, no exercício de suas funções, causem dano a terceiros, assentado o dever de regresso contra o responsável, nos casos de dolo ou culpa, sob pena de improbidade administrativa (Tema 777).

Para tanto, entendeu a Corte que, conquanto sejam exercidos em caráter privado, os serviços notariais e de registro encontram-se orientados pelo regime jurídico de direito público, configurando atividades próprias do Estado desempenhadas por agentes públicos. Assim, tendo em vista a premissa de que o Estado responde diretamente pelos atos dos seus agentes, também nesta hipótese deveria o Poder Público ser diretamente responsável pelos atos de tabeliães e registradores que causem danos a terceiros. Assegurou-se, contudo, o dever de regresso contra o responsável nos casos de dolo ou culpa, sob pena de improbidade administrativa.

Ou seja, em sendo concretizada a responsabilidade direta do Estado, este pode ser acionado diretamente pelo cidadão lesado, sem que seja necessário o prévio ajuizamento de demanda contra o agente extrajudicial. Verificada a ocorrência de dano causado pela prestação de serviço irregular (sem necessidade de aferição de culpa, por se tratar de modalidade de responsabilidade objetiva), o Estado responderá pela conduta do notário ou registrador. Incumbirá ao Estado, neste momento, ingressar com ação de regresso, momento em que o regime de responsabilidade passa a ser subjetivo. O Supremo Tribunal Federal não abordou a questão, por outro lado, da possibilidade de o cidadão ingressar diretamente contra o agente notarial ou registral, fator que evitaria a necessidade de se submeter ao regime dos precatórios, embora exija do cidadão a comprovação de dolo ou culpa do agente.

3. O REGIME DA RESPONSABILIDADE CIVIL NA LGPD

No novo sistema brasileiro de proteção de dados, o tema da responsabilidade civil encontra-se previsto no Capítulo VI, Seção II, da Lei n. 13.709/2018 (LGPD). O art. 42 enuncia explicitamente a responsabilidade tanto de controladores quanto de operadores que venham a causar danos de ordem "patrimonial, moral, individual ou coletiva" em razão de sua atividade do tratamento de dados pessoais. A norma prevê ainda a responsabilização solidária dos operadores nos casos de descumprimento das obrigações da legislação de proteção de dados ou em caso de desobediência às instruções lícitas do controlador (art. 42, § 1º, I), bem como dos controladores, uns com os outros, envolvidos no tratamento de dados do qual decorra dano ao titular (inciso II). Assegura-se ainda a responsabilidade tanto individual quanto pela via coletiva (art. 42, § 3º).

De início, veja-se que o regime da LGPD possui inegável influência da normativa consumerista. O art. 43 da LGPD, por exemplo, prevê hipóteses de excludente de responsabilidade evidentemente inspiradas no regime do CDC[10]. O art. 12 do diploma consumerista, por exemplo, isenta o fornecedor de responsabilidade pelo fato do produto à medida que prove (i) não haver colocado o produto no mercado, que (ii) o defeito inexiste, ou ainda que (iii) a culpa é exclusiva do consumidor ou do terceiro.

De forma análoga, o art. 43 da LGPD isenta o agente de tratamento da responsabilização se houver prova de que (i) o agente não realizou o tratamento

---

[10] "O juiz, no processo civil, poderá inverter o ônus da prova a favor do titular dos dados quando, a seu juízo, for verossímil a alegação, houver hipossuficiência para fins de produção de prova ou quando a produção de prova pelo titular resultar-lhe excessivamente onerosa. Essa previsão legal recebeu influência do CDC, que também contém regra sobre a inversão do ônus da prova em favor do consumidor.
Outra clara influência do CDC é o dispositivo que determina que os agentes de tratamento só não serão responsabilizados quando provarem: que não realizaram o tratamento de dados pessoais que lhes é atribuído; que, embora tenham realizado o tratamento de dados pessoais que lhes é atribuído, não houve violação à legislação de proteção de dados; ou que o dano é decorrente de culpa exclusiva do titular dos dados ou de terceiro. Também se encontra influência do CDC na previsão de que o tratamento de dados pessoais será irregular quando deixar de observar a legislação ou quando não fornecer a segurança que o titular dele pode esperar, consideradas as circunstâncias relevantes, entre as quais: o modo pelo qual é realizado; o resultado e os riscos que razoavelmente dele se esperam; as técnicas de tratamento de dados pessoais disponíveis à época em que foi realizado. Responde pelos danos decorrentes da violação da segurança dos dados o controlador ou o operador que, ao deixar de adotar as medidas de segurança previstas na Lei, der causa ao dano. As hipóteses de violação do direito do titular no âmbito das relações de consumo permanecem sujeitas às regras de responsabilidade previstas nos arts. 12 e 14 do CDC" (KLEE, Antonia Espíndola Longoni; PEREIRA NETO, Alexandre Nogueira Pereira. A Lei Geral de Proteção de Dados (LGPD): uma visão panorâmica. *Cadernos Adenauer XX*, n. 3. Rio de Janeiro: Fundação Konrad Adenauer, 2019, p. 25-26).

de dados que lhe tenha sido atribuído, que (ii) não houve violação à legislação pertinente ou ainda que (iii) o dano decorre de culpa exclusiva do titular dos dados ou de terceiros. Mais do que mera inspiração, trata-se de um verdadeiro espelhamento das hipóteses de excludentes de responsabilidade. E também da mesma forma como ocorre no modelo consumerista, desloca-se o ônus da prova para o agente de tratamento de dados: é a ele que, à semelhança do fornecedor na relação de consumo, caberá demonstrar a ocorrência da excludente de responsabilidade, embora a lei também assegure ao juiz a distribuição dinâmica do ônus probatório (art. 42, § 2º).

Nessa mesma toada, o art. 14, § 1º, do CDC dispõe serem circunstâncias relevantes para aferir o defeito do serviço (i) o modo de seu fornecimento, (ii) o resultado e os riscos que razoavelmente dele se esperam e (iii) a época em que foi fornecido. Em novo espelhamento, o art. 44 da LGPD considera como circunstâncias relevantes para a caracterização do tratamento irregular de dados pessoais (i) o modo de sua realização, (ii) o resultado e os riscos que razoavelmente dele se esperam e (iii) as técnicas de tratamento de dados pessoais disponíveis à época em que foi realizado.

Mesmo a responsabilidade solidária dos fornecedores, remediável mediante a ação de regresso (art. 12, parágrafo único, do CDC) se reflete na igualmente solidária responsabilidade de todos os controladores diretamente envolvidos no tratamento de dados (art. 42, § 1º, II, da LGPD), assegurando-se o direito de regresso à parte que reparar o dano na medida da participação de cada parte no evento danoso (art. 42, § 4º).

Acerca do regime de responsabilidade civil instituído pela LGPD, a redação pouco explícita do art. 42 da Lei já suscitou um importante debate doutrinário. Questiona-se se a natureza da responsabilidade de controladores e operadores de dados, de acordo com a normativa instituída pelo diploma seria subjetiva ou objetiva. Quanto ao tema, parcela importante da doutrina defende a aplicabilidade do regime de responsabilidade subjetiva. Sustentam para tanto, por exemplo, que a imposição de uma série de deveres aos controladores ou operadores somente faria sentido no contexto de um regime subjetivo, que exigisse a aferição da violação destes deveres como pré-condição para a responsabilização dos agentes[11].

---

[11] "Ao criar verdadeiro *standard* de conduta, a LGPD se aproximou mais do regime de responsabilidade fundado na culpa. Afinal, a noção atual de 'culpa' envolve mesmo a análise dos *standards* de conduta socialmente aceitos. Nos últimos tempos, a noção

Ademais, argumenta-se que as menções textuais à responsabilidade objetiva na LGPD, existentes na versão original do PL n. 5.275, teriam sido retiradas em momento subsequente do trâmite legislativo[12]. Assim, à vista dos trabalhos preparatórios da LGPD, ter-se-ia como clara a intenção do legislador de afastar a tratativa consumerista neste ponto específico, atraindo a incidência da regra geral do regime de responsabilidade subjetiva.

Por outro lado, os defensores do regime da responsabilidade objetiva apontam para a influência da normativa consumerista na LGPD, o que acarretaria uma equiparação das figuras dos controladores e operadores com a categoria normativa dos fornecedores, nos termos do CDC. Seguindo a mesma lógica, também o regime de responsabilidade de operadores e controladores deveria seguir aquele

---

clássica de culpa cedeu lugar para um conceito mais objetivado, que tem sido designado de culpa normativa. A culpa passou a ser analisada a partir da ideia de desvio de conduta, que leva em conta apenas o comportamento exigível diante das especiais circunstâncias do caso concreto. Por outras palavras: significa dizer que não se investiga mais o direcionamento da vontade do agente para o descumprimento da ordem jurídica em termos abstratos, mas, sim, a sua adequação (ou não) ao padrão de comportamento esperado naquelas circunstâncias concretas" (GUEDES, Gisela Sampaio da Cruz; MEIRELES, Rose Melo Vencelau. A Lei Geral de Proteção de Dados Pessoais e suas Repercussões no Direito Brasileiro. In: TEPEDINO, Gustavo; FRAZÃO, Ana; OLIVA Milena D. (Coords.) *A Lei Geral de Proteção de Dados Pessoais*: e suas repercussões no direito brasileiro. Revista dos Tribunais, 2019. E-book).

[12] "A versão inicial do PL 5.276 trazia no Capítulo sobre 'Transferências internacionais de dados', uma regra geral expressa de responsabilidade solidária e objetiva desses agentes pelos danos causados em virtude do tratamento de dados (art. 35). Além disso, na Seção sobre 'Responsabilidade e Ressarcimento de danos', havia uma abordagem ampla sobre os sujeitos obrigados a reparar o dano ('todo aquele que, em razão do exercício de atividade de tratamento de dados pessoais causar a outrem dano') (art. 42), e outra regra igualmente ampla prevendo a solidariedade entre todos os agentes da cadeia de tratamento, sem qualquer distinção entre controlador e operador: [...] Diferentemente desse primeiro texto, todas as versões subsequentes do Projeto, até a versão finalmente sancionada da LGPD, passaram a não mais mencionar, como regra geral, um regime de solidariedade ou objetividade na responsabilidade pelos danos decorrentes do tratamento de dados pessoais. A referência expressa à responsabilidade objetiva foi completamente eliminada do texto legal" (GUEDES, Gisela Sampaio da Cruz; MEIRELES, Rose Melo Vencelau. A Lei Geral de Proteção de Dados Pessoais e suas Repercussões no Direito Brasileiro. In: TEPEDINO, Gustavo; FRAZÃO, Ana; OLIVA Milena D. (Coords.). *A Lei Geral de Proteção de Dados Pessoais*: e suas repercussões no direito brasileiro. Revista dos Tribunais, 2019. E-book).

usualmente aplicável aos fornecedores, isto é, a responsabilidade objetiva. Relaciona-se à essa posição também a constatação de que o titular de dados frequentemente ostenta posição de vulnerabilidade semelhante à do consumidor, merecendo o mesmo tratamento jurídico concedido. Eis por que não se deveria exigir do titular lesado a comprovação da culpa do agente[13].

Em que pesem os méritos dessa última posição, entende-se aqui que o regime de responsabilidade subjetiva é o adotado pela LGPD. Não se julga possível ignorar o trâmite legislativo que chegou a incluir claramente a responsabilidade no texto legislativo objetiva *para depois eliminá-la da redação final*[14]. Indica-se aí uma intenção de mudança de posicionamento por parte do legislador no sentido de se exigir a comprovação da culpa do agente quando da lesão dos titulares de dados.

Seja qual for a posição que venha a prevalecer no debate, é certo que a discussão sobre o caráter subjetivo ou objetivo da responsabilidade não esgota tudo o que pode ser dito a respeito do tema. Como explica Nelson Rosenvald, muito frequentemente a doutrina continental é levada a concentrar-se excessivamente em um único matiz do termo "responsabilidade", ignorando outros significados relevantes do ponto de vista jurídico[15]. Isso porque predomina nos sistemas de

---

[13] "Além da inversão do ônus probatório, o reconhecimento da hipossuficiência do titular também se verifica no fato de que a responsabilidade civil da LGPD ser da modalidade objetiva, onde não há discussão sobre a culpa do agente" (CAPANEMA, Walter Aranha. A responsabilidade civil na Lei Geral de Proteção de Dados. *Cadernos Jurídicos*, ano 21, n. 53, jan./mar.2020, p. 166).

[14] Em sentido semelhante argumenta Carlos Maximiliano: "Se um preceito figurava no Projeto primitivo e foi eliminado, não pode ser deduzido, nem sequer por analogia, de outras disposições que prevaleceram, salvo quando a supressão se haja verificado apenas por considerarem-no desnecessário ou incluído implicitamente no texto final" (MAXIMILIANO, Carlos. *Hermenêutica e aplicação do direito*. 21. ed. Rio de Janeiro: Forense, 2018, p. 130).

[15] "*Responsibility, accountability* e *answerability* executam exemplarmente as funções preventiva e precaucional da responsabilidade civil, eventualmente complementadas pela função compensatória (*liability*). Ao contrário do que propaga a escola clássica da responsabilidade, distancia-se o efeito preventivo de um mero efeito colateral de uma sentença condenatória a um ressarcimento. Aliás, a multifuncionalidade da responsabilidade civil não se resume a uma discussão acadêmica: a perspectiva plural da sua aplicabilidade à LGPD é um bem-acabado exemplo legislativo da necessidade de ampliarmos a percepção sobre a responsabilidade civil. Não se trata tão somente de um mecanismo de contenção de danos, mas também de contenção de comportamentos. Transpusemos o 'direito de danos' e alcançamos uma responsabilidade civil para

Civil Law o significado de responsabilidade ao qual corresponde o vocábulo inglês *liability*. Esta se define como a "indenização cujo núcleo consiste em um nexo causal entre uma conduta e um dano, acrescida por outros elementos conforme o nexo de imputação concreto"[16].

Entretanto, há no direito anglo-saxão outros conceitos que, embora contenham sentido distinto, acabam por ser traduzidos igualmente sob a alcunha única de "responsabilidade", no que implica a perda de uma rica polissemia que também repercute no âmbito do direito material. Por exemplo, a *responsibility* como o sentido moral de responsabilidade, plenamente aplicável à conduta dos agentes de tratamento de dados; a *accountability*, que inclui toda a dimensão preventiva própria de uma governança de dados tanto *ex ante* quanto *ex post*, que poderá servir de parâmetro de atuação tanto aos agentes na sua operação diuturna como ao julgador que seja levado a avaliá-la na eventual ocorrência de um dano; e por fim a *answerability*, cuja dimensão também preventiva confere ao titular de dados a justificação das escolhas tomadas de forma automatizada e a sua revisão por humanos.

Dessa forma, segue o autor, a responsabilidade civil deve conviver com dimensões ulteriores à mera função reparatória ou compensatória, inclusive como forma de superar a lógica meramente repressiva para que se atinja a desejada orientação de condutas e não apenas a contenção de danos, num panorama que efetivamente ajude a prevenir as lesões aos titulares de dados.

4. UM CASO DE ANTINOMIA NORMATIVA?

Concluídas as considerações anteriores, é possível efetuar uma primeira aproximação acerca do tema central deste capítulo. O que se pretende analisar de forma verticalizada é a atuação dos tabeliães e registradores na condição de agentes de tratamento de dados. Trata-se de hipótese que atrairia, em princípio, a in-

---

muito além dos danos" (ROSENVALD, Nelson. A polissemia da responsabilidade civil na LGPD. *Migalhas*, 6-11-2020. Disponível em: <https://migalhas.uol.com.br/coluna/migalhas-de-protecao-de-dados/336002/a-polissemia-da-responsabilidade-civil-na--lgpd>. Acesso em: 6-11-2020).

[16] ROSENVALD, Nelson. A polissemia da responsabilidade civil na LGPD. *Migalhas*, 6-11-2020. Disponível em: <https://migalhas.uol.com.br/coluna/migalhas-de-protecao--de-dados/336002/a-polissemia-da-responsabilidade-civil-na-lgpd>. Acesso em: 6-11-2020.

cidência simultânea da Lei n. 8.935/94 (Lei dos Cartórios) e da LGPD: a primeira, em razão da pessoa envolvida; a segunda, em razão da matéria. Para além disso, ambas as normas inauguram regimes de responsabilidade civil especiais em relação ao regramento geral do Código Civil: a Lei de Cartórios no seu Título II, Capítulo III (Da Responsabilidade Civil e Criminal, arts. 22 a 24); já a LGPD no Capítulo VI, Seção III (Da Responsabilidade e do Ressarcimento de Danos, arts. 42 a 45).

O problema se verifica diante da constatação de uma possível antinomia normativa: é que, como já exposto, não há mais dúvidas de que o regime de responsabilidade civil incidente sobre o regime notarial e registral é subjetivo, o que se extrai da nova redação do art. 22 da Lei n. 8.935/94. Já acerca do regime de responsabilidade civil da LGPD, como também já discutido, paira uma importante controvérsia doutrinária, havendo uma parcela da doutrina que o compreenda como de natureza objetiva. Em prevalecendo esta última opinião, os termos da aparente antinomia resultariam claros: a matéria da responsabilidade dos notários e registradores pelo tratamento de dados pessoais seria regida tanto pela Lei dos Cartórios quanto pela LGPD: no primeiro caso, seria necessária a aferição de culpa do agente para a sua responsabilização, ao passo que no segundo caso a culpa seria desnecessária.

Alguns casos de possível antinomia já foram analisados na doutrina nacional. Veja-se, por exemplo, a opinião de Walter Aranha Capanema a respeito de eventual conflito normativo entre a LGPD e outros diplomas: "[a] responsabilidade civil está regulamentada na Seção III do Capítulo VI da LGPD, intitulada de 'Da Responsabilidade e do Ressarcimento de Danos'. É importante ressaltar que tais normas não serão aplicáveis em todos os casos envolvendo responsabilidade civil, podendo, dependendo da relação jurídica, ceder espaço a normas específicas, como o Código de Defesa do Consumidor, o que, inclusive, é expressamente reconhecido pela LGPD em seu art. 45"[17].

A respeito do tema específico do direito consumerista, Maria Celina Bodin de Moraes e João Quinelato de Queiroz argumentam, em sentido um tanto diverso, não se tratar de um afastamento puro e simples da LGPD em qualquer hipótese que porventura envolva direitos do consumidor. Ao contrário, ponderam os autores que o art. 45 da Lei reserva a primazia do *regime de responsabilidade civil*

---

[17] CAPANEMA, Walter Aranha. A responsabilidade civil na Lei Geral de Proteção de Dados. *Cadernos Jurídicos*, ano 21, n. 53, jan./mar.2020, p. 164-165.

do controlador ou operador de dados pessoais, definido nos moldes do regime objetivo do CDC. Todavia, o rol de garantias e direitos do titular de dados pessoais, bem como de deveres dos tratadores e coletores desses dados, permaneceria sendo aquele previsto na LGPD[18].

E como resolver a antinomia apresentada neste tópico? São válidas as observações de Pierluigi Chiassoni neste ponto[19]. Para o autor, os critérios para a solução de antinomia distinguem-se entre os *formais* e os *substanciais*. São formais todos os critérios que determinam a prevalência de uma norma por conta de alguma propriedade sua que independe do seu conteúdo. É o caso dos critérios da hierarquia, da competência e cronológico. Por outro lado, os critérios substanciais exigem remissão ao conteúdo da norma analisada para a solução da antinomia. São os critérios da especialidade, da excepcionalidade e o axiológico.

A uma primeira análise, os critérios formais parecem resultar insuficientes para a solução da antinomia ora analisada. O critério da hierarquia não teria utilidade, uma vez que tanto a Lei n. 8.935/94 quanto a LGPD advêm da mesma fonte, o Congresso Nacional. Por essas mesmas razões resulta infrutífero aplicar-se o critério da competência.

Permaneceria possivelmente aplicável, assim, o critério cronológico: nesse caso, a LGPD, promulgada em 14-8-2018, prevaleceria sobre a Lei n. 13.286/2016, norma que instituiu a nova redação do art. 22 da Lei de Cartórios e que foi pro-

---

[18] "Uma leitura desavisada do dispositivo e contrária à unidade do ordenamento poderia levar à conclusão incorreta de que a LGPD não se aplica às relações de consumo, sendo acertado concluir que o art. 45 quer, em verdade, apontar para que o regime de responsabilidade civil do controlador ou operador de dados pessoais no âmbito das relações de consumo será objetivo quando violada qualquer disposição da própria LGPD ou de quaisquer garantias de proteção de dados pessoais nas relações de consumo contidas nos arts. 43 a 44 do CDC. Em outras palavras, estando o intérprete diante da violação dos princípios e garantias do titular de dados pessoais no âmbito de relações de consumo, aplicar-se-á o regime de responsabilidade civil objetiva contida no art. 14 do CDC, com fulcro no art. 45 da LGPD e, no que diz respeito ao rol de garantias e direitos do titular de dados pessoais e dos deveres dos tratadores e coletores de dados pessoais, aplica-se a LGPD em sua inteireza" (BODIN DE MORAES, Maria Celina; QUEIROZ, João Quinelato de. Autodeterminação informativa e responsabilização proativa: novos instrumentos de tutela da pessoa humana na LGPD. *Cadernos Adenauer* XX, n. 3. Rio de Janeiro: Fundação Konrad Adenauer, p. 131).

[19] CHIASSONI, Pierluigi. *Técnica da interpretação jurídica*: breviário para juristas. São Paulo: Revista dos Tribunais, 2020, p. 438-439.

mulgada em 10-5-2016. Em sendo ambas as normas reguladoras da mesma matéria, prevaleceria a regra posterior (da responsabilidade objetiva, em sendo essa a interpretação prevalente da LGPD) em detrimento da anterior (da responsabilidade subjetiva dos agentes notariais e registrais).

Contudo, Pierluigi Chiassoni aclara que o critério formal cronológico pode ceder lugar se deparado com outro critério, de caráter *substancial*[20]. A hipótese dos agentes notariais e registrais invoca sem dificuldade a incidência do critério da especialidade. Isso porque o regime geral de responsabilidade civil no tratamento de dados pessoais é aquele previsto na LGPD. Todavia, o caso dos notários e registradores é *especial*, pois se trata de uma classe de agentes de tratamento de dados que desempenha espécie de serviço estatal oferecido por delegação a cidadãos privados, e objeto de regulação legislativa e administrativa próprias.

Havendo conflito entre os critérios cronológico e o da especialidade, propõe-se neste artigo que o regime de responsabilidade civil específico da Lei n. 8.935/94 deve prevalecer na hipótese dos cartórios.

Existem algumas razões que subsidiam essa posição. A própria LGPD já traz consigo hipóteses de afastamento de sua própria incidência em virtude do princípio da especialidade. Por exemplo, a LGPD estabelece no art. 45 que "[a]s hipóteses de violação do direito do titular no âmbito das relações de consumo permanecem sujeitas às regras de responsabilidade previstas na legislação pertinente". O regramento da LGPD, assim, prevê no seu próprio bojo pelo menos uma limitação à sua aplicabilidade, sugerindo assim que determinadas matérias, por força de seu conteúdo especial, devam permanecer vigentes mesmo em face de conflito com a Lei n. 13.709/2018.

O art. 45 da LGPD parece, longe de representar apenas uma exceção específica, enunciar uma espécie de regra geral, uma primazia aos regramentos de responsabilidade civil específicos em relação ao regramento geral da LGPD. Eis por que referida lei enuncia que a ANPD procurará promover o "adequado fun-

---

[20] "No caso, ao contrário, da interferência entre critério cronológico e critério de especialidade nos conflitos entre normas congêneres ou, ainda, do mesmo nível hierárquico, considera-se que não exista um metacritério consolidado ('pré-constituído') que indique, de modo geral, a prevalência de um ou outro dos dois critérios" (CHIASSONI, Pierluigi. *Técnica da interpretação jurídica*: breviário para juristas. São Paulo: Revista dos Tribunais, 2020, p. 444).

cionamento dos setores regulados, conforme **legislação específica**"[21]. Ou seja, a legislação específica dos setores regulados deve ser respeitada, e isso também no caso da atividade notarial e registral, que tem regramento específico incidente, inclusive no que tange à responsabilização dos agentes[22].

Há ainda outros elementos da redação da LGPD que fornecem indícios de um convívio harmônico entre o regramento de proteção de dados e outras normas aplicáveis. Veja-se, nesse sentido, como há previsão para que o tratamento de dados pessoais das crianças e de adolescentes obedeça à legislação pertinente[23]. Da mesma forma, a tutela dos direitos coletivos permanece tendo a incidência de sua normatividade específica assegurada[24] e a previsão de sanções específicas da LGPD não exclui a aplicação de sanções previstas na Lei n. 8.078/90 ou em outros diplomas legislativos[25].

Ademais, é importante conceder aos agentes notariais e registrais uma tratativa normativa unitária, que não varie a depender da matéria específica. O direito brasileiro dispôs sobre os serviços notariais e registrais especificamente na

---

[21] "Art. 55-J. [...] § 3º A ANPD e os órgãos e entidades públicos responsáveis pela regulação de setores específicos da atividade econômica e governamental devem coordenar suas atividades, nas correspondentes esferas de atuação, com vistas a assegurar o cumprimento de suas atribuições com a maior eficiência e promover o adequado funcionamento dos setores regulados, conforme legislação específica, e o tratamento de dados pessoais, na forma desta Lei."

[22] "Se existe antinomia entre a regra geral e a peculiar, específica, esta, no caso particular, tem a supremacia. Preferem-se as disposições que se relacionem mais direta e especificamente com o assunto que se trata: *in toto jure generi per speciem derogatur, et illud potissimum habetur quod ad speciem directum est* – 'em toda disposição de Direito, o gênero é derrogado pela espécie, e considera-se de importância preponderante o que respeita diretamente à espécie'" (MAXIMILIANO, Carlos. *Hermenêutica e aplicação do direito*. 21. ed. Rio de Janeiro: Forense, 2018, p. 123).

[23] "Art. 14. O tratamento de dados pessoais de crianças e de adolescentes deverá ser realizado em seu melhor interesse, nos termos deste artigo e da legislação pertinente."

[24] "Art. 22. A defesa dos interesses e dos direitos dos titulares de dados poderá ser exercida em juízo, individual ou coletivamente, na forma do disposto na legislação pertinente, acerca dos instrumentos de tutela individual e coletiva"; "Art. 42. [...] § 3º As ações de reparação por danos coletivos que tenham por objeto a responsabilização nos termos do *caput* deste artigo podem ser exercidas coletivamente em juízo, observado o disposto na legislação pertinente."

[25] "§ 2º O disposto neste artigo não substitui a aplicação de sanções administrativas, civis ou penais definidas na Lei n. 8.078, de 11 de setembro de 1990, e em legislação específica."

Lei n. 8.935/94, destinada a regulamentar o dispositivo constitucional do art. 236 da CF/88: esse é o estatuto específico que regula e deve orientar a função dos agentes delegatários dos serviços notariais e registrais. O § 1º da Constituição da República, nesse sentido, dispõe que "[l]ei regulará as atividades, disciplinará a responsabilidade civil e criminal dos notários, dos oficiais de registro e de seus prepostos [...]". Como se sabe, a lei elaborada para cumprir esse dispositivo constitucional foi justamente a Lei n. 8.935/94, que se atenta especificamente à natureza e aos fins dos serviços notariais e registrais para disciplinar a responsabilidade civil dos titulares e seus colaboradores.

Assim, e retomando o argumento de Walter Aranha Capanema, o regime de responsabilidade civil da LGPD pode, a depender da relação jurídica, ceder espaço a outros diplomas jurídicos aplicáveis[26]. O serviço notarial e registral, como acima exposto, constitui um de tais casos, de modo que a normativa de responsabilidade civil da Lei n. 8.935/94 tem prevalência em detrimento da LGPD diante de potenciais antinomias entre as duas disciplinas.

É certo que se pode cogitar de objeções à posição aqui defendida. Uma possível é que o art. 45 da LGPD mencionaria apenas o âmbito das relações de consumo como hipótese em que o critério cronológico cede diante da especialidade, e nenhum outro. Talvez o fizesse em vista dos importantes valores instanciados pelo diploma consumerista, destinado à proteção de pessoas no polo vulnerável de uma relação jurídica de consumo. Eis por que a LGPD não poderia jamais ser lida como subtraindo direitos dos consumidores, mas sim incrementando-os; ato contínuo, se a responsabilidade civil no tratamento de dados dependesse da aferição de culpa do agente, ele não se daria em âmbito distinto, como o notarial e registral. Assim, a especialidade prevista na LGPD poderia ser lida como operada exclusivamente para o domínio dos direitos do consumidor, sem que haja qualquer remissão à outra atividade, como a dos cartórios.

A objeção não parece ser forte o suficiente. Como exposto acima, são vários os dispositivos da LGPD que indicam um convívio harmônico entre a Lei e outros diplomas eventualmente incidentes, o que sugere algo menos que uma intenção ab-rogatória ilimitada por parte do legislador. Por outro lado, relevantes parcelas da doutrina entendem pela inaplicabilidade do CDC à atividade notarial e

---

[26] CAPANEMA, Walter Aranha. A responsabilidade civil na Lei Geral de Proteção de Dados. *Cadernos Jurídicos*, ano 21, n. 53, jan./mar. 2020, p. 164-165.

registral[27]. Seria então curioso que a LGPD, ela mesma limitada em sua eficácia pelo regramento consumerista (art. 45), prevalecesse diante da Lei n. 8.935/94, norma que por si mesma afasta a aplicabilidade do próprio CDC.

Portanto, a despeito do resultado do debate quanto à responsabilidade civil subjetiva ou objetiva no âmbito geral da LGPD, entende-se aqui que o regime de responsabilidade próprio da Lei não se aplica aos agentes notariais e de registro. Isso porque a Lei n. 8.935/94 contempla regime específico de responsabilidade pessoal e subjetiva para agentes delegados, do qual decorre a imprescindibilidade da aferição da culpa ou do dolo no caso concreto para a responsabilização dos titulares das serventias. Desta forma, o regime próprio de responsabilidade civil da LGPD não se aplica à esfera notarial e de registro por força do critério da especialidade.

Há ainda outro ponto de potencial conflito entre a LGPD e a Lei n. 8.935/94. Trata-se do caso da responsabilidade pelos danos causados por prepostos. Nos termos da LGPD, operadores e controladores respondem solidariamente pelos danos causados pelo tratamento de dados nos casos de descumprimento das obrigações da legislação de proteção de dados ou desobediência às instruções lícitas do controlador, casos em que o operador se equipara ao controlador. Já na Lei n. 8.935/94, jamais se contempla a responsabilização solidária dos substitutos ou escreventes subordinados ao titular. Em ambos os diplomas legislativos, entretanto, é garantido o direito de regresso.

Na maior parte dos casos, as categorias de titular da serventia e preposto corresponderão às figuras respectivas de controlador e operador de dados[28]. To-

---

[27] Por exemplo, cf. a opinião de Walter Ceneviva: "*Mercado de consumo* é o complexo de negócios realizados no País com vistas ao fornecimento de produtos e serviços adquiridos voluntariamente por quem os considere úteis ou necessários. O serviço registrário, sendo em maior parte compulsório e sempre de predominante interesse geral, de toda sociedade, não se confunde com as condições próprias do contrato de consumo e a natureza do mercado que lhe corresponde" (CENEVIVA, Walter. *Lei dos Registros Públicos comentada*. 20. ed. São Paulo: Saraiva, 2010, p. 163). Cf. ainda FELISBERTO, Bruno Miguel Costa. A impossibilidade de subordinação dos serviços notarial e registral à legislação consumerista. *Revista de Direito Imobiliário*, v. 81, jul./dez. 2016, *on-line*.

[28] Menciona-se "na maior parte dos casos", pois os conceitos de controlador e operador são contextuais e intercambiáveis. Assim, seria enganoso atribuir a todo agente notarial e registral sempre a qualificação jurídica de controlador de dados, à medida que as circunstâncias do caso podem demonstrar que os delegatários apenas executam decisões tomadas por outrem. Imagine-se processo (administrativo ou judicial) em que um juiz determina certa atuação do agente delegado, implicando o tratamento de dados

davia, da mesma forma como na discussão acerca da responsabilidade objetiva, entende-se aqui que o regime especial da Lei n. 8.935/94 prevalece no contexto dos cartórios por força do critério da especialidade. Em consequência, não se deve aplicar ao escrevente ou substituto do cartório o regime de responsabilidade solidária em nenhum caso, ante a ausência de previsão para tanto na Lei n. 8.935/94, norma aplicável ao seu exercício profissional. Cabe apenas, como já dito, a ação de regresso em face dos danos causados a terceiros por seus prepostos.

5. DEFESA PROCESSUAL: ALGUNS APONTAMENTOS

Pensar numa estratégia de defesa processual para agentes notariais e registrais na condição de agentes de tratamento de dados é impossível sem se ter presente a lição de Maria Celina Bodin de Moraes. Como explica a autora, a responsabilidade civil no âmbito da privacidade de dados não pode resumir-se mais ao não descumprimento da norma, mas passa a exigir a efetiva demonstração da tomada de medidas aptas a observar os ditames legais[29].

Ainda, em que pesem os argumentos lançados acima no que concerne à prevalência do regime da Lei n. 8.935/94 em face da LGPD, é certo que esta última permanece tendo imensa e relevantíssima aplicabilidade no direito notarial e registral. A incompatibilidade entre os dois diplomas é apenas pontual; no restante, ambas as normas se complementam e devem ser aplicadas conjuntamente em favor da tutela adequada dos direitos dos titulares de dados pessoais. Eis por que o rol

---

pessoais. Nessa situação, o juiz seria o verdadeiro controlador, ficando o notário/registrador apenas na condição de operador, pois executado o tratamento nos termos definidos pelo magistrado.

[29] "A nova lei, porém, introduz, secundando o regulamento europeu, uma mudança profunda em termos de responsabilização. Trata-se da sua união ao conceito de 'prestação de contas'. Esse novo sistema de responsabilidade, que vem sendo chamado de 'responsabilidade ativa' ou 'responsabilidade proativa', encontra-se indicado no inciso X do art. 6º, que determina que às empresas que não é suficiente cumprir os artigos da lei; será necessário também 'demonstrar a adoção de medidas eficazes e capazes de comprovar a observância e o cumprimento das normas de proteção de dados pessoais e, inclusive, a eficácia dessas medidas'. Portanto, 'não descumprir a lei, não é mais suficiente'" (BODIN DE MORAES, Maria Celina; QUEIROZ, João Quinelato de. Autodeterminação informativa e responsabilização proativa: novos instrumentos de tutela da pessoa humana na LGPD. *Cadernos Adenauer XX*, n. 3. Rio de Janeiro: Fundação Konrad Adenauer, 2019, p. 129).

de deveres instituídos pela LGPD incide também na hipótese dos serviços notariais e registrais.

É essencial a qualquer controlador/operador de dados, portanto, a estruturação de sua atividade profissional de modo compatível com a privacidade de dados dos usuários. Não apenas isso, cabe uma atividade *profilática* de prévia documentação do cumprimento dos deveres elencados pela LGPD, inclusive como subsídio à defesa em eventual tentativa de responsabilização do agente no caso da ocorrência de danos aos cidadãos.

Nelson Rosenvald aborda a *accountability ex post* como parâmetro para a eventual redução da indenização[30]. Nesse sentido, uma atuação proativa do cartorário na condição de agente de tratamento de dados poderá fornecer ao juiz elementos fáticos para uma avaliação do caso mais favorável ao agente. Pode inclusive cogitar-se da redução equitativa da indenização a ser suportada por ocasião do dano, numa modalidade de sanção premial prevista no parágrafo único do art. 944 do Código Civil[31]. Assim, aqueles agentes cuja conduta preventiva se mostre diligente e completa podem justificar uma avaliação mais benéfica no que diz respeito à gravidade de sua culpa no caso concreto, razão pela qual estará autorizada uma redução equitativa da indenização.

---

[30] "Já na vertente *ex post*, a *accountability* atua como um guia para o magistrado e outras autoridades, tanto para identificar e quantificar responsabilidades como para estabelecer os remédios mais adequados. Assim, ao invés do juiz se socorrer da discricionariedade para aferir o risco intrínseco de uma certa atividade por sua elevada danosidade – o desincentivo ao empreendedorismo é a reação dos agentes econômicos à insegurança jurídica –, estabelecem-se padrões e garantias instrumentais que atuam como parâmetros objetivos para a mensuração do risco em comparação com outras atividades. Aliás, se o causador do dano houver investido em *compliance*, com efetividade, pode-se mesmo cogitar da redução da indenização, como espécie de sanção premial, a teor do parágrafo único do art. 944 do Código Civil. Em acréscimo, a ausência de previsão legal de um modelo jurídico similar aos *punitive damages* não impede que em resposta às infrações cometidas por Agentes de Tratamento de Dados, a Autoridade Nacional de Proteção de Dados sirva-se da *accountability* para a estipulação de sanções de natureza punitiva e quantificação de multas, conforme previsão do artigo 52 da LGPD" (ROSENVALD, Nelson. *A polissemia da responsabilidade civil na LGPD*. Migalhas, 6-11-2020. Disponível em: <https://migalhas.uol.com.br/coluna/migalhas-de-protecao-de-dados/336002/a-polissemia-da-responsabilidade-civil-na-lgpd>. Acesso em: 6-11-2020.

[31] "Art. 944. A indenização mede-se pela extensão do dano. Parágrafo único. Se houver excessiva desproporção entre a gravidade da culpa e o dano, poderá o juiz reduzir, equitativamente, a indenização."

Tratando-se de âmbito técnico de alta complexidade, a contratação de um DPO (*Data Protection Officer*) apto a garantir a segurança dos dados dos usuários do serviço notarial e registral, combinada com o devido registro de todas as diligências preventivas tomadas para o cumprimento dos deveres da LGPD, trará elementos fáticos relevantes para a eventual utilização como meio de prova em eventual demanda judicial.

Trata-se, ademais, de demanda essencial inclusive para se invocar com sucesso as excludentes de responsabilidade previstas no art. 43 da LGPD, como o devido cumprimento da legislação de proteção de dados (art. 43, II) ou a culpa exclusiva do titular ou de terceiro (art. 43, III).

Por fim, deve-se comentar a questão do ônus da prova na apuração da responsabilidade dos titulares de serventias. Como já mencionado, a LGPD contempla no seu art. 42, § 2º, hipótese de inversão do ônus da prova muito semelhante àquela prevista no art. 6º, VIII, Código de Defesa do Consumidor. Ao contrário do que ocorre em outras situações, inexiste qualquer potencial conflito de normas entre a LGPD e a Lei n. 8.935/94 neste caso, razão pela qual o art. 42, § 2º, é norma processual aplicável também aos titulares de serventias agindo na condição de controladores de dados.

A inversão do ônus da prova não será automática por determinação legal (*ope legis*), mas dependerá da análise do caso concreto pelo Juízo (*ope iudicis*), a quem incumbirá a verificação do atendimento dos critérios autorizadores de referida inversão. O art. 42, § 2º, da LGPD elenca três critérios para a inversão do ônus probatório, a saber: (i) a verossimilhança da alegação, (ii) a hipossuficiência da parte para fins de produção de prova ou (iii) a onerosidade excessiva da produção.

Os primeiros dois critérios (verossimilhança e hipossuficiência) repetem a racionalidade do art. 6º, inciso VIII, do CDC. Já o terceiro critério guarda maior semelhança com o parágrafo único do art. 373 do CPC, o qual incorpora a teoria da distribuição dinâmica do ônus da prova no processo civil[32].

Cabem ainda algumas ulteriores considerações. O art. 42, § 2º, da LGPD repete a redação indesejável do CDC ao incorporar a conjunção coordenativa alternativa "ou" ao invés da aditiva "e", o que poderia levar à conclusão de que a mera presença de um dos requisitos, por mais que completamente ausente o outro, au-

---

[32] Sobre o tema, cf. PEDRON, Flávio Quinaud; FERREIRA, Isadora Costa. O ônus da prova dinâmico no Código de Processo Civil de 2015. *Revista de Processo*, v. 285, p. 121-156, nov. 2018, *on-line*.

torizaria referida inversão. Ao contrário, o julgador deve realizar um cotejo abrangente de todos os critérios quando da análise da situação concreta, sendo certo que a ausência completa de um deles tornará muito mais exigente – quando não simplesmente inviável – a justificativa da inversão do ônus apenas com base no outro. Assim, geralmente não bastará que a parte seja hipossuficiente ou que a produção lhe resulte excessivamente onerosa, se a alegação for absolutamente inverossímil, por exemplo.

Por outro lado, em que pese a ausência de previsão expressa na LGPD, a principiologia processual certamente exige a observância do enunciado da parte final do art. 373, § 1º, do CPC de 2015 ("poderá o juiz atribuir o ônus da prova de modo diverso, desde que o faça por decisão fundamentada, caso em que deverá dar à parte a oportunidade de se desincumbir do ônus que lhe foi atribuído"). Assim, será sempre necessário o respeito ao requisito da fundamentação das decisões, bem como a oportunização à parte de se desincumbir do ônus probatório para que não seja tolhida a sua defesa. Trata-se de exigências que não decorrem apenas da legislação, mas que atendem à normatividade constitucional.

6. CONCLUSÕES

O instituto da responsabilidade civil no direito de proteção de dados ostenta papel essencial para a concretização da tutela positiva da privacidade, denominada de autodeterminação informativa[33]. Sua função clássica, reparatória e emergente *ex post facto*, permanece relevante e atual, garantindo aos operadores do direito que a consagração de direitos de privacidade não constitua mera bravata.

---

[33] Progressivamente, a privacidade passou a ser lida não só sob sua dimensão negativa – segundo a qual se acreditava que a proteção da privacidade adviria da mera abstenção de terceiros e de não invasão dos espaços privados – mas, também, sob sua dimensão positiva, que demanda, tanto do legislador como dos agentes de tratamentos de dados em geral, uma atuação na proteção das garantias atinentes à circulação de dados pessoais. Esta tutela positiva passa a ser chamada de autodeterminação informativa, é incorporada no art. 2º, II, da LGPD e foi definida por Rodotà como "o direito de manter o controle sobre suas próprias informações e de determinar a maneira de construir sua própria esfera particular" (BODIN DE MORAES, Maria Celina; QUEIROZ, João Quinelato de. Autodeterminação informativa e responsabilização proativa: novos instrumentos de tutela da pessoa humana na LGPD. *Cadernos Adenauer XX*, n. 3. Rio de Janeiro: Fundação Konrad Adenauer, 2019, p. 118).

Todavia, e como já assinalado no presente artigo, ela se projeta para além dessa função. A responsabilidade deve pautar todos os momentos do tratamento de dados, servindo também a uma função orientadora e preventiva.

No caso dos agentes notariais e registrais, não há dúvida quanto à aplicabilidade da LGPD, haja vista expressa menção da atividade na própria lei (art. 23, § 4º). Não haveria como ser de outra forma, se tidas em consideração todas as informações privadas que passam diuturnamente pelas mãos de notários e registradores e que compreendem, sem qualquer exagero, todas as fases da vida, do nascimento ao óbito. Deixar de incluir esses agentes públicos na normativa de proteção de dados representaria imperdoável omissão por parte do legislador.

Entretanto, referida inclusão não resolve todos os problemas. Pelo contrário, suscita ao menos algumas dificuldades hermenêuticas, pois a disciplina notarial e registral já se encontra objeto de específica previsão normativa: a Lei n. 8.935/94, que regulamenta o art. 236 da Constituição. O caso específico dos agentes notariais e registrais que operam na condição de agentes de tratamento de dados, portanto, arriscaria ocasionar possível antinomia normativa entre os dois diplomas.

Pelas razões apontadas neste trabalho, concluiu-se que o regime de responsabilidade civil aplicável à atividade notarial e registral será sempre aquele da Lei n. 8.935/94. Eis por que, independentemente do resultado do debate com relação à natureza subjetiva ou objetiva da responsabilidade civil na LGPD, a responsabilidade subjetiva incidente sobre o serviço extrajudicial será inafastável por força da contemporânea redação do art. 22 da Lei dos Cartórios.

Independentemente da procedência dos argumentos aqui expostos, é certo que a LGPD passou a consagrar aos agentes notariais e registrais uma série de novos e essenciais deveres funcionais, de cuja adequada e competente observância dependerá a tutela proativa dos direitos de privacidade dos cidadãos brasileiros. Eis por que incumbirá aos notários e registradores uma leitura atenta da LGPD e a consequente adequação de sua atividade profissional aos seus ditames.

REFERÊNCIAS

AMARAL, Francisco. *Direito civil*: introdução. 10. ed. ver. e mod. São Paulo: Saraiva, 2018.

BENICIO, Hercules Alexandre da Costa. A responsabilidade civil de notários e registradores sob a égide da Lei 13.286/2016. *Revista de Direito Imobiliário*, v. 81, p. 363-381, jul./dez. 2016.

BODIN DE MORAES, Maria Celina. LGPD: um novo regime de responsabilização civil dito "proativo". *Editorial à Civilistica.com*. Rio de Janeiro: a. 8, n. 3, 2019. Disponível em: <http://civilistica.com/lgpd-um-novo-regime/>. Data de acesso: 26-9-2020.

_____.; QUEIROZ, João Quinelato de. Autodeterminação informativa e responsabilização proativa: novos instrumentos de tutela da pessoa humana na LGPD. *Cadernos Adenauer XX*, n. 3. Rio de Janeiro: Fundação Konrad Adenauer, 2019, p. 113-137.

CAPANEMA, Walter Aranha. A responsabilidade civil na Lei Geral de Proteção de Dados. *Cadernos Jurídicos*, ano 21, n. 53, p. 163-170, jan./mar. 2020.

CASTRO, Demades Mario. A responsabilidade civil dos notários e registradores e a edição da Lei 13.286, de 10 de maio de 2016. *Revista de Direito Imobiliário*, v. 81, p. 337-361, jul./dez. 2016.

CENEVIVA, Walter. *Lei dos Registros Públicos comentada*. 20. ed. São Paulo: Saraiva, 2010.

CHIASSONI, Pierluigi. *Técnica da interpretação jurídica*: breviário para juristas. São Paulo: Revista dos Tribunais, 2020.

DONEDA, Danilo. *Da privacidade à proteção de dados pessoais*. Rio de Janeiro: Renovar, 2006.

FARIAS, Cristiano Chaves de; ROSENVALD, Nelson; BRAGA NETTO, Felipe Peixoto. *Curso de direito civil*: responsabilidade civil. 7. ed. rev. e atual. Salvador: JusPodivm, 2020.

FELISBERTO, Bruno Miguel Costa. A impossibilidade de subordinação dos serviços notarial e registral à legislação consumerista. *Revista de Direito Imobiliário*, v. 81, jul./dez. 2016, *on-line*.

GLITZ, Gabriela P. C. Da privacidade à proteção de dados pessoais: o caminho para uma lei geral de proteção de dados pessoais.

GUEDES, Gisela Sampaio da Cruz; MEIRELES, Rose Melo Vencelau. A Lei Geral de Proteção de Dados Pessoais e suas Repercussões no Direito Brasileiro. In: TEPEDINO, Gustavo; FRAZÃO, Ana; OLIVA Milena D. (Coords.). *A Lei Geral de Proteção de Dados Pessoais*: e suas repercussões no direito brasileiro. São Paulo: Revista dos Tribunais, 2019. *E-book*.

KLEE, Antonia Espíndola Longoni; PEREIRA NETO, Alexandre Nogueira Pereira. A Lei Geral de Proteção de Dados (LGPD): uma visão panorâmica. *Cadernos Adenauer XX*, n. 3. Rio de Janeiro: Fundação Konrad Adenauer, p. 11-35.

MALDONADO, Viviane N. (Org.). *LGPD:* Lei Geral de Proteção de Dados Pessoais: manual de implementação. São Paulo: Thomson Reuters Brasil, 2019.

MAXIMILIANO, Carlos. *Hermenêutica e aplicação do direito.* 21. ed. Rio de Janeiro: Forense, 2018.

PEDRON, Flávio Quinaud; FERREIRA, Isadora Costa. O ônus da prova dinâmico no Código de Processo Civil de 2015. *Revista de Processo*, v. 285, p. 121-156, nov. 2018.

PINHEIRO, Patrícia P. *Proteção de dados pessoais:* comentários à Lei n. 13.709/2018 (LGPD). Saraiva, 2018. *E-book.*

RODOTÀ, Stefano. *A vida na sociedade de vigilância.* A privacidade hoje. Organização, seleção e apresentação de Maria Celina Bodin de Moraes. Rio de Janeiro: Renovar, 2008.

ROSENVALD, Nelson. A responsabilidade civil dos notários e registradores e a Lei n. 13.286/2016, de 12-7-2016. Disponível em: <https://www.nelsonrosenvald.info/single-post/2016/07/12/A-responsabilidade-civil-dos-not%C3%A1rios-e-registradores-e-a-Lei-n-132862016>. Acesso em: 2-10-2020.

SOUSA, Zilda A. Gonçalves de; FRANCO, Igor da Silveira. Aplicação da Lei Geral de Proteção de Dados ao poder público. In: GROSSI, Bernardo Menicucci (Org.). *Lei Geral de Proteção de Dados:* uma análise preliminar da Lei 13.709/2018 e da experiência de sua implantação no contexto empresarial. Porto Alegre: Fi, 2020.

TEPEDINO, Gustavo; FRAZÃO, Ana; OLIVA Milena D. (Coords.). *A Lei Geral de Proteção de Dados Pessoais:* e suas repercussões no direito brasileiro. Revista dos Tribunais, 2019. *E-book.*

15. A FISCALIZAÇÃO DOS CARTÓRIOS PARA FINS DA LGPD

Vitor Frederico Kümpel
Giselle de Menezes Viana

1. INTRODUÇÃO

A Lei n. 13.709, de 14 de agosto de 2018, denominada Lei Geral de Proteção de Dados Pessoais (LGPD), dispôs sobre o tratamento de dados pessoais, inclusive nos meios digitais, por pessoa natural ou por pessoa jurídica de direito público ou privado, com o objetivo de proteger os direitos fundamentais de liberdade e de privacidade e o livre desenvolvimento da personalidade da pessoa natural.

Nessa definição, dada pelo art. 1º da própria LGPD, fica evidenciada a sua amplitude. Com efeito, seus preceitos alcançam as mais diversas entidades, sejam pessoas naturais ou jurídicas, de direito público ou privado. Como não poderia deixar de ser, também estão contemplados indiretamente os serviços notariais e registrais.

Com efeito, tais serviços não são expressamente mencionados na LGPD, segundo a qual tais serviços, embora exercidos em caráter privado, por delegação do Poder Público, sujeitam-se ao mesmo tratamento dispensado às pessoas jurídicas de direito público[1].

---

[1] Art. 23, § 4º, da LGPD. Note-se que as pessoas jurídicas de direito público mencionadas pela LGPD são aquelas arroladas no art. 1º da Lei n. 12.527, de 18 de novembro de 2011 (Lei de Acesso à Informação), que dispõe: "Art. 1º Esta Lei dispõe sobre os procedimentos a serem observados pela União, Estados, Distrito Federal e Municípios, com o fim de garantir o acesso a informações previsto no inciso XXXIII do art. 5º, no inciso II do § 3º do art. 37 e no § 2º do art. 216 da Constituição Federal. Parágrafo único. Subordinam-se ao regime desta Lei: I – os órgãos públicos integrantes da administração direta dos Poderes Executivo, Legislativo, incluindo as Cortes de Contas, e Judiciário e do Ministério Público; II – as autarquias, as fundações públicas, as empresas públicas, as

2. OS IMPACTOS DA LGPD NAS DIFERENTES SERVENTIAS EXTRAJUDICIAIS

2.1. Introdução

Muito antes do advento da LGPD, já que havia sedimentado, no âmbito das notas e registros, que informações reservadas – atinentes, por exemplo, à intimidade das pessoas – não devem ser publicizadas.

Assim, embora a discussão relativa à proteção de dados pessoais tenha alcançado um novo patamar com a edição da LGPD, não é um assunto recente, sobretudo no âmbito das notas e registros, em que há um delicado equilíbrio entre direitos como a privacidade e a intimidade, de um lado, e o princípio da publicidade, de outro.

A seguir, serão brevemente abordadas algumas discussões, ocorridas ao longo dos últimos anos, que exemplificam a evolução dessa problemática (publicidade notarial e registral *versus* direito à intimidade e privacidade), com o objetivo de demonstrar como ela assume diferentes feições a depender da espécie de serviço extrajudicial, já que essas diferenças podem impactar, atualmente, nos propósitos da LGPD.

2.2. Tabelionatos de notas

Sendo a função notarial matéria de ordem pública, é obrigação do notário o atendimento aos interesses da coletividade, de modo que o acervo notarial é de livre consulta[2]. A publicidade possui o escopo de difundir, propagar e trazer notoriedade a um fato ou acontecimento, seja ele público ou privado[3].

Segundo Hely Lopes Meirelles, a publicidade envolve a divulgação oficial do ato para conhecimento público e início de seus efeitos externos. Daí por que as leis, atos e contratos administrativos que produzem consequências jurídicas ex-

---

sociedades de economia mista e demais entidades controladas direta ou indiretamente pela União, Estados, Distrito Federal e Municípios".

[2] BRANDELLI, Leonardo. *Teoria geral do direito notarial*. 2. ed. São Paulo: Saraiva, 2007, p. 135.

[3] RODRIGUES, Marcelo. *Tratado de registros públicos e direito notarial*. São Paulo: Atlas, 2014, p. 265.

ternas aos órgãos que os emitem exigem publicidade para adquirir eficácia universal, isto é, perante partes e terceiros[4].

Pode-se afirmar que, em geral, a publicidade que caracteriza os atos notariais decorre de sua autoria, ou seja, de sua lavratura pelo tabelião de notas, que empresta sua fé-pública aos atos por ele efetuados, no exercício de sua função pública.

Ressalte-se que a publicidade decorrente da fé-pública tabelioa não implica, necessariamente, o acesso público geral e irrestrito ao teor dos atos notariais, de forma que não existe uma incompatibilidade apriorística com o sigilo de determinadas informações.

Essa assertiva se reporta à distinção fundamental entre a publicidade notarial e a publicidade registral[5]. Nesse sentido, se por um lado os registros públicos são públicos, tanto por serem efetivados por oficiais públicos quanto por serem cognoscíveis, em princípio, a todos[6], os atos notariais, por seu turno, são públicos apenas no primeiro sentido[7]. Não são necessariamente abertos, muito embora possam ser.

Em face dessa distinção, fica a dúvida quanto à legitimidade para requerer informações dos protocolos notariais, já que a Lei n. 8.935/94 não é clara ao delimitar quem seriam os interessados legitimados a requerer tais certidões[8]. A despeito do silêncio legal, cumpre reconhecer que, em relação a alguns atos notariais, por suas próprias peculiaridades, seria prejudicial admitir a publicidade ampla e irrestrita nos moldes registrais.

É o caso, por exemplo, da escritura pública de reconhecimento de filhos que, por denotar a origem da filiação, poderia gerar constrangimentos e discriminações, constitucionalmente repudiados, se publicizada de modo irrestrito.

---

[4] MEIRELLES, Hely Lopes. *Direito administrativo brasileiro*. 42. ed. São Paulo: Malheiros, 2016, p. 96- 97.

[5] Vide POISL, Carlos Luiz. O Testamento Público é Público? Disponível em: <http://www.notariado.org.br/index.php?pG=X19leGliZV9ub3RpY2lhcw==&in=MzM3NQ==&filtro=9&Data=>. Acesso em: 29-4-2017.

[6] Nesse sentido, a Lei n. 6.015/73 é clara ao determinar, em seu art. 17, que "Qualquer pessoa pode requerer certidão do registro sem informar ao oficial ou ao funcionário o motivo ou interesse do pedido".

[7] Vide POISL, Carlos Luiz. op. cit.

[8] RODRIGUES, Felipe Leonardo. Da impossibilidade de expedição de certidão (por simples requerimento) de testamento público. Disponível em: <http://www.notariado.o.rg.br/docs/art_flr_01.pdf>. Acesso em: 29-4-2017.

15 A fiscalização dos cartórios para fins da LGPD

Uma das polêmicas mais emblemáticas quanto ao tema, no âmbito do tabelionato de notas, diz respeito à possibilidade de sigilo do testamento público. Seguindo a noção de publicidade notarial acima aludida, define-se testamento público como o testamento submetido ao crivo do tabelião, que confere caráter oficial à sua autoria material[9], e faz presumir sua autenticidade.

Observe-se que o testamento público foi tradicionalmente considerado aberto ao público, tanto pela doutrina quanto pela jurisprudência, o que permitia a qualquer pessoa solicitar uma certidão do ato e, com isso, tomar conhecimento integral das disposições de última vontade do testador. Esse posicionamento, porém, foi alvo de divergências ao longo das últimas décadas, na medida em que ganhava força a ideia de que a publicidade que reveste o testamento público não tem por consectário necessário o acesso público irrestrito a seu conteúdo[10].

Assim, tendo em vista que o testamento não tem qualquer eficácia em vida do testador, e considerando que não cria direitos, mas meras expectativas, ganhou espaço a ideia de que inexiste motivo que justifique seu acesso irrestrito ao público.

---

[9] ASCENSÃO, José de Oliveira. *Direito civil: sucessões*. 5.ed. Coimbra: Coimbra Ed., 2000, p. 63.

[10] Cumpre transcrever o emblemático parecer do magistrado Jesse Torres Pereira Júnior, Juiz de Direito Auxiliar da Corregedoria Geral de Justiça do Rio de Janeiro, de 8 de setembro de 1992, aprovado pelo Desembargador Corregedor Geral, em que, no Processo n. 35.651/92, relata e opina: "Advogado representa contra Tabelião que se nega a expedir certidão sobre o conteúdo de testamento lavrado em livros da serventia. O Titular confirma que formulou exigências ao requerente, posto que, nos termos do art. 119 do Ementário desta Corregedoria, a ele cabe decidir pela expedição ou não do documento, parecendo-lhe que, segundo o disposto no vigente texto constitucional, somente faria jus obter a certidão aquele que demonstrasse direito ou interesse pessoal cuja defesa dependesse da certidão. O Tabelião esclareceu que a testadora solicitou que não expedisse a certidão, ficando-lhe a convicção de que o requerente não tem legitimidade e interesse para conhecer o conteúdo do testamento, uma vez que ainda não foi aberta a sucessão. Não percebo falta funcional que pudesse atrair juízo de reprovação disciplinar, como pretende o representante. Ao contrário, participo do entendimento de que, enquanto não for aberta a sucessão, não há direito ou interesse a proteger a não ser da própria testadora, que não deseja ver conhecidos, em vida, os termos de sua última vontade. Até porque esses podem ser modificados por outros testamentos. Assim, carece o representante de apoio preceptivo constitucional atinente à espécie, que assegura o fornecimento de certidão para defesa de direitos e esclarecimentos de situações de interesse pessoal".

Nessa linha, a doutrina passou a sustentar que permitir pleno acesso ao testamento público antes de falecido o testador poderia ocasionar situações de constrangimento a seu autor, cuja vontade restaria exposta à opinião, à censura e, por conseguinte, à influência dos integrantes de seu círculo familiar e social. Sem a proteção do sigilo, o testamento público representaria um potencial fator de discórdia no seio da família, e até mesmo de instabilidade e periculosidade ao testador, o que poderia inclusive inibir a utilização dessa via, posto que a mais segura.

A doutrina, nesse passo, e seguindo o exemplo de outros países de notariado latino, tais como Portugal[11], Espanha[12], Chile e Itália[13], foi se sedimentando na direção de admitir restrições ao referido acesso, de modo a resguardar outros valores, sobretudo a privacidade do testador[14]. Na medida em que a tese alçou proeminência, as normas de serviços estaduais também foram se adequando ao novo entendimento.

Tal orientação, consagrando a publicidade mitigada nos testamentos, visa resguardar a intimidade e privacidade dos testadores, protegendo-os da "inconveniente pressão – ou coação – de pessoas que poderiam ter outros interesses no destino dos bens testados"[15].

---

[11] Em Portugal, estabelece o art. 176 do Código do Notariado que "A certidão do testamento público, sendo vivo o testador, só pode ser fornecida a este mesmo, ou a procurador com poderes especiais".

[12] Art. 226 da Lei do Notariado Espanhol.

[13] O Codigo Civil italiano de 1865 dividia o testamento olografo (art. 775) ou "por ato de notário" (art. 774). O último poderia ser público ou secreto (art. 776).

[14] Nesse sentido, pondera Maria Helena Diniz (*Curso de direito civil brasileiro*: teoria geral das obrigações. 27. ed. São Paulo: Saraiva, 2012, v. 6): "Não deve, pois, só porque chamado de 'público', ficar aberto, permitindo-se o seu acesso a qualquer pessoa"; Arnaldo Rizzardo (*Direito das sucessões*. 2. ed. Rio de Janeiro: Forense, 2005, p. 286), por seu turno, defende que embora não haja sigilo do testamento público, a divulgação deve ser "discreta", restrita àqueles que demonstrassem interesse derivado de vínculo familiar ou pessoal com o testador. O grande problema dessa diretiva é prático, já que a análise da legitimidade do vínculo "pessoal" e das provas eventualmente apresentadas ficaria a cargo do tabelião, e, não havendo critérios preestabelecidos para isso, a análise seria casuística e arbitrária, comprometendo a segurança jurídica.

[15] GERMANO, José Luiz. As escrituras de divórcio e o respeito à intimidade. In: AHUALLI, Tânia Mara; BENACCHIO, Marcelo (Coords.). *Direito notarial e registral*: homenagem às varas de registros públicos da comarca de São Paulo. São Paulo: Quartier Latin, 2016, p. 236.

15 A fiscalização dos cartórios para fins da LGPD

Após a morte do testador, porém, há eficacização das disposições testamentárias, que passam a irradiar diversos efeitos no exato momento do falecimento (por força da *saisine*). Nesse contexto, surge um interesse público quanto ao teor dessas disposições, daí se permitir que terceiros, a partir de então, solicitem certidões referentes ao testamento.

Essa discussão não se esgota no exemplo específico do testamento público. De fato, há diversos atos e informações processados no cotidiano dos tabelionatos de notas que podem envolver questões pessoais e até sensíveis dos usuários dos serviços, de forma que a incidência da LGPD trará relevantes consectários práticos no dia a dia dessas serventias.

2.3. Registro Civil das Pessoas Naturais

Assim como no tabelionato de notas, os Registros Civis das Pessoas Naturais lidam com várias informações consideradas sensíveis e que não devem ser irrestritamente disponibilizadas.

A publicidade, essência dos Registros Públicos, é indispensável para a produção da eficácia *erga omnes*, pois o registro garante a ciência de um terceiro em relação ao ato registrado ou averbado na medida em que terceiro tem acesso às informações, vinculando-o ao conteúdo registrado.

Possui, como maior objetivo, a proteção do terceiro consulente do sistema para que seus direitos sejam verificados pelo maior número de pessoas, garantindo a qualidade de terceiro de boa-fé para aquele que se certifica dos direitos, a fim de se opor ou não ao efetivo titular[16].

A publicidade registral é exercida por meio de certidão, a qual é emitida por solicitação de qualquer interessado, dispensada a necessidade de informar ao oficial ou preposto autorizado os motivos ou interesse do pedido[17].

Nos termos do art. 16 da Lei n. 6.015/73, os registradores são obrigados a lavrar certidão do que lhes for requerido e a fornecer às partes as informações solicitadas. Via de regra, não há restrições de legitimidade para requerimento de emissão de certidão, de modo que a solicitação poderá ocorrer por qualquer pessoa sem informar ao oficial ou ao funcionário o motivo ou interesse do pedido.

---

[16] KÜMPEL, Vitor Frederico. Publicidade Passiva X Publicidade Ativa. 2013. Disponível em: <http://www.migalhas.com.br/Registralhas/98,MI187442,31047publicidade+passiva+X+publicidade+ativa>. Acesso em: 13-10-2015.

[17] Art. 17 da Lei n. 6.015/73.

Vale dizer, a publicidade, efetivada pelo registro, é garantida pela Lei n. 6.015/73, e coloca à disposição pública as informações constantes do acervo registral, cujo acesso se dá por qualquer interessado independente de motivo, exceto nas hipóteses previstas em lei[18], mas o oficial deve mencionar todas as alterações posteriores ao ato cuja certidão é requerida, sob pena de responsabilidade civil e criminal[19].

Não obstante a regra geral de que qualquer pessoa pode requerer certidão sem informar ao registrador seu motivo ou interesse[20], há limitações da ampla publicidade evidenciada nas situações em que, por previsão constitucional ou por lei, não podem constar nas certidões. Ou seja, nem tudo aquilo que conste do registro ou de documentos arquivados na serventia pode ser dado ao conhecimento direto do público, até em virtude do dever de sigilo profissional imposto pelo art. 30, VI, da Lei 8.935/1994.

Com efeito, o próprio sistema preconizado pelas leis regentes da atividade notarial e registral já impunha ao registrador cautelas em relação à privacidade das pessoas, evitando sua exposição. Em alguns casos, a própria lei esclarece quais informações não devem compor a certidão. Cita-se, a título de exemplo, a Lei n. 8.560/92, que trata do reconhecimento de filhos havidos fora do casamento, e impede que nas certidões de nascimento constem indícios de a concepção haver sido decorrente de relação extraconjugal[21], bem como referência ao lugar e o cartório do casamento dos pais, o estado civil destes, a natureza da filiação e, inclusive, a referência ao próprio procedimento de reconhecimento da paternidade[22].

---

[18] Art. 17 da Lei n. 6.105/73.

[19] Art. 21 da Lei n. 6.015/73.

[20] Art. 17 da Lei n. 6.015/73: "Qualquer pessoa pode requerer certidão do registro sem informar ao oficial ou ao funcionário o motivo ou interesse do pedido".

[21] Art. 6º da Lei n. 8.560/92: "Das certidões de nascimento não constarão indícios de a concepção haver sido decorrente de relação extraconjugal [...]". O dispositivo está em consonância com o princípio constitucional da igualdade da filiação, insculpido no art. 227, § 6º, da CF/88: "Os filhos, havidos ou não da relação do casamento, ou por adoção, terão os mesmos direitos e qualificações, proibidas quaisquer designações discriminatórias relativas à filiação".

[22] Art. 6º, § 1º, da Lei n. 8.560/92: "[...] Não deverá constar, em qualquer caso, o estado civil dos pais e a natureza da filiação, bem como o lugar e cartório do casamento, proibida referência à presente lei [...]".

Também não pode o oficial fazer constar da certidão informação acerca de eventual adoção do registrado[23].

O acesso a tais informações, portanto, depende de autorização judicial, o que resguarda a privacidade dos sujeitos envolvidos[24], evitando discriminações fundadas na natureza da filiação[25].

Também já se consideravam limitadas as informações acerca da alteração de prenome e sexo do registrado, as averbações relativas à perda do poder familiar ou adoção, cuja publicidade, ponderada em face de outros princípios tais como a intimidade e o direito à vida privada, sofrendo limitações.

Outra situação cuja publicidade demanda autorização judicial se dá nos casos em que o registro decorrer da integração da pessoa ao programa de proteção à testemunha. O oficial deve omitir esta informação na certidão emitida[26], exceto se houver ordem judicial.

Em suma, qualquer pessoa tem acesso às informações constantes do acervo registral, embora haja situações em que o conhecimento do conteúdo, mediante certidão, fica condicionado a pedido por pessoa legitimada ou à existência de autorização judicial.

2.4. Registro de Imóveis

O princípio da publicidade tem, no âmbito do Registro de Imóveis, duas acepções: publicidade material e publicidade formal. A publicidade material – aqui analisada apenas na sua aplicação ao direito das coisas – diz respeito ao reconhecimento, perante uma coletividade, de pertencimento de uma coisa a determinada

---

[23] Art. 95 da Lei n. 6.015/73.

[24] Art. 6º, § 2º, da Lei n. 8.560/92: "São ressalvadas autorizações ou requisições judiciais de certidões de inteiro teor, mediante decisão fundamentada, assegurados os direitos, as garantias e interesses relevantes do registrado".

[25] O repúdio a tais discriminações é diretriz constitucionalmente insculpida no art. 227, § 6º, que dispõe: "Os filhos, havidos ou não da relação do casamento, ou por adoção, terão os mesmos direitos e qualificações, proibidas quaisquer designações discriminatórias relativas à filiação".

[26] Art. 57, § 7º, da Lei n. 6.015/73.

pessoa[27]. Em relação aos bens móveis, é normalmente garantida pela posse; e aos bens imóveis, pelo registro[28].

Com fundamento constitucional no art. 5º, XXXIII, a publicidade do registro é também garantida, a nível infraconstitucional, pela Lei n. 6.015/73, na justa medida em que a publicidade formal está intimamente ligada à lisura, transparência e moralidade, já que a divulgação de informação passa a ter crivo e controle por parte da sociedade. No caso dos registros públicos, publicidade significa disponibilizar, para pessoas físicas e jurídicas, informações constantes do acervo registral, podendo qualquer interessado, independentemente de motivação (exceto nas hipóteses legais), ter acesso a tais informações, por meio de certidões ou, ainda, por informações prestadas pelas serventias.

Trata-se de princípio aplicado a todos os registros públicos, com graus diferentes, a depender da natureza da serventia, tendo grau máximo no registro de imóveis, na medida em que, em matéria registral imobiliária gera oponibilidade *erga omnes*. Assim, enquanto a publicidade formal no registro de imóveis é absoluta e gera oponibilidade *erga omnes,* no registro civil é apenas relativa, gerando oponibilidade *inter partes*.

Disso decorre que, no âmbito do Registro de Imóveis, as restrições à publicidade são absolutamente excepcionais. Pode-se cogitar, por exemplo, que haja eventualmente algum dado pessoal sensível no indicador pessoal, mas são situações raras, já que a própria lei registral concebe a publicidade do RI da forma mais ampla possível.

3. A ESTRUTURA COMUM DE FISCALIZAÇÃO DOS SERVIÇOS NOTARIAIS E REGISTRAIS

3.1. Introdução[29]

A existência de um sistema de regulação e fiscalização das serventias judiciais e extrajudiciais tem por objetivo assegurar a excelência na prestação dos

---

[27] EINSELE, Inhalt. Schranken und Bedeutung des Offenkundigkeitsprinzips – unter besonderer Berücksichtigung des Geschäfts für den, den es angeht, der fiduziarischen Treuhand sowie der dinglichen Surrogation. In: *Juristen Zeitung (JZ)*, v. 45, 1990, p. 1006-1007.

[28] BAUR, Fritz; BAUR, Jürgen F.; STÜRNER, Rolf. *Sachenrecht*. 18. ed. München: Beck, 2009, p. 37.

[29] KÜMPEL, Vitor Frederico; FERRARI, Carla Modina. *Tratado notarial e registral:* registro civil das pessoas naturais. São Paulo: YK, 2017. v. II.

respectivos serviços, considerando seu caráter público. Segundo o § 1º do art. 236 da Constituição Federal, cabe à lei definir a fiscalização dos serviços notariais e registrais pelo Poder Judiciário.

A delegação estatal aos notários e registradores é concedida pelo Poder Judiciário. Como contrapartida da outorga, emerge a prerrogativa de fiscalização atribuída constitucionalmente ao mesmo Poder Judiciário. Para tanto, determinados órgãos, em sua composição, foram dotados de atribuições reguladoras e fiscalizadoras, consubstanciando a denominada função correcional dos Tribunais.

Com o advento da Lei n. 8.935/94, houve eficacização plena do art. 236, § 1º, da Constituição Federal de 1988. O art. 37 do referido diploma passou a determinar que a fiscalização judiciária dos atos notariais e registrais seria exercida pelo juízo competente na esfera estadual ou distrital.

Em caso de inobservância de obrigação legal por parte do titular de serventia, a atuação judiciária poderia ser tanto de ofício quanto provocada.

O art. 38 do mesmo diploma, muito embora reconheça a independência funcional do titular de serventia, determinou que o juízo competente deveria zelar pela ótima prestação de serviço notarial e de registro, tendo como parâmetros a eficiência, a qualidade e a rapidez.

3.2. A função correcional dos tribunais

O vocábulo "correição", na esfera do judiciário, designa a visita e a fiscalização realizada pela autoridade competente nos serviços submetidos ao seu controle. Essa fiscalização – referida no § 1º do art. 236 da CF/88 – designa o poder de inspeção, de superintendência e de disciplina da autoridade correcional sobre o notariado e os registros públicos[30]. O exercício desses poderes deve ser conduzido de forma a manter a segurança jurídico-extrajudicial, obedecendo aos limites da atuação administrativa, tendo em vista o caráter não jurisdicional dessa função[31].

---

[30] DIP, Ricardo. *A natureza e os limites das normas judiciárias do serviço extrajudicial*. São Paulo: Quartier Latin, 2013, p. 45.

[31] A bifurcação das funções do judiciário em típica e atípica deriva da concepção de Vicente de Abreu Amadeu, que será amplamente difundida mais adiante, quando tratado do item referente a decisões judiciais (AMADEI, Vicente de Abreu. Processo administrativo ordinário no juiz corregedor. *Revista de Direito Imobiliário*, v. 64, 2008, p. 269-303).

Em relação ao serviço de notas e registro, a função correcional constitui a função fiscalizatória privativa e exclusiva do judiciário, exercida de modo ordinário ou extraordinário. Constitui, assim, dever constitucionalmente imposto ao poder judiciário, de natureza administrativa. Não se trata, portanto, de mera faculdade.

A fiscalização dos serviços extrajudiciais pelo Poder Judiciário integra a normatização, o controle e a verificação de seu cumprimento, com subsequente aplicação, aos infratores, das sanções disciplinares previstas em lei. Daí afirmar-se que, em linhas gerais, a Corregedoria Geral da Justiça exerce um poder de regulação, no qual compreende a função normativa, fiscalizatória e punitiva[32].

Com efeito, a delegação aos particulares de serviços públicos impõe ao poder público o dever de intervir, a fim de assegurar ou garantir que os atores ou executores privados cumpram com a função de forma a atender ao princípio da legalidade[33].

Assim, os notários e registradores, titulares da delegação, sujeitam-se ao poder fiscalizatório dos tribunais, de modo que devem fornecer as informações solicitadas e franquear acesso às instalações e ao acervo da serventia.

Ressalte-se que nem todo magistrado exerce função correcional. Muito embora o exercício da jurisdicional seja próprio do Poder Judiciário, as funções fiscalizatórias, ao contrário, são conferidas a apenas um ou outro membro do judiciário. O corregedor, na função administrativa, e o juiz, na função jurisdicional, são reunidos fisicamente em uma única pessoa, porém, nem todo juiz tem a atribuição correcional, já que esta decorre da Lei de Organização Judiciária do Estado em que atua.

Dessa forma, ainda que exercida por magistrado, a função correcional não se confunde com a função jurisdicional. Esta é atribuição típica – ou também denominada de principal ou predominante – do judiciário, ao passo que aquela é função atípica, ou extraordinária, cada qual com disciplina normativa e princípios próprios, moldados a espécie e finalidade de atribuição.

---

[32] O Juiz Corregedor Permanente é a *longa manus* do Corregedor Geral da Justiça no que diz respeito à atuação administrativa junto às serventias extrajudiciais, tanto no que toca à fiscalização quanto no que diz respeito ao processo administrativo disciplinar. Tanto isso é verdade que a Corregedoria Geral da Justiça pode avocar os processos administrativos disciplinares e controlar a atuação do Juiz Corregedor permanente e, até, eventualmente, dependendo da lei, modificar a competência administrativa.

[33] Nesse sentido contempla: RIBEIRO, Luis Paulo Aliende. Responsabilidade administrativa do notário e do registrador, por ato próprio e por ato de preposto. *RDI*, v. 81, p. 405.

Dessa forma, o juiz investido de jurisdição – ou juiz de direito – não exerce automaticamente a função correcional. Deve ser designado para tal atribuição segundo as regras estabelecidas na Lei de Organização Judiciária Estadual, passando a se investir, além da jurisdição, da parcela de poder administrativo correcional. Normalmente, passa a exercer a função correcional quando assume determinada Vara com tal atribuição.

3.3. Órgãos correcionais

O exercício do poder correcional se dá por meio da atuação do Poder Judiciário, em três níveis basicamente. Com efeito, os órgãos de fiscalização, incumbidos do exercício concreto da função correcional, são o Conselho Nacional de Justiça (em âmbito nacional), as Corregedorias Estaduais (em âmbito estadual) e o magistrado singular (em âmbito local e mais próximo à realidade das serventias), designado pelas normas de organização judiciária.

A Corregedoria Nacional de Justiça é um dos órgãos integrantes do Conselho Nacional de Justiça[34], sendo dirigida pelo Corregedor Nacional de Justiça[35]. Tal órgão atua na orientação, coordenação e execução de políticas públicas voltadas à atividade correcional e ao bom desempenho da atividade judiciária dos tribunais e juízos do País, com o objetivo de alcançar maior efetividade na prestação jurisdicional.

Já a Corregedoria Geral da Justiça, constituída na forma do Regimento Interno do Tribunal do respectivo Estado, é órgão componente dos Tribunais de Justiça, existentes em todos os Estados, cuja atribuição, dentre outras, é a de orientar, fiscalizar e inspecionar, de forma permanente, todos os juízes estaduais e servidores do foro judicial ou extrajudicial.

---

[34] Art. 2º, III, do Regimento Interno do CNJ. Em igual sentido, o art. 3º, XI, do Regulamento Geral da Corregedoria Nacional de Justiça.

[35] Art. 7º do Regimento Interno do CNJ: "A Corregedoria Nacional de Justiça, órgão do CNJ, será dirigida pelo Corregedor Nacional de Justiça, cuja função será exercida pelo Ministro do Superior Tribunal de Justiça, que ficará excluído da distribuição de processos judiciais no âmbito do seu Tribunal. Parágrafo único. A Corregedoria Nacional de Justiça terá uma Secretaria, dirigida por um Chefe e encarregada de executar os serviços de apoio ao gabinete do Corregedor Nacional de Justiça, e uma Assessoria, coordenada por um Assessor Chefe indicado pelo Corregedor Nacional de Justiça entre os magistrados requisitados, para auxílio técnico às suas manifestações".

Além da atribuição normativa, a Corregedoria também tem função correcional, consistente na fiscalização dos serviços notariais e de registro. É exercida, em todo o Estado, pelo Corregedor Geral da Justiça, e, nos limites de suas atribuições, pelos Juízes de Direito, em caráter geral e permanente.

Essa fiscalização pode ser exercida de ofício ou mediante representação de qualquer interessado, e visa à observância da continuidade, celeridade, qualidade, eficiência, regularidade e urbanidade na prestação dos serviços notariais e de registro, bem como do acesso direto ao notário ou registrador pelo usuário e do atendimento específico das pessoas consideradas por lei vulneráveis ou hipossuficientes.

A Corregedoria Geral da Justiça tem como *longa manus* a figura do juiz corregedor permanente, cujas atribuições são definidas pela lei de organização judiciária de cada estado, combinada ao regimento interno de cada tribunal.

Há Estados em que o competente para fiscalizar é o juiz diretor do fórum, em relação aos serviços notariais e de registro da comarca. É o caso de Mato Grosso do Sul. Em outros estados, como São Paulo, a Corregedoria Geral da Justiça designa um juiz corregedor permanente para cada serviço, ou para mais de um serviço.

4. A ESTRUTURA ESPECIAL DE FISCALIZAÇÃO PREVISTA PELA LGPD

4.1. O tratamento de dados e sua fiscalização no âmbito das serventias notariais e registrais

O tratamento de dados pessoais pelas pessoas jurídicas de direito público – inclusive os serviços notariais e registrais, dada a equiparação prevista no art. 23, § 4º, da LGPD –, nos termos da lei, deverá "ser realizado para o atendimento de sua finalidade pública, na persecução do interesse público, com o objetivo de executar as competências legais ou cumprir as atribuições legais do serviço público"[36].

Ainda, deverá atender aos seguintes requisitos[37]:

---

[36] Art. 23, *caput*, da LGPD.
[37] Art. 23, *caput*, I e III, da LGPD.

15 A fiscalização dos cartórios para fins da LGPD

1. que sejam informadas as hipóteses em que, no exercício de suas competências, realizam o tratamento de dados pessoais, fornecendo informações claras e atualizadas sobre a previsão legal, a finalidade, os procedimentos e as práticas utilizadas para a execução dessas atividades, em veículos de fácil acesso, preferencialmente em seus sítios eletrônicos;
2. que seja indicado um encarregado quando realizarem operações de tratamento de dados pessoais, nos termos do art. 39 da LGPD.

Especificamente quanto às serventias notariais e registrais, estabelece a LGPD que estas devem fornecer acesso aos dados por meio eletrônico para a administração pública, tendo em vista as finalidades públicas mencionadas[38].

No que diz respeito à fiscalização do cumprimento dos deveres impostos pela LGPD, importa primeiramente esclarecer o papel exercido pelos denominados agentes de tratamento, e como os notários e registradores se encaixam nessa sistemática.

O tratamento de dados, segundo a definição da LGPD, é toda operação realizada com dados pessoais. Nessa categoria se incluem operações referentes a coleta, produção, recepção, classificação, utilização, acesso, reprodução, transmissão, distribuição, processamento, arquivamento, armazenamento, eliminação, avaliação ou controle da informação, modificação, comunicação, transferência, difusão ou extração.

A LGPD prevê duas figuras responsáveis pelo tratamento de dados, isto é, dois "agentes de tratamento": o controlador e o operador[39]. Na definição dada pela própria lei, controlador é a "pessoa natural ou jurídica, de direito público ou privado, a quem competem as decisões referentes ao tratamento de dados pessoais" (art. 5º, VI), ao passo que operador é "pessoa natural ou jurídica, de direito público ou privado, que realiza o tratamento de dados pessoais em nome do controlador" (art. 5º, VII).

Além disso, o controlador e o operador devem indicar um encarregado, que é a pessoa designada para "atuar como canal de comunicação entre o controlador, os titulares dos dados e a Autoridade Nacional de Proteção de Dados (ANPD)" (art. 5º, VIII).

---

[38] Art. 23, § 5º, da LGPD.
[39] Art. 5º, IX, da LGPD.

Buscando regulamentar a aplicação da LGPD no Estado de São Paulo, a CGJSP editou o Provimento n. 23/2020, inserindo dispositivos sobre o tema nas Normas de Serviço. Ficou estabelecido, no ato normativo, que os responsáveis pelas delegações dos serviços notariais e registrais (sejam titulares, interventores ou interinos) são considerados controladores[40], para os fins da LGPD. Assim, são responsáveis pelas decisões relativas ao tratamento dos dados pessoais.

Ainda, a normativa tratou da possibilidade de os prepostos atuarem em funções de tratamento de dados, especialmente os prestadores dos serviços de informática. Ademais, no que tange à figura do encarregado, o Provimento estadual regulamentou a possibilidade de nomeação de encarregado não integrante do quadro de funcionários da serventia, podendo este atuar em mais de uma delegação[41].

4.2. Autoridade Nacional de Proteção de Dados (ANPD)

A LGPD concebeu toda uma estrutura fiscalizatória de natureza especial, cuja autoridade máxima é a denominada Autoridade Nacional de Proteção de Dados – ANPD. Segundo a definição da lei, a autoridade nacional é órgão da administração pública responsável por zelar, implementar e fiscalizar o seu cumprimento em todo o território nacional. Suas competências são explicitadas no art. 55-J da referida lei.

Nessa linha, o Decreto n. 10.474, de 26 de agosto de 2020, que definiu a Estrutura Regimental da ANPD, a conceituou como o órgão integrante da Presidência da República, dotado de autonomia técnica e decisória, com jurisdição no território nacional e com sede e foro no Distrito Federal, criado com o objetivo de proteger os direitos fundamentais de liberdade e privacidade e o livre desenvolvimento da personalidade da pessoa natural, com respaldo na LGPD[42].

---

[40] Na definição da LGDP, controlador é a "pessoa natural ou jurídica, de direito público ou privado, a quem competem as decisões referentes ao tratamento de dados pessoais" (art. 5º, VI).

[41] SELL, Joelson. Os impactos da LGPD nos cartórios. Disponível em: <https://www.notariado.org.br/artigo-os-impactos-da-lgpd-nos-cartorios-por-joelson-sell/>. Acesso em: 27-10-2020.

[42] Art. 1º da LGPD.

Assim, a ANPD assume a atribuição de fiscalizar e controlar a correta implementação e aplicação da LGPD no país, o que é essencial para a sua efetividade. A estrutura da ANPD pode ser assim esquematizada, com base no art. 3º do Decreto n. 10.474/2020:

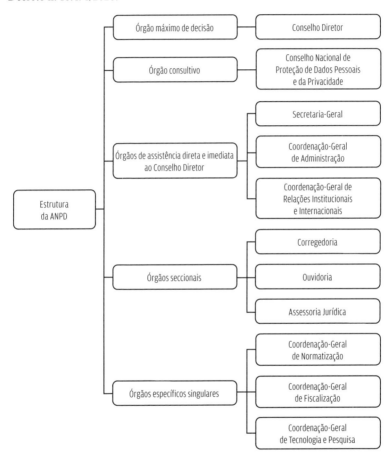

De forma a atender à sua finalidade institucional, garantindo o efetivo cumprimento da LGPD, a ANPD necessita de meios idôneos para organizar, controlar e corrigir ações, daí a atribuição de competências disciplinares a essa entidade. Essas competências envolvem a imposição de sanções, a determinação de medidas cabíveis para cessar violações, a solicitação de Relatórios de Impacto à proteção de dados, a sugestão da adoção de padrões e de boas práticas etc.[43]. Dentre as competências fiscalizatórias atribuídas pelo art. 55-J da LGPD à ANPD, cumpre destacar as seguintes:

1. fiscalizar e aplicar sanções em caso de tratamento de dados realizado em descumprimento à legislação, mediante processo administrativo que assegure o contraditório, a ampla defesa e o direito de recurso (inciso IV);
2. apreciar petições de titular contra controlador após comprovada pelo titular a apresentação de reclamação ao controlador não solucionada no prazo estabelecido em regulamentação (inciso V);
3. solicitar, a qualquer momento, às entidades do poder público que realizem operações de tratamento de dados pessoais informe específico sobre o âmbito, a natureza dos dados e os demais detalhes do tratamento realizado, com a possibilidade de emitir parecer técnico complementar para garantir o cumprimento da LGPD (inciso XI);
4. realizar auditorias, ou determinar sua realização, sobre o tratamento de dados pessoais efetuado pelos agentes de tratamento, incluído o poder público (inciso XVI);
5. comunicar às autoridades competentes as infrações penais das quais tiver conhecimento (inciso XXI);
6. comunicar aos órgãos de controle interno o descumprimento do disposto na LGPD por órgãos e entidades da administração pública federal (inciso XXII).

4.3. Sanções administrativas

Com o propósito de garantir a efetividade e o cumprimento do regime de proteção de dados pessoais, o legislador previu uma série de sanções administrativas aplicáveis aos agentes de tratamento de dados, nas hipóteses de infrações às

---

[43] STINGHEN, João Rodrigo de Morais; ANDRADE, Aline Rodrigues De. Cartórios e proteção de dados: fiscalização e responsabilidade disciplinar. Disponível em: <https://www.jota.info/opiniao-e-analise/artigos/cartorios-e-protecao-de-dados-fiscalizacao--e-responsabilidade-disciplinar-14052020>. Acesso: 27-10-2020.

normas previstas na LGPD. Busca-se, assim, incentivar a "cultura de proteção de dados", punindo-se a displicência[44].

Compete à autoridade nacional a aplicação dessas sanções, quando cabíveis, ante a sua função de fiscalizar o *enforcement* da lei[45].

Observe-se que, muito embora a LGPD tenha entrado em vigor no dia 18 de setembro de 2020, os dispositivos que tratam das sanções administrativas (arts. 52, 53 e 54) apenas entrarão em vigor em 1º de agosto de 2021.

As sanções previstas pelo art. 52 da LGPD são as seguintes:

1. **Advertência** (inciso I): trata-se de advertência formal que visa permitir que a entidade corrija as infrações sem maiores consequências[46], sendo que, para tal, será designado um prazo para adoção das medidas corretivas impostadas pela ANPD;

2. **Multa simples** (inciso II): o valor da multa será de até 2% do faturamento da pessoa jurídica de direito privado, grupo ou conglomerado no Brasil no seu último exercício, excluídos os tributos; será, ainda, observado o teto máximo de 50 milhões de reais por infração;

3. **Multa diária** (inciso III): o valor da multa diária também deverá observar o limite total fixado para a multa simples;

4. **Publicização da infração** (inciso IV): após devidamente apurada e confirmada a sua ocorrência, pode ser determinada, a título de sanção, a "divulgação pública da infração da empresa, nos meios de comunicação pertinentes, explicitando os delitos cometidos em toda a sua extensão"[47];

5. **Bloqueio dos dados pessoais** (inciso V): até a regularização da infração, admite-se o bloqueio dos dados a que se refere, de modo a obstar o manejo e, consequentemente, qualquer tipo de atividade ligados a eles[48];

6. **Eliminação dos dados pessoais** (inciso VI): a autoridade fiscalizadora pode determinar o apagamento dos dados a que se refere a infração do sistema do agente;

---

[44] VARELLA, Luisa. ANPD: entenda o órgão gestor da LGPD. Disponível em: <https://www.compugraf.com.br/anpd-entenda-o-orgao-gestor-da-lgpd/>. Acesso: 27-10-2020.
[45] STINGHEN, João Rodrigo de Morais; ANDRADE, Aline Rodrigues De. Op. cit.
[46] VARELLA, Luisa. Op. cit.
[47] VARELLA, Luisa. Op. cit.
[48] VARELLA, Luisa. Op. cit.

7. **Suspensão parcial do funcionamento do banco de dados** (inciso X): pode ser também determinada a suspensão do banco de dados a que se refere a infração, pelo período máximo de 6 meses, prorrogável por igual período, até a regularização da atividade de tratamento pelo controlador;
8. **Suspensão do exercício da atividade de tratamento dos dados pessoais** (inciso XI): a atividade de tratamento de dados exercida pelo agente poderá ser a que se refere a infração pelo período máximo de 6 meses, prorrogável por igual período;
9. **Proibição parcial ou total do exercício de atividades relacionadas a tratamento de dados** (inciso XII).

Para a definição da sanção aplicável, devem ser considerados determinados parâmetros e critérios expressamente definidos no art. 52, § 1º, da lei, quais sejam:

- ✓ a gravidade e a natureza das infrações e dos direitos pessoais afetados;
- ✓ a boa-fé do infrator;
- ✓ a vantagem auferida ou pretendida pelo infrator;
- ✓ a condição econômica do infrator;
- ✓ a reincidência;
- ✓ o grau do dano;
- ✓ a cooperação do infrator;
- ✓ a adoção reiterada e demonstrada de mecanismos e procedimentos internos capazes de minimizar o dano, voltados ao tratamento seguro e adequado de dados, em consonância com o disposto no inciso II do § 2º do art. 48 da LGPD;
- ✓ a adoção de política de boas práticas e governança;
- ✓ a pronta adoção de medidas corretivas; e
- ✓ a proporcionalidade entre a gravidade da falta e a intensidade da sanção.

A lei fixa, ainda, algumas regras adicionais para a definição da sanção incidente no caso concreto. Assim, por exemplo, dispõe que as sanções previstas nos incisos X (suspensão parcial do funcionamento do banco de dados), XI (suspensão

15 A fiscalização dos cartórios para fins da LGPD

do exercício da atividade de tratamento dos dados pessoais) e XII do art. 52 apenas serão aplicadas[49]:

1. após já ter sido imposta ao menos uma das sanções de que tratam os incisos II, III, IV, V e VI do referido artigo para o mesmo caso concreto; e
2. em caso de controladores submetidos a outros órgãos e entidades com competências sancionatórias, ouvidos esses órgãos.

Em relação à sanção de multa, a LGPD incumbe à autoridade nacional definir as metodologias que orientarão o cálculo do seu valor-base, o que deverá ser feito mediante regulamento próprio, submetido a consulta pública[50]. Essas metodologias devem ser previamente publicadas, para ciência dos agentes de tratamento, e devem apresentar objetivamente as formas e dosimetrias para o cálculo do valor-base das sanções de multa[51].

Ainda, dispõe que a fixação do valor da sanção de multa diária deve levar em consideração a gravidade da falta e a extensão do dano ou prejuízo causado, devendo ser devidamente fundamentado pela autoridade nacional[52].

Na hipótese de vazamento individual ou acesso não autorizado aos dados pessoais, admite-se a conciliação direta entre seu titular e o controlador. Neste caso, não havendo acordo, o controlador estará sujeito à aplicação das penalidades acima tratadas[53].

Ressalve-se que, segundo o § 3º do mesmo art. 52, apenas aplicam-se às entidades e aos órgãos públicos as sanções previstas nos incisos I (advertência), IV (publicização da infração), V (bloqueio de dados pessoais), VI (eliminação de dados pessoais), X (suspensão parcial do funcionamento do banco de dados), XI (suspensão do exercício da atividade de tratamento dos dados pessoais) e XII do art. 52.

No que diz respeito à aplicação dessas sanções aos ofícios de notas e registros, importa tecer algumas considerações, sobretudo diante da natureza *sui generis* dos delegatários, que, embora exerçam um serviço público, o fazem de forma privada. Disso decorre que determinadas sanções que fazem sentido no âmbito da iniciativa privada – como o bloqueio e eliminação de dados e a suspensão ou proi-

---

[49] Art. 52, § 6º, da LGPD.
[50] Art. 53, *caput*, da LGPD.
[51] Art. 53, § 1º, da LGPD.
[52] Art. 53, § 1º, da LGPD.
[53] Art. 54, *caput*, da LGPD.

bição de funcionamento de bancos de dados – seriam inconcebíveis na realidade dos cartórios[54].

Diante dessa peculiaridade, a doutrina já defendeu que apenas seriam aplicáveis as sanções de advertência, publicização da infração e multa simples, sendo que a aplicação das demais sanções dependeria de prévia regulamentação[55].

Ainda, importa frisar que a responsabilidade pelas violações à LGPD recai sobre a pessoa física do agente delegado, haja vista que a delegação recai sobre a pessoa física do titular da serventia, de modo que o "cartório" é desprovido de personalidade jurídica[56].

4.4. Procedimento administrativo disciplinar

No que diz respeito à aplicação concreta dessas sanções, trata-se de competência exclusiva da ANPD. A Lei exige, ainda, o prévio procedimento administrativo no que seja assegurada a ampla defesa, de forma gradativa, isolada ou cumulativa, de acordo com as peculiaridades do caso concreto.

Nessa linha, tem-se que devem ser observados, nesse procedimento, os seguintes princípios[57]:

1. **due process:** haja vista a necessidade de prévia instauração de procedimento administrativo disciplinar, em consonância com o disposto nos arts. 52, § 1º, e 55-J, IV, da LGPD;
2. **ampla defesa e contraditório:** conforme menção expressa dos arts. 52, § 1º, e 55-J, IV, da LGPD;
3. **motivação:** dado que a sanção deverá ser aplicada de forma gradativa, isolada ou cumulada, nos termos do art. 52, § 2º, da LGPD;
4. **busca da verdade material:** haja vista a necessidade de análise das peculiaridades do caso concreto, conforme o art. 52, § 2º, da LGPD;
5. **revisão:** tendo em vista a garantia de direito de recurso, previsto no art. 55-J, IV, da LGPD.

---

[54] STINGHEN, João Rodrigo de Morais; ANDRADE, Aline Rodrigues De. Op. cit.
[55] STINGHEN, João Rodrigo de Morais; ANDRADE, Aline Rodrigues De. Op. cit.
[56] STINGHEN, João Rodrigo de Morais; ANDRADE, Aline Rodrigues De. Op. cit.
[57] STINGHEN, João Rodrigo de Morais; ANDRADE, Aline Rodrigues De. Op. cit.

5. A COORDENAÇÃO ENTRE AS CORREGEDORIAS E A ANPD

Na hierarquia administrativa criada pela LGPD, a ANPD ocupa o grau máximo. Isso não afasta, contudo, o poder fiscalizatório detido por outros órgãos, apenas define uma delimitação de suas competências[58].

Com efeito, o art. 52, § 2º, da LGPD é expresso ao afirmar que as sanções previstas no *caput* não substituem a aplicação de sanções administrativas, civis ou penais definidas em legislação específica.

Cite-se, por exemplo, o caso do Provimento n. 74, de 31 de julho de 2018, da Corregedoria Nacional da Justiça, que dispõe sobre padrões mínimos de tecnologia da informação para a segurança, integridade e disponibilidade de dados para a continuidade da atividade pelos serviços notariais e de registro. Essa normativa prevê políticas de segurança da informação que devem ser adotadas pelos serviços notariais e de registro, referentes, nomeadamente, aos atributos da confidencialidade, disponibilidade, autenticidade e integridade, bem como a mecanismos preventivos de controle físico e lógico[59].

Cumpre ressaltar que a observância dos padrões e disposições desse Provimento configura dever funcional dos notários e registradores, de modo que sua violação ensejará a instauração de procedimento administrativo disciplinar perante a autoridade competente, sem prejuízo de responsabilização cível e criminal[60].

A grande questão é que o mesmo fato que pode ser considerado violação a esses padrões, pode também eventualmente ser considerado uma infração à LGPD, ensejando a instauração de procedimento administrativo disciplinar perante a ANPD.

Enfrentando essa questão, o art. 55-K da LGPD determinou que as competências da ANPD prevalecerão, no que se refere à proteção de dados pessoais, sobre as competências correlatas de outras entidades ou órgãos da administração pública.

Não obstante, prevê a lei que a ANPD deverá articular sua atuação com outros órgãos e entidades com competências sancionatórias e normativas afetas ao tema de proteção de dados pessoais. Em todo caso, a ANPD assume o papel de órgão central de interpretação dessa lei e do estabelecimento de normas e diretrizes para a sua implementação.

---

[58] VARELLA, Luisa. Op. cit.
[59] Art. 2º, *caput*, do Provimento CNJ n. 74/2018.
[60] Art. 9º do Provimento CNJ n. 74/2018.

A necessidade de coordenação entre as diferentes esferas regulatórias e a ANPD é reforçada pelo art. 55-J, § 3º, segundo o qual:

> A ANPD e os órgãos e entidades públicos responsáveis pela regulação de setores específicos da atividade econômica e governamental devem coordenar suas atividades, nas correspondentes esferas de atuação, com vistas a assegurar o cumprimento de suas atribuições com a maior eficiência e promover o adequado funcionamento dos setores regulados, conforme legislação específica, e o tratamento de dados pessoais, na forma desta Lei.

Para isso, a LGPD prevê a manutenção, pela ANPD, de fórum permanente de comunicação com órgãos e entidades da administração pública responsáveis pela regulação de setores específicos da atividade econômica, inclusive por meio de cooperação técnica[61]. Busca-se, assim, facilitar as competências regulatória, fiscalizatória e punitiva da ANPD, em prol da efetividade do regime de proteção de dados pessoais.

Sendo assim, o regime da LGPD não exclui a autoridade fiscalizatória e correcional das Corregedorias de Justiça, nem afeta a incidência do regime da Lei n. 8.935/94 e das normas que regem a atividade. Impõe, contudo, uma coordenação entre essas esferas, de modo que prevaleça a competência da ANPD nas situações específicas concernentes ao objeto da LGPD.

A despeito do protagonismo da ANPD nessa matéria, as Corregedorias, portanto, não deixam de exercer importante papel, sobretudo no período de transição entre a publicação da lei e a entrada em vigor dos dispositivos que regulamentam a ANPD, que só ocorreu em agosto do corrente ano.

Para lidar com as demandas geradas pela aplicação da lei nesse meio tempo, o Provimento n. 23/2020 da CGJSP, por exemplo, imputou aos notários e registradores a obrigação de comunicar ao Juiz Corregedor Permanente e à Corregedoria Geral da Justiça os incidentes envolvendo dados pessoais e as medidas adotadas para a apuração de suas causas, a minoração dos seus efeitos e o controle de novos acessos.

Em todo caso, como alerta a doutrina, é essencial que haja uma regulamentação específica, por parte da ANPD em parceria com o Poder Judiciário, com o objetivo de delinear com clareza os limites de atuação coordenada dessas duas esferas[62].

---

[61] Art. 55-J, § 4º, da LGPD.
[62] STINGHEN, João Rodrigo de Morais; ANDRADE, Aline Rodrigues De. Op. cit.

REFERÊNCIAS

AMADEI, Vicente de Abreu. Processo administrativo ordinário no juiz corregedor. *Revista de Direito Imobiliário*, v. 64, 2008.

ASCENSÃO, José de Oliveira. *Direito civil:* sucessões. 5. ed. Coimbra: Coimbra Ed., 2000.

BAUR, Fritz; BAUR, Jürgen F.; STÜRNER, Rolf. *Sachenrecht.* 18. ed. München: Beck, 2009.

BRANDELLI, Leonardo. *Teoria geral do direito notarial.* 2. ed. São Paulo: Saraiva, 2007.

DINIZ, Maria Helena. *Curso de direito civil brasileiro*: teoria geral das obrigações. 27. ed. São Paulo: Saraiva, 2012. v. 6.

DIP, Ricardo. *A natureza e os limites das normas judiciárias do serviço extrajudicial.* São Paulo: Quartier Latin, 2013.

EINSELE, Inhalt. Schranken und Bedeutung des Offenkundigkeitsprinzips – unter besonderer Berücksichtigung des Geschäfts für den, den es angeht, der fiduziarischen Treuhand sowie der dinglichen Surrogation. *Juristen Zeitung (JZ)*, v. 45, 1990.

GERMANO, José Luiz. As escrituras de divórcio e o respeito à intimidade. In: AHUALLI, Tânia Mara; BENACCHIO, Marcelo (Coords.). *Direito notarial e registral:* homenagem às varas de registros públicos da comarca de São Paulo. São Paulo: Quartier Latin, 2016.

KÜMPEL, Vitor Frederico. Publicidade passiva X publicidade ativa. 2013. Disponível em: <http://www.migalhas.com.br/Registralhas/98,MI187442,31047publicidade+passiva+X+publicidade+ativa>. Acesso em: 13-10-2015.

KÜMPEL, Vitor Frederico; FERRARI, Carla Modina. *Tratado notarial e registral*: registro civil das pessoas naturais. São Paulo: YK, 2017. v. II.

MEIRELLES, Hely Lopes. *Direito administrativo brasileiro.* 42. ed. São Paulo: Malheiros, 2016.

POISL, Carlos Luiz. O testamento público é público? Disponível em: <http://www.notariado.org.br/index.php?pG=X19leGliZV9ub3RpY2lhcw==&in=MzM3NQ==&filtro=9&Data=>. Acesso em: 29-4-2017.

RIBEIRO, Luis Paulo Aliende. Responsabilidade administrativa do notário e do registrador, por ato próprio e por ato de preposto. *RDI*, v. 81.

RIZZARDO, Arnaldo. *Direito das sucessões.* 2. ed. Rio de Janeiro: Forense, 2005.

RODRIGUES, Felipe Leonardo. Da impossibilidade de expedição de certidão (por simples requerimento) de testamento público. Disponível em: <http://www.notariado.o.rg.br/docs/art_flr_01.pdf>. Acesso em: 29-4-2017.

RODRIGUES, Marcelo. *Tratado de registros públicos e direito notarial.* São Paulo: Atlas, 2014.

SELL, Joelson. Os impactos da LGPD nos cartórios. Disponível em: <https://www.notariado.org.br/artigo-os-impactos-da-lgpd-nos-cartorios-por-joelson-sell/>. Acesso em: 27-10-2020.

STINGHEN, João Rodrigo de Morais; ANDRADE, Aline Rodrigues De. Cartórios e proteção de dados: fiscalização e responsabilidade disciplinar. Disponível em: <https://www.jota.info/opiniao-e-analise/artigos/cartorios-e-protecao-de-dados-fiscalizacao-e-responsabilidade-disciplinar-14052020>. Acesso em: 27-10-2020.

VARELLA, Luisa. ANPD: entenda o órgão gestor da LGPD. Disponível em: <https://www.compugraf.com.br/anpd-entenda-o-orgao-gestor-da-lgpd/>. Acesso em: 27-10-2020.

16. A REGULAMENTAÇÃO DA LGPD PARA AS SERVENTIAS NOTARIAIS E REGISTRAIS

Aline Rodrigues de Andrade
João Rodrigo Stinghen
Samilia Ariana Alves Machado

1. INTRODUÇÃO

A Autoridade Nacional de Proteção de Dados (ANPD), criada pela Lei n. 13.853/2019, é um órgão da administração pública federal, com atribuições de diversos matizes, sendo responsável por zelar, implementar e fiscalizar o cumprimento da Lei Geral de Proteção de Dados (LGPD) em todo território nacional. Em aspectos políticos, a existência de uma autoridade nacional autônoma com poderes para fiscalizar o cumprimento da LGPD faz com que o Brasil esteja em consonância com os padrões internacionais sobre a matéria, como Regulamento Geral sobre Proteção de Dados da União Europeia (RGPD).

É atribuição da ANPD zelar pela proteção dos dados pessoais, em diferentes âmbitos. A ANPD cumpre sua missão institucional em três vias basilares: (i) **conscientização**; (ii) **regulamentação**; e (iii) **fiscalização e sancionamento**. A ANPD recentemente publicou a Agenda Regulatória para o biênio 2021-2022, por meio da Portaria n. 11/2021, cuja análise pode auxiliar a regulamentação de diferentes setores, como o das serventias extrajudiciais.

Com efeito, a LGPD atribui **competência exclusiva** à ANPD para aplicação de sanções, devendo prevalecer, no que se refere à proteção de dados, sobre outras competências correlatas de outras entidades do Poder Público. Contudo, a lei exige que a ANPD realize a devida articulação com os demais órgãos reguladores. No caso dos notários e registradores, a fiscalização da atividade é realizada pelo Poder Judiciário, conforme previsão constitucional. Logo, a regulamentação da incidência da LGPD nas serventias notariais e registrais deverá ser realizada por articulação entre a ANPD e os órgãos de corregedoria do foro extrajudicial, em especial com o Conselho Nacional de Justiça (CNJ), que detém competências em nível nacional.

Referida articulação assume especial relevância no que diz respeito à aplicação de sanções disciplinares, tendo em vista que os notários e registradores já possuem norma própria sobre o regime disciplinar. Desse modo, necessária uma **regulamentação específica** para a proteção de dados em cartórios, com ênfase no aspecto disciplinar, evitando que ocorra extrema insegurança jurídica e excesso de caráter punitivo.

2. A ANPD: FUNÇÕES, AGENDA REGULATÓRIA E OBJETIVOS ESTRATÉGICOS

A ANPD é o órgão responsável por zelar, implementar e fiscalizar o cumprimento da LGPD em todo o território nacional (art. 5º, XIX, da LGPD). Logo, a compreensão da regulamentação dessa lei para qualquer setor, público ou privado, envolverá a ANPD, sendo importante compreender sua estrutura, suas funções e sua agenda regulatória.

2.1. Conceito e estrutura da ANPD

A Lei n. 13.853/2019 alterou a LGPD para criar, sem aumento de despesa, a ANPD. Originalmente prevista na LGPD, foi vetada sob o entendimento de que a competência para criação desse tipo de instituição é exclusiva do Poder Executivo. Em razão disso, foi editada a Medida Provisória n. 869/2018, convertida na Lei n. 13.853 e sancionada em 2019[1].

Conforme previsto na citada legislação, a ANPD tem natureza jurídica transitória e poderá ser transformada em entidade da administração pública federal indireta, submetida a regime autárquico especial e vinculada à Presidência da República (§ 1º do art. 55-A). No entanto, tal transformação dependerá de avaliação a ser feita em até dois anos da entrada em vigor da estrutura regimental da ANPD (§ 2º do art. 55-A). Ao final desse período, caso a conversão se confirme, a ANPD provavelmente será enquadrada como entidade da administração pública federal indireta, submetida a regime autárquico especial típico das agências reguladoras[2].

---

[1] A LGPD entrou em vigor em 18 de setembro de 2020.
[2] STINGHEN, João Rodrigo de Morais; ANDRADE, Aline Rodrigues de. Os riscos à privacidade do novo cadastro positivo e o papel da ANPD. *RT*, v. 1025, a. 110, p. 201-221, março 2021.

Mesmo assim, a lei já assegura à ANPD a autonomia técnica e decisória (art. 55-B da LGPD), a qual se justifica pelo interesse nacional em aderir aos padrões internacionais de proteção de dados pessoais, que exige autoridades independentes.

Quanto ao caráter institucional, a ANPD é composta de Conselho Diretor (órgão máximo de direção, com cinco diretores, incluindo o Diretor Presidente); Conselho Nacional de Proteção de Dados Pessoais e da Privacidade (23 representantes, titulares e suplentes que prestam serviço público relevante sem remuneração); Corregedoria; Ouvidoria; Órgão de assessoramento jurídico próprio; unidades administrativas; e unidades especializadas para aplicação da LGPD[3]. O provimento dos cargos e funções da ANPD está condicionado à expressa autorização orçamentária anual e à permissão na lei de diretrizes orçamentárias (§ 3º do art. 55-A). Destaca-se que é assegurada autonomia técnica e decisória à ANPD (art. 55-B), a qual se justifica pelo interesse do Brasil em aderir aos padrões internacionais de proteção de dados pessoais e, assim, impulsionar negócios com a União Europeia, sobretudo, que exige elevados padrões nesse sentido.

O preenchimento dos cargos e funções da ANPD ainda não está completo. Criada em 2018, a ANPD foi formalmente instituída apenas em 6 de novembro de 2020, data de nomeação e posse de seus cinco diretores – os quais, inicialmente, dedicaram-se à constituição básica de seu corpo técnico (servidores e especialistas). Até esse momento, 15 servidores foram nomeados para as posições-chave da organização, mas o processo de nomeações e de recrutamento de servidores continuará ao longo de 2021. Segundo seu Diretor-presidente, a ANPD pretende "em breve publicar os editais para constituição do Conselho Nacional de Proteção de Dados Pessoais e da Privacidade"[4].

2.2. Funções da ANPD

A ANPD tem a função responsável por zelar, implementar e fiscalizar o cumprimento da LGPD em todo território nacional (cf. arts. 5º, XIX, 55-A e 55-J da LGPD).

---

[3] STINGHEN, João Rodrigo de Morais; ANDRADE, Aline Rodrigues de. Os riscos à privacidade do novo cadastro positivo e o papel da ANPD. *RT*, v. 1025, a. 110, p. 201-221, março 2021.

[4] BRASIL. ANPD. Com dois meses de existência, a ANPD avança na sua estruturação. O órgão já conta com 15 servidores nomeados e prepara medidas para 2021. Publicado em: 11 jan. 2021. Disponível em: <https://bit.ly/2P5CEMH>. Acesso em: fev. 2021.

A respeito, o art. 55-J da LGPD prevê que compete à ANPD: (i) zelar pela proteção dos dados pessoais; (ii) elaborar diretrizes para a Política Nacional de Proteção de Dados Pessoais e da Privacidade; (iii) fiscalizar e aplicar sanções em caso de tratamento de dados realizado de forma irregular; (iv) promover na população o conhecimento das normas e das políticas públicas sobre proteção de dados pessoais e das medidas de segurança; (v) editar regulamentos e procedimentos sobre proteção de dados pessoais e privacidade[5]. Ademais, o **Decreto n. 10.474/2020**[6] especifica as funções do órgão de maneira mais detalhada.

Consolidando estas disposições legais, pode-se dizer que a ANPD cumpre sua missão institucional em três frentes principais:

1. **Conscientização:** promover na população o conhecimento das normas e das políticas públicas sobre proteção de dados pessoais e das medidas de segurança. A regulamentação é importante, no entanto, o que mais se espera da ANPD é a conscientização. O papel inicial da autoridade é sensibilizar, educar e orientar os agentes de tratamento sobre a responsabilidade de lidar com informações de terceiros. A questão é que esse desafio não pode ser subestimado, pois não temos uma cultura arraigada de privacidade, proteção de dados e segurança da informação como na Europa.

2. **Regulamentação:** em sua *competência normativa*, a ANPD deve regular matérias como as atividades de comunicação e de uso compartilhado em geral, a publicidade das operações de tratamento de entidades públicas e as informações, o compartilhamento de dados público-privados e a adequação progressiva de bancos de dados (cf. arts. 23, § 1º, 27, parágrafo único, 30 e 63 da LGPD). Nesse âmbito, deve elaborar diretrizes para a Política Nacional de Proteção de Dados Pessoais e da Privacidade, bem como regulamentos e procedimentos sobre proteção de dados pessoais e privacidade.

---

[5] Na prática, a LGPD confere à ANPD um conjunto de funções regulatórias, sancionadoras e normativas – e, com isso, espera-se que ela promova o desenvolvimento de uma cultura de dados que confira segurança jurídica e eduque os agentes do mercado.

[6] Referido decreto aprova a Estrutura Regimental e o Quadro Demonstrativo dos Cargos em Comissão e das Funções de Confiança da ANPD, remaneja e transforma cargos em comissão e função de confiança.

3. **Fiscalização e sancionamento:** para bem executar as normas da LGPD e as que ela mesma possa publicar, a autoridade fiscalizadora precisa de meios para organizar, controlar e corrigir ações, o que pode significar *competências disciplinares* para aplicar sanções, determinar as medidas cabíveis para cessar violações, solicitar Relatórios de Impacto à proteção de dados e sugerir a adoção de padrões e de boas práticas (cf. arts. 29, 31, 32 c/c 55-J, IV da LGPD). Trata-se de zelar pela proteção dos dados pessoais fiscalizando os agentes de tratamento e aplicando sanções em caso de infrações ou irregularidades.

2.3. A Agenda Regulatória da ANPD para o biênio 2021-2022

A regulamentação da LGPD não é uma tarefa simples. Segundo Miriam Wimmer, diretora da ANPD:

> Uma característica de leis que são construídas a muitas mãos como a LGPD é que ela deixa espaços abertos para disputas interpretativas. O nosso esforço é traduzir essa lei e relacioná-la com outras normas já existentes. Tudo isso gera uma necessidade de detalhamento e interpretação que é urgente e complexa[7].

Em 28 de janeiro de 2021, Dia Internacional da Privacidade, a ANPD publicou a Agenda Regulatória para o biênio 2021-2022, por meio da Portaria n. 11, de 27 de janeiro de 2021. A própria Portaria ANPD n. 11/2021 define a Agenda Regulatória como "instrumento de planejamento que agrega as ações regulatórias consideradas prioritárias e que serão objeto de estudo ou tratamento pela Autoridade durante sua vigência".

Trata-se de um documento que revela a todos os interessados o entendimento oficial da ANPD sobre as prioridades de regulamentação. Essa publicidade é muito importante até para orientar os planos de implementação da LGPD nas organizações. Afinal, é suposto que, de agora em diante, deve-se moldar os projetos de *compliance* para o *timing* em que forem sendo expedidas as regulamentações.

Segundo o Diretor-Presidente da ANPD, a:

---

[7] EXAME. Conformidade de empresas com LGPD é cobrada pelo mercado e vira valor competitivo. Publicado em: 20-1-2021. Disponível em: <https://bit.ly/3qiOfVD>. Acesso em: fev. 2021.

publicação propicia a previsibilidade para sociedade quanto às ações da Autoridade, além de facilitar o planejamento interno da ANPD. A expectativa é que os prazos para o início dos procedimentos de regulamentação sigam o previsto no anexo da portaria[8].

Trata-se de um ato publicado pelo diretor-presidente da ANPD, no exercício das atribuições que lhe confere o art. 3º, § 2º, do Decreto n. 10.474/2020. Não obstante, seu conteúdo foi fruto de deliberação tomada pelo Conselho-Diretor em sua Reunião Deliberativa n. 1, realizada em 20 de janeiro de 2021. Isso significa que, embora juridicamente o ato emane apenas do Diretor-presidente, o conteúdo da Agenda Regulatória reflete entendimento deliberado por todo o Conselho-Diretor.

Os atos regulamentares serão efetuados por meio de dois instrumentos típicos da seara administrativa: portarias e resoluções. As portarias são atos normativos de caráter mais pontual, já as resoluções têm como escopo a regulamentação de matérias mais abrangentes. Além disso, a última matéria da Agenda – Hipóteses legais de tratamento de dados pessoais – será regulamentada por meio de um guia de boas práticas. O guia de boas práticas pode ser entendido como uma orientação não vinculativa, mas extremamente recomendada de ser seguida.

Como ficará mais claro adiante, a Agenda Regulatória elenca 10 temas prioritários cujas datas de início dividem-se em 3 fases. Essa divisão é o planejamento inicial, mas não engessa outras possibilidades de regulamentação, pois outros assuntos e subsídios podem ser considerados caso assim decida o Conselho-diretor (art. 2º da Portaria n. 11). Nesse sentido, a **Coordenação-Geral de Normatização** elaborará, semestralmente, o relatório de acompanhamento das iniciativas, avaliando a necessidade de readequação das iniciativas e metas (arts. 4º e 5º da Portaria n. 11).

Por fim, o Diretor-Presidente, mediante deliberação do Conselho-Diretor, poderá alterar as metas previstas conforme a conveniência e oportunidade da ANPD. Nessa disposição, a ANPD deixa claro que o planejamento da atividade de regulamentação é um ato discricionário, podendo ser revisto a qualquer tempo sem necessidade de anulação (art. 6º da Portaria n. 11).

---

[8] BRASIL. ANPD. No Dia da Proteção de Dado, ANPD publica agenda regulatória bianual da autoridade para 2021-2022. A Portaria elenca os 10 itens prioritários para Autoridade para esse marco temporal. Publicado em: 28 jan. 2021b. Disponível em: <https://bit.ly/3pLmAwn>. Acesso em: fev. 2021.

A atividade regulamentar da ANPD para o biênio 2021-2022 seguirá em três fases. Abaixo, consta um resumo do Anexo I da Portaria 11, indicando as fases, os temas regulamentados e seu marco temporal.

Fase 1 – início até 2º semestre de 2021

1. **Regimento Interno da ANPD.** Embora o Decreto n. 10.474/2020 regulamente a "estrutura regimental" da ANPD, faculta ao órgão – assim como ao Conselho Nacional de Proteção de Dados Pessoais e da Privacidade – a edição de um regimento interno. Essa foi a opção do atual corpo diretivo da ANPD.
2. **Planejamento Estratégico da ANPD (2021-2023).** Envolve os objetivos a serem alcançados pela ANPD e os seus respectivos prazos e as ações estratégicas vinculadas. O documento foi publicado em 1º de fevereiro de 2021.
3. **Adequações para pequenas e médias empresas, startups e pessoas físicas que tratam dados pessoais com fins econômicos.** Tanto o art. 55-J da LGPD quanto o Decreto n. 10.474/2020 preveem a necessidade de regulamentação diferenciada de negócios menores, com exigências simplificadas.
4. **Aplicação das sanções.** O art. 53 da LGPD prevê que a ANPD deve editar regulamento próprio sobre sanções administrativas a infrações. Dentre outras matérias, essa normativa estabelecerá as circunstâncias e as condições para a adoção de multas, inclusive detalhando as metodologias para o cálculo do valor-base dessas sanções.
5. **Comunicação de incidentes e prazo de notificação.** De acordo com o art. 48 da LGPD, o controlador deverá comunicar à autoridade nacional e ao titular a ocorrência de incidente de segurança que possa acarretar risco ou dano relevante. Embora a lei estabeleça critérios mínimos, é preciso que a ANPD regulamente alguns itens (prazos, formulários, forma de encaminhamento, entre outros). Esse processo de regulamentação já foi iniciado, com expedição da Nota Técnica n. 3/2021 e do formulário para "tomada de subsídios".
6. **Relatório de Impacto à Proteção de Dados Pessoais.** De acordo com o Decreto n. 10.474/2020 e com o art. 55-J, XIII, da LGPD, cabe à ANPD editar regulamentos sobre relatórios de impacto à proteção de dados pessoais para os casos em que o tratamento representar alto risco à garantia dos princípios gerais de proteção de dados pessoais.

Fase 2 – início até 1º semestre de 2022

7. **Encarregado de proteção de dados pessoais.** Nos termos do art. 41, § 3º, da LGPD, a ANPD pode estabelecer normas complementares sobre a definição e as atribuições do encarregado. Um dos itens mais esperados dessa regulamentação são as hipóteses de **dispensa** da necessidade de indicação do *Data Protection Officer* (*DPO*), conforme a natureza e o porte da entidade ou o volume de operações de tratamento de dados.
8. **Transferência Internacional de Dados Pessoais.** Esse tipo de atividade demandará extensa regulamentação, pois a transferência internacional de dados pessoais somente é permitida para países ou organismos internacionais que proporcionem grau adequado de proteção de dados pessoais, conforme avaliado pela ANPD (arts. 33, I, c/c art. 34 da LGPD), com possibilidade do uso de cláusulas contratuais padrão, também estabelecidas pela ANPD (art. 35 da LGPD).

Fase 3 – início até 2º semestre de 2022

9. **Direitos dos titulares de dados pessoais.** A LGPD estabelece os direitos dos titulares de dados pessoais, mas diversos pontos merecem regulamentação. Daí a importância desse regulamento, que tratará dos direitos contemplados nos arts. 9º, 18, 20 e 23, sem prejuízo de outras disposições que abordem direitos de titulares de dados pessoais (inclusive de outras leis, como o Marco Civil da Internet e a Lei do Cadastro Positivo, por exemplo).
10. **Hipóteses legais de tratamento de dados pessoais.** É muito importante que a ANPD regulamente as bases legais de aplicação da LGPD, sobretudo as hipóteses legais descritas nos arts. 7º e 11 da LGPD. Esse provavelmente será um dos regulamentos mais complexos, abrangentes e impactantes a cargo da ANPD, daí ser alocado na fase 3 da Agenda Regulatória.

3. COMPETÊNCIA REGULAMENTAR: ANPD OU PODER JUDICIÁRIO?

Como visto, a ANPD possui a normatização da proteção de dados como uma de suas funções basilares. Além disso, o art. 55-K da LGPD prevê que a ANPD detém *competência exclusiva* na aplicação das sanções com base nessa lei. Determina, inclusive, que a competência da ANPD *deve prevalecer*, no que se refere à proteção de dados, sobre competências correlatas de outras entidades do Poder Público. Todavia, o parágrafo único desse dispositivo contempla a necessidade de articulação com outros órgãos:

> Art. 55-K. A aplicação das sanções previstas nesta Lei compete exclusivamente à ANPD, e suas competências prevalecerão, no que se refere à proteção de dados pessoais, sobre as competências correlatas de outras entidades ou órgãos da administração pública.
>
> Parágrafo único. **A ANPD articulará sua atuação com outros órgãos e entidades com competências sancionatórias e normativas afetas ao tema de proteção de dados pessoais e será o órgão central de interpretação desta Lei e do estabelecimento de normas e diretrizes para a sua implementação** (grifou-se).

No caso dos notários e registradores, a regulamentação é realizada a cargo do Poder Judiciário, conforme previsão do art. 236, § 1º, da CF/88. Logo, a regulamentação da aplicação da LGPD nas serventias extrajudiciais deve ser realizada por articulação entre a ANPD e os órgãos com função de "corregedoria do foro extrajudicial", como geralmente são denominados.

3.1. Articulação entre a ANPD e o CNJ

Embora a fiscalização da atividade notarial e registral esteja a cargo do Poder Judiciário estadual (Tribunais de Justiça e juízes de direito), é evidente que a articulação mais estreita da ANPD se dará com o **Conselho Nacional de Justiça** (CNJ), já que ambos são órgãos com competências em nível nacional.

Previsto nos arts. 92, I-A[9], e 103-B[10] da CF/88, o CNJ é um órgão do Poder Judiciário não exercente de função jurisdicional, com competência para o controle da atuação administrativa/financeira do Poder Judiciário e do cumprimento dos deveres funcionais dos juízes (art. 103-B, § 4º)[11].

---

[9] "Art. 92. São órgãos do Poder Judiciário: [...] I-A – o Conselho Nacional de Justiça."

[10] "Art. 103-B. O Conselho Nacional de Justiça compõe-se de 15 (quinze) membros com mandato de 2 (dois) anos, admitida 1 (uma) recondução, sendo: [...]."

[11] Segundo Dalledone, o art. 103-B, § 4º, I, da Constituição da República dispõe que ao CNJ compete "zelar pela autonomia do Poder Judiciário e pelo cumprimento do Estatuto da Magistratura, podendo expedir atos regulamentares, no âmbito de sua compe-

Várias são as atribuições específicas do CNJ. No que importa aos delegatários, cabe destacar a competência de expedir atos regulamentares. A maioria da normativa produzida tem por objeto a atividade no âmbito das serventias. No tocante ao regime disciplinar dos agentes delegados, o que mais interessa é o Regimento Interno do CNJ (RICNJ).

Segundo o art. 4º, III, do RICNJ, compete ao CNJ apreciar a legalidade de atos administrativos praticados por órgãos do Poder Judiciário, podendo inclusive revê-los e desconstituí-los, além de receber e analisar reclamações contra os agentes delegados, sem prejuízo da competência disciplinar dos tribunais estaduais. Com efeito, há previsão de atuação do CNJ na instauração de sindicância (arts. 60 e s.); reclamação disciplinar (arts. 67 a 72); procedimento administrativo disciplinar (arts. 79 a 81-B) e procedimento de controle administrativo (art. 92).

Ainda, compete ao Corregedor Nacional de Justiça a realização de correições, inspeções e sindicância em Varas, Tribunais, Serventias Judiciais e Serviços Notariais e de Registro (art. 4º, V, do RICNJ)[12]. Conforme o art. 8º, compete-lhe também receber as reclamações contra os delegatários, podendo: (i) promover o arquivamento sumário das anônimas, das prescritas e daquelas que se apresentem manifestamente improcedentes ou despidas de elementos mínimos para sua compreensão; (ii) promover o processamento daquelas que reúnam condições de procedibilidade, com seu arquivamento caso os fatos narrados não constituam infração disciplinar; (iii) instaurar sindicância ou, havendo indícios de infração disciplinar, propor ao Plenário a instauração de PAD; e (iv) propor ao Plenário ou, se houver urgência ou motivo relevante, promover de ofício quaisquer medidas com vistas à eficácia e ao bom desempenho dos serviços notariais e de registro.

Nesse sentido, há uma **competência concorrente** do CNJ em relação às Cortes Estaduais, mas a competência do CNJ em rever os atos destes últimos pode implicar sua provocação em casos nos quais os órgãos competentes mostrem-se inertes em promover a persecução disciplinar. Não se trata, portanto, de

---

tência, ou recomendar providências" (DALLEDONE, Rodrigo Fernandes Lima. *Função pública notarial:* regime jurídico e fiscalização judicial. Curitiba: Prismas, 2016, p. 197).

[12] No que diz respeito às correções e inspeções, o Corregedor Nacional de Justiça pode promovê-las ou determiná-las quando houver fatos graves ou relevantes que as justifiquem, ordenando as medidas que se mostrem necessárias, urgentes ou adequadas a suprir as deficiências constatadas, com posterior apresentação de relatório de suas atividades ao Plenário (art. 8°, IV e IX, RICNJ).

uma competência recursal, mas de uma fiscalização sobre a atividade dos Tribunais locais.

Ciente dessa missão institucional, o CNJ publicou a **Portaria n. 60 de 18 de dezembro de 2020,** que cria o "Grupo de Trabalho para elaboração de estudos e de propostas voltadas à adequação dos serviços notariais e de registro à Lei n. 13.709/2018 (Lei Geral de Proteção de Dados)"[13].

Nos termos do art. 2º deste ato normativo, o **Grupo de Trabalho** é formado por membros da magistratura e titulares de serventias extrajudiciais, de maneira heterogênea. Ou seja, entre os integrantes do Poder Judiciário, foram selecionados magistrados do Judiciário Estadual e Federal, de primeira e segunda instância; por sua vez, foram selecionados agentes delegados representantes de todas as funções notariais e registrais. Além disso, prestam auxílio ao grupo, juristas com outras atribuições, tais como pesquisadores universitários, advogados e analistas do Judiciário.

Por fim, segundo o art. 3º da Portaria n. 60/2020, o Grupo de Trabalho em questão "poderá estabelecer estreita colaboração com o Grupo de Trabalho criado pela Portaria CNJ n. 212, de 15 de outubro de 2020"[14], que é "destinado à elaboração de estudos e de propostas voltadas à adequação dos tribunais à Lei Geral de Proteção de Dados e dá outras providências"[15].

Logo, entende-se que é um grupo muito bem montado, que abrange visões diferenciadas e que será capaz de regulamentar a LGPD a partir de uma visão abrangente da proteção de dados e da atividade notarial e registral.

---

[13] CNJ. Portaria n. 60 de 18-12-2020. Cria Grupo de Trabalho para elaboração de estudos e de propostas voltadas à adequação dos serviços notariais e de registro à Lei Federal n. 13.709/2018 (Lei Geral de Proteção de Dados). Disponível em: <https://atos.cnj.jus.br/atos/detalhar/3655>. Acesso em: fev. 2021.

[14] CNJ. Portaria n. 60 de 18-12-2020. Cria Grupo de Trabalho para elaboração de estudos e de propostas voltadas à adequação dos serviços notariais e de registro à Lei Federal n. 13.709/2018 (Lei Geral de Proteção de Dados). Disponível em: <https://atos.cnj.jus.br/atos/detalhar/3655>. Acesso em: fev. 2021.

[15] CNJ. Portaria n. 212, de 15-10-2020. Institui Grupo de Trabalho destinado à elaboração de estudos e de propostas voltadas à adequação dos tribunais à Lei Geral de Proteção de Dados e dá outras providências. Disponível em: <https://atos.cnj.jus.br/atos/detalhar/3520>. Acesso em: fev. 2021.

3.2. A necessidade de regulamentação específica dos reflexos da proteção de dados no regime disciplinar dos agentes delegados

Uma das matérias mais sensíveis a serem regulamentadas, em qualquer setor público ou privado, é a aplicação de sanções.

Evidentemente, a proteção de dados pessoais reflete-se no regime disciplinar dos agentes delegados, pois cumprir a LGPD é respeitar o princípio da legalidade. Contudo, entende-se, deve haver bastante **cautela na regulamentação** das sanções para agentes delegados, sob o risco de extrema insegurança jurídica e excessivo caráter punitivo. Afinal, a partir das sanções previstas na Lei n. 8.935/94 e na LGPD, em muitos casos haveria possibilidade de *bis in idem*.

A fim de auxiliar na compreensão da temática, faz-se um comparativo do regime disciplinar de proteção de dados para agentes delegados, cotejando-se a LGPD, a Lei n. 8.935/94 e o Provimento n. 74/CNJ[16]. Observem-se[17]:

	LGPD	Lei n. 8.935/94	Provimento n. 74
Deveres	Respeitar princípios da LGPD, sobretudo finalidade, qualidade, segurança, prestação de contas (transparência) e não discriminação Respeitar direitos dos titulares (arts. 17 a 30) Tratar dados com a devida legitimação (arts. 7º, 11 e 26, § 1º) Respeitar padrões de segurança da informação (arts. 46 a 49) Seguir boas práticas (*compliance*) a partir da LGPD (arts. 50 e 51) Padrões da ANPD (ainda por publicar)	Manter documentos da serventia em ordem e segurança (art. 30, I) Guardar sigilo sobre a documentação e os assuntos de natureza reservada conhecidos em razão da profissão (art. 30, VI) Facilitar o acesso à documentação aos legalmente habilitados (art. 30, XII)	Plano de continuidade para incidentes de segurança Padrões mínimos de segurança e integridade, com *backups* Sistema de escalas de permissões Trilhas de auditoria que permitam rastrear e identificar acessos ou modificações Lista de tecnologias obrigatórias, conforme a classe do cartório

---

[16] Referido Provimento n. 74/CNJ dispõe sobre padrões mínimos de tecnologia da informação para a segurança, integridade e disponibilidade de dados para a continuidade da prestação dos serviços notariais e de registro, além de fixar outras providências.

[17] STINGHEN, João Rodrigo de Morais; ANDRADE, Aline Rodrigues De. Cartórios e proteção de dados: fiscalização e responsabilidade disciplinar. *JOTA*. Disponível em: <https://bit.ly/3qkBnyi>. Acesso em: fev. 2021.

16 A regulamentação da LGPD para as serventias notariais e registrais

Infrações	**LGPD**	Art. 52. Os agentes de tratamento de dados, em razão das infrações cometidas às normas previstas nesta Lei, ficam sujeitos às seguintes sanções administrativas aplicáveis pela autoridade nacional.
	Provimento n. 74	Art. 9º O descumprimento das disposições do presente provimento pelos serviços notariais e de registro ensejará a instauração de procedimento administrativo disciplinar.
	Lei n. 8.935/94	Art. 31. São infrações disciplinares que sujeitam os notários e os oficiais de registro às penalidades previstas nesta Lei: I - a inobservância das prescrições legais ou normativas; II - a conduta atentatória às instituições notariais e de registro; [...] IV - a violação do sigilo profissional; V - o descumprimento de quaisquer dos deveres descritos no art. 30.

	LGPD (art. 52)	**Lei n. 8.935/94 (art. 31)**
Sanções	**advertência:** com indicação de prazo para adoção de medidas corretivas **multa simples:** de até 2% do faturamento da PJ de direito privado (excluídos tributos, limitada a 50 milhões de reais por infração) **multa diária** (observado o limite total a que se refere a hipótese anterior) **publicização da infração** após devidamente apurada e confirmada a sua ocorrência **bloqueio ou eliminação dos dados pessoais** relacionados à infração **suspensão parcial ou total do funcionamento** do banco de dados a que se refere a infração (pelo máximo de 6 meses, prorrogáveis por igual período) **proibição parcial ou total do exercício** de atividades relacionadas a tratamento de dados	**repreensão:** infrações leves **multa:** reincidência ou infrações leves ou medianas **suspensão:** faltas graves ou contumácia no descumprimento dos deveres **perda da delegação:** faltas gravíssimas ou reincidência nas graves

No que se refere aos notários e registradores, é concebível que sejam aplicáveis pela ANPD, desde logo, apenas as sanções de advertência, publicização da infração e multa simples. Tendo em vista a natureza *sui generis* dos serviços notariais e de registro, depreende-se que a aplicação das demais sanções devem ser condicionadas a prévia regulamentação.

Entende-se que é controversa a possibilidade de aplicação da multa diária sobre o faturamento, na medida em que os cartórios não configuram pessoas jurídicas. Além disso, seria temerária – sob risco de extrema insegurança jurídica – a possibilidade de a ANPD bloquear e eliminar dados de cartórios, suspender suas atividades ou proibi-las, ao menos da mesma forma como faria para empresas em geral.

Por outro lado, dispõe o art. 53 da LGPD que a ANPD definirá, em regulamento próprio, as metodologias que orientarão o cálculo do valor-base das sanções de multa. Esse regulamento, que deverá ser embasado em prévia consulta pública, está em pauta prioritária de regulamentação, no **Item 4** da agenda regulatória da ANPD. No futuro regulamento específico sobre o Processo Administrativo Disciplinar da LGPD, seria interessante constar questões-chave, tais como:

1. necessidade de a portaria de instauração conter informações sobre fatos, normas supostamente violadas e consequentes sanções;
2. prazo prescricional para instauração;
3. meios de acesso ao processo;
4. prazos para manifestação;
5. trâmite do processo, com meios hábeis de citação, intimação e designação de audiência;
6. mecanismos de produção de prova;
7. autoridades processante(s) e recursal(is).

Quanto aos agentes delegados por sua vez, entende-se que se justifica a publicação de uma **regulamentação conjunta por parte da ANPD em parceria com CNJ**, estabelecendo limites claros de atuação coordenada de ambos.

Sem uma regulamentação específica, haveria um grande risco de o regime disciplinar atribuído a notários e registradores a partir da proteção de dados ser verdadeiramente kafkiano: muito severo e pouco transparente.

Além disso, diante da possibilidade de tripla responsabilização (civil, penal e administrativa), seria desarrazoada a aplicação de sanções administrativas duplicadas para os mesmos fatos (configurando nefasto *bis in idem*).

Seja como for, a questão é demasiadamente complexa para ser analisada em definitivo neste trabalho. Desde logo, porém, adverte-se quanto à necessidade de que as autoridades fiscalizadoras dos notários e registradores regulamentem a questão especificamente.

REFERÊNCIAS

BRANDELLI, Leonardo. *Teoria geral do direito notarial.* 4. ed. São Paulo: Saraiva, 2011.

BRASIL. ANPD. ANPD inicia processo de regulamentação sobre incidentes de segurança com tomada de subsídios. Publicado em: 22 fev. 2021. Disponível em: <https://bit.ly/3e0XWoW>. Acesso em: fev. 2021.

_____. ANPD. ANPD publica Planejamento Estratégico para 2021-2023. Publicado em: 1º fev. 2021. Disponível em: <https://bit.ly/3dRwGtd>. Acesso em: fev. 2021.

_____. ANPD. Com dois meses de existência, a ANPD avança na sua estruturação. O órgão já conta com 15 servidores nomeados e prepara medidas para 2021. Publicado em: 11 jan. 2021. Disponível em: <https://bit.ly/2P5CEMH>. Acesso em: fev. 2021.

_____. ANPD. No Dia da Proteção de Dado, ANPD publica agenda regulatória bianual da autoridade para 2021-2022. A Portaria elenca os 10 itens prioritários para Autoridade para esse marco temporal. Publicado em: 28 jan. 2021b. Disponível em: <https://bit.ly/3pLmAwn>. Acesso em: fev. 2021.

_____. ANPD. Portaria n. 11 de 27 de janeiro de 2021. Torna pública a agenda regulatória para o biênio 2021-2022. Disponível em: <https://bit.ly/2OYiuE9>. Acesso em: fev. 2021.

CNJ. Portaria n. 212 de 15-10-2020. Institui Grupo de Trabalho destinado à elaboração de estudos e de propostas voltadas à adequação dos tribunais à Lei Geral de Proteção de Dados e dá outras providências. Disponível em: <https://atos.cnj.jus.br/atos/detalhar/3520>. Acesso em: fev. 2021.

_____. Portaria n. 60 de 18-12-2020. Cria Grupo de Trabalho para elaboração de estudos e de propostas voltadas à adequação dos serviços notariais e de registro à Lei Federal n. 13.709/2018 (Lei Geral de Proteção de Dados). Disponível em: <https://atos.cnj.jus.br/atos/detalhar/3655>. Acesso em fev. 2021.

DALLEDONE, Rodrigo F. L. *Função pública notarial:* regime jurídico e fiscalização judicial. Curitiba: Prismas, 2016.

_____. *O processo administrativo disciplinar dos notários e registradores no Estado do Paraná.* Belo Horizonte: Fórum, 2009.

DIP, Ricardo H. M. Sobre a Qualificação no Registro de Imóveis. *Doutrinas Essenciais de Direito Registral*, v. 6, p. 933-985, dez. 2011.

DONEDA, Danilo. *Da privacidade à proteção de dados pessoais.* Rio de Janeiro: Renovar, 2006.

EL DEBS, Martha. *Legislação notarial e de registros públicos comentadas:* doutrina, jurisprudência e questões de concurso público. Salvador: JusPodivm, 2018.

EXAME. Conformidade de empresas com LGPD é cobrada pelo mercado e vira valor competitivo. Publicado em: 20-1-2021. Disponível em: <https://bit.ly/3qiOfVD>. Acesso em: fev. 2021.

Junqueira, José M. Qualificação registral: sua independência e responsabilidade civil e administrativa disciplinar do registrador de imóveis. *Revista de Direito Imobiliário*, v. 81, p. 383-400, jul./dez. 2016.

KÜMPEL, Vitor F.; FERRARI, Carla M. *Tratado notarial e registral:* tabelionato de notas. São Paulo: YK Editora, 2017.

LOUREIRO, Luiz G. *Manual de direito notarial.* 2. ed. Salvador: JusPodivm, 2017.

MELLO, Celso A. B. *Curso de direito administrativo.* 33. ed. São Paulo: Malheiros, 2016.

MELO, Marcelo Augusto S. A qualificação registral como tutela preventiva de conflitos. *Doutrinas Essenciais de Direito Registral*, v. 6, p. 731-754, dez. 2011.

RODRIGUES. Marcelo. *Tratado de registros públicos e direito notarial.* São Paulo: Atlas, 2014.

STINGHEN, João Rodrigo de Morais. A ata notarial: atualidades legislativas e jurisprudenciais. *Revista Magister de Direito Civil e Processual Civil*, Porto Alegre, v. 14, n. 82, p. 83-105, jan./fev. 2018.

_____; ANDRADE, Aline Rodrigues De. Cartórios e proteção de dados: fiscalização e responsabilidade disciplinar. *JOTA*. Disponível em: <https://bit.ly/3qkBnyi>. Acesso em: fev. 2021.

_____; _____. *Os riscos à privacidade do novo cadastro positivo e o papel da ANDP. RT*, v. 1025, a. 110, p. 201-221, março 2021.

TEPEDINO, Gustavo; FRAZÃO, Ana; OLIVA, Milena D. (Coords.). *A Lei Geral de Proteção de Dados Pessoais:* e suas repercussões no direito brasileiro. Revista dos Tribunais, 2019. *E-book.*